《〔崇祯〕泰州志》整理课题组

组长：张士林

成员：申万霞　徐　强　孙叶锋

　　　耿　维　殷　勇

泰州旧志整理文化工程

崇禎

泰州志

泰州市党史方志办公室
泰州市档案馆　编

广陵书社

泰州志卷之一

職方志
　沿革　星野　疆域
　形勝　風俗　物產

泰為揚隸風號天府瀕海控淮其濱斥鹵生齒
恭庶孰司填撫富之教之敬哉有土志職方

沿革

禹貢淮海惟揚州言北據淮東距海為揚州之域
周武王封泰伯後於吳其地屬吳邦溝通江淮可證
元王四年越滅吳而不能正江淮之地遂屬楚蘇
泰謂楚威王曰東有海陽名始此　海陽之
秦始皇二十六年滅楚分天下為三十六郡屬九江

图书在版编目（CIP）数据

〔崇祯〕泰州志 / 泰州市党史方志办公室，泰州市
档案馆编. -- 扬州 : 广陵书社，2022.10
泰州旧志整理文化工程
ISBN 978-7-5554-1988-4

Ⅰ．①崇… Ⅱ．①泰… ②泰… Ⅲ．①泰州－地方志
－明代 Ⅳ．①K295.33

中国版本图书馆CIP数据核字(2022)第242053号

ISBN 978-7-5554-1988-4

9 787555 419884 >

书　　名	〔崇祯〕泰州志
编　　者	泰州市党史方志办公室
	泰州市档案馆
责任编辑	徐大军
出版发行	广陵书社
	扬州市四望亭路 2-4 号　　邮编　225001
	（0514）85228081（总编办）　85228088（发行部）
	http://www.yzglpub.com　E-mail : yzglss@163.com
印　　刷	无锡市海得印务有限公司
装　　订	无锡市西新印刷有限公司
开　　本	787毫米×1092毫米　1/16
印　　张	21
字　　数	290千字
版　　次	2022年10月第1版
印　　次	2022年10月第1次印刷
标准书号	ISBN 978-7-5554-1988-4
定　　价	120.00元

泰州旧志整理文化工程前言

官修志书历来被视为最权威、最全面的地方性历史文献。宋郑兴裔为《广陵志》作序，称"郡之有志，犹国之有史，所以察民风，验土俗，使前有所稽，后有所鉴，甚重典也"。泰州"州建南唐，文昌北宋"，文化积淀深厚，向来尚文崇教，素有编修地方志的传统。《吴陵志》编修于南宋淳熙九年（1182），是泰州地区有史料记载的第一部官修志书，惜已散佚。自南宋至民国，泰州地区所修的州、县志以及专志、杂志、乡土志数量较多，流传至今的旧志仍有50多部。

古泰州东临大海，南濒长江，西邻扬州，北倚淮河。江淮海三水激荡，吴楚越因缘际会，"名臣名宦交相重"，"百姓日用即为道"，阡陌街巷弦诵相闻，如此等等，悉载于旧志，幸免湮没于岁月尘埃，留下了可堪查找的史料和值得探究的线索。泰州旧志多由州、县循吏倡导主持，地方名士贤达共襄盛举，历代相沿，代有续修，资料累积丰富，门类颇为齐全，记述堪称详备。

中华优秀传统文化是中华民族的根和魂。旧志整理对于保存地方历史文献、延续历史文脉、传承文化遗产、汲取先贤智慧、弘扬优良传统、服务当代发展，具有重要意义。整理旧志是各级地方志机构的重要职责之一。为贯彻落实国务院《地方志工作条例》精神，实施《江苏省"十四五"地方志事业发展规划》关于"加强旧志等地方文献整理研究"的要求，2021年10月，泰州市党史方志办公室（泰州市档案馆）启动泰州旧志整理文化工程，决定于"十四五"期间对泰州及靖江、泰兴、兴化等地现存的具有较高历史价值和文化价值的旧志统一进行整理。

　　旧志整理专业性很强,但又形式多样,简之影印汇编,详之点校考据,甚有注释翻译者。为满足更多读者了解泰州历史、研究泰州历史的需要,适应当代人的阅读习惯,提高旧志的使用价值,泰州旧志整理文化工程主要采取精选版本、规范标点、适当校勘等整理方式为主,全书以简体横排的面貌呈现。

　　泰州旧志整理文化工程是泰州地区有史以来对旧志进行最大规模的集中点校整理,必将为读者利用泰州旧志提供完善的读本,为学界研究泰州历史提供方志整理范本,为适应时代要求、数字化利用历史资源提供重要文本。

整理前言

《〔崇祯〕泰州志》十卷图一卷,明刘万春修。

泰州是中国历史文化名城,历史悠久。秦称海阳,汉武帝元狩六年(前117)设临淮郡,其中有海陵县。此为海陵县见诸史册的最早记载。唐高祖武德三年(620),改称吴陵县,以县设置吴州。南唐烈祖昇元元年(937)设置泰州,下辖海陵、泰兴、盐城、兴化四个县;元宗保大十年(952),分海陵县如皋场设置如皋县,泰州增辖如皋县。后周,以泰州为团练州,属扬州。宋太祖乾德五年(967),泰州由团练州降为军事州,属淮南道。元世祖至元十四年(1277),设置泰州路;至元二十一年,改泰州路为泰州,属扬州路。至明太祖洪武初年,海陵县省入泰州,泰州属扬州府,辖如皋县。是为明以前泰州历史沿革之大略。

一般认为,中国地方志书的编纂,在宋代以前,还没有形成今天意义上的地方志书的概念。隋唐时期,作为官府的地理文书,图经得到了普遍编纂。因此,也可以将图经视作中国早期志书的雏形。南宋地理总志《舆地纪胜》中,已经有《泰州图经》的记录。南宋以降,泰州地方志书的编纂得到发展。宋陈振孙《直斋书录解题》卷八:"《吴陵志》十卷,不著名氏。淳熙壬寅所修。后三年乙巳,太守钱塘万锺元亨属僚佐参正而刻之。泰州在唐为吴陵县。"淳熙壬寅,是宋孝宗赵昚淳熙九年,公元1182年。而《宋史·艺文志》又有"项预《吴陵志》,十四卷"的记载。这两部《吴陵志》,是目前已知泰州的两部宋志。

逮至明代,方志编纂虽已蔚然成风,而泰州地方志书的编纂,在进入明朝百余年后始见编纂。正德间州人储巏、全英始创志稿,未成而卒;其后,正德十四年（1519），知州金廷瑞及通判谢源，在学正陈琦处得到宋、元旧本及储、全志稿之半，嘱陈琦葺而完之，至嘉靖元年（1522）始成其事，因而此志亦称《嘉靖元年志》，《明史·艺文志》有记载。此为泰州明代最早的志书。万历间，州人章文斗复纂成州志十二卷，名《甲辰志》，即万历州志。天启初年，知州周梦龙倡修州志，事未竣，解任去；其继任者翁延寿莅任时，适逢州志告成，遂名《癸亥志》，即天启州志，该志周、翁皆有序，今翁序存而周序佚。至天启四年（1624），州人刘万春在参考万历、天启两志的基础上，草创成稿，几经修改，于崇祯五年（1632）定稿，次年由知州李自滋校梓，至崇祯十七年成书，是为《〔崇祯〕泰州志》。然而明代及其以前的泰州地方志书，保存至今的，仅万历和崇祯两部州志，而万历州志据所存目录应有十卷，现仅遗存四卷，实为残本。

有关泰州历代志书的编修及其递承脉络，清夏荃《退庵笔记》中论之甚详。夏荃，字文若，号退庵，泰州人，生活于清嘉、道间。所撰《退庵笔记》十六卷，收录了自汉唐至明清间泰州地方掌故逸闻三百多篇，有较高的史料与学术价值。

《〔崇祯〕泰州志》，前有天启甲子（1624）九月望日翁延寿《刻泰州志序》，此外有崇祯癸酉（1633）姚思孝《新修海陵志序》、魏应嘉《新修泰州志序》及刘万春《修泰州志序》。刘氏在自序中指出，志书的编纂，源于万历州志"操觚者颇简陋从事"，而天启州志又"错杂不驯，出入失当"。在卷前的《凡例》中，他特别指出万历州志"过情失实，识者鄙之"，并阐述了本志的收录原则，强调志书的编修重在"考献征文、循名核实"。而如皋作为领县，其相关资料得以按类从如皋志书中采摘，分系于各卷之末。此外，卷前还分别列有天启四年和崇祯五年参与修志人员的姓氏名单，从这些名单可知，至迟在天启四年，刘万春在郡人王驺，州庠储煐、张廷寀等人的协助下，已经开始了志书的编纂。

卷前另配有图十一幅，除泰州《四境图》《城池图》以及如皋《四境图》《城池图》四幅舆图外，另有关于泰州地方水利的图七幅，采自陈应芳《敬止集》中的《下河图论》。陈应芳，字元振，号兰台，泰州人，万历二年（1574）进士，官至福建布政司参政。本书卷六《人物志》有其传。他在辞官归乡后,潜心研究泰州水道原委及下河水患,集有关河道的奏疏、公移、私札等为一书,成《敬止集》四卷。在《〔崇祯〕泰州志》卷九《奏疏》中,特别载入陈应芳的有关河道、田赋、灾异等方面的文章七篇。

本志采用纲目体的篇目形式,共八志五十四目,分十卷。纲目设置与万历州志相似,只是卷名名称略异。八志分别是:职方志(沿革、星野、疆域、形胜、风俗、物产六目),建置志(城池、公署、学校、兵戎、驿铺、乡都、街市、坊表、桥渡九目),赋役志(户口、课程、力役、马政、盐策、河渠六目),官师志(职名、抚镇、海道、牧政、师表五目),选举志(辟荐、进士、举人、贡生、封荫、例监、武胄七目),人物志(理学、名贤、武勋、隐行、孝子、高行、尚义、贞节、期寿、侨寓十目),方外志(坛壝、庙祠、寺观、仙释、丘墓、灾祥六目),艺文志(碑记、疏揭、申呈、诗赋、墓志五目)。所记下限至崇祯十七年。每门前有总序,各目之后,纂修者以"外史氏曰"的形式,对本目所记内容进行评点、发表议论。

《〔崇祯〕泰州志》的内容,充分突出了地方特点,反映了泰州的地方特征。志书"详略有体、文采有则",体例严谨,文字精湛。其人物传记部分,尤有创见。人物是地方志书中的重要内容,所谓地以人贵,人以地传。而以王艮为代表的"泰州学派",师承明朝著名的思想家、教育家王守仁,成为中国思想史上重要的启蒙学派,影响极大。《人物志》中特辟"理学"一目,自宋胡瑗以下至明季王艮,详述"泰州学派"师承渊源、学术成就及其代表人物情况等。有关泰州水利,亦是本志记述的重点。泰州自古号为泽国,又与高邮、宝应、兴化天水相接,其间水网密布,由于河腹甚浅,易盈易涸,历代水患频仍。本志《赋役志》下,特列"河渠"一目,其中《河渠考》一篇,对泰州上河、下河并市河三条河流的原委、疏浚等作了详细分析,着重说明泰州上河、下河原为运盐故道,不仅仅百姓农田赖以灌溉,而盐场运盐的船只,亦借此通行,实为国家命脉之所系;而自万历以后,由于统治者的惰政,挑浚绝响,致使河道淤塞,"以故一遇暴雨,亘亩皆盈;若数月不雨,而焦原铄金,又赤地千里矣"。文中因此给出了极为中肯的河道疏浚建议。正是因为《〔崇祯〕泰州志》不虚美、不隐恶,以及"德怨罪知,总无所避"的史笔精神,因而《四库全书总目提要》对于该志的评价颇高:"意主黜伪存真,颇不徇其乡曲。其论学究而蔓理学之堂,方技而割隐君之席,及诔墓之文,虽工不录者,皆切中州郡志书之弊也。"

篆修者刘万春,字延之,一字公孚,号忠孚居士,明泰州人。万历四十四年(1616)进士,历任户部主事、兵部员外郎等职,官至浙江布政司参政。著有《守官漫录》五卷。他素以廉洁贞诚、笃行君子称于时,晚年回到家乡,在泰州辟有秋实园。其诗作《税务桥次韵》云:"中市虹飞处,当垆酒易赊。棠郊邻此地,杏馆属吾家。小割西湖水,遥分东岳霞。一从蠲税后,不复榷舟车。"诗中夹注云:"寒家有秋实园。"秋实园位于税务桥东街。刘万春居住在秋实园中,慨然于前志的阙略,遂与同道者寻访境内风土文物、典章遗踪,"覃思竭虑,征材咨访"。在泰州,他熟稔乡邦文献,参与建造祠坊,撰写乡贤崇祀录,主持先贤遗稿的汇刻;他勤求民瘼,访贫问苦,代拟奏章,请求蠲免地方赋税,为百姓纾困;他广泛接触泰州地方各界名流,与地方士人相互倡和,由此掌握了编修志书所需的丰富的地方史料。刘万春历时近十年主修志书,其间数易寒暑,方得脱稿。他浓厚而执着的乡梓之情,不仅为泰州延续了珍贵的文脉,也使得此志成为一代名志。

《〔崇祯〕泰州志》于崇祯六年由知州李自滋校梓,崇祯十七年成书。至清康熙五十八年(1719),魏锡祚复据崇祯刻本重刊。魏锡祚,字子晋,号长麓,山东莱芜人,康熙三十九年(1700)进士。他在任泰州知州时,由于《〔崇祯〕泰州志》"刻板朽蠹,字迹磨灭,不可辨识",他遂重为刊定。虽然他称"不敢加损一字",实则于旧志多有删节改动。一方面,他对于崇祯本中存在的不少明显的错字,据其他资料或上下文义加以改正;阙漏的地方,加以补充。另一方面,他对于崇祯本的内容作了不小的删改,如不仅将原志中称清兵为"虏酋""虏骑"等字词,或删或改,而且将原志中与如皋县有关的内容亦予删除,而如皋在雍正初年才划隶通州,殊失允当。此外,一些对于清帝的避讳字,如胤(嗣)、玄(元)等,亦进行了改动。《艺文志》中,不知是出于什么考虑,他或是删除了一些内容,或是增添了一些内容,或是对顺序进行了调整。至雍正六年(1728),褚世暄等编修州志时,将魏锡祚重刊本的内容基本全部移入了《〔道光〕泰州志》中,并增添了崇祯后至雍正初这一时期的新内容。而上述的康熙重刻本的这些删改,几乎原封不动地被沿袭,个别地方又有所改动。这些都是使用本志需要注意的地方。

整理说明

　　一、本志的点校整理，以明崇祯刻本为底本。所据底本有两种，一为《泰州文献》（凤凰出版社 2014 年 3 月出版）据泰州市图书馆藏本所影印之本，一为国家图书馆藏本（中华古籍资源库数字化扫描件）。此两种虽为同一刻本，但都有部分页面漫漶难辨，部分内容残缺，卷前顺序亦不完全相同。相比较而言，国家图书馆藏崇祯刻本，品相较好，内容保存较完整，故本次整理，主要以国家图书馆藏本为主。遇到字迹难以辨认或内容残缺之处，则参考《泰州文献》影印本以补充。

　　二、点校整理时，又以清康熙五十八年魏锡祚据明崇祯刻本重刻《泰州志》（下称康熙重刻本，所据底本为《中国人民大学图书馆藏稀见方志丛刊》据中国人民大学图书馆藏康熙刻本影印）及雍正年间所修之《泰州志》（下称《〔雍正〕泰州志》，所据底本为《泰州文献》据国家图书馆藏雍正六年刻本影印）为参校本。《〔雍正〕泰州志》虽然几乎完整地收录了康熙重刻本的内容，但有些地方亦有增删等不同之处，可资参考。

　　三、整理内容原则上依据底本。底本与参校本有差异，若底本为明显的讹、误、脱、衍之处，则据参校本改正，并出校记说明；若两可，不能判断孰是孰非的，则以底本为准，并出校记说明参校本的不同之处，以供参考。差异处，同一内容多次重复出现的，一般只在第一次出现时出校记，以后则径改，不另说明。康熙重刻本和《〔雍正〕泰州志》本属于同一版本，与底本的差异处，一般不作分述，仅两本有明显差异时，另出校记说明。

　　四、底本阙佚处，除依据参校本增补外，亦据其他文献补充完整。无法增补的，以□符号标示。

五、一些常见的写刻错误,如"戌""戍"、"己""已""巳"、"亳""毫"、"佑""祐"等,一般径改,不出校记。康熙重刻本和《〔雍正〕泰州志》中为避讳而改的内容,如改"国"为"明"、"玄"为"元"、"丘"为"邱"、"胤"为"嗣"等,一依崇祯刻本,不另出校记。

六、异体字、古今字、碑别字等,整理时统一改为规范的简体字。人名、地名等改后易引起歧义的,则可保留。如"幹"作人名时,不简化为"干"。通假字,一般保留。

七、古人引书,常有省改。凡本书节引他书而不失原意者,一般保持原貌,不据他书改动。若为明显讹误,影响文意者,则据改,并出校记。

八、由于崇祯本中所刻之图多已漫漶不清,影响使用,除如皋《四境图》《城池图》保留外,其他各图皆已用康熙重刻本所刻之图替换。

九、书末编有附录,附康熙己亥(1719)魏锡祚《重刊泰州志序》、康熙庚子(1720)魏锡祚《后序》和《四库全书总目提要》关于《泰州志》的提要,以参考。又附泰州市图书馆藏本卷末沈世德、沈世甲藏书跋,以显有识之士保存乡邦文献之功。

目 录

刻泰州志序

泰州新志,岭东周侯实肇厥始,草创略具,不果竣役。司马大夫忠孕刘公属奉使还,周旋子舍。诸生以公留心桑梓,匪一朝夕,胸藏石画,雅抱史才,愿得衷而裁焉,用底厥绩,庶几一郡完书,永垂不朽。公乃殚心综核,提要挈纲,纠讹订舛,曲邑旁通,以视周侯所修,饶可征信,宁厪厪笔之、削之而已?不佞时以摄篆吴陵,欣睹成事。诸生徐子文炳等爰用序请,不佞否否。偶承人乏,来守筅籥,惟是出纳启闭是谨,簿书简稽是程,安所窃史乘而表章之?况郭公有序,周侯有序,刘公抑自有序,不啻详且美矣,不佞何能为役?诸生固请:周侯之序,在守言守;郭公监司,所谓有事兹土者也,恶在执事摄篆,容嘿嘿为?不佞曰:“诺。”

史以传信,载信而行。志乘昉古外史,奈何无信?泰志残缺,几可百年,甲辰曾一补葺,而多不允;韦侯颇有修订之想,而力不终,则其信难言之矣。海内郡邑,为志乘者不少,徒以纪幅员,辨土产,载齐谐,矜富胜,组缋织藻,备都人士耳目外之观耳。民生利病,国计盈虚,未克条晰,按如指掌。废仁人志士,幽隐弗扬;灭廉吏贞臣,行业不录。则生于斯、守于斯者,与有责焉矣。乃观周侯之所草创,刘公之所衷裁,所为志职方、志建置、志赋役、志官师、志选举、志人物、志方外、志艺文,大略纂志所同,即周侯为仍旧贯,而其中未详且核者,不无待于重修。间读刘公重修《凡例》,而见一种深心无涯,德意盖于编摩纂辑外。水乡沉没可悯也,则列陈太仆之绘图,愿拯陷溺;兑粮之偏累可商也,则列四州县之额数,愿普均平;灶粮之代征包赔,可厘而革也,则披故牍、采近闻,列为控吁之科条,愿急请命。他如故抚台之戡阃,傅道尊之秉宪,刘州守之爱民,不可忘也,则为之立传以永思。林文选之清贞,凌中丞之忠谠,储金宪之著述,陈同贰之刚方,不可佚也,则为之标举以垂范。诸凡此类,未可悉数。总之,网罗故实,扬摧名贤,培邦本,苏民困,阐士节,挽颓风。旧所不当书而书者,则削之,不任怨。旧所宜书而不书者,则增之,不任德。芜秽尽芟,璀璨熠煜,公道不磨,直笔为宪。成言乎信史与哉! 而周侯一番草创,得公之修订,于是为完书。后之守兹土者,一展卷而三复,为寻利病之根原,洞登耗之情状,究迁革之事宜,图补救之实益。则公所为,留意桑梓,而续周侯之绪,俾其无遗憾者,功等而倍之矣。不佞沉埋案牍,雅愧不文,第乔代庖,幸际成事,未敢固辞,稍为糠秕之导,以谢诸生,以昭信史。若其彪炳光华,用为志重,则有诸君子之序在。

天启甲子九月望日,署泰州事、扬州府清军同知、东粤惠来翁延寿题。

吴郡陆令钧书。

修泰州志序

　　昔《周官》，小史志邦国，外史志四方，而又有土训、诵训之属，郡乘、邑志所从来矣。弇州氏亦云："一代缺而一代之迹泯如也，一郡邑缺而一[1]郡邑之迹泯如也。"海陵古志，断简仅存。嗣是则有甲辰、癸亥二志，前志操觚者颇简陋从事，第失之固耳；后志或谓其错杂不驯，出入失当，且如楚人之谈殽渑，越人之谭邛筰，百不得一焉。是奚足传信乎哉！窃谓郡县有乘，仿国之有史。史经馆阁宏裁，备一朝之大政。志则文献之枯菀、间阎之瘠皁、钱谷之登歉、河渠之迁革、累祀之民风土俗，自为一古今。设猥以吮毫伸纸、汗青副墨之业，而委之孤云逸客、野鹤山癯，雅非身履目击之人，复恣乞米受金之态，听其自抒胸臆，任情颠倒，传信之谓何？史之大纲，先在不虚美。泰为王心斋先生倡明理学之乡，后来村中学究、方伎杂流，动相慕效，聚讲升堂，吠影吠声，遂一概目为理学。如旧志所载崔殷、梅月数辈，不知其为何许人，皆冒叔敖之衣冠，或窃孔林之俎豆。犹忆乡前辈刘念阳先生造余，谓："过情失实，无甚于此。此断当折以大义，亟为驳正者。"余韪之。又如循良传所漏遗者，傅后川兵宪之经济，传在名臣；刘彬庵州守之仁廉，得于睹记，今特表而出之。借光简编，以补阙略，亦一快事也。《艺文志》寥寥数篇，几如嚼蜡。至如李本宁太史《修学记》，雄长词坛；林子仁先生《志铭》，属唐荆川巨笔；《吉祥殿碑记》，为宋学士陆游名篇；华公湘《正历元》一疏，遂为后世言历之祖，此等龙象人物，蝌蚪艺文，应不易落于人间。今搜得，与之流通，又一快事也。甚如吾泰土瘠而民贫，去州治数百武而北，

---

[1]　一：原缺，据〔明〕王世贞《弇州四部稿》补。

率沮洳大壑,其村落萧条,其手足胼胝,其面目黧黑。经年水火耕耨,强半委之阳侯,不则流金百里,原田沧海,转盼已非。恶在如枚叔所云"东山之府,海陵之仓"!先是,陈仆少有《敬止集》,著为图说,谈利病如剥肤。此而不载,其何以使官兹土者留意于河渠,恫然思维迁革之故乎?又如民间为灶里包赔钱粮,最一秕政。昔之贤明监司、仁廉州守,汲汲以民灶分征请命当路,竟能得之。而后之不肖有司,辄居灶粮数千之羡金为奇货,猾胥利于包赔,用此为饵,仍请合征,而良法遂罢。今志考具在,不可不三复于斯也。泰虽不腆泽国,是昔韩、范二公相继过化兹土,各有惠政,高山景行,岂繫异人?后来者当不窃窃然望[1]二公,溟涬然拜其北面矣。如皋为属邑,仍分系各类之后,宁核毋滥焉尔。他如纶音、寿序与帐饮、祖道之篇,它志或有存者,然于郡乘犹马牛其风,悉置不录。借曰史在不虚美、不隐恶,夫虚美,所不敢出也,乃居邦有不非之义,吾宁存厚道云。

时崇祯癸酉仲春哉生明,郡外史刘万春谨书。

---

[1] 然望:原作"伯",据康熙重刻本改。

新修海陵志序

余友见独李大夫，上谷中名家也。绾纶守扬之海陵，莅政精明，锐意厘奸剔蠹，新发之硎，目无全牛，盖期月而奏最。会海陵士夫以塞南关板桥请，大夫曰："愿以志证。"及读志，无考，询其作俑，市狯议塞有待。爰寻访境内风土文物、典章遗踪。志为翁郡丞修订，大夫弗善也。城中志书，隶于内府所藏者。按谱，维扬十郡邑皆有全志，志皆列纂修主名，惟泰志仅一本，又逸其姓氏不载。窃以为此古本亡疑。

往不具论，论其在海陵者，旧志两种，大夫评之，一略而陋，一该而杂，翁本季孟间哉。作而曰："嘻！志所系非轻矣，谈何容易？不佞守臣，旷厥职欤？"诘朝，造请大参刘公忠孕为政。夫公筮仕计部，上崇文门羡金，荷温旨优叙，擢司马，扬历中外，清正端谨。去后，建祠树石，以昭明德。大参益廉洁贞诚笃行君子也，又不轻假人颜色。今读其志，毋论详略有体、文采有则，笔札辛勤，阅寒暑成完书。至秩官列传，有不能不避、不得不避者，大参竟不避，微词互见。匪特任劳，兼以任怨。良哉史乎！足以驾前人，规后来矣。闻先是陈同卿于前守修志，绘本州舆地图，明所以患水甚悉。盖高、宝滨湖受水，藉堤为束，即如釜，乃上流，湖从堤东注，则下流矣。高、宝两州县，低田分受之；海陵低田与共界者，独受之，图形昭然。其桑梓深情与？

余读《维扬郡志》，叹高、宝水患易见，海陵水患难知，辄为海陵作杞人。似同卿先生犹有遗议矣，请于大参更端。凡高、宝腴田，尽在湖西，邻府蜀冈、五塘，平原数百里。旱则引湖灌溉，涝则决水归湖。夏秋湖泛，若于高田不相闻，患亦不患也。所云水田，正与海陵共界，计三十里而止。海陵腴田，仅南关沿河东西一线，大约亦三十里。其余皆与高、宝共界水田，弥漫百五十里。以此观之,三州县地势腴瘠相反,沛泽广狭相反。高、宝漕粮,产于湖西;海陵漕粮,没于水底,利源相反。即被水灾,高、宝轻,海陵重,受害更相反。然则同类共道,尚不得其平,况海陵转不及格耶?曷言乎高、宝者易见,海陵者难知也?易见者,湖面下流之水也,因而遇灾,则以三十里下流之灾,实其上流数百里无灾作灾;难知者,旷远无际之水也,不幸遇灾,则以沿河三十里无灾,掩百里有灾作无灾。倘非亲历草野,乌能洞相反处如观火,实受灾处宏膏泽之施欤?

大参公固与余曰:我辈有其心而无其权也。惟议出词臣,则太史鸿裁,堪作守邦永鉴。今而后,敝乡之不复苦向隅也,太史氏实贻之,任劳者亦与有荣施哉!予逡巡,谢不敏,第幸末议当于大参公,遂弁简端,将以俟司金匮石室之采风者。

时崇祯癸酉二月哉生明,赐进士第、翰林院庶吉士邗上姚思孝永言父题。

新修泰州志序

　　余素性迂疏，不谐时好，惟扫轨杜门，可无大过，愿如斯矣。春初，携诸子海陵应科试，晤忠孚大参刘公，索读其修海陵新志。甫展卷，一读一击节，赠公《读新志一章穆如清风》。谓予长于诗乎？诗生于情也。咏歌之不足，又为《序》揄扬之。《序》曰：

　　志之作也，非夫抱经世问学、济世宏才，而辅以公世深心，傎能拈笔伸纸，措半语乎哉？海陵方百八十里，幅员甲于扬郡。其陵谷变迁，风土美恶，人物盛衰，不得执今议古，亦不得泥古妨今，所贵详探博讨，集成完业耳。大参公渔畋苞房，志体备矣。彼辞艳而事弗核；事核矣，而语弗驯；语驯矣，而非燕许大手笔，不须子羽运斤乎？大参覃思竭虑，征材咨访，洗涤芜秽，璀璨维新。凡旧所不当书而书者则削，曰："无等于稗官之杂也。"所宜书而未书者则增，曰："无只为遗珠之椟也。"微以显之，幽以阐之，德怨罪知，总无所避。有味乎列传哉！数事而称，不外溢美一字，他或寓言焉，或正言焉，文辞瑰丽。而其凡例，凛乎霜钺，有余畏矣。及再读辑陈太仆《水田》诸篇，编次《灶粮考》，相见大参桑梓之谊，更为笃挚。盖海陵与敝邑接壤，敝邑四面受水，宛如釜形，一遇水灾，敝邑寡君代小民呼吁，直达宸听。海陵三面受水，独厪公一人己溺，何也？志云：海陵南傍漕河，仅衣带三十里，本境豪胥，据三十里掩百五十里，莫以告；而耳食者亦惟知泰州三十里瓯窭，不知百五十里尽污邪耶！宜大参公同室缨冠，鳏鲤楮颖间矣。民灶分征，地方急务，夫何确有成案，弁髦视之？大参切责乎舞文，而余重惜乎昏志。"诚不以富，亦只以异"，胡不闻欤？奉文免征金钱，纤微抄忽，皆圣明浩荡洪恩。大参特为标揭，以昭臣子，对扬休命。尤严加旁注："奉文免征，遵行在卷,该房永不许朦胧派征。"噫!此大参公婉辞也,得无有征者乎?故郑重申饬,以杜后来乎?志有前后,二种捆摭,数易寒暑脱稿,再费抽研,合之为一,皆大参独力。是惟其直笔足以使才,高才足以副学。秩秩乎,彬彬乎,治法具在籍记云乎哉!嗟乎!志近于史,史尊乎信,如其可信则必可传。兹志也,岂惟在泰?以俟他郡国有余裁也,以俟一代有余采也。大参公千秋之业,其在斯乎!其在斯乎!

时崇祯癸酉清和月朔日,赐进士及第、通议大夫、兵部左侍郎、前太仆寺卿、奉敕督理京边马政、大理寺右少卿、太常寺少卿、吏刑二科都给事中、侍经筵昭易魏应嘉书。

凡　例

　　郡乘建置、谣俗、形胜、赋役之类，一书佣足办之。所贵考献征文、循名核实，以昭信史耳。旧志虽竣，说者犹以故实未详、节孝多滥。会不佞过里，初董修者为庠友徐君、储君，具呈摄篆，郡丞翁公雅以论次见推，遂有兹役。

　　修志者，产非海陵，监司、守牧之贤，多所未谙。如傅后川道尊、刘彬庵州守诸公，皆其表表者，特为拈出，以系去思。他如体用之儒、清白之吏，事久论定，月旦同归，意在激扬，亦为增入。

　　官兹土者，非贤不为立传，亦有贤而失于睹记者。然科名、氏里，例宜备书，今具考求，胪列于左。

　　宦绩非离任，乡贤非已往者，例不得书，以俟论定，且惩旧志滥觞，为献谀者嚆矢也。

　　则壤采前道熊公《赋役成规》一书。又如崇祯三年裁减驿站夫马及协济金钱，奉旨免编。今悉载入，以永遵守。

　　志纪民间疾苦、政事利弊也。有司害政者，无如代征灶粮一事，当路置若罔闻。今搜故牒、采遗闻，成《灶粮考》正、续二帙，以俟观风者采焉。

　　诗文有关典故者必书，初志无暇旁辑，兹刻视旧额稍广之，然亦拔其粹者，不敢滥入。

　　古志有胡安定等墓志三首，初黜之；又考《唐荆川集》，有《林子仁志铭》，为世所传诵，兹特存名笔四首，成一郡完书。其余多谀墓之文，虽工不录。

　　《甲辰志》过情失实，识者鄙之，今已划削略尽。若旧志，或以学究而蕪理学之堂，或以方伎而割隐君之席，诸如此类，尤难枚举，兹秉直笔抹之。

论赞有冠以职方氏者,为不佞初修时笔也。既则芜者削之,俚者文之,旧稿仅什存二三矣。悉用外史氏,不复分别。

如皋为领县,分系各类之末,示有统也。今悉采皋志载入,宁要毋繁。

是役始于天启甲子年,今岁星已将十周,其间官师霞灿、科第云蒸。郡侯谓泯而不传,且一以漏十,爰循往例,备列左方。盖将欲风劝于来兹,故增补于全帙云尔。

郡外史刘万春识。崇祯壬申九月穀旦。

泰州志图

舆图四：
四境图
城池图
如皋四境图
如皋城池图

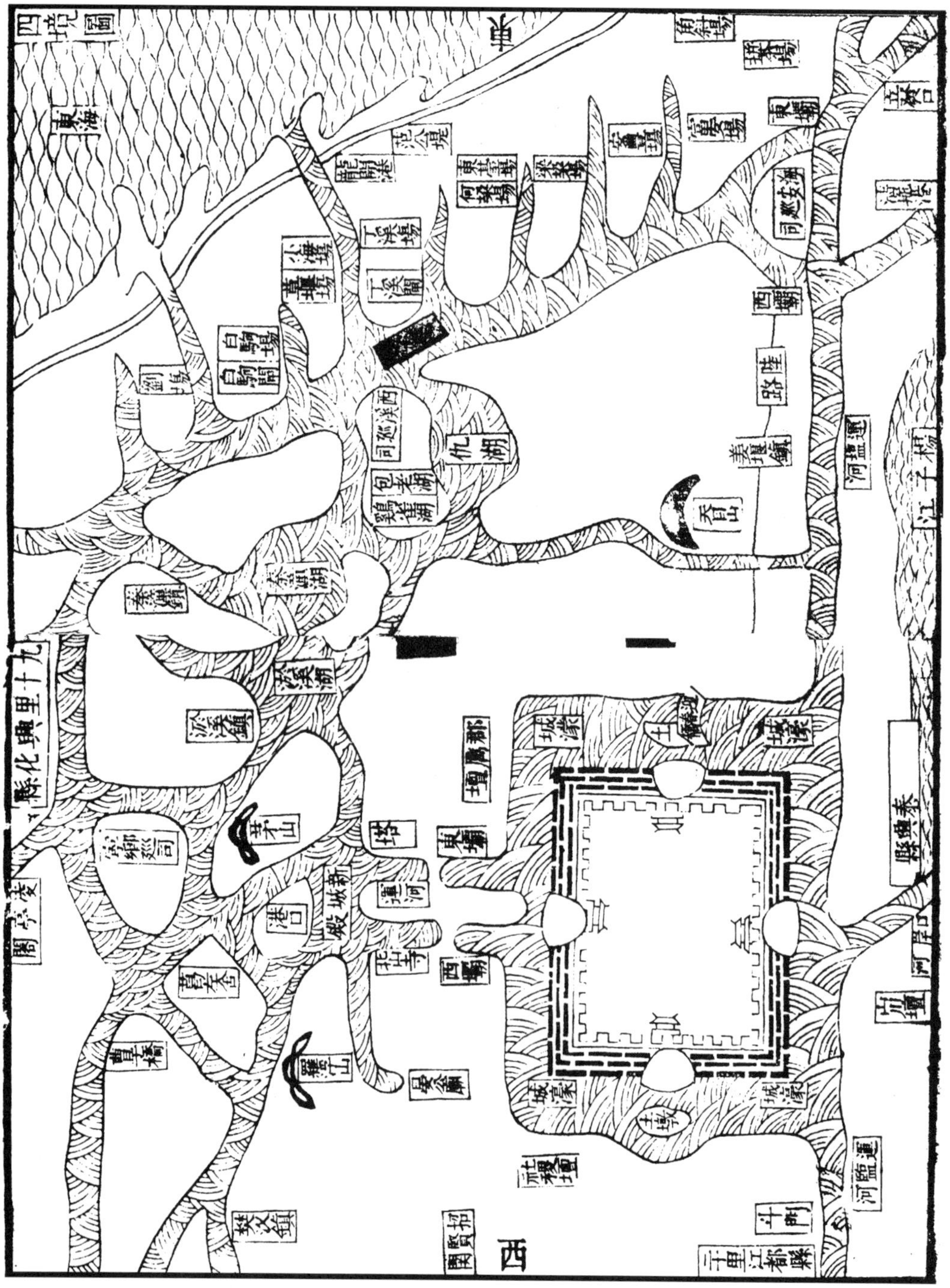
四境圖
東海
東
西

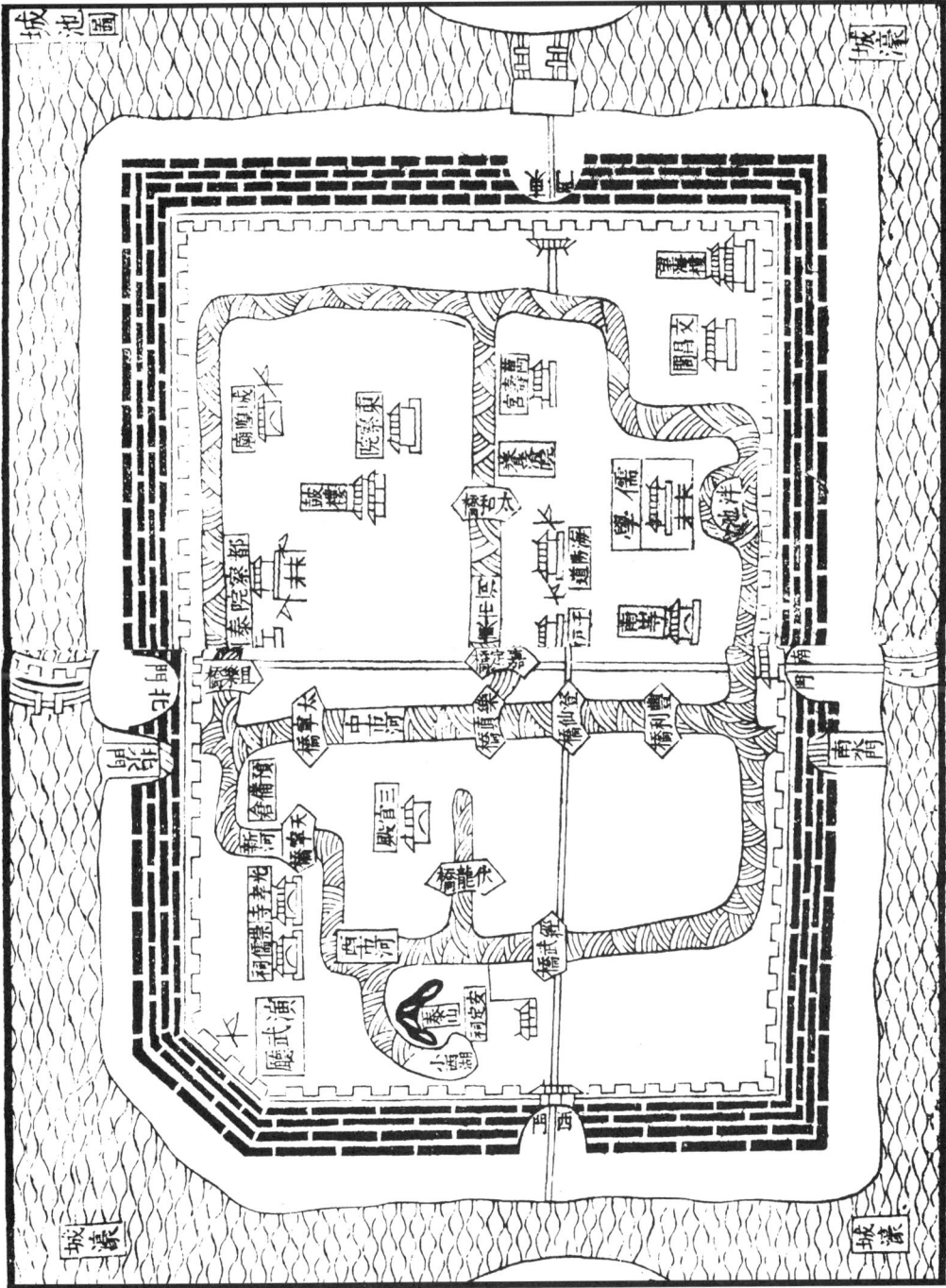

城池图

城壕　城壕

城壕　城壕

西门

南水门

北水门

小西湖

儒学

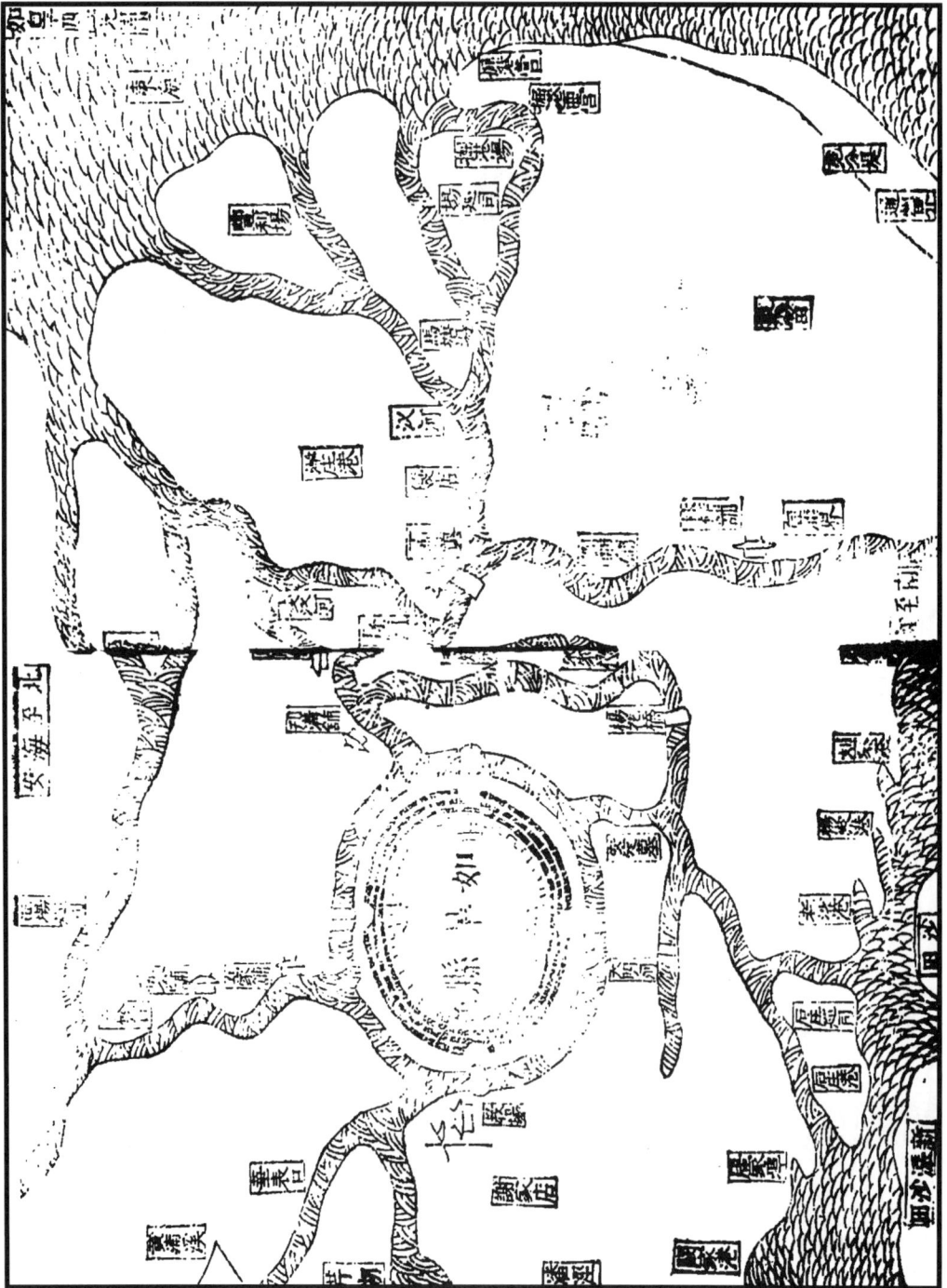

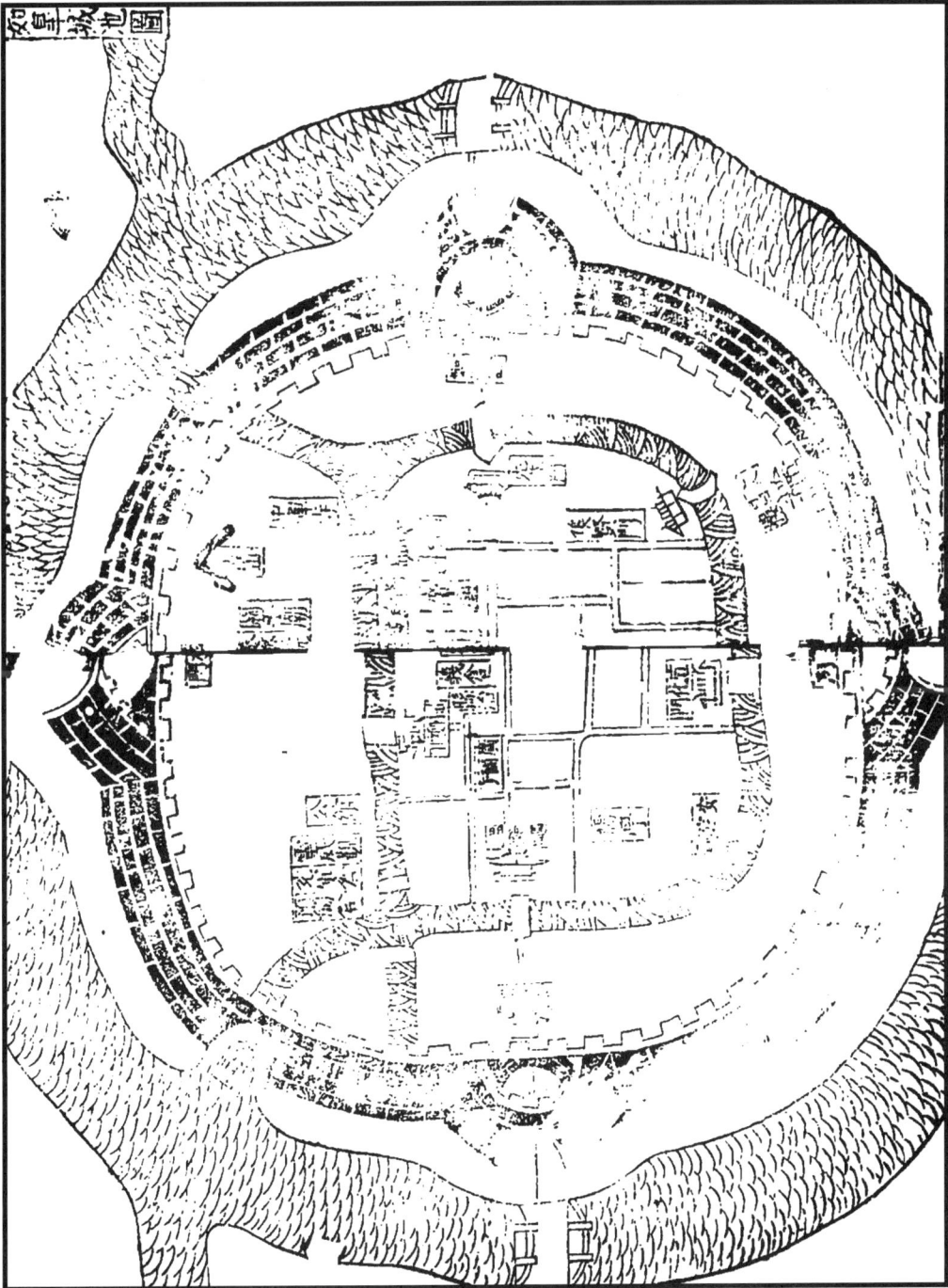

图　说

　　图者何？图淮南漕堤以内被水之壤地也。壤地环五州县，千里广矣。绘之一叶，曲折难详也；直其方位，展阅未晰也。故今以南北横之，象南有江而北有淮也；东西直之，象东有海而西有湖也。地理自然之势固如此矣。且牵连接续，庶足考其颠末云尔。图凡七首，具如左。

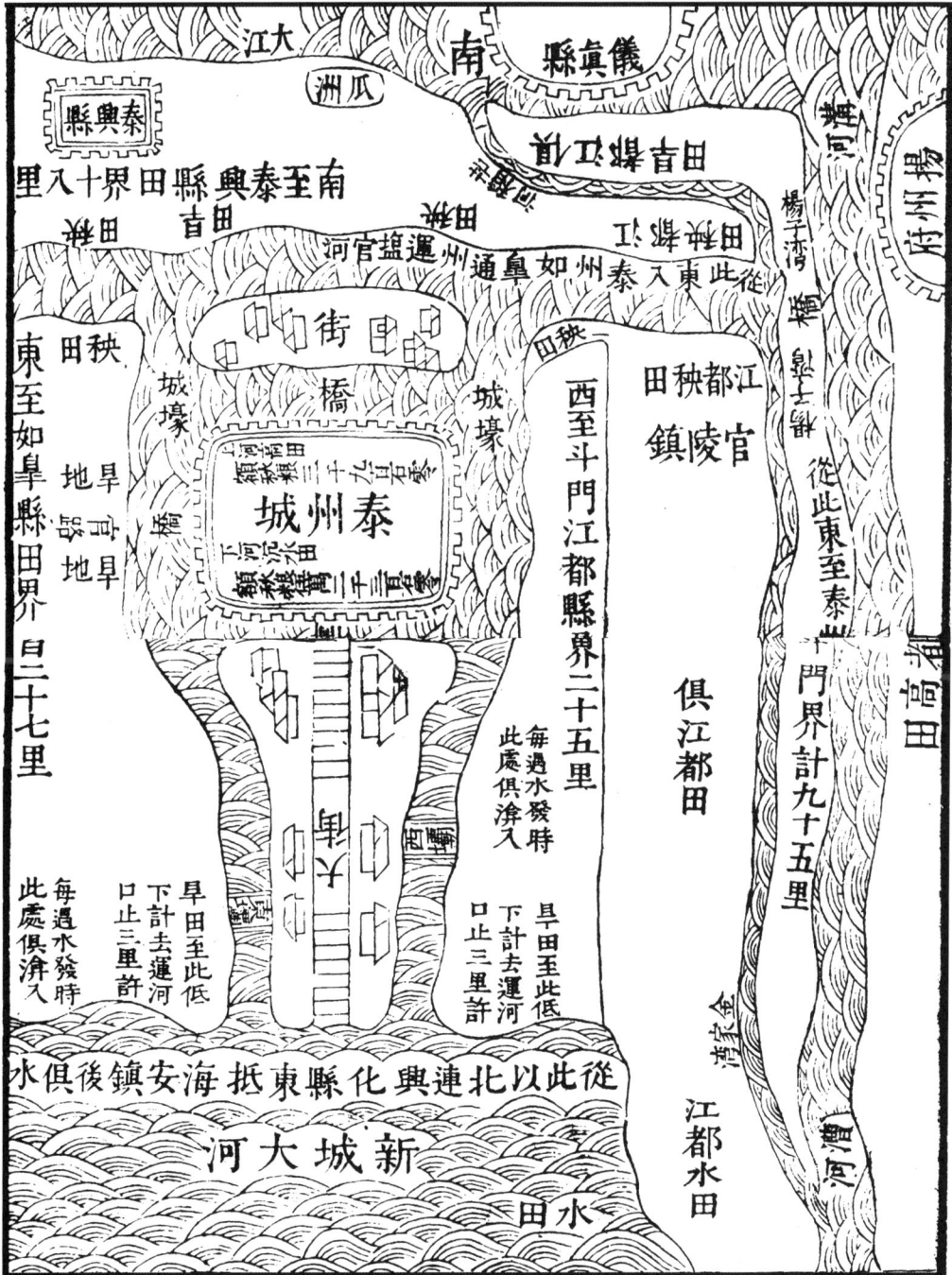

大江

南　儀真縣

瓜洲

泰興縣

南至泰興縣田界八十里

田　吉田

泰興縣田　吉田　洲浦

运盐官河　皇通州如州泰入东此从　杨子湾　皇士坝　揚州府

街橋

城壕　城壕　田秧　江都官　秩田　鎮陵

秩田　早埝田地

泰州城

西至斗門江都縣界二十五里　每過水發時此處俱浨入

俱江都田

從此東至泰州斗門界計九十五里

東至如皋縣田界二十七里

早田至此低下計去運河口止三里許

旱田至此低下計去運河口止三里許　每過水發時此處俱浨入

每過水發時此處俱浨入

從此以北連興化縣東抵海安鎮後俱水

新城大河

江都水田

田水

金家灣　海河

南

祁溝

溱潼

青蒲

串場河

東海

梁垜場

范公堤

樊汊

高郵水田

泰州水田

海陵溪

戴家澤

鳧蕩

東臺場

錢家汪

寧鄉巡司

西溪巡司

何垜場

高郵水田

泰州水田

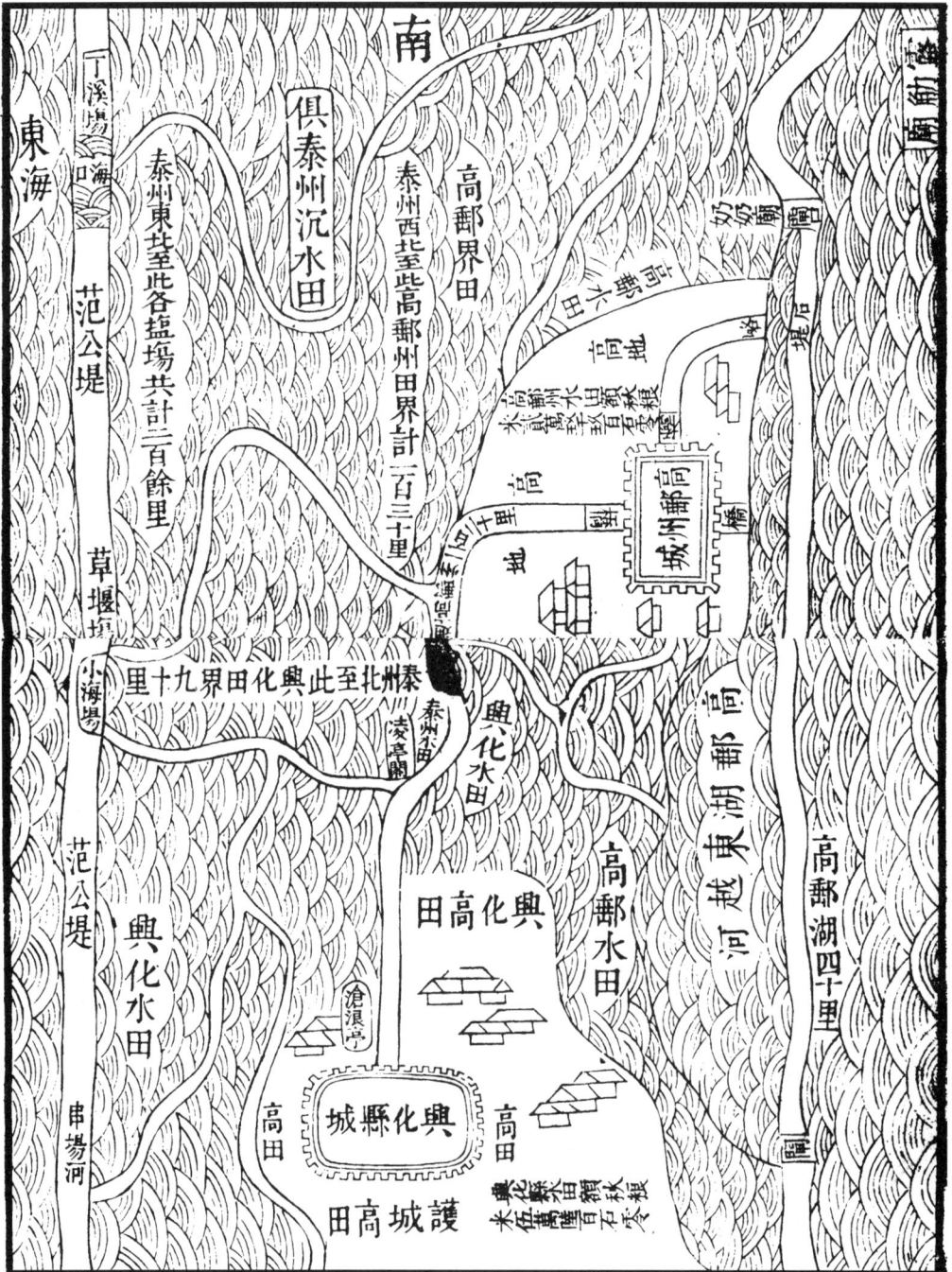

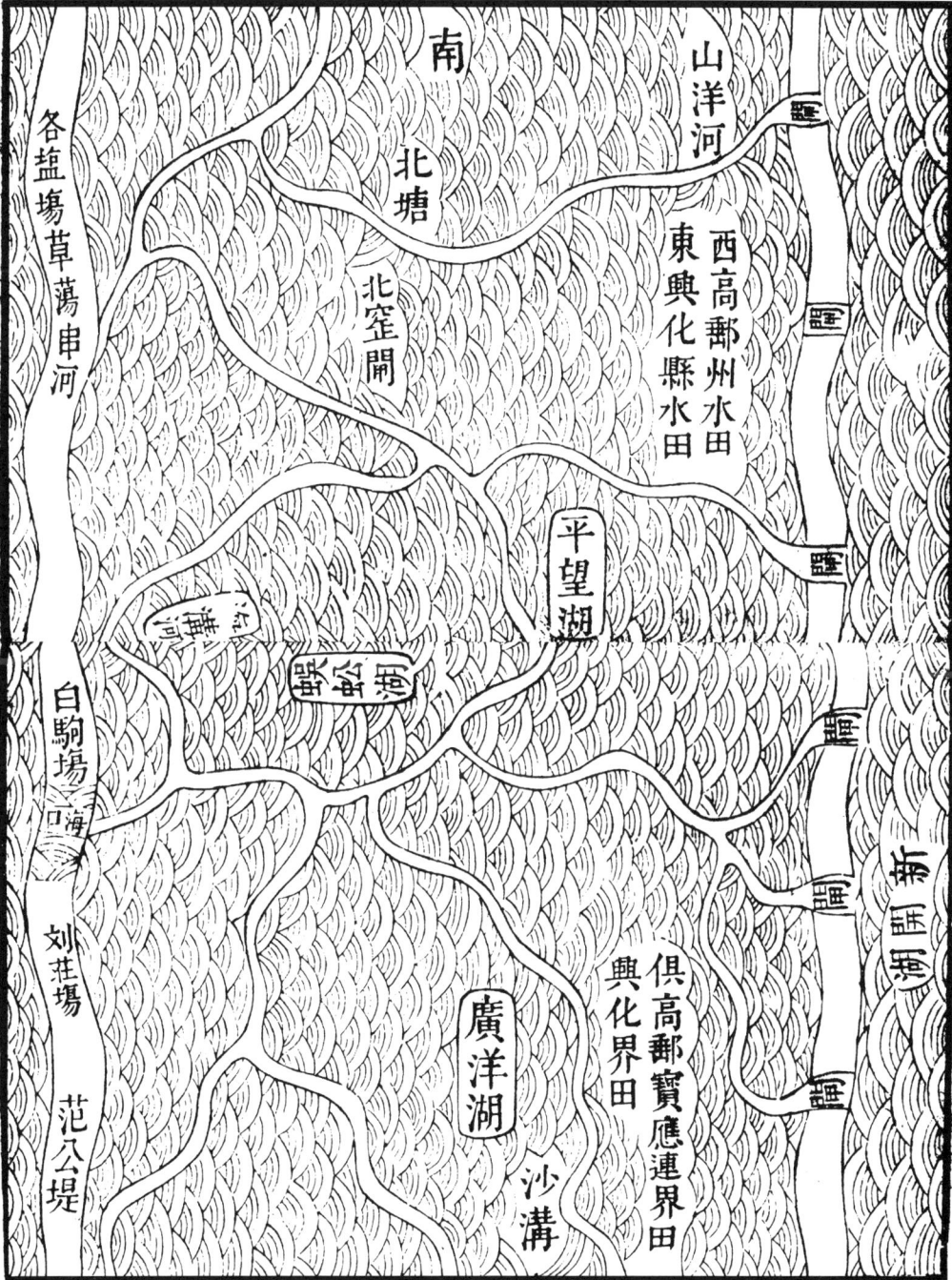

各盐场草荡串河

山洋河

南

北塘

北窪閘

西高郵州水田

東興化縣水田

平望湖

海安河

海公海

白駒場海口

刘莊場

范公堤

廣洋湖

沙溝

俱高郵寶應連界田
興化界田

新

湖

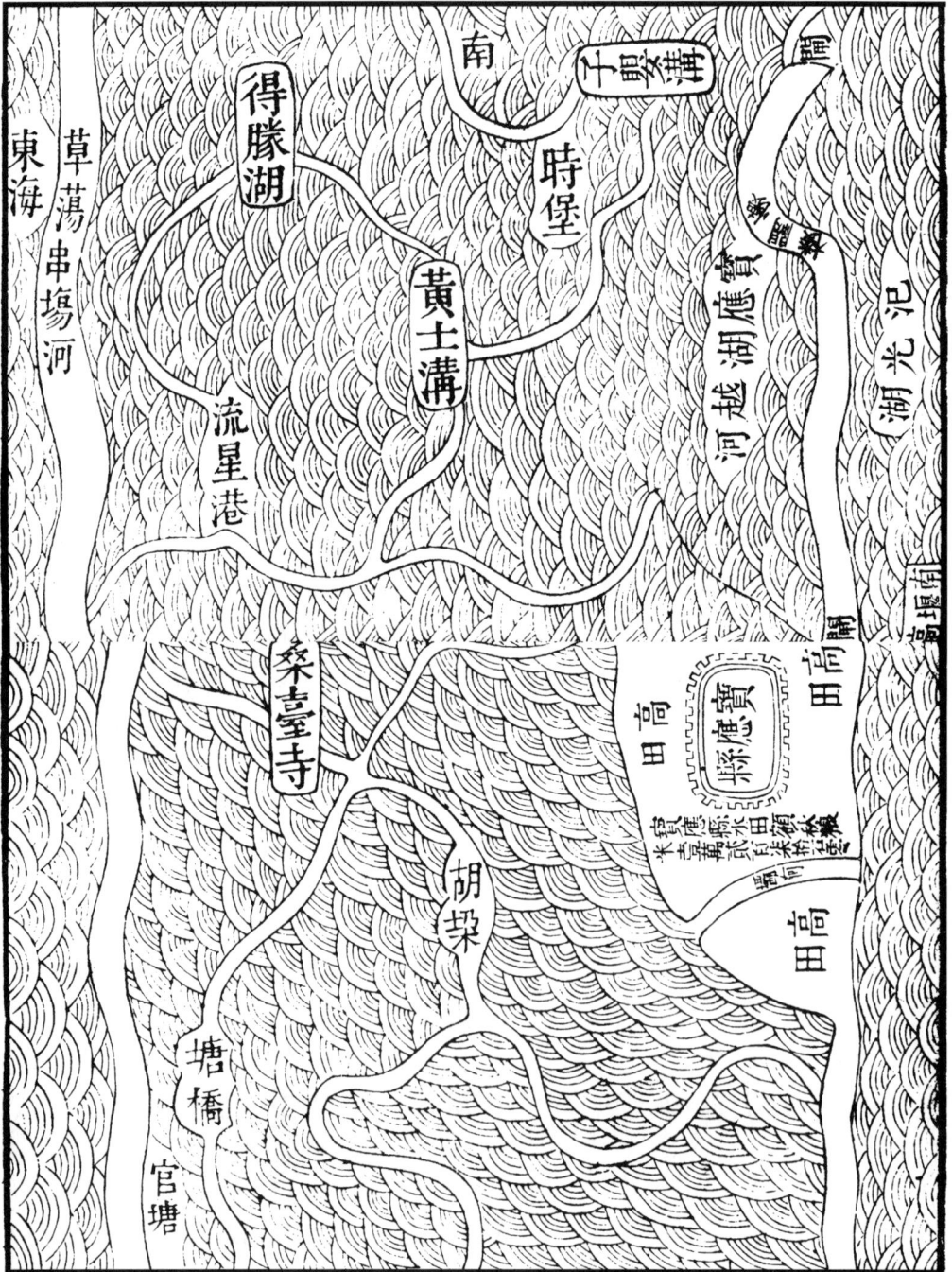

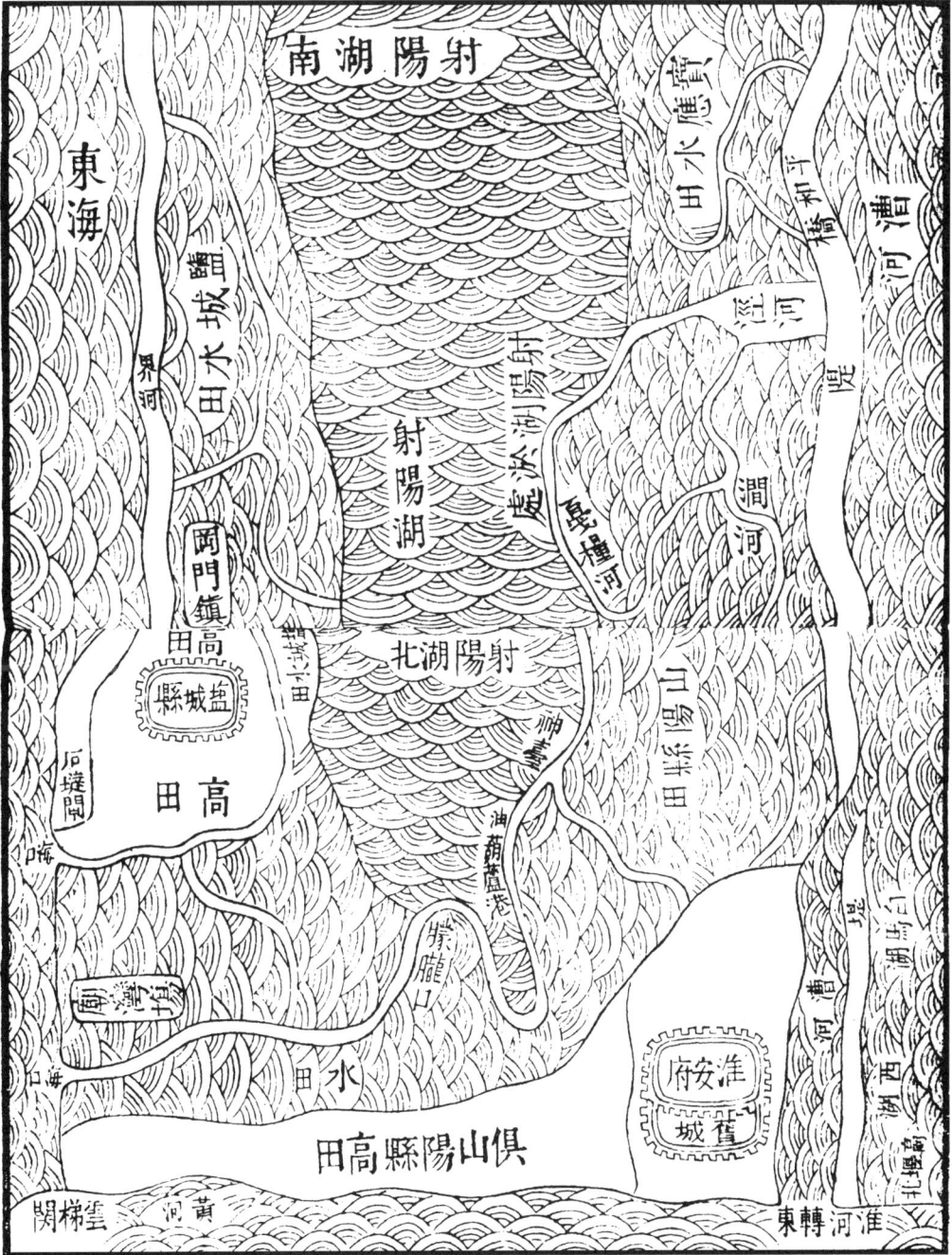

射陽湖南

東海

射陽湖鎮水田

橋和平

浦河河

臨城水田

界河

廟灣水

涧河

岡門鎮

射陽湖

廟灣河

射陽湖

射陽湖北

涧河

盐城縣城

高

油盐河

油莒河

草莒河

石礓閘

高　田

御車塘

油葫蘆巷

蒙隴口

海口

御車塘

海口

淮安府舊城

水　田

湖西

運河西坝

北坝中坝

雲梯關

黄河

俱山陽縣高田

淮轉河東

　　此图陈太仆公念州罹水害，上河高田无几，下河沉水十之九也；而冠盖下临州治，则又道经上河，不及睹下河之昏垫，以故州与高、宝、兴、盐共灾，不得与四州县同其蠲恤，为桑梓痛。于是著为成书，刻于家，曰《敬止集》。前列以图，后著为论，经纬曲折，极其详明。信佩服公之一体州人，且深自悔罪于己溺，敢不宝重是书？今志成，已采其论，犹不忍遗其图也，增入《四境图》，后庶人国问俗者，披图而知泰为水乡云。

天启四年修志姓氏

署州事本府清军同知惠来翁延寿较梓。

同知随州萧鸾翔，判官山阴沈瑞龙，吏目归安吕大德，署学正事华容张希哲，训导华亭叶万全、靖州梁以梓、吴县傅汝循同较。

郡人刘万春纂修。

郡人王驹同修。

州庠徐文炳、储煐、张廷寀同辑。

崇祯五年修志姓氏

泰州知州博野李自滋较梓。

同知关中江孔修，判官会稽鲁桓，署学正事广平尹善继，训导吴县顾文璨、富顺宋应斗同较。

郡人刘万春纂修。

郡人王相说、王驹同修。

州庠储煐、张廷寀、王化同辑。

泰州志卷之一

职方志_{沿革、星野、疆域、形胜、风俗、物产}

泰为扬隶，凤号天府。濒海控淮，其滨斥卤。生齿綦庶，孰司填抚。富之教之，敬哉有土。志《职方》。

沿　革

《禹贡》"淮海惟扬州"，言北据淮、东距海，为扬州之域。

周武王封泰伯后于吴，其地属吴。《通考》引《左传》"吴城邗，沟通江淮"，可证。元王四年，越灭吴，而不能正，江淮之地遂属楚。苏秦谓楚威王曰："东有海阳。""海阳"之名始此。

秦始皇二十六年灭楚，分天下为三十六郡，属九江。

汉高帝封从兄刘贾为荆王，王淮东，属荆国。贾无后。十二年，立兄子濞为吴王，都广陵，更属吴。濞置太仓于此，枚乘谓"海陵之仓"是也。"海陵"之名始此。武帝元狩六年初，置临淮郡。按《汉书·地理志》：领县二十九，海陵居其一。元封五年，置十二州刺史，临淮隶徐州。王莽更海陵曰亭间。

后汉光武建武六年，海陵省入东阳，属广陵郡，仍隶徐州。旧志云：建武中，省县四百余，而海陵并于东阳。安帝之世，前所省县渐复分置。献帝建安十八年，曹操恐滨江郡县为孙权所略，尽令迁徙，民转相惊，海陵户口皆东渡，遂虚。海陵之名仅见于《魏·张辽传》。魏文帝黄初六年征吴，使张辽乘舟，与弟至海陵。

吴孙亮以吕岱为大司马，岱亦海陵人，遂复置海陵，纪年莫详。陈琦谓：

当在建兴二年,使马翊城广陵时。

晋一宇内,徐州所部广陵郡之属县,有海阳。即海陵。安帝义熙七年,分广陵界,置海陵郡,隶徐州。《晋志》不载统县。

宋、齐、梁、陈因之,隶南兖州。《通考》云:宋文帝置南兖州,理广陵。

隋文帝开皇初,郡废为县,属江都。炀帝时,改广陵为江都。

唐高祖武德三年,更海陵县为吴陵县。"吴陵"之名始此。以县置吴州。七年,州废,县复故名,属邗州。唐初为兖,是年改兖为邗。九年,邗更为扬州,隶淮南道。唐制:道统州,州统郡,郡统县。中宗景龙二年,析置海安县。玄宗开元十年,省,有盐官。复入海陵。天宝元年,更郡名,以江都为广陵郡。

伪吴杨行密即县置制置院,又析地置兴化县,属扬州。

南唐李昪昪元元年,升东都海陵县为泰州。《五代史》:昪以金陵为西都,广陵为东都。割盐城、故属楚州。兴化,故海陵地,吴属扬州。置泰兴、故海陵济川镇。如皋故海陵如皋镇。县属焉。以海陵东境为静海都镇,置制置院。

周世宗显德四年,入于周[1]。五年三月壬午朔,世宗临幸,升团练州。赐鼓角、门戟。是年,以静海都镇为静海军,寻为通州。以故属海陵东州镇为海门县,属通州。

宋太祖乾德五年,改为军事。开宝九年,以盐城属楚州。熙宁五年,分淮南为两路,泰州隶淮南东路。元丰元年,列上州。徽宗宣和四年,割泰兴县属扬州。高宗建炎二年,割兴化县属承州。今高邮。四年,以泰兴县还属泰州;绍兴三年,属扬州。五年,以兴化县为昭阳镇,附海陵。十年,又以泰兴县属泰州;十四年,属扬州。十九年,改昭阳镇为兴化县;乾道二年,属高邮军。自是,所统惟海陵、如皋二县。

元因之,以扬州为扬州路。顺帝至正十三年,州民张士诚攻城僭据;二十五年十月始克,复归附。

国朝仍为泰州,隶扬州,革海陵县,统如皋县。

如皋本汉广陵郡地,晋分广陵为五县,如皋其一也。隋省入宁海县,属江都郡;唐析海陵县,置如皋镇;吴分置如皋场,属扬州;南唐复升镇为县,属泰州；宋、元因之；国朝仍为泰州属县，隶扬州府。

外史氏曰：泰州立名，自南唐昇元始。先是，州之为县，泰之为海阳、海陵、吴陵也。右已胪列，兹不赘论。乃至昭代仍第泰州者何？居说者，以有屯田煮海之利，而名隘矣。天地交，明良合，幽之公堂，鲁之燕喜，宣力四方，以尽裁成，辅相之宜，生生养养，靡不安阜，皆"泰"之义也。《书》云："道有升降，政由俗革。"故唐虞因道，三代而下，因法无改者。凡有民社，当思绎唐虞、三代之道法安在，举而行之，庶不虚"泰"之为"泰"哉。若区区沿革之迹，等之筌蹄矣。

星　野

黄帝分野次星，自斗十二度至婺女七度，曰星纪之次，于辰为丑。

保章注曰：星纪，吴、越也。又曰：斗、牛、女，扬州。

《尔雅》以斗、牵牛为吴分。

汉班固《三统历》谓：斗，江淮；牵牛、婺女，扬州。

《后汉书》：星纪起斗十一度，终女七度，为吴、越分。

蔡邕《月令章》：斗六度至须女二度，为星纪。

魏太史令陈卓定郡国所入宿度，广陵入牛八度。

《晋·天文志》：扬州入牛一度。

《隋志》：南斗十二度至须女七度，吴、越分。

《唐志[1]》：南斗在云汉下流，当淮、海间，为吴分。

《元志》：星纪为扬州分。

国朝《清类分野书》：自斗三度至牛一度，属扬州分。

上元太薇垣，上台第二星，主荆、扬；中元紫薇垣，北极权星，主扬；下元天市垣，东南第六星，曰吴、越。

---

[1]　唐志：原作"唐至"，据康熙重刻本改。

外史氏曰：天列一辰，地分一野。自黄帝有占以来，至甘、石二家，详之矣。按《周礼·保章氏》：以星土辨九州之域。列国封疆，皆有分星，以候礼祥，似推验无少僭忒者。试考扬之星为斗，占曰：斗，吴也。泰相距仅百里，分次正同。若以度数黍勺别之，不乃邻于凿与？《传》曰："天道远，人道迩。"儒者惟德是务修，尽人以听天可耳，徒仰观俯察云乎哉？

疆　域

州在扬州府城东一百二十里，东抵通州，西界江都，南暨泰兴，北距兴化，广一[1]百三十五里，袤一百一十一里，编户一百八十七里。领县一：如皋。

东至栟茶场二百一十里，到海二百四十里。

西至江都县斗门三十里，到江都一百二十里。

南至泰兴县庙湾三十里，到泰兴九十里。

北至兴化县凌亭八十里，到兴化一百二十里。

东南到通州二百九十五里。

东北到海一百九十里。

西南到江都县高韩庄三十里。

西北到高邮州一百五十里。

西南到应天府四百里。

北到顺天府水路三千二百里，陆路二千五百里[2]。

○如皋县，在州城东南一百六十里，东抵海滨掘港巡检司一百二十里，西抵泰兴县界六十里，南抵江滨石庄巡检司六十里，北抵泰州庙湾三十里。广一百八十里，袤一百二十里。

外史氏曰：先王体国经野，测以土圭，制以土均，而疆域画焉，辨职方也。泰介广陵、崇川之间，其土爽垲，水道蜿蜒，田畴广衍，居者栉列棋置，

---

[1]　一：康熙重刻本作"二"。

[2]　二千五百里：康熙重刻本缺，《〔雍正〕泰州志》作"二千三百里"。

比屋可封[1]。倘所称沃壤，非耶？莅兹境者，诚念有分土、无分民，拊循保聚不以封疆之界，则幅员巩于苞桑矣。

形　胜附古迹

泰山　在西门内。宋绍兴十年开东西市河，垒土而成。高五丈，周百二十余丈，以州名名。登山四望，距城百里，举在目前，而京口诸峰，隐约可见。宝庆二年，守陈垓浚山下湖砾，为往来泊舟之次。垦崖为亭，曰"泰"，循崖而上曰"天阅"、曰"旸谷"。架楼其上，曰"起云"。山左建堂一楹，以安定胡先生曾读书鲁泰山，而安定本郡人，故用崇祀，匾曰"安定书院"。国朝正统九年，同知王思旻建泰山祠于起云故址。正德间，千户王华建玉女祠于山之阳。嘉靖初，御史雷应龙毁铜像，撤其庙祀，更置书院，并祀范文正、胡安定二公，傍建经义、治事二堂。后御史杨瞻询安定公遗迹，首为立石，檄守朱簪奉文正公祀名宦祠，乃专祀安定，匾曰"安定书院"，祠曰"安定胡先生祠"，亭曰"观海"，四方学者日至。后祠圮，里人又崇祀碧霞元君。隆庆元年，督学耿定向至，撤元君像、匾，仍以专祠为讲堂，东祀安定，西祀王心斋。三年，御史王友贤复专祠安定，匾曰"仰止堂"。万历四年，兵备程学博另祠祀心斋，而安定专祠如故。十年，兵备舒大猷于山巅建岳武穆庙，匾曰"并岳奇观"，盖以岳公故尝知泰州事，乃特祀云。万历三十三年，兵备张鸣鹗构亭一楹，亭前凿池，其亭两银杏树夹之，大可三围，复以安定读书旧址，为立石焉。

天目山　州治东四十五里，高二丈三尺，周二百三十步。王仙翁诸仙尝隐是山。有二井，仙翁临升举，藏灵宝五符、杖履木鞋、隐形帽于左井，封镝甚密。元丰[2]二年，发运使蒋之奇致礼请祷，开右井，得鹿角至数十丈，又获金龙七、玉璧三十六。有仙翁手[3]植披头皂角合抱，匠者睨视，则山怒木啸。按《九域志》载："仙翁山，有王道人尸解于此。"华阳陶隐居云："地

---

[1]　比屋可封：康熙重刻本阙。
[2]　元丰：原作"元封"，据康熙重刻本改。
[3]　手：原作"乎"，据康熙重刻本改。

钵福地,在临淮东,今天目山即其地。"又《真诰》有"五陵",海陵其一也。

罗浮山 州治西北五里,高一丈,周一里七十八步。在薮泽中,不为洪水所没,遥望如罗浮然,因以为名。

茅山 州治东北六十里,高二丈四尺,周二百五十一步。相传尝生香茅,长二丈五尺,故名。按阮胜之《记》云:"茅山,俗名避灾地。旧有道观,宋为景德禅寺。"后香茅不产。

吕城山 州治东三十里,高一丈,周三百八十步,形如城。相传有吕姓者居之,故名。

凤山 州治东一百二十里,高三丈,周百步。山前溪路环绕轩翔,傍山为桥,昂首巽方,有凤形焉,故名。山麓为安定祠,中有海道白川刘公遗像,祠刘公亲冒矢石,肃清鲸海。他祠像俱不存,惟兹山俨然如在。最上则泰山行宫也。

中洲山 州治东北一百二十里,西溪镇之北,盐仓之东。范文正公监本镇日,垒土为之。

齐山 州治东北,西溪镇之西。陵夷岁久,废址犹存。

骆驼岭 州治西南,平地巃嵸,隆起如骆驼形。今置千户所于上。

香岩 州治东南,旧运司内,宋茶盐使徐正卿叠石为之。今废。

花园头塔 州治北三里许,塔顶与南门外高桥准,郡号凤城,南桥北塔,首尾实相应焉。万历十年,下建观音阁,益称壮丽。

广福寺塔 西溪镇。

南山寺塔 寺东侧有古塔,砖上勒"周公塔"三字,疑宋周孟阳家所建。正统四年,州守黄性开凤池于棂星门外,塔影入池,形如笔立,因名"凤池笔颖"。塔之倾圮,不知何时。嘉靖初,遗址尚在。末年,僧官盛芳掘地取砖,于方孔中得金佛,当没入官,后湮为平地,遂失其处。万历四十八年,守韦宗孔命僧官寻觅塔基,掘地三尺得故址,重建。基向俱仍旧载。考郡人李鹏碑记,亦云:"浮图在东侧,俯眺数十里,日西影落泮池。"

旧石塔 州治东北,去西溪镇极远,即唐太宗时东台圣果院三昧塔也。今为海潮所荡,塔基突出,微如卵,迹尚存。

海春轩寺塔 州治东北,西溪镇东,上有唐时尉池恭造氏名。今废。

鱼行庄塔 莫知其始,万历间僧募化重建。

凤凰墩 州儒学泮池中。今毁。

虎墩 州治东北一百五十里小海场。范文正筑捍海堤,起虎墩,即此地。

柴墟 州治南七里。

长堤 旧贡院前凤凰池堤。自南山寺西属大街,沿堤植柳。今废。

范公堤 一名捍海堰。州治东北一百五十三里。唐大历中,黜陟使李承创。自盐城入海陵,绵亘百里,障蔽潮汐,民获奠居,以时耕稼,而亭灶相望,依以取用,农事、盐课两有利焉。宋开宝中,守王文祐增修,后圮。天圣初,范文正公为西溪盐官,白发运使张纶,纶自请兼知泰州,以总其役。越三年而堰成。长二万五千六百九十六丈,一百四十三里,趾厚三丈,面三之一,崇半之。版筑坚固,砖甃周密,潮不能害。而今以范堤名。

杨公堤 州治东北,起灵济庙下,迤至西溪镇,一万一千七百八十丈。趾广一丈二尺,面六尺。成化十六年,巡按杨澄建。今圮剥不尽存。

济川坝 州治南门外。北濒运河水,南入济川河,以通扬子江。其坝五所,延袤十里,自西关口至三汊河岸。今惟中坝存焉。

东坝 州治北迤东一里许。

西坝 州治北迤西一里许。洪武二十五年建。正德十年,判官简辅开拓二坝,商民称便。旧共[1]名新河坝。

东河坝 又名鲍家坝,州治东北一里。

黄龙坝 州治城北隅。

鱼行坝 州治北七里。

姜堰镇坝 州治东南四十五里。

秦潼镇坝 州治东北六十里。

西溪镇坝 州治东北一百二十里。

海安镇坝 州治东一百二十里。

二元坡 州治北门外坡子也。旧为储氏所居,后储罐中乡试、会试俱第一,遂名。

---

[1] 共:康熙重刻本缺。

响林　州治东七里升仙观,徐神翁瘗剑所也。宣和中,敕葬神翁于此。墓木森拱,幽迥四达,西鸣东应,故名。宝庆间,守陈垓修观建亭,为观游胜地。今废。

南园　州治南,许子春建,欧阳永叔作《许氏南园记》。今废。

西园　一名方洲。州治西园也。宋嘉定十年,守李骏建,名李公园。凡百亩,堂亭十五,曰水云乡,曰醒翁堂,曰小有,曰六宜,曰知鱼,曰盟鸥,曰公来游,曰一春佳趣,曰瓢庵,曰七一泉,曰苍葛林,嘉定初创也;曰青龙庄,曰纯节,曰钓台,曰方洲外圃,圃辟四亭,宝庆三年守陈垓营葺,又增创焉。总以“方洲”之名,取“方丈”“瀛洲”之义,亦以其地方而环以水也。今尽废。

东海　州治东二百四十里,乃一郡之险要,财赋之渊薮也。本州所属十盐场皆滨海,而煮海之利为大。

扬子江　州治南四十里口岸港,有渠通南运河,潮汐时至。

小西湖　州治西泰山下,宋绍兴二年,守陈垓重浚。周一百八十七丈,为长堤。即山之西为霖亭,循亭下堤,堤南蔬圃十五亩。正西入湖中,方屿为堂,重门两庑,祠十仙子,堂石镌仙像。两庑为房,以栖黄冠。中为过廊,临流四楹,匾曰“小西湖”。对崖前望,岳殿、佛宫隐然,丹丘灵境也。今废,惟湖仅存。

鸭子湖　州治南二十里,西通济川河,东接运河。

於祈湖　一名淤溪河。州治东北三十里。水下流,入鸡雀湖。按阮胜之《记》云:侧有於祈村,故名。

鸡雀湖　州治东北四十里,周三十里,水自於祈湖入。昔多鸡雀飞集,故有此名。

包老湖　州治东北四十里,周四十里。水清而无滓,虽与他水会而不杂,挈壶氏常以此水供[1]滴漏。

仇湖　州治东北一百里,周三十里,东入梁垛场。按阮胜之《记》云:有仇姓者居其侧,故名。又,昔有龙居此湖,游至郭太保潭,州人祠之。

---

[1]　供:原作“洪”,据康熙重刻本改。

中市河　自南水门[1]入,至北水门出,以通运河。万历二十九年,都院李三才重浚。

玉带河　城内沿城一带,东西[2]市河是也。其东市河自中市河分析,至东水门出,以通外河。后东水门塞,都院李三才创自东门新开一河,接通南北。其西市河自南水门入,通新河。俱从北水门出。

新河　州治西,光孝寺东。其水南接西市河,北出北水门。嘉定十三年,守李骏开置。

跃鳞河　水入迎恩桥,通泮池。正统间,御史蒋成开置。后学正陈琦匾临河学门曰"跃龙门",今匾不存。

南运河　州治南。东抵通州及各盐场,直入于海,西通西运河。

西运河　州治西南。旧名吴王沟,汉吴王濞开,以通运至海陵仓,即湾头镇下运河是也。

北运河　州治北。通十二场。

东河　州治东三里。通北运河,水旱不涸,岁久湮塞。成化年,守彭福开浚。

济川[3]河　州治南。自运河坝三十里至庙湾,又二十里至济川镇,通扬子江,贾舶商帆多由此入。

浦汀河　即海陵溪。州治北。自鱼行坝入兴化、高邮、宝应。

忠义河　西溪镇东三里。隋将贺若弼捕海寇有功,立庙河侧,故名。

角斜河　州治东北一百二十里。南通栟茶场,西通海安镇。

晏溪河　即西溪。州治东北一百二十里。东通梁垛场,西入运河。有西溪镇,丞相晏殊尝官于此,民思不忘,故名晏溪。

辞郎河　州治东北一百二十里西溪镇。昔天女与董永相别处。西北直通兴化界凌亭河。

卓锡泉　州治北三里开化院中。唐宝历间,王屋禅师自蜀来,驻锡于此。临化,思蜀水饮,令徒以锡杖卓后园中,须臾,泉水遂溢。云此泉与扬

---

[1] 门:原作"间",据康熙重刻本改。

[2] 西:原作"派",康熙重刻本缺,据《〔雍正〕泰州志》改。

[3] 川:原作"州",据康熙重刻本改。

之蜀岗通。《一统志》载。即七星井之一也。

山阴一曲　州治东南。旧运司方池内,蓬莱、瀛碧之间。宋嘉定十四年,茶盐使徐正卿垒石为山,山号"香岩",中为曲水,环以修竹,与客觞咏于此,有山阴曲水之胜,故名。今废。

太子港　在登仙桥西南,古市河之西。梁大同间,王仙翁上升,昭明太子同邵陵王纶由此港往天目山致礼。港久湮,积潦辄溢。宋嘉泰四年,守陈茂英按故迹凿之。今壅不通。

清瓶港　州治东九十里。

罗塘港　州治东四十五里,今姜堰河是。

城子沟　州治南三里。

九里沟　州治西九里。

佛儿沟　西溪镇侧。本唐时端辉寺,今废为沟。沟内铜佛,不知其数。昔有泛海者,乘船过此,累获铜佛三五,因名。

黄沙沟　州治南二十五里。南徐庄永安厂侧。

施家湾　州治北五里。鱼、盐、蟹、稻,往来舟舶骈集之所也。

唐湾　州治东三十里。宋文天祥《早发泰州》"惊传赶马在唐湾",即此地。

苇湾　州治东北西溪镇之东,有圣果院基址在焉。世传昔有一僧渡海求舟,舟人却之,遂具袈裟,折一芦苇过海,遂以此名。

郭太保潭　州治西北隅。广袤数顷,深不可测。南唐刺史郭载凿以御北兵。太保,其检校官也。世传尝有游龙自仇湖来居此潭,祷之即应,立庙祀之。今灵济即其神。

龙潭二所　一在州治北五里,新城观西陂泽中;一在州治南五里济川河第二坝夏家桥东侧,其坝基共计十五丈许,见今有居民领佃,西去基地约五丈有奇,近城子沟,又相对运河中。

郭栾潭　州治东北十八里港口市。世传唐时有郭、栾二氏居此,皆富族,结为婚姻。栾氏积薪下匿空处,得一卵壳,大如斗。栾异之,以贮食米,其米取用不竭,即贮钱银,如是遂益富。郭问致富之由,栾泄其事,且假与郭氏,不还。忽一日,栾氏釜中有生鱼跃出甚大,栾怪而卜之。卜者曰:"汝一家当陷,宜亟具舟,望东逃。"栾从之,亟去,不及语郭。去后风雨大作,惟一织女失载,与郭氏家人俱陷其地。龙卷成潭,潭水深澈,物无不照。每风雨作,闻潭下有织机声。后立鱼龙庙以祀之。

西溪减水闸　州治东北一百二十里。今废。

鱼行减水闸　州治北六里。

秦潼减水闸　州治东北六十里。

王家闸　西溪镇东。

丁溪海口闸　州治东北一百四十里。万历十年,巡按姚士观命守李裕建,以泄本州境内蓄水,与兴化白驹海口闸同时建。

姜堰　州治东四十五里。天目山前,潴运河水,北至西溪,通运盐以达上河。嘉祐二年,守王纯臣移堰近南宋庄侧。宣和二年,大水,移于罗塘港,近运河口。

藕花洲　州治圃内宅堂之后。旧为水村,茅茨十间,环水植莲。宋绍兴十年,守王映建。嘉泰三年,守陈茂英撤而新之,为屋三间,跨小桥以渡。

凤凰池二　一在州治南旧贡院内,宋绍定二年,守陈垓复开二池,前为长堤,植华表,沿堤及池种柳。临流为阁,剪茅为庵,对子城隅,雌堂、鸥阁各为六楹,傍于华表。一在西溪镇,世传尝有凤凰来浴此池,云即董永遇天女处也。久湮。

溪光池　西溪镇广福东寺之东南,广二亩余,溪光轩居其上。东通凤凰池,北通小海池,南止溪光桥。

小海池　西溪镇广福东寺之东北。未筑捍海堰之前,直通海岸,旧有泛海者,多聚于此。

取鱼滩　西溪镇东,世传徐福三取鱼处。

七星井　一州治东二里,东禅寺前,曰廉贞井,又名双井;一州治西门内;一州治东门内仙源万寿宫之侧,曰丹井,皇甫真人炼丹之所;一州治西市河之侧天妃庙前,曰魁罡井;一州治北歌舞巷内;一州治北三里北山寺内,即卓锡泉;一州治北五里祐圣观中。以上七井,布列如斗形。

十轩井　西溪镇东广福寺内一,海春轩寺内二,潜轩院三,清轩寺四,静轩寺五,宝相寺六,定轩寺七,溪光寺八,秀轩寺九,悟空寺十。唐大中间,改"悟空"为"承福"。宋治平间,又改圣寿院。今寺多并入东广福院,井亦多废。

镜香井　州治东南儒学学正厅之东宋井也。围径三尺五寸,深十二丈。堙灭既久,成化十九年,训导何湘得其故址而重甃焉。正德间,学正陈琦重浚,得旧井栏,上有"文曲井"三字。

天女缫丝井　在西溪镇广福院,汉董永所居,即曹长者故宅内井也。永养父至孝,家贫常佣。办父亡,贷主人万钱以葬,约自鬻其身。后感天女为偶,一月织缣三百六十匹以偿,乃凌空而去,井即其汲以缫丝者。水最深广,旱汲不绝。每蚕熟时,井有白草,根长丈余,如丝然。

凤升井　俗名双井,州治东北西溪镇南仓桥东西两岸相向。旧志云:天女辞董永,相别过此地,天女取钗二只,于地东西插之成穴,明誓不重会,天女辞去。后人于插钗之处凿成二井,日后开置市河,两井相向,遂隔河矣。

王仙翁井　详天目山。

附古迹

海陵制置院　伪吴杨行密即县置,莫详其址。

尉厅　东门外凤凰台之上,宋海陵县尉厅也。废址存焉。

江海会祠　汉、晋时皆有之,久废。

永宁宫　州城内。伪唐李昇昇元六年迁伪吴杨行密子孙于海陵,号其居曰永宁宫,严兵守之,绝不通人,久而男女自为匹偶。周世宗征淮南,诏抚杨氏子孙。李景闻之,遣人尽杀其族。周先锋都部署刘重进得其玉砚、玛瑙碗以献。今按,址在谯楼之北,故老传谯楼乃其宫阙门也。后以其北[1]筑子城,为州治。

淮东道院　在旧治内大厅之东。以海陵地僻少讼,初名道院。宋左丞陆佃为守,谢表云:"飞蚊渐少,颇无泽国之风;过客甚稀,至有道院之号。"乾道五年,守张子颜重建。嘉定七年,守李琪始加"淮东"二字。宝庆三年,守陈垓增重门、修廊、两庑、大厅、泰堂。

---

[1]　北:原缺,据康熙重刻本补。

泰堂 守陈垓建,以州名名之,自为记。

无讼堂 旧治内东厅之东,废。

三乐堂 在无讼堂之前,废。

郡圃 在大堂后,自泰堂入。

望京楼 在郡圃内。宋咸平中,曾致尧建,曾诗有"雨过风生槛,潮来岸浸楼。浦遥帆片小,村迥笛声孤"。景象可见。

文备堂 在郡圃东。

文会堂 旧治内。宋天圣间,滕子京为郡从事建,与范希文、富彦国、胡翼之、周春卿唱和其中。今废。

清风阁 旧治内。自五代时叠石为山,翼以两径,为登陟之阶,中为滑石浚台。台上有阁,名"清风",州人目为山亭。宋咸平中,守曾致尧作《山亭六咏》,清风阁其一也。王介甫有诗。

清涟 横舟,在清风阁后,旧名"成趣"。

玩芳亭 旧曰留春,又曰绣野。在清风阁后。

泰庵 在玩芳亭侧。

三至堂 旧治内。宋绍圣间,守曾肇以祖致尧守泰,父易占令如皋,并己三世守官海陵,故名。今废。

六咏亭 旧名齐云,又曰平远。三至堂之后。

积翠亭 芙蓉阁 旧治内藕花洲上,亦《六咏》之一也。

浮香亭 在藕花洲后。宋茂陵御书也。有《古梅诗》,秦太虚所赋。旧有小亭,刻秦诗墙间。绍定元年,守陈垓撤旧亭,大书宸翰其上,刻秦太虚、苏东坡、颍滨、参寥诗于石。

须友亭 与浮香亭对。守陈垓种竹为屋,曰"须友",以竹必友梅,亦茂陵御书也。

德星馆 旧治内西楼之下,旧清波亭也。

谯楼 州治南,旧传杨行密子孙所居。一云荆罕儒为团练使,周世宗赐以鼓角、门戟,遂建鼓角楼于上。淳熙中,守万锺重建,龙图学士韩元吉为之记。

宣诏亭 谯楼左。

颁春亭　谯楼右。

御书手诏亭　前对谯楼。

旧贡院　在南山寺西。宋绍圣四年,守陆佃建,有凤池、朝阳亭、守雄亭、鸥阁、雏庵,共六十二处。绍定二年,守陈垓开二池,曰凤凰池,阁前为长堤,东植华表。今废。

台门　州治东南,旧运司外门也。

东楼　一名扬清。旧运司内大厅东。

爰咨馆　皇华堂　俱在大厅西。

觀衍堂　大厅之后,以左思《吴都赋》"觀海陵之仓,红粟流衍"名。

三槐堂　皇华堂之前。

君子亭　与三槐堂对。

简爰堂　觀衍堂之东。

问津亭　简爰堂之前。

澄清堂　会心堂　俱在运司宅堂东。

月蕊堂　会心堂东。

天桂堂　瀛碧堂　俱在澄清堂东。

卷翠堂　瀛碧堂西。

绿净堂　来薰堂　俱在瀛碧堂东。

景贤堂　即名贤堂。来薰堂之东。

月台　澄清堂北。

喜雨楼　月台东。

蓬莱阁　对瀛碧,前俯澄沼,沼中叠石,即香岩亭也,后废。复建颜乐亭,又废。今为东察院后乐亭。

爰山亭　来薰堂前。

观风堂　来薰堂东北。

柳堂精舍　观风堂北。

书籍库　柳堂精舍西。

舫斋 观风堂后[1]。

尘外斋 柳塘精舍侧。

星槎亭 西连瀛碧、蓬莱。

墨妙斋 以上俱在旧运司内,址废,一一不存。

守雌堂 仙源万寿宫内。

修竹轩 箑庵 俱在守雌堂后。

知津亭 州桥东。

将迎馆 州治西南城下。宋建炎间置,后陈垓易为海屿亭。

会星亭 登仙桥东,旧弥节亭基也。

海春馆 迎恩门外,以范文正"海角亦逢春"之语而名。

迎麾亭 州治西三里。

归鹤亭 州治东七里响林升真观内,徐神翁瘗剑所也。宋守陈垓建。岁二月劝耕,延父老坐亭中,给钱设置酒果,或领客觞咏竟日。于是州之士夫、商旅,瞻谒神翁者,得以徜徉盘礴云。亭前有轩,废。

鹿女台 天目山西。昔王仙翁居山日,有五色鹿产[2]一女于山左草莽中,闻啼声,往视之,见鹿乳焉。翁挈养之,鹿日三至。女七岁,通三教。后年十六,翁以成人,筑台山右居之,号曰鹿女台。废。

景范楼 迎恩门内,文正旧行衙也。

溪月楼 迎恩门外。

顺真堂 州治西南太子港西,宋周处士宅堂也。

雪堂 州治东南周处士祠内。

读书堂 州治东北八十里景德寺之东廊。宋天圣中,富郑公以父莅任,随侍读书,与胡侍讲、周待制相友善。时范文正与滕待制子京俱官海陵,待三人甚厚,谓皆公辅器也。后韩子苍亦常寓此读书,有题壁诗。

长洲泽 刘昭注:"长洲泽多麇。"《博物记》曰:"千麋成群,掘食草根,其处成泥,名曰麋畯。民人随此畯种稻,不耕而获,其收百倍。"又:沿海洲

---

[1] 后:康熙重刻本作"东"。

[2] 产:崇祯本、康熙重刻本皆作"女",据《〔雍正〕泰州志》改。

上有草,名薜,其实食之如大麦,秋冬敛获,名曰自然谷,或曰禹余粮。相闻海边人说,泰州沿海洲上芦苇无际,群麑迅走,人欲捕之,虽麋不获,盖常两两并负其子而行。薜草今亦有之,所谓长洲泽者,沿海洲上皆是,桑田之变,莫详其实。

同乐亭　州治西。自方洲西出便门,临河为浮桥,以登是亭,篱菊野花杂植焉。宋守陈垓建,以南通经武桥,北通泰宁,西登旸谷,东入小西湖堤,亭楹四达,游人往来,取《醉翁亭记》中句为名。

凤凰台　宁海门外。背水朝阳,有翔凤回旋之势。相传,昔有凤凰来集其上。宋时海陵尉厅及大雅亭,俱址存。

大雅亭　凤凰台之上,下瞰新濠,走响林归鹤亭路也。

迎宾亭　溪光亭　避湖亭　奉先亭　俱在西溪镇,范文正公建。

迎止亭　西溪镇北中洲山上,文正遗迹在焉。

南风亭　西溪镇西南,对书院,晏元献公建。

思贤亭　西溪镇东寺塔院,吕文靖守官本镇时,手植牡丹于此,后人建亭以寓思。俱废。

葫芦河　州治西南乐桥,圆如匏,可十亩,太常博士王纶家其上,海陵人谓其子伯起为"葫芦河王先生"。伯起,安定婿。

古井栏　东台圣果院内。《晏溪志》云:大唐开宝间造,旧有绠迹,深寸许,今复生合,而志文亦漫灭莫辨,盖活[1]石云。

八八垛　西溪镇东北。相传汉时有八八六十四长者家,曹长者家为第一。今漫为平陆矣。

高丽鼓　圣果院内,即伪唐太保中随海潮漂至鼓也。范文正公有诗:"千年人已化,三昧语空传。唐世碑犹在,高丽鼓半穿。"

花镜　唐元和末,海陵夏侯乙庭前生百合花,大于常品数倍。因发其下,得鼙匣十三重,各匣一镜,第七者,光不蚀[2],照日,光环一丈,其余规铜而已。

---

[1]　活:原作"话",据康熙重刻本改。

[2]　蚀:原作"话",据康熙重刻本改。

○如皋

霞山县治后,谓皋之土薄,故高积土山以接蜀陇培地脉。 摩诃山俗呼蝦蟆山。 土山安定乡。 蟆山亦名蜱蝥山,在掘港。 平阜县南七十里。 赤岸县东北七十里,脉接蜀岗,土高色赤。郭璞《江赋》"鼓洪涛于赤岸"是也。 浦岸县北五十里。 牟尼湖 芹湖俱在安定乡。 六祥符湖县东南六十里,今塞。 车马湖旧传范蠡为五湖游,浮海入齐,弃车马于此。 玉带河一名市河。县西北。 龙游河一名九十九湾河。县东南六十里。 凤翔河城内,久湮。 毛雉河县东南十五里。 大明河县南三十里。 通江河县治南。 小溪河县西北。 葛堰河县东南二十里。 窑子河县西。 立发河县北三十里。 阚家河县南七十里。 凌河在丁堰后。 汉河 黄家河俱在丰利场。 南北垜河赤岸乡。 天生港县南六十里。 掘港县东一百三十里。 大贴港掘港场。 新开港 甜水港俱在丰利场。 张皂丫港马塘场。 许横港安定乡。 石庄港石庄西。 观音港县东五十里。 土墩港县南二十里。 丫凌港县南五十里。 瀛溪安定乡。 黄蒲溪 蟠溪即古邗沟。 葛家溪俱赤岸乡。 八尺沟县西北八里,或曰乞尺。 史家湾北门外。 严家湾城西南。 汤家湾县东十里。 柴湾县北十三里。 梅花湾县北三十里。 施家湾县东三十五里。 毛家湾在掘港西。 腰池湾县东六十五里。 窑坞潭县东南二十里。 潘泾安定乡。 清水澪丰利场。 宋家澪掘港东。 菖蒲沥县南九里。 黄沙洋丰利场。 周家洋县西南。 季湖荡县北二十五里。 东荡县东一百二十里。 丁堰镇闸 掘港场闸 白蒲镇闸 下闸今改镇东桥。 芦家坝县东五里。 丁堰坝县东四十里。 立发坝县北三十里。 丛家坝县东七十里。 凤凰池窑子河口。 三角池县西。 杨花池县南十八里。 仓池安定乡。 杜家池县西南。 郑公场丰利场。 沄滩西沙埠。 抱石滩石庄。旧传浣纱女投江,即此。 十井二在县治照壁左右,今废;二在儒学前左右;一在丁孝子祠,今废;一平政桥北;一关王庙西;一在马神庙;一即义井;一即通江井。 二大井广福寺前左右,一甘一苦,大旱不竭。 潜玉井醉茶庵前。 霞山井泰山前。 德井掘港东营内。 琼井圆通庵内。 潮井石庄镇道院内。 杨花井县治南杨花桥道中。

古　迹

雉皋在马塘河,即春秋鲁昭公时,贾大夫辛射雉之所。 郧即立发地,古名发阳。《春秋》:"鲁、卫、宋会于郧。"杜《注》:"在广陵海陵东南,旧有发繇亭。" 会盟原县东十里,相传春秋鲁哀公时,吴、楚会于邗沟,即蟠溪地也。今有邗沟铺。 金卤亭南唐徐复建。复治海陵盐政、盐检、烹炼之亭。　隐玉斋在中禅寺。宋丞相曾肇随父易占任,读书寺中。　状元陂县西北十里,状元王俊乂读书处。　芙蓉园县南一里,宋史声奉其父逸叟居此,内有方池、平台,列植芙蓉万本,秋容最盛。今废。　万花园县东三里,元淮南王世子别墅,今为冒氏茔域。　连珠池县西北二十里,一派相接如连珠然。宋元祐间,严希孟日与耆逸游此。　金孩儿池县东北二十余里。昔有人过池边,见两孩儿戏水上,以为怪,竭池水视之,获金香童一对。　玉莲池定惠院西南隅。旧宽二亩,尝植白莲千柄。今仅勺水存。　施食池中禅寺左。旧广六亩,有梵僧施面池中,后人得鱼剖之,腹内皆有面。　丁公井在丁天锡读书院中。　度军井县治西十里许,地名圣井栏。旧志:井虽浅,泉常不竭,汲且竭,击其栏,泉复溢出。宋岳飞经略通、泰过此,数千人饮之不竭,因名为度军井。元淮南王闻其异,取栏置庭中井上,击之无验,随送还。至今人呼为圣井栏头。　玉涓井在旧儒学,即今中禅寺,井水极清冽。　甘露井旧东岳行宫,今在儒学。近岁有甘露降井干,遂名。

外史氏曰:形胜,方舆所据,讵止取观游哉?按,境东濒海,北距淮,大江襟前,巨湖环后,川塍廛肆相错如绣。民无事则耕食而凿饮,有事则荷戈带甲以壁于四郊。诚天府也。矧夫人杰地灵,桴应符合,道德文章,揭日月于丕冒,则下流上峙,若因之增而壮矣。《易》曰:“天险,不可升也;地险,山川丘陵也。”余曰:“人险,与天地参,无得而逾也。”若古迹湮替,不知凡几,今以名仅存者识于末,庶好事者或可因名而求迹云。

风　俗

冠服　三加虽为古礼名,族或间行之,而闾里竟莫之晓。平居巾帻,任意更制;危冠侧注,樊然无辨。其服饰类以华靡相竞,红紫缤纷,殊觉不衷,虽贫窭少年,亦往往有曳罗绮者,觞几滥矣。较昔时以布袍纯素为尚,但衣青、蓝二色之衣,丰朴何悬殊耶?

婚姻　始议婚,或姻戚作伐,或用媒妁。初聘定,次请期,次纳采。女家亦有回赠。于归妆奁,丰俭各称。其家俱设宴,延宾迎送。合卺夕,花烛交辉,聚观如堵。三日,拜见翁姑及家众,以分大小。女家备仪物,名曰“做朝”;婿随往,拜女之父母,遍及亲族,名曰“回门”。仍留宴。满月,婿偕女归宁。

丧祭 初丧,姻族闻讣偕至。殓毕三日,谒土神祠。六日,谒城隍庙卜筊。向隅而泣,事虽近俚,而号呼难割之状,恍如觌其颜面者。成服,开丧礼,亲知数人为司宾以代送迎。其枉吊者,列席留饮。逢七,多作佛事。当出煞日,空室徙避,亦有迎而禳祓者。吊客折楮仪、赙仪,厚薄任力,丧家不无小补。及举[1]襄事,姻朋醵钱为饮,鼓乐杂沸,名曰伴夜。届明,执绋送郊,丧车结彩为盖,凡刍灵等物,称家而具。葬后,领木主归,设龛以祀,惟缙绅则有家庙。所可取者,并无火化、水葬一事,即至贫,亦有抔土可封也。

燕会 宾礼揖拜俱上左。往时,肴止数品,酒不过六七行。无论坐客充庭,俱以一杯传送,仅将敬而已。今则觥筹无算,罗列盈前,且多用优伶,卜夜为乐,而遂相沿成习矣。先[2]继则侧弁叫号,略无绳检矣。

岁时 元旦,合家拜庆,礼与他方略同。从寅夜即起,诣各庙拜送香纸,道路络绎不绝,姻族椒酒相邀。初八谷日,占云气阴晴,以定一岁丰歉。元夕张灯,自十三夜至十八夜止,架松棚,缀彩幔,悬灯其下,载酒相乐,花火炽焰。少年手持奇巧之灯,击鼓鸣铙,喧阗街市。十六夜,更阑人静,女伴相携出行,曰走桥。有乞子者,取砖密藏以归。又请紫姑神,以卜女红巧拙。清明祀先,展墓郊外。嫠妇孤儿,悲啼遍野。其拜扫率一家长幼咸往焉。四月八为浴佛日,妇女有相约诣尼庵拜礼及祈求子息还愿者。端午,解粽,泛雄黄、菖蒲火酒,食腊味,男女佩丹符,系五色丝于臂,簪花插艾,与他处大同小异。七夕,穿针乞巧。中元日,盂兰大赦,僧舍作会,远近争赴,人家皆祀先荐新。中秋,作月饼相遗,设瓜果、豆角等物赏月。重阳,市中作糖糕、插彩旗以售,好事者登高酌酒,犹存落帽遗意。十月朝,举祀先礼,炊黏[3]米合赤豆为饭,见西成事毕之征。冬至前一日,各家俱祀神、祀先;至正日,罢市相贺,今不复行。腊月八日,俗食腊八粥,合诸果品肉胾为之。二十四夜,送灶神。除夕前三五日,姻戚彼此馈送;至日,亦祀神、祀先,并接灶、换桃符、贴春联,合家围炉守岁,爇松盆,烧丹驱疫,火炮之声不辍。立春前一日,官僚迎春东郊,如常仪。

---

[1] 举:康熙重刻本作"其"。
[2] 先:康熙重刻本缺,据语意应删。
[3] 黏:原作"占",据康熙重刻本改。

海陵幽邃而地肥美，故民惟事耕渔，性多朴野，耻以浮薄相夸，鲜出机巧。虽无富强，而家亦自给，不务争夺。自汉高祖王兄之子濞于吴，致天下娱游子弟枚乘、邹阳、严夫子之徒，而淮南王安亦招宾客著书，文辞并发。至于梁太子统有《文选》之作，常与宾客遨游此地，而港以太子名，桥以金兰著，庙以文孝食。考《隋书》亦云：其俗颇变，丧祭、婚姻率渐于礼。又有查、胡、王诸公化之，而茅茨陋巷，弦诵相闻，蔚然有文雅之风。故自宋雍熙至淳祐，登进士者百余人，间有廷对第一，仕至枢府政地者。元世风俗颇尚浮靡，入自国朝，渐磨政教，民复敦庞，士还淳厚，其擢登魁选、仕居台省，无减于宋，而文雅之风几或过焉。郡旧《志》。

〇如皋土膏沃，而俗勤于稼，征科易集，讼稀简，在昔最为淳庞。自倭警以后，浸淫一变。富家巨族，竞以华侈相高，豪不逞者，辄诱良家子，纵搏蒲、六博，荡其资业，甚则为逋逃渊薮。迩或稍惩艾焉，但余风未殄，长民者，其未可画诺而理也。郡新《志》。

外史氏曰：贾山曰："风行俗成，万世之基定。"风者上所化，而俗者下所习也。《易》言："挠万物者，莫疾乎风。"夫风起青蘋之末，不须臾而遍于郊埛。无草不靡，无物不向，则移易之机，上操之矣。泰俗民朴而鲜儇巧，士重信义、斥浮薄，今渐以奢侈相尚，燕会服饰，比于三吴。又小人尚气好争，或细故辄终讼不已，将何以挽江河而复獉狉之旧也哉？是在掌风教者。

物 产

谷类：

海陵红俗名泰州红。 马尾赤 鹤脚乌 雀不知 随犁归 救公饥 六十日白 观音籼 驼儿白 小香 早香 黑早 白早 早籼 斑籼 焦芒 青芒 赤芒 黄芒 紫红芒 乌壳 深水红 了田青 下马看 鲫鱼籼 香稴 鳝鱼黄以上皆粳稻。 赶陈糯 羊脂糯 燕口糯 羊须糯 虎皮糯 秋红糯 红糯 香子糯以上皆秫稻。 大麦 淮麦 荞麦以上皆麦。赤芦穄 白芦穄以上皆黍。 稷 粟以上皆稷。 紫豆 黑豆 黄

豆　红豆　赤豆　青豆　菉豆　豌豆　豇豆有红、白、紫、斑诸色。　蚕豆　刀豆　龙爪豆　藊豆有黑、白二种。　芝麻以上皆菽。

蔬类：

白菜数种。　青菜　芥菜紫、白二种。　荇菜　生菜　荠菜　苋有红、白、紫三种。　芹水、旱二种。　菠薐俗呼菠菜。　莙荙俗呼甜菜。　苦蕒即苣,俗呼芸台。　香薷　茼蒿　豆芽　莴苣　蘘荷　蒌　萝卜红、白、紫三种。　胡萝卜　茭白一名菰菜。　香芋　甘露子　薯蓣俗名山药。　芋俗名芋苗。　蕈生木上细者曰天花蕈,即木耳;石上者曰石耳。　葱　韭　薤　蒜　胡荽俗名蒝荽。西方以上五种为荤菜。

蓏类：

王瓜　丝瓜　冬瓜　西瓜　南瓜　北瓜　甜瓜　香瓜　苦瓜　玉瓜　壶卢数种,俗名葫芦。　瓠子　茄隋炀帝改茄子曰昆仑紫瓜,因系之瓜属。　茨菰　荸荠

木类：

松　柏　桑　槐　柘　柳　榆　椿　桐　檀　皂荚亦名皂角。　白杨　黄杨　垂杨　冬青即女贞。　狗橘　楝　梓　银杏　椒　枫　樗　榖一曰楮桑。　乌臼　棕榈亦名栟榈。

花类：

牡丹　芍药　蔷薇　荼蘼　海棠　棣棠　木香　瑞香　杰香　郁李　八仙　玉兰　紫荆　栀子　绣球　木笔　木槿　木樨　紫薇　金沙　鹿葱　金萱　夜合一名合欢。　芙蓉　山茶　玫瑰　山丹　莺粟　金钱　蜀葵　黄葵　鸡冠　菊　茉莉　珍珠花　旋覆花俗名滴滴金。　月季花　紫丁香　后庭花即雁来红。　十样锦　石竹花　鼓子花　腊梅

果类：

银杏　樱桃　石榴　葡萄　桃　梅　杏　李　枣　梨　橙　柿　菱　芡　莲　藕　胡桃　栗　林檎来禽也,俗名花红。

竹类：

苦竹　笙竹　筋竹　水竹　紫竹　凤尾竹　斑竹　慈竹　蔑竹

草类：

芦　荻　茅　苇　茭　莎　蒲　蓼　蘋　蒿　秆　莠一名狗尾草。　萍　藻　兰一名孩儿菊。　莛　芒　莞　黄草　荇　三稜　佛指甲　酸

浆　瓦松生瓦屋上。　鲁丁　马鞭　雀麦　菖蒲一名水剑。　獐舌　芭游一名竹节。

药类：

荆芥　半夏　茴芎　枸杞子有红、黄二种，其根为地骨皮。　何首乌赤、白二种。　三七　蒲黄　大戟　瓜蒌　黄耆　桃仁　杏仁　芎䓖　白芨　山药　薄荷　牵牛　莳萝　菟丝　红花　紫苏　南星　生地黄　车前子　苍耳　麦门冬　蛇床子　天麻　香附　牛膝　豨莶　海漂硝　苦葶苈　益母　皂角针　蒺藜　金银花　桑白皮　艾连翘　蒲公英　玄精石

毛类：

牛二种。　羊二种。　马　驴　骡　豕　犬　虎　鹿　麋　麂　獐　兔　狼　猫　狐　狸　獭　貛　鼠　黄鼠郎

羽类：

鹅二种。　鸡出樊汉者，高二三尺。　鸭　凫　鹤　雉　花鸡　鹊　雁　鸧　燕　鹰　鹞　乌　山练子　鸠有斑，有鹁。　鸽　天鹅　鸳鸯　鹭鸶[1]　鹌　鹑　百舌　蜡嘴　山鹊　雪姑　鹁鸪　啄木　鶌鸪　白鸥　黄鹂　青鶍　练雀　郭公一名布谷　鸜鹆俗名八哥。　叫天　白头公　秃鹙　鹳　鹘　枭　鵙一名伯劳。　蝙蝠

鳞类：

鲤　鲫　鳢俗名乌鱼。　鲂即鳊鱼。　鳗　鳜　鲭　鳝　鲇　鲢　鲥出江。　鮆　鮂　鲈　鲖　鲨　鲭　鳝　鳖　银鱼　金鱼　白鲦　乌贼　石首俗名黄鱼。　针口　梅头　鲴　鲳　鲻　黄桑　河豚　水母

介类：

龟　鳖　蟹　蚬　螺　蛏有毛蛏、竹蛏二种。　蚌　蟶　蛎　蛤蜊　蜌螯大蛤也。　蟛蜞　蝤蛑　螃蜞蛏以下，皆海错。　土蚨　泥蠃亦出海。

虫类：

蚕　蜂　蝶　萤　蝉　蝟　蛇　螳螂　蜻蜓　蚱蜢　蜣螂即转丸也。　蜘蛛　马蟥　蟋蟀　蚯蚓　虾蟆似虾蟆而背青者曰青蛙，人多食之，名水鸡，子曰蝌蚪。　蜈蚣　蚁　蝇　蝼蝈俗名土狗。　天牛　蟫蠹鱼。　鼠负一名伊威。　蜓

---

[1]　“鹭鸶”后，原有“鸲鸪”，即下文的“鹁鸪”，据康熙重刻本删。

蚰　蜗　络纬俗呼纺[1]缉婆。　蟾　蛾　叩头虫　泥囗俗呼土鳖。

货类：

蒲鞋　莞席　苎麻　苘麻　川麻　苎布　木绵　生绢　丝绢　黄草
布　硝　碱　靛蓝

饮食类：

酒　醋　糕　饼　粉　角黍　面　油　盐　鸭蛋　虾米

器用类：

铁农具　篾箩　箕　土缶　茭苗帚　蒲包　烘炉

○如皋物产，大同小异，故不录。

外史氏曰：昔先王辨土地、察原隰，教民树畜，务兴自然之利，故箕畴
八政，食货先之。而计然言于范蠡曰："治国之道，在平粜齐物，关市不乏。"
此即"懋迁有无化居"之义也。吴陵屯田煮海，既居其饶，华实之毛，又称
江左上腴，粟与币倍储，农与末互剂，余窃侈为盛矣，得古之良法善画矣。
然未免鳃鳃以过盈为虑，其吃紧则在樽节哉！

---

[1] 纺：原作"纷"，据康熙重刻本改。

泰州志卷之二

建置志城池、公署、学校、兵戎、驿铺、乡都、街市、坊表、桥渡

《易》称设险，《诗》咏公堂。《书》表宅里，《礼》谨舆梁。何以绸缪，屹然金汤。有基勿坏，时葺时防。志《建置》。

城　池

　　州城自南唐昇元元年升海陵县为泰州，以褚仁规为刺史，筑罗城二十五里，濠广一丈二尺。周显德五年，诏州刺史荆罕儒为团练使，营州治，增子城于东北隅；更筑城，自子城西北至西，东南至南，合西南旧城，周十里一十六步，皆甓，高子城一尺，而厚如之，今城是也。宋建炎中，通判马尚增修，尽甓其外为四门，为甓城，高三丈二尺，趾二丈，面三之一。广濠至五丈，深一丈四尺。城之南又增一濠。绍兴辛巳，完颜亮寇瓜州，城废。开禧丙寅，权守赵逢始修筑，守公潓、守何剡继之，六七年间，才甓二里余。朝以委提举茶盐事施宿申免耗盐袋本钱一年，买木于袁，买灰于湖，置窑百座，乞镇江军并庸夫重甓其表，视旧增五之二。宝庆丁亥，守陈垓创开东、西、北外濠，浚南濠，通十四里，面二十四丈，深一丈五尺。端平后，守赵汝擢增治城濠，未竟，守许堪继之，四角为月河，深广皆倍于旧。又别于湖荡中创堡城，去城五里，谓之新城。提刑丁公、提举丘岳、制置司赵葵实主之。淳祐元年，虏哨突至，以濠深不敢向而觇堡城。乃命守赵珙夫修城浚濠，益严备御。工未竟，虏袭通州。或谓海陵难守，议改筑，而邦人安土重迁。三

年,命都统王安来仍旧修浚,以提举、提刑惠孔时为之提督。后何舜臣复增月城四门、濠池、甬[1]路及圃子外壕岸,使周围相通。元末癸巳年,州民张士诚作乱。明年正月,二次入城,公私房舍、寺观庙宇毁为瓦砾,官民溃散。旧有堡城,修筑据守,设置扬州义兵元帅府,并设泰州衙门。乙巳年,守御伪官副枢夏思恭、院判张世俊窃议修葺旧城。方兴工两日,我徐平章达兵至泰兴江岸,河港不通,调拨军士,自大江口挑河十五里,通口岸,直抵州之南门湾。常平章遇春率领马步,从扬州陆路同日至。随即交战,士诚退保新城,大军入旧城屯驻。遇春遂东筑海安镇城,屯兵拒绝通州粮道。士诚军败,遂乘胜由东北城角而俘获伪官夏思恭等,平新城,复于旧城修筑,留兵镇守。继而建设州治及守御千户所,而新城随废,海安城亦圮。城周围二千三丈二尺,计一十二里四十七步,高二丈七尺,趾阔四丈,面二丈。城门楼四座,东曰海宁,西曰阜通,南曰迎恩,北曰迎淮。月城四座,南北水关二座,窝铺八十一间。濠深一丈一尺,广五十二丈,袤二千三百八十丈五尺,为海防要害。万历十四年,水患异常,城垣四周倾圮四百八十丈,窝铺三十间,州守谭默申请海道胥遇,蠲公帑,鸠工役,具甓修筑,不括民间一钱。六越月告成,其巍然金汤之雄乎!

新城,州治北五里,周围二百丈,即许堪创建堡城也。宋德祐二年,元阿木遣兵拔新城,留屯以逼泰州。元末为张士诚僭据。国朝遂平之[2]。今废。

海安镇城,州治东一百二十里,周围三里三十步,砖甓表里,常平章所筑屯兵处,后圮。嘉靖间,倭夷犯顺,巡抚唐顺之暨海道刘景韶重建。四周土城六里许,水关三座。城门三座,曰镇宁,曰泰宁,曰永安。今复就圮。

子城,州城内东北隅,周二里二百步,表里皆围以甓,即荆罕儒所建。今当察院、马厂之间,城尽圮,州治移故海陵县基,乃子城之西也。

月城,四门外之瓮城也。正中设门,上有敌楼各一座,即马尚所增建者。万历二十五年鼎新之,改匾东"镇海"、西"控淮"、南"襟江"、北"拱极"。

○如皋县故无城,嘉靖十三年,知县刘永准始作六门。三十三年,县苦

[1] 甬:原作"拥",据康熙重刻本改。
[2] 国朝遂平之:康熙重刻本作"明初平之"。"遂"后原有"士",为衍字,据语意删。

倭患，邑人李镇等建议筑城，巡抚郑晓奏发帑金二万八千两，筑圆城七里，凡一千二百九十六丈，高二丈五尺，上阔五丈，下阔七丈。城门楼四座，南曰澄江，北曰拱极，东曰靖海，西曰钱日。外濠深一丈二尺，广一十五丈，袤三千三百六十丈。为水关二。知县陈雍实董其成。万历二十年，知县王以蒙筑四门、月城。二十七年，知县张星加筑敌台一十三座。

外史氏曰：《记》曰"城郭沟池以为固"，皆所以御暴而保民也。泰为扬支郡，当江淮河海萦带之区，百里专城，官师之所，统御士民之所凭依，胥是赖焉。今城四周皆广濠，城翔濠上如凤翥，或名凤凰城，实埤实塈，填守捍卫，泰有以自恃矣。皋一同，虽创建未古，而介在通、泰间，扼冲掎角，夫亦重有籍焉。然地利不如人和，行仁政以收众心，庶无形之干橹也哉！

公　署

州治在城东北，创自南唐昇元元年。周显德五年升团练州，以荆罕儒为团练使，筑子城，周二里二百步，为州治。宋元因之。毁于□□□□□□□□□□□[1]建，州东偏故为淮东提举司，宋知州□□□□□事凿户以通，而州与司甚密，今司已废。则古州治之当在州桥谯楼直北察院、马厂之间，今之州治乃古海陵县基也。景泰间知州刘伦、成化间知州陈志先后修创。万历间，知州李存信鼎建大门，其上为楼，以旧门卑隘，今较轩豁矣。

大门三间，成化十三年知州左辅重建。万历三十一年，知州李存信改建高楼。　仪门一座，知州陈志建，甓通道[2]。　戒石亭一座。　正堂三间，并西耳房一间，永乐七年知州张逊修，正统十年同知王思旻重修。　幕厅三间，正堂之东，旧以耳房为之。成化二十年，知州彭福重建。　左右司房十八间。　甲仗库左司房之上。　架阁库右司房之上。　穿堂一间，正堂后。　后堂五间，穿堂后。　后库六间，倒败，其门尚存。　知州宅正堂东北。　同知宅正堂西北。　判官宅正堂西，旧有二所，今并为一。　吏目宅正堂东

---

[1]　此处及下文缺字处，各本皆缺。
[2]　通道：康熙重刻本作"甬道"。

南。　大门外南圈门上曰"黄榜开科"，为解元张文建。　东西二圈门二匾，一"纪纲重地"，一"文献名邦"。　大门外为申明亭、旌善亭。今废。亭南另设轻监，以居轻犯。　仪门外，左土地祠，右迎宾馆，其傍隅为图圄所。仪门内东西马道门，各一间。　东马道南北吏舍，十四所。　西马道吏舍。二十所。

都察院州治东，万历辛丑年，都院李三才以察院改创。左侧官厅二所。又设兵营房二。

海防兵备道州治南。　中军厅在道西。　演武厅在道南。

东察院州治东，万历间守李存信重修。

两淮都转运盐使司旧在州治东，今废。

府馆州治前稍东。

守御千户所，州治南。有镇抚司吏目宅。

杂署：圣谕亭州治东。　阴阳学州治北，今废。　医学州治前，今废。　僧正司州治南南山寺。　道正司州治东南仙源万寿宫内[1]。　巡检司三一海安镇，一西溪镇，一宁乡镇。　盐课司十一栟茶场，一角斜场，一富安场，一安丰场，一梁垛场，一东台场，一河垛场，一丁溪场，一草堰场，一小海场。　税课局州治西南。　淤溪薄湖河泊所州治北三里。　兑军仓北门外西。　常丰仓州治西北二里。　预备仓州治西北。　社学五一名端本，在州前；一名志道，在州治东南；一名慎初，在城临淮坊；一名立诚，北门外；一名养正，南门外。　养济院州治东南。　教场州治西北，中为演武厅，前为将台，左为辕门。　鼓楼州治东南，洪武初守张遇林建，正统间同知王思旻重建。此后倾圮、修复不一。　钟楼州治西南，洪武四年守史遇建。宣德五年，守萧旭修。万历初年□□□□[2]又修。

旧有：太仓，一名海陵仓。吴王濞所建，左思《吴都赋》云"观海陵之仓，则红粟流衍"是已。　州仓旧子城西门外。　平籴仓附于州仓，嘉泰三年，守陈茂英建。　西仓经武桥北，嘉定年守李以增成兵建。　惠民仓嘉定六年，常平使施宿建。　盐仓西门外，大[3]观中兴都盐局也，改为仓。　真州盐仓常平使徐正卿建。　平籴备边仓嘉定桥南，绍定五年，守赵善瀚建。　军储仓守御所西南，洪武元年建。　屯种仓州治西，永乐三年建。　军资库旧治子城西门，嘉泰元年，守韩杲卿移建无讼堂东。　寄收库附军资库。　修城库军资库前。　常平库军资库后。　烘焙库　都造酒库俱在旧治大

---

[1]　仙源万寿宫内：《〔雍正〕泰州志》作"城隍庙"。

[2]　此处各本皆缺。

[3]　外大：康熙重刻本作"盐局"。

厅西。　迷仙库登[1]仙桥东,嘉定十二年,守李骏建。宝庆三年,守陈垓增屋建楼,以隋"迷楼"之义名之。　斗门酒库州治西二十五里,陈垓建。　户部赡军库日中桥南。　公使醋库旧茨舍,嘉定十六年,守史弥宁易以瓦房。　节制司激赏塘头库　节制司激赏塘坝库　节制司激赏庙林库并宝庆三年守陈垓置以赡军。　便民典库运司西,旧在市心,轻息以济细民。　寄椿库钱之不隶盐本六色者入之。　公使库箩篦家粮杂收钱入之。　军器库枪刀、弓弩、纸甲,调盐军,则给之。俱运司西守兼提举陈垓建。　受给场旧治西门楼内。　糯米场旧治内大厅西廊。俱绍定元年守陈垓建。　柴场嘉泰元年守陈茂英建。　上河支盐场济川桥西,守陈垓移建北浮桥之西。　铁盘场招贤门外。　曲院　清酒务登仙桥河东,庆元五年守张焕建。　西酒务登仙桥河西,旧名白酒务,宝庆二年守陈垓重建。　南税务旧在海春馆,守陈垓移建南门外。　北税务　东河税务　东门税务　席索局所西门内盐仓侧。　造作局守御所东,即今军器局。　修城司房廊五百间,守李骏建。　以上俱废。

○如皋县治,居城正中。　知县宅在堂北。　县丞宅今废。　主簿宅在堂东。　典史宅在东南。　察院县治东。　府馆县治西。　公署县治东。　圣谕亭　申明旌善亭　阴阳医学　僧道会司　巡检司三—石庄,一掘港,一西场。　盐课司三—掘港,一马塘,一丰利。　税课局今废。　兑军仓　预备仓　社仓　常平仓　便民仓　社学二　养济院　演武场

外史氏曰:百官之府曰署,星联棋置,正以肃堂皇之体也。古者日有省,月有会,岁有成,考政纠刑,惟是重民事为兢兢。其事或不足示轨则、流膏泽,君子不举焉。否者,缩朒解嫚,抑或束湿以逞,阶之为厉,毋乃辱其署乎?诵"攸芋""委蛇"之诗,长民者宜审自居矣。小心翼翼,勿以传舍夷视斯所,称"乐只君子"而留芳百世者也。

学　校

儒学,州治东南。自唐置吴州,已建学。宋庆历中,始建学子城内。绍

---

[1]　登:原缺,据康熙重刻本补。

兴八年,草创海陵县西。二十五年,守王扬英为宣圣庙于城东隅,即庙建学,前泮水,后宸章阁。明年,守孙苪始储粟。淳熙七年,常平使郑嗣宗重修。八年,守陈文中始置钱库。十年,守万锺始藏书。庆元六年,教授江史始建武齐射亭。嘉泰元年,守陈茂英重建,常平使赵克夫始给田置义廪。嘉定十五年,教授徐牟德始置六斋炉亭。十六年,守史弥宁、通判尤煏筑宫墙再,绘从祀像。绍定元年,守陈垓迁贡院于学之东隅,浚泮池,甓通衢,鸠工选材,重葺增修。元季毁于兵燹。国朝洪武初,知州张遇林鼎建。十三年知州赵鼎,永乐十年知州刘景文,宣德七年知州萧旭,相继修缮。正统十四年,按院蒋诚、知州黄性重修,建殿庑、棂星、仪门、堂斋、生舍,堂之后又创崇文阁,以贮经史百氏之书,及庖湢、库庚之属,靡不毕备。成化十年,知州左辅塑从祀贤像。十五年,知州陈志重修两庑,改塑先贤,仿阙里像。二十年,知州彭福开拓东南故址周一百二十丈,筑淤填荡,以复东入之衢,移建学门,植左右华表,相距六十八丈五尺,左文雅,右儒林,皆复宋旧名。弘治十五年,知州谢杰再修。嘉靖间,始以木主易塑像,建敬一箴、四箴、心箴亭。后盐院洪垣、郡守朱簦益饬治之。万历四年,海道程学博、知州萧景训加意鼎新,移名宦、乡贤二祠于尊经阁。后十年,海道舒大猷、知州李裕撤去西向儒学大门,更匾"道义"门额,自西迤东开周道,门自东入,益恢廓之。东构小楼,名"聚奎";西构小轩,名"联璧"。浴沂亭北旧有泮宫坊,撤之。易以砖垣。十五年,盐院陈遇文、海道胥遇、知州谭默更撤楼、轩二所,东易"两淮文献",西易"万世师模"二坊。然自数数更张,门向非旧,文风日益寥落矣。因议撤浴沂亭于泮池,而更建文昌阁于学宫之东南,泮宫北撤砖垣,南建泮宫坊,周池建楹,间以木石,棂星门柱悉以石易之。十七年,学院柯挺视学,谓泮池宜通外流,浴沂亭宜建,命知州谭默浚筑之。二十九年,抚院李三才驻扎泰州,因从绅衿之请,遂檄江防同知李仙品摄州事,修学、浚河并举,焕然改观。太史京山李维桢为记。

　　棂星门三座,石柱,木门。　　戟门五间,有石碑四道。　　大门一座,面西,临旧贡院东街。正德间,学正陈琦题曰"儒学",万历辛丑年修学时改额。今用形家言,复颜"儒学"。　　二门向南,临跃鳞河,学正陈琦匾曰"跃龙门"。　　三门面东,匾曰"升堂入室"。　　大成殿五间,洪武初知州张遇林即故址建。正统间,塑先师四,配十哲像。嘉靖初,改为木主。　东西庑合二十八间,先塑像,后易木主。　明伦堂五间,前轩三间,大成殿后,初名"养正",永乐间,知州陈仲名摹朱文公书匾易今名。内有卧碑,置于东北壁间。　东西斋房各六间,明伦堂前,左曰"尚贤",右曰"进德",曰"日新"。　敬一亭一座,明伦堂后。　尊经阁五间,敬一亭后。　启圣祠三间,尊经阁后。　土地祠三间,启圣祠左。　省牲所启圣祠右。　馔堂尚贤斋北。　西厢房三间。　学正衙明伦堂东。　训导衙三所一在明伦堂东,二在明伦堂西,一为日新,今废。　吏舍学正衙西侧。　名宦祠戟门东,祀宋欧阳观、胡令仪、曾致尧、吕夷简、范仲淹、张纶、孔道辅、韩琦、赵抃、岳飞、文天祥,国朝知州成乐、王臣、黎尧勋、朱公节、崔国裕,同知王思旻、学正王传。　乡贤祠戟门西,祀宋天章阁胡瑗、员外郎王俊义,国朝按察副使张文、礼部侍郎储巏、工部侍郎徐蕃、吏部郎中林春、按察佥事储洵、洪雅知县王让、大儒王艮、太仆少卿陈应芳、给事中王纪、副使刘希周、处士唐珊、孝儒宫景隆、训导刘清。　泮池旧在明伦堂前,正德间,按院蒋诚凿于仪门之南,改作亭其上;又于棂星门外开三池,筑基其中,谓之凤凰墩。后内池既废,亭亦毁,惟存外三池在焉。弘治间,判官前御史方岳建亭于凤凰墩,名曰"浴沂"。万历三十二年废。　射圃亭三间,学正衙东,知州韦宗孔建。　文昌阁泮池东隅,训导李香捐俸,挑土筑基,遂建。　望海楼在儒学巽隅,以人文风水所关也,嘉靖初年重建。

旧有:六斋　炉亭　武斋　宸章阁,后改为崇文阁。明伦堂北。　思槐堂崇文阁北。　文会堂思槐堂旧址。　东西生舍明伦堂后。　以上俱废。

祭器:铜牺樽一个。　铜象樽一个。　铜罍樽一个。　铜香炉一个。　铜铏碗二十个。　铜登五个。　铜簠十六个。　铜簋十六个。　铜钟十六口。　石磬十二块。　大小铜爵一百四十只。　锡烛台五对。　锡酒海三个。　铁香炉十四个。　帛匣九个。　笾豆一百四十五个。　麾幡一根。　应鼓一面。　柷一个。　敔一个。

书籍:《朱子语类》四十本。　《朱子文集大全》四十本。　《奏议》一部。　《朱子年谱》一部。　《文公家礼》一部。　《朱子注解楚辞》一部。　《朱子注解韩文全集》一部。　《朱子经济文衡》一部。　《朱子学的》一部。　《近思录》一部。　《录要》一部。　《小学注解》一部。　《四书》一部。　《易经》一部。　《诗经》一部。　《书经》一部。　《春秋》一部。　《礼记》一部。　《通鉴纲目》一部。　《性理》一部。　《武经七书》一部。

旧无书籍库,祭器亦不全。正德十六年,学正陈琦造祭器,置书柜二树盛之，铭其上曰："置书之柜，藏祭之器；彼毁之者，为众之弃。"今祭器所剩无几，而书籍失其半矣，聊以存者记于右方。

学田郑家庄田地一十三段，计四百六十一亩二分；学前地一段，计四十五亩；南山寺地一段，计二十七亩；蔡家堡田五段，计一百亩；学西红墙下地一段，计一亩五分。以上俱系见在。城东朱宣垛田二段，计五十五亩；下河雁荡庄田一段，计二十亩；梁垛场田九亩；城东莲花池田十二亩；李溪田一十七亩；姜堰镇天目山田五十一亩四分三厘。

○如皋：儒学，旧在县治东北，嘉靖十九年，巡盐御史吴悌、焦琏，知县黎尧勋移建县治东南。

棂星门　戟门　儒学门　东西掖门　先圣庙　东西庑　明伦堂　居仁、由义二斋　启圣祠　敬一亭　尊经阁　教谕、训导宅三所　名宦祠祀曾易占、胡令仪、胡昂。　乡贤祠祀王觌、胡瑗、丁天锡、刘瑗、马继祖、冒鸾。

外史氏曰：鲁僖既作泮宫，淮夷心革，后采芹采藻，以至献馘献功，咸于斯在，盖重之也。自古圣贤相衍一脉，揭若中天，师以是授，弟子以是学，务在翊经阐教、惇伦厚俗，庶宫墙日月贲临，而胥纳于义路礼门矣。若区区升散抠趋，从尺幅文辞课殿最，抑末耳。

兵　戎

守御千户所，骆驼岭之上，洪武元年正千户谢成开建，后千户王轨重修，千户王之屏匾其堂曰"经武"。

原设正千户一员，副千户七员，副镇抚三员，百户十员，嘉靖三十三年征倭，升授指挥佥事一员，副千户二员，试百户二员，吏目一员，军人一千三百四十一名。秋班京操军三百一十五名，运粮军四百八十名，掘港寨备倭军二百五十名，城操军一百九十八名，守门军四十名，看守城铺军二十八名，巡盐军十名，巡捕军十名。

屯种，原额田地一万九千三百一十五亩零，计夏、秋二税屯粮六百七十二石，每石折银三钱五分，共银二百三十五两二钱。

总计屯田一百一十二分，原尽属千户所第十所管辖屯务，其粮征收解府。至天启二年,运粮旗甲人等告称累乏穷苦,将前田分派各所耕种,审准依允照。有运船四十八只,各得一分,派出四十八分,以资运军之用,其余仍在第十所。官军领种在上钱粮。近奉屯院移文,本府新设屯官一员征解,庶乎责有专委矣。

官兵原额七百员名,旧属徐州兵备道所辖。

嘉靖三十三年,倭寇犯顺,添设海防兵备道驻扎。本州随设中军官一员,哨官一十八员,兵增至一千八百名。后因倭徼少息,每年汰去,止中军官一员,哨官五员,兵五百九十四名。近又以边防宜密,中军厅新添兵三百名,忠义营召募家丁四百名。中军营旧惟委用卫所官员,今兵部题准钦依,守备遵授前职,以都指挥体统,坐营行事,忠义营兵添设都司官一员管辖。

营寨六:掘港寨如皋县东。 栟茶寨宁海乡二十九都。 角斜寨宁海乡二十九都。 刘庄寨东西乡二十五都。 白驹寨东西乡三十五都。 丁美舍寨东台场海口。

自富安至小海等八场,墩台一十一座,墩军三十三名,民夫七十七名。

○如皋掘港营距海大洋五十里,东、南、北三面环海,惟西一路接如皋,为倭寇首犯要地。旧设土堡,每岁汛期,委扬州卫指挥一员,领军一千三百名守堡防御。天顺间,挑选精壮入卫京师,止存军五百五十名。嘉靖三十三年,倭大举入寇,再被蹂躏,巡抚郑晓奏设把总。三十八年,巡抚李燧奏改守备,统东、西二营,召募民兵三千余名,设战船一百余只。后经承平,渐加减汰,尚存水陆官兵六百余。万历十九年,倭犯朝鲜,沿海增备,复召精勇千余,设战船六十只,增置马步军五百六十有奇。事平旋罢。见存水陆营兵五百名,沙船八只,战马二十二匹。所辖信地南至石港,北接丁美舍,西达如皋,东抵大海洋。

外史氏曰:国家盐漕两储,实倚淮扬为命。日本倭奴杂处海岛,片帆西指,如人吐舌,乘我之运道,抗之吭,毋论蹂躏生灵,而南北震惊孔亟矣。自以驼岭之犀锐固其中坚,掘港、丁美舍卫其外侮,则海防可恃无虞,而盐漕且并通焉保障哉!比者承平日久,武备凌弛,脱一旦有警,将何以为兔罝、干城而守御?是鳃鳃未雨绸缪,无忘户牖,则今日事也。

驿 铺

吴陵驿,洪武元年守张遇林建于州治之西,后驿革。正统十二年,同知王思旻移建于州治前稍东,置为府馆。

南门馆驿,在州治南迎恩门外。宋名海春馆,绍兴[1]元年,守陈垓创建于南门外桥西。元末兵燹无存。洪武元年,守张遇林复建于南门河侧。永乐九年,守刘景文修,又圮。成化九年,守左辅重建。二十一年,守彭福以往来舟次不便,移建济川桥西。

旧有行衙在阜通门内,两驿东西相对,今废不存。见山驿旧为七里亭,门望江南二山,因取名,亦废。

急递铺一十五处每铺官厅三间,邮亭一座,左右房三间,外门一间。

州前总铺　城东十里铺　葛埋铺　流汗口铺　姜堰铺　朱家店铺　白米铺　曲塘铺　潭口铺　查家庄铺　海安铺以上十一铺,俱州治东,止存州前总铺。　城西十里铺　祁家庄铺　谢家铺　城南十里铺　庙湾铺以上五铺,俱州治西与南,不存。

近年南北关厢铺舍:大宁桥　天宁桥　嘉泰桥　元履坊　进德坊　文利坊　钟楼巷　马厂前　州后　坡子上　管王庙　小关口　演化桥　猪行铺　便民桥　郁家铺　东坝口　安家桥　破桥东

○如皋铺舍:县前总铺　丘家庄铺　孙公店铺　葛家溪铺以上通泰州路。　邗港铺　东陈铺　蒋婆铺　丁堰铺　刘师铺　林梓铺　白蒲铺以上通通州路。

外史氏曰:皇华使节所临,憩于斯,廪于斯,舟舆迎送于斯,即古《地官》"掌邦委积以待"。而铺亦节从者之劳,代停骖也。驿有丞,铺有司。夫马数乏,责在驿;置邮期愆,责在铺。三尺森如,畴敢干者?第比来星驰旁午,疲于奔命不暇,且有非分苛索,继之以榜掠鞭笞,为民上者,宜思轸恤之矣。

---

[1] 兴:原缺,据康熙重刻本补。

乡　都

东西乡,州治东北,辖都七、场七、里六十三:

一都十里。　二都七里。　三都九里。　四都九里。　三十三都九里。　三十五都一里。　何垛场一里。　东台场二里。　丁溪场二里。　草堰场一里。　小海场一里。　白驹场一里。　刘庄场二里。内原有十五都五里,因凋疲,并二里入一都,并一里入三都,并一里入四都,并一里入三十三都。

招贤乡,州治西北,辖都四、里四十一:

五都十里。　九都八里。　上十都十三里。　下十都十三里。

永吉乡,州治东,辖都四、里二十六:

十三都八里。　十四都三里。　十六都八里。　三十四都七里。

蒲津乡,州治东南,辖都五、里十五:

十七都三里。　十九都一里。　二十都一里。　二十二都五里。　二十三都五里。

宁海乡,州治东南,辖都七、场五、里二十八:

二十五都一里。　二十六都三里。　二十七都二里。　二十八都一里。　二十九都二里。　三十二都七里。　一都二里。　梁垛场二里。　安丰场二里。　栟茶场四里。　富安场一里。　角斜场一里。

在城实在六里,船户四里。　河泊所六里。

以上五乡、二十六都、十二场,并在城及河泊所,共一百八十九里。

宁乡镇州治东北六十里,隋置宁乡县,后废,今置为镇。

海安镇州治东一百二十里,唐置海安县,县废为镇,今置巡检司。

西溪镇州治东北一百二十里,置巡检司。

樊汊镇州治西北八十里。

斗门镇州治西三十里。宋淮南转运副使吴遵路置斗门,以蓄泄水,民甚便之,因以为镇。

港口镇州治北十八里。

秦潼镇州治东北六十里。

姜堰镇州治东四十五里。

白米镇州治东六十五里。

曲塘镇州治东七十五里。

中村州治西北四十五里。

鱼行庄州治北五里,又名鱼行市。

边城庄州治北四十五里。

上溪庄州治东北二十里。

叶店庄州治北三十五里。

查家庄州治东三十里。

独树子庄州治东五十里。

茅山庄州治东北六十里。

○如皋乡都:

江宁乡辖十二都、十四都、十五都、十六都。　安定乡辖九都、十七都、十九都、二十都。　赤岸乡辖七都、八都、二十一都、二十三都。　沿海乡辖一都、三都、四都、六都。　丁堰镇　白蒲镇　石庄镇　西场镇　掘港场

外史氏曰:夫乡都之设,所以核生齿粮课,令无伪脱也。越十载一编册,上之地官氏,以报实则。凡一民一物,皆不失其纪矣。夫子曰:"吾观于乡,而知王道之易易也。"岂不信哉!彼都人士,比闾聚族,环处一乡,蒸蒸焉襁褓礼义,沐浴教化。俾地为人重,如天章阁胡公,而即以安定名乡,斯有荣施耳。

街　市

城之内,自北而南大街,自东而西大街。

十胜街州治西南,入乐真桥小街,西至伏龙桥处也。相传宋太祖从周世宗兵入泰州,一日十胜,及宋受命,则敕其街曰"十胜"。

状元街儒学大街。嘉靖间学正陈琦因王俊义中宋徽宗时状元,故名。

运司街在州治南,崇明桥东。

银行街在州治西南,登仙桥东北。

米行街在州治西南,登仙桥东南。

泰兴街在州治南三十五里。

兴化街在州治东北九十里。

新桥市南北关二市。

鱼行市州治北五里。

东河市州治东三里。

瓜市州治东北七里。

蒲鞋市三一在登仙桥北,一在状元街,一在三元坡北。

姜堰市在州治东四十五里。

歌舞巷　钟楼巷　姐留巷　务巷口　万家巷　预备仓巷　荻柴巷　关王庙巷　杜家巷　石人巷以上巷俱城里。

徐家巷　罗家巷　石头巷　堂子巷　河泊所巷　五条巷　鸡鹅巷　徐家巷　严家巷　西坝巷　陈家巷　顾家巷　许家巷　吉家巷　忠义巷　井儿巷　湾子巷　木厂巷　东坝巷　坛场巷　便桥巷　板厂巷　沈家巷　沧浦巷　郁家铺巷　卢方巷以上北关厢巷。

皂角巷　杨树巷　瓶罐巷　竹木巷以上南关厢巷。

○如皋街市:

十字街　大中街　东大街　西大街　南街　北街　集贤街　德义街　新街　锦绣街　新集　西关市　北关市　柴湾市　东陈街　骢马巷　秀才巷　寺巷　仓巷　安定巷　漏春巷　通春巷　惠政巷

外史氏曰:《韵府》曰:“街,四通道也。”《传》曰:“商贾藏于市。”盖市之逵路为街,街之辐辏为市也。天有街,在昂毕之辰;海有市,为楼台之气。帝王取《噬嗑》以为法,列□□国,致天下之民,举百货交易于日中,使农末相资而各得其所,岂非因化育而为治者哉?虽然,礼之于市,经之平之,均之行之,要在由其街者无市行,藏其街者无市心,勿徒以征贵贱、权子母为汲汲也。

坊　表

泰州之坊表,州治正南曰“海陵保障”,东曰“纪纲重地”,西曰“文献名邦”，鼓楼曰“声闻四达”。

表学宫二：东曰“两淮文献”，西曰“万世师模”。

表都察院三：正南曰“节镇中原”，东曰“文武师帅”，西曰“南北枢机”。

表东察院二：东曰“激浊”，西曰“扬清”。

表海道二：东曰“诘戎”，西曰“秉宪”。

表教场一：曰“鹰扬”。

表科第：解元坊二一在州治前，为张文建，今改为“黄榜开科”；一在北门外坡子上，为储巏建。　会元坊二一在北门外坡子上，为储巏建；一在大宁桥北，为林春建。　状元坊大宁桥河西，宋宣和元年，为状元王俊乂所居建。弘治间，移建于八字桥南。　进士坊二一在州治西大街，为李彬建；一在登仙桥南，为陈应诏建，今改为叔侄联第坊。　恩荣进士坊大宁桥北，为王陈策建。　父子进士坊通仓桥北，为都御史徐蕃、主事徐嵩建。　少宰都宪坊新桥西，为储巏建。　少司空坊清化桥南，为徐蕃建，旧名学宪坊。　都谏坊大宁桥南，为沈良才建。　清朝世恩坊税务桥，为陈鸢、陈佐、陈汲、陈应芳建。　少司马坊八字桥北，为沈良才建。　侍御亚元坊登仙桥，为顾廷对建。　柱史坊二一在登仙桥北，为凌儒建；一在登仙桥南，为蒋科建。　父子堂卿叔侄联第坊在登仙桥南，为进士陈汲、陈应诏、陈应芳建。　父子司徒坊为刘清、刘弘宇建。　百岁人仙三朝人杰坊在南门内，为陈佐、陈鸢建。　南台风纪北门锁钥坊在南门内，为霸州兵备蒋科建。　司马世德两省福星坊在南门内，为宪副刘希周、参政刘万春建。　正色立朝纯忠体国坊在南门内，为陈应芳建。　以上俱存。

进士坊三一大宁桥大街南，为林正茂建；一大宁桥南北各一，为张文、张巘建。　世科坊大宁桥，为沈铎中乡试建。　登科坊大宁桥南，为秦朴建。　甲第传芳坊税务桥大街北，为张巘、张承仁建。　方伯坊大宁桥东大街，为冒政建。　钟秀坊崇明桥东北，为王澄中乡试建。　鸣凤坊八字桥北，为陈禄中乡试建。　都宪坊大宁桥大街南，为凌儒建。　荣武坊登仙桥东北，为韩棐中乡试建。　文显坊登仙桥东北，为王瓒中乡试建。　桥梓扬芳坊大宁桥大街北，为陈禄、陈相建。　济武坊登仙桥大街南，为胡玉中乡试建。　传胪坊登仙桥大街南，为胡玉二甲第一名建。　启凤坊南门外板桥南，为陈逵中乡试建。　世荣坊文雅坊□，为李彬中乡试建。　登庸坊南门外济川桥北，为全[1]

---

［1］ 全：康熙重刻本作“金”。

英中乡试建。　经魁坊北门外,为杨颙建。　颉魁坊东坝西北街,为张铭中乡试建。　翀霄坊清化桥北,为□□中乡试建。　绣衣坊大宁桥南,为张承仁建[1],今存。　大方岳坊登仙桥南,为胡来贡建。　以上俱废。

表理学:崇德报功坊在安定书院前。

表孝义贞节:孝子董公祠坊在丰利桥东,自北桥西去,有董公祠,盐院谢正蒙建。　义民坊登仙桥河东南,表陈护家六世同居。　崇孝坊崇明桥西,为孝子袁道济建,今废,表曰"孝子之门"。　义民门六雷信,许礼,游淮[2],刘悬,陆敬,卢源[3]。　贞节门四张义妻姜氏,李岩妻陈氏,朱彬妻刘氏,沈行可妻李氏。

在城:进德坊在登仙桥西,以查尚书所居,子姓皆有德,故名。　临淮坊大宁桥河西。　鼎魁坊崇明桥大街东,为宋廷对第三名丁时发建。　文利坊旧名文雅,又名文德,入儒学路。　杜母坊　元履坊　丛桂坊登仙桥西南,宋侍讲周孟阳居。

北关:野陆坊　管王庙坊　新安坊　大宁坊　永安坊　永吉坊　忠义坊　泰宁坊　永兴坊

南关:务本坊

○如皋

坊:兴贤毓秀坊二儒学左右。　恩荣奇英坊二冒鸾。　进士坊二许鹏、马继祖。　文魁坊为马继祖、马绅、马洛。　三世二品坊苏愚。　天朝仪凤坊钱藻、苏愚、马洛及贵州籍孙应鳌。　世科坊贵州籍进士孙裒、举人孙褒等。　五桂坊举人王翦、许孚、张贞、刘鉴、蔡昇。　义民坊卢祯。　贞节坊二朱汉云妻顾氏,石润妻许氏。

外史氏曰:坊者,表也。"表宅里而树之风声",盖本于此。彼秩位舃奕与道德节义之鸿骏,皆得名悬棹楔,垂诸永永,问俗君子,私心窃仰止焉。说者谓:雨旸剥蚀,兵燹变迁,或后人式微,而宅里欻夷于丘莽,何以树风声耶?余曰:否,否。其人果踔厉今古,有不朽者在,将日月争曜,宁与木石并成毁也哉?

---

[1]　建:原缺,据文意补。
[2]　淮:原缺,据《〔雍正〕泰州志》补。
[3]　源:原缺,据《〔雍正〕泰州志》补。

桥 渡

南北门大街,则有迎恩桥。南门内,旧系砖圈,后圮。万历三十年,守李存信改板桥。南北市河,则有丰利桥,自南村负草来鬻者,多聚此,俗呼高草桥。此南水门入第一桥也。旧名暮春,淳熙三年建,近圮,省祭夏时雨募修。登仙桥,乾道元年建。南水门入第二桥。乐真桥,淳熙十二年,守万锺建。嘉定七年,守李洪重建。南水门入第三桥。嘉定桥,在街心。绍兴十年,守王暎创开东西市河建。嘉定七年修,以年号名。洪武三年,守张遇林重修。旧名日中桥,俗名八字桥,又曰小市桥。太平桥,淳熙十一年,守万锺建。嘉定十一年,李骏重建,又圮。洪武三年,守张遇林建。南水门入第四桥也。以近税务,俗谓之税务桥。泰宁桥,淳熙十一年,守万锺建。嘉定十一年,李骏重建。南水门入第五桥也。王家桥,系板桥,旧志不载。迎淮桥,北门内,今名且乐桥,俗呼姐姐桥。北水关板桥。旧志不载。东则有太和桥,即今州桥,以近州,故名。或云上下有圈,名周桥;或云周孟阳建,名周桥。凤凰桥,州治南,跨长堤,旧贡院前。今废。度僧桥。南山寺西。今存小砖桥。西则有天宁桥,光孝寺东。嘉定十三年,守李骏建。寺旧名天宁,故名。伏龙桥,州治西南。旧传赵太祖从周世宗兵至泰州,避难桥下,及太祖受禅,遂名。今惟存片石。三思桥,以近州,令讼者至是三思而行,故名。今为沟。嘉庆桥。以桥成于嘉定、宝庆之间而名。淳祐元年,守陈垓修。今改为板桥。西南则有经武桥,嘉定十三年,守李骏开新河、创教场建。金兰桥,跨太子港。旧传昭明太子、邵陵王纶同为乐真人立观,因创此桥,以《易》"断金""如兰"之义名之。利民桥,淳熙十二年,守万锺建。洪武二年,守张遇林重修,改名泰宁。小桥,跨东市河,驼岭之东路,南通道,北通州。又小桥二。在州堂后藕花洲。今废。以上俱在城里。

城内西市河又有蔡家桥,南通经武桥。双桥,西接泰山,入小西湖。翟家桥,经武桥南。沈家桥。祐生祠西。城外四门各有吊桥。东则有迎春桥,守张遇林创建。石桥,东山寺东。通仙桥,宋建炎间建。永乐十三年,千户王彬重建。旧名郭桥。今废。三塘桥,去城一里。常乐桥,去城二里。中河桥,东四里。纪家桥。东市河四里。元至正间,里人纪文昇建。成化二十二年,桥圮。下有石刻,存。南则有济川桥,即高桥。跨南官河,如皋、通州孔道。正统九年,同知王思旻重建。俗呼高[1]桥。有耆老韩诏更砖以石,

---

[1] 高:康熙重刻本作"南"。

新增石栏二带。**西南通川桥**,跨濠堑。成化年圮。嘉靖元年,千户严茂建。**宝带桥**。万历年间,庠生李昕募建。**北则有徐家桥**,去州二里。**拱辰桥**,去州三里,今圮。**广运桥**,西坝西。正统九年,王思旻建板桥。成化十一年,里人朱旻改石桥,上置石栏二座,即今新桥。**广济桥**,在鱼行市。成化十五年,刘敬建。**永兴桥**,近西仓。**通仓桥**,王思旻建。**便民桥**,东坝南。洪武二十九年建。**清化桥**,去州三里。永乐三年建。正德百户刘钦重建。**孙家桥**,去州三里。**演化桥**,去州四里。景泰三年,里人张近建。**丰利桥**。旧名韩家桥。**西河则有招贤桥**。州治西北,近招贤门。**东河则有大通桥**,近东坝。**华家桥**,近东坝。**便桥**,东坝南。洪武年间建,今圮。**永安桥**。守黄道理重建,旧名破[1]。**老东河则有南斜桥**,州治东北,通五里沟任家庄。**北斜桥**,州治东北。北通沈家庄,西通茅家堡。**薖汤桥**。去州三里。宋太祖兵至泰州,民有献薖汤者,啜而甘之,遂以名桥。**东北则有查家桥**。去州二十五里。宋尚书查陶墓北。因查氏子孙居于桥侧,故名。**西溪镇则有凤升桥**,昔仙女乘凤而去,与董永相别,因此名桥。此第一桥。**义乡桥**,汉董永孝义事感于一乡。又北通忠义河,隋将军战地。此第二桥。**朝宗桥**,第三桥。因水东向,朝宗于海,故名。**通圣桥**,第四桥。俗名通庙。**广济桥**,第五桥。与朝宗桥相向,俗名八字桥,又名鲜鱼桥。**溪光桥**,市河东。**博真桥**。镇稍北,西通博真河,桥侧有步兵村。**海安镇则有花花桥**,古有,今重建。**砖桥**,即牙桥,海安镇东。礁台康丕扬建,南通官河,北通十盐场运河。**夏家桥**,州治南,城子沟。**新城渡**,州治北五里。**王家渡**,州治西南十里。**沈家渡**。州治西十五里。

〇如皋:惠政桥　宣化桥　通江桥　迎春桥　安定桥　集贤桥　云路桥　杨家桥　丰乐桥　谢恩桥　德义桥　霞山桥　红桥　庆裕桥　通济桥

外史氏曰:天汉起东方,经尾、箕之间,曰天津。先王因民水陆限隔,观象于天,以舟济之。士庶病涉,俟天根见而水涸,农事甫毕,诏民成徒杠、舆梁,俾得往来以相通。傥所称"周行"非耶?今州暨皋邑,桥无虑百余,坦然共适,庶无深厉浅揭之虞。第岁久易于朽腐,所时当省视而葺治者也。若待圮后而始鸠工庀材,可解曰:"亡羊补牢,未晚哉?"

---

[1] 破:康熙重刻本作"坡"。

泰州志卷之三

赋役志户口、课程、力役、马政、盐策、河渠

厥土涂泥,田下下,则国计军需,编户仰给,填壑难盈,漏卮易竭。用一缓二,如何勿恤? 志《赋役》。

户 口

洪武九年,户二万四千一百七十八,丁口一十二万二千三百八。永乐二十年,户二万二千五百一十,丁口一十一万九千八百二十。宣德七年,户二万三千六百二十二,丁口一十二万七千五百五十五。正统七年,户二万二千一百三十一,丁口一十四万七千五百九十六。景泰三年,户二万二千二百七十九,丁口一十五万四千四百九十三。天顺六年,户二万一千五百九十一,丁口一十五万四千一百一十九。成化八年,户二万三千一百一十,丁口一十五万一千二十二。成化十八年,户二万三千五百五十,丁口一十五万二千一百三十。弘治五年,户二万四千五百二十五,丁口一十五万六千五百三十九。弘治十五年,户二万五千八百八十七,丁口一十五万七千九百三十二。正德七年,户二万六千五百一十,丁口一十四万三千九百四十八。嘉靖元年至四十五年,户二万九千四百二十,丁口一十四万六千五百四十。隆庆元年至万历三十二年,户如嘉靖数,丁口一十四万六千六百二十丁。天启元年,户二万九千七百三十八,丁口如万历数。在册当差人丁四万二千五百四十二。

原额所军一千一百二十名,今带新充永远军人及遇恩例改调近地军人,通共一千三百四十一名。

原额人匠五百八十五名,逃移七十三名,户绝八十六名,见在四百二十六名。

灶五千九百二十[1]户,一万四千九百四十丁。

○如皋:洪武中,户九千二百三十七,丁口三万六千六百四十。成化中,户五千三百三十四,丁口三万六千六百一十三。正德中,户五千九百二十一,丁口三万四千八百七十九。嘉靖中,户六千四百二十二,丁口三万四千五百一十七。万历中,户九千一百五十七,丁口四万零五。

外史氏曰:《周官》列万民之数,书于版,且献于王,王拜受之,讵不重哉? 泰自隆庆以来,洪洞告警,民遭昏垫,以阻饥奔命四方者多矣。后河伯安澜,赖良宰留意招集,故播迁者仍归故土,而民登版籍如昨,此泰宁之征也。敢告司牧者尚其睹生齿而懋休养乎!

税 粮

天启三年,总计官民田地九千二百八十顷九十一亩三分。夏税,麦六千四百九十八石五斗五升四合二勺,棉花米一石五勺。秋粮,米五万六千三百八石七斗六升五合五勺,豆八千七百五十六石二斗一升四合,马草九万五千五十三包三斤五两四钱。

夏税,起存麦六千四百九十八石五斗五升四合二勺。

起运:京库颜料麦三百八十七石二斗五升七合零,每石折银五钱,水脚银一两九钱三分六厘二毫零,铺垫银一百四十四两四钱二分九厘九毫零。淮安府常盈仓麦一千七百四十三石二斗三升,每石折银四钱。本府军储仓麦二千八百二十四石七斗二升三合七勺,每石折银四钱。本州仓改解府仓麦二百一十六石四斗二升五合,每石折银四钱。上四项改折并铺垫、

---

[1] 十:康熙重刻本误作“千”。

水脚,共银一千一百二十三两八钱五分八厘二毫零。凤阳府亳州仓本色小麦一百五十石。

存留:本州仓小麦一千一百七十五石九斗一升五合零,每石原折银四钱,今详允减银若干,每石实征银一钱四厘八毫零,共银一百二十三两三钱,遇闰加银一十两二钱七分五厘。

支给:知州一员,俸银一十九两二钱,遇闰加银一两六钱;同知一员,俸银一十四两四钱,遇闰加银一两二钱;判官一员,俸银一十二两六钱,遇闰加银一两五分;吏目一员,俸银九两,遇闰加银七钱五分;司吏一十二名,每名粮银一两八钱,遇闰加银一钱五分,共银二十一两六钱,遇闰加银一两八钱;税课局大使一员,俸银六两,遇闰加银五钱;河泊所大使一员,俸银四两五钱,遇闰加银三钱七分五厘;常丰仓大使一员,俸银六两,遇闰加银五钱;海安、宁乡、西溪三巡司巡检三员,每员俸银六两,遇闰加银五钱,共银一十八两,遇闰加银一两五钱;泰州所吏目一员,俸银一十二两,遇闰加银一两。

带征:京库农桑丝绢一百七十九匹,每匹折银七钱,共银一百二十五两三钱,水脚银一两二钱五分三厘。军饷粮一百六十六两八钱。

裁革:棉花米一石五勺,折银五钱二毫零;京库颜料内解官杂费银九两六钱八分一毫零。

秋粮,起存米豆六万五千六十四石九斗八升二勺零。

起运:正兑本色米二万九千六十一石一斗八升,加三耗米八千七百一十八石三斗五升四合,补闰米二千六百四十四石五斗六升零,二六轻赍银三千七百七十七两九钱五分三厘四毫,芦席银二百三两四钱二分八厘二毫,水脚银八百一十三两七钱一分三厘四毫。改兑本色米一千九百九十七石五斗,加二五耗米四百九十九石三斗七升五合,补闰米一百七十四石七斗八升一合零,变易米银一十九两九钱七分五厘,芦席银一十三两九钱八分二厘五毫,水脚银五十五两九钱三分。本府军储仓米三十三石七斗二升,每石折银六钱,共银二十两二钱三分二厘。本州仓改解府仓米八百二十六石八斗六升,每石折银五钱,共银四百一十三两四钱三分。

存留:本州仓米四千四百九十二石五斗七升五合五勺,每石原折银五钱,今详允减银若干,每石实征银一钱一厘七毫零,共银四百五十七两二钱,遇闰加银三十八两一钱。

支给:儒学学正一员,俸银二十五两二钱,遇闰加银二两一钱;训导三员,每员俸银二十一两六钱,遇闰加银一两八钱,共银六十四两八钱,遇闰加银五两四钱;廪膳生员三十名,每名廪银一十二两,遇闰加银一两,共银三百六十两,遇闰加银三十两;学吏一名,粮银三两六钱,遇闰加银三钱;所吏一名,粮银一两八钱,遇闰加银一钱五分;儒学香烛银一两八钱,遇闰加银一钱五分。

本州留征:豆八千七百五十六石二斗一升四合六勺,每石原折银三钱,今减银若干,每石实征银七分九厘五毫零,共银六百九十六两八钱,遇闰加银五十六两四钱。支给:孤贫二百一十名口,每名口粮银二两八钱八分,遇闰加银二钱四分,共银六百四两八钱,遇闰加银五十两四钱。巡河什兵四十名,行粮银七十二两,遇闰加银六两;岁修巡船银二十两。

带征:京库马草五万八千三百六十三包九斤,每包折银三分,共银一千七百五十两九钱一分七厘,水脚银一十七两五钱九厘一毫零。南京户部定场草三万二千四百七十二包二斤,每包折银一分八厘,共银五百八十四两四钱九分九厘六毫,水脚银五两八钱四分四厘九毫。南京光禄寺细稻草,今改京库草一千七十三包六斤,每包折银三分,共银三十二两二钱八厘,水脚银三钱二分二厘。凤阳府仓本色米一万九千八百九十六石九斗三升,内奉文停征、一半免征外,实征米九千九百四十八石四斗六升五合,每石折银六钱,共银五千九百六十九两七分九厘。草场租银一百七两七钱三分二厘五毫。军饷银二千七十六两八钱四分。

裁革:协济高邮州广储仓草三千一百四十三包六斤五两,每包折银二分五厘,共银七十八两五钱九分八毫零。

本州人丁并民粮米豆,带编里甲、均徭、驿传、民壮,共银二万五千四百四十八两九钱七厘四毫。

里甲共银一万三千三百五十两二分五厘三毫零。

应解:四司料价银二千一百二十二两四分三毫零,水脚银二十一两二钱二分四毫零。备用马价银四千四百六十一两九分八厘六毫零,水脚银四十四两六钱一分九厘零。草料银八百四十四两,水脚银八两四钱四分。南京太仆寺牛犊四十二只,每年带征银四两二钱。南京太仆寺短班兽医一名,八年一次,每年带征银一两五钱。南京太仆寺坐派光禄寺拽碾犍牛一只,价银六两,八年一次,每年带征银七钱五分。内府蜡茶银二百两一钱二分八厘七毫零,水脚银四两二厘五毫零。果品银六十一两九钱四分八厘七毫零,水脚银一两二钱三分八厘九毫零。上下半年牲口银四百六十一两四钱,水脚银九两二钱二分八厘零。稻皮银一两八钱,水脚银三分六厘零。北京药味银七两七钱五分九厘一毫零,水脚银一钱五分五厘一毫零。蒲草银四十六两五分,水脚银九钱二分一厘。砖料银三百一十两三钱六分一厘五毫零,水脚银三两一钱三厘六毫零。箭枝银七十两三钱五分七厘五毫零。蓝靛并带审海门县共银一百三十两,水脚银一两三钱。麂皮银九两,水脚银九分。南京药味银七钱九分八厘七毫零,水脚银七分九厘零。南京茭苗箬帚银七两五钱,水脚银七分五厘。京库盐钞银四百四十六两七钱五分三厘四毫零,水脚银四两四钱六分七厘五毫零,遇闰加银三十七两一钱九分九厘二毫零,水脚银三钱七分一厘九毫。胖衣并铺垫、水脚共银七百一两二钱五分。军器银八十七两九钱八分三厘。学院考试篷厂银二两五钱。买京榜纸脚价银四两二钱五分。贴助南京科场银一十四两四钱七分八厘五毫。学院供应银三两。漕储道供应银四十七两八钱二分四厘。柴薪银七两六分。协济泗州武场供应并带审海门县共银六两七钱九分。本府表文箱扛什物银三两。赍进表文银四十八两六钱七分。续进中宫笺银四两。东宫表笺什物扛夫银一十九两九钱五分一厘五毫。岁贡盘费带征银三十七两五钱。应试生儒钱席花红带征银三十五两。岁考季考生儒考卷、茶食等银五十两。春秋祭祀文庙并各坛、祠、社银八十两。春宴春花、春牛芒神、迎春灯节银四两。文庙行香纸烛银二两。门神、桃符银九钱。孤贫布花、薪米等一百三十五两。上司按临操赏花红银六十两。小修公馆、酒席、什物、家火银五两。

留征:举人长夫盘费银六十七两。举人坊牌、贺礼银三十两。岁造解部段绢并铺垫、水脚共银三百二十三两三钱一分。本府存留盐钞银二百四十两,遇闰加银二十两。夫厂银二百两。缮修银八十九两四钱。公费银二百两。乡饮酒礼银一十两。公座围裙银一十二两。本州新官到任家火银一十两,伞扇、轿乘、雨具、毡帏等银一十三两二钱七分。武举旗匾银三两。刑具、卷箱、箱架、白牌共银一十八两。

征抵:走递差马五十匹,每匹工食草料银三十三两八钱四分,共银一千六百九十二两;遇闰每匹加银二两八钱二分,共银一百四十一两。

裁革:漕河道供应银一十九两九钱一厘二毫。狼山水营把总供应银七两。大河把总供应银七十二两八钱三分。掘港守备供应银三十九两一钱五分八厘。盐城守备供应银一十两三钱三分四厘四毫。本府册房书工银一十五两。本州朝觐造册并夫马盘费共银三十一两。答应上司、使客铺陈银三十两。处决造册赏功银二十四两三钱七分六厘四毫零。历日扛夫银四两。

均徭,共银六千四百三两五钱五厘一毫零。

应解支:富户银一十八两,水脚银一钱八分。京匠衣粮银六十三两,水脚银六钱三分。瓜营操江军饷银七百两。仪真三江二营操江军饷银四百三十两。军门皂隶工食银七两二钱。南京太仆寺值堂皂隶八名,银五十六两,遇闰加银三两。南京兵部皂隶银二百三十三两六钱。海防道写真书工银一十两八钱。海防道听事官吏十一名,每名工食银七两二钱,共银七十九两二钱。海防道灯夫四名,每名工食银三两六钱,共银一十四两四钱。海防道供应伞轿门皂工食共银八十五两二钱九分五厘一毫零。扬州卫巡船水手四名,今改瓜营兵饷银四十三两二钱。南京操江水手十二名,每名工食银一十两八钱,共银一百二十九两六钱。南京操江游巡营水手四名,并带审海门县二名,共六名,每名工食银一十两八钱,共银六十四两八钱。操江会手银五两四钱。仪真清江闸见役坝夫一百二十七名,每名工食银七两二钱,椿草银四钱八分,共银九百七十五两三钱六分;停役坝夫八名,每名工食银四两八钱,共银三十八两四钱。瓜洲闸夫九十名,工食并椿草银七百三十四两四钱。本州知州祗候六名,每名银一十二两,共银七十二两,遇闰加银六两;马夫银四十两;门子二名,每名工食银七两二钱,共银一十四两四钱;皂隶十二名,每名工食银七两二钱,共银八十六两四钱;甲首二十四名,每名工食银七两二钱,共银一百七十二两八钱;灯夫四名,每名工食银三两六钱,共银一十四两四钱;座船水手四名,每名工食银七两二钱,共银二十八两八钱;看守东西察院并府馆门子三名,每名工食银三两六钱,共银一十两八钱。州同祗候二名,每名银一十二两,共银二十四两,遇闰加银二两;马夫银四十两;门子一名,工食银三两六钱;灯夫二名,每名工食银三两六钱,共银七两二钱。判官祗候二名,每名银一十二两,共银二十四两,遇闰加银二两;马夫银四十两;门子一名,工食银三两六钱;灯夫二名,每名工食银三两六钱,共银七两二钱。吏目祗候二名,每名银一十二两,共银二十四两,遇闰加银二两;马夫银四十两;门子一名,工食银三两六钱;灯夫二名,每名工食银三两六钱,共银七两二钱。儒学膳夫银一百二十两。学正斋夫二名,每名银一十二两,共银二十四两,遇闰加银二两;雇马银一十二两。训导三员斋夫六名,每名银一十二两,共银七十二两,遇闰加银六两;雇马银三十六两。

留征:儒学看守祭器库子庙夫二名,每名工食银七两二钱,共银一十四两四钱;门子五名,每名工食银七两二钱,共银三十六两;伞夫四名,每名工食银四两九钱,共银一十九两六钱。海安、西溪、宁乡三巡司弓兵,每司十八名,共五十四名,每名工食银七两二钱,共银三百八十八两八钱。本州城西二铺,每铺司兵四名,城东十铺,司兵三十名,道前二名,州前五名,城南四名,每名工食银七两二钱;城北司兵十八名,每名工食银五两四钱;通共银四百五十两。看监禁子八名,每名工食银七两二钱,共银五十七两六钱。预备仓斗级一名,银七两二钱。河下听差灯夫六名,每名工食银三两六钱,共银二十一两六钱。州同、州判皂隶各六名,共十二名,每名工食银七两二钱,共银八十六两四钱。吏目皂隶四名,每名工食银七两二钱,共银二十八两八钱。协济徐州境吕二闸溜夫三十六名,椿草银四十三两二钱,遇闰加银三两六钱。

征抵:本府祗候六名,每名银一十二两,共银七十二两,遇闰加银六两。马夫银四十两。门子二名,每名工食银七两二钱,共银一十四两四钱。甲首六十五名,共工食银四百三十一两九钱六厘。皂隶二十四名,每名工食银七两二钱,共银一百七十二两八钱。巡捕快手二十名,每名工食银六两八钱四分,共银一百三十六两八钱。巡盐快手一十名,每名工食银六两四钱八分,共银六十四两八钱。灯夫六名,每名工食银四两二钱,共银二十五两二钱。广恤所禁子九名,每名工食银七两二钱,共银六十四两八钱。军储仓斗级三名,每名工食银七两二钱,共银二十一两六钱。司狱司禁子二十二名,每名工食银七两二钱,共银一百五十八两四钱。轿夫五名,每名工食银七两二钱,共银三十六两。本府智字号座船水手七名,每名工食银六两七钱,共银四十六两九钱;划船水手二名,工食银一十四两四钱。地字十九号水手六名,每名工食银七两二钱,共银四十三两三钱。地字四十七号水手七名,每名工食银七两二钱,共银五十两四钱。天字二号水手三名,每名工食银六两七钱,共银二十两一钱。地字四十八号水手三名,每名工食银六两七钱,共银二十两一钱。地字六号水手十名,每名工食银七两二钱,共银七十二两。日字二号水手六名,每名工食银七两二钱,共银四十三两二钱。贞字号水手三名,每名工食银六两七钱,共银二十两一钱。本府公费油烛等银一百四十九两六钱,遇闰加银一十二两四钱六分六厘。赍册长夫银三十五两。本府刑具银二十两。操江防江军饷银七百四十两;民壮军饷银二百四十两。泰州营箭手工食银七十二两。

裁革:南京工部分司巡河快手银一十二两。本州库书二名,工食银一十四两四钱。协济海门吴陵巡司弓兵银五十七两六钱。协济归仁巡司弓兵九名,银五十二两五钱五分。协济瓜洲巡司弓兵三十名,银一百七十三两四钱。

驿传,共银三千三百八十七两三钱七分七厘零。

应支:修船银一百四十三两。水夫三名,改充操院旗牌官口粮银二十一两六钱。水夫改充操院选锋手七名,银五十两四钱。学院座船水手七名,银五十两四钱。漕院座船水手三名,银二十一两六钱。海防道二号座船水手三名,银二十一两六钱。海防道三号座船水手四名,银二十八两八钱。本府地字九号座船水手一名,银六两七钱。本府月字号座船水手三名,银二十两一钱。本州座船水手二名,银一十四两四钱。协济外府江淮驿驴季头十二名,银八十一两。带审海门县协济江淮驿站马银六十两。协济外府棠邑驿马季头二十四名,银二百八十六两。

征抵:军门九号座船水手七名,银五十两四钱。军门三十二号座船水手七名,银五十两四钱。总河四十二号座船水手七名,银五十两四钱。漕院四十五号座船水手一名,银七两二钱。屯院四十八号座船水手七名,银五十两四钱。本府地字七号座船水手七名,银五十两四钱。本府座船水手四名,银二十八两八钱。本府地字九号座船水手二名,银十三两四钱。

裁革:协济各驿馆支闰月,广陵驿银六钱五分四厘零;仪真驿银八钱三分六厘零;邵伯驿银一钱四分四厘;界首驿银一钱五厘零;安平驿银一钱六分八厘零。协济广陵驿伞轿银四十六两;协济邵伯驿伞轿银二两;协济广陵驿铺陈银一十四两五钱一分三厘;协济盂城驿新增银二十二两一钱四分二厘零,并带征闰月银一钱三分一厘零;协济仪真驿伞轿银十两。本府听差地字号座船水手三名,银二十一两六钱。

崇祯三年,奉文节裁驿站银两:[1]

泰州协济广陵驿银五十两内,裁去一分六厘解京银三十两七钱六分九厘二毫,应免编一分银十九两二钱三分八毫。协济邵伯驿银三十两三钱五分六厘一毫内,裁去一分六厘解京银十八两六钱八分七毫,应免编一分银十一两六钱七分五厘四毫。协济仪真驿馆支银一百二两八钱二分六厘内,裁去一分六厘解京银六十三两二钱七分七厘,应免编一分银三十九两五钱四分九[2]厘。协济仪真驿轿夫工食银十六两八分内,裁去一分六厘解京银九两八钱九分五厘,应免编一分银六两一钱八分五厘。协济盂城驿馆支银四十七两一钱三分六厘内,裁去一分六厘解京银二十九两六厘八毫,应免编一分银十八两一钱二分九厘二毫。协济宝应县夫厂银二百四十两内,裁去一分六厘解京银,一百四十七两六钱九分二厘二毫六丝三微七纤一沙。应免编一分银九十二两三钱七厘七毫三丝九忽六微二纤九沙。以上陆项,已蒙前任李侯遵行免征。

民壮,共银二千三百八两。

应支:民壮军饷银四百八十两。本州团操轮拨、巡盐捕道听差、守宿、看守库狱民壮一百八十四名,工食银一千三百二十四两八钱。民壮工食银

---

[1] 此处天头有眉批:"奉文免征,遵行在卷,该房永不许朦胧派征,违者律究。"

[2] 九:康熙重刻本作"六"。

一千二百三十八两四钱。巡河舵工四名，工食银四十三两二钱。本州知州伞轿夫□名，工食银四十三两二钱。

裁革：瓜洲民壮四十名，银二百八十两。

杂项出办，共银二百四十三两九钱九分九厘零。

免粮田出办马价银三十两六钱九分一厘零，水脚银三钱六厘零；草料银六两，水脚银六分。

裁存留麦粮内出办税府供应后改协济清河县麦银十两。

湖滩田出办胖衣银八十六两六钱一分五毫；猎户出办野味银一两八钱九分八厘；家鸭等户出办黄白麻料共银四十七两六钱一分四厘零。

大船等户出办钞银五十八两六钱九分八厘；商税内出办上司操赏银六十两；新增学院供应银一十两七钱一分七厘零；盐法道供应银三十二两四钱三分；南京文场供应银五钱九分一厘零，武场供应银一两六钱九分七厘零。

河泊所人丁，共银九百八十一两五钱六分六厘五毫。原额人丁三千二百六丁，每丁实征银三钱六厘零，共银如上数，遇闰加银三两八钱四分三厘零。

河泊所人丁出办：胖衣并铺垫、水脚共银二百八十一两六钱九分三厘五毫；黄白麻毛胶料银四百九十八两七钱七分二毫零；天鹅银一十二两五钱，水脚银一钱二分五厘；活鹿银八两，水脚银八分；京库盐钞银三十三两四钱五分二厘零，水脚银三钱三分四厘零，遇闰加银二两八钱一分五厘零，水脚银二分八厘零；备用马价并水脚共银二十二两八钱三分六厘零；草料并水脚共银六两六分；课钞银六十两六钱五分四厘零；操江水手工食改充兵饷银六两；销缴鱼课勘合解府写本书工银一两二钱；本所新官到任坐马一匹，议价银八两，分作三年，每年带征银二两六钱六分；本所每年召募雇办甲首五名，书手一名，每名工食银七两二钱，共银四十三两二钱；本所每年合用纸劄银四两。

裁存留府库盐钞并带征闰月共银三十七两六钱三厘零。

裁春、秋二丁祭鹿二只，价银十两。

暂征听候题免节省银三百九十七两二钱一分八厘二毫：民米四万八千五百一十二石二斗三升五合零，每石暂征节省银六厘九毫，共银三百三十六两四厘二毫;民豆六千六百三十六石二斗四合零,每石暂征节省银六厘九毫零,共银四十五两九钱七分。灶米七千七百九十六石五斗三升零,每石暂征节省银一厘五毫零,共银一十两九钱八分五厘;灶豆二千一百二十石一升六勺,每石暂征节省银一厘五毫零,共银三两二钱五分九厘。

备补部增银一百两。归仁司弓兵银一十二两二钱五分。瓜洲巡司弓兵银四十二两六钱。本府甲首工食银一两六钱六分二厘,推官皂隶工食银八钱六分四厘。广陵驿馆支银一十九两六钱四分四厘六毫,水夫工食银一十七两。仪真驿馆[1]支银二十八两九钱五分六厘,水夫工食银二十两。邵伯驿馆支银四两一钱一分六厘,水夫工食银五两。盂城驿馆支银三两九钱四分八厘,水夫工食银十两。界首驿馆支银三两一钱六分八厘五毫。安平驿馆支银五两五分四厘五毫。本府快手衣械银五钱,工食银三钱六分。清军厅巡盐巡捕快手衣械银七两五钱,工食银九两。本州民壮衣械银九十二两。王公祠门子工食银三两六钱;乡饮酒礼银六两;春宴灯节银四两。

○如皋,旧《志》:总计官民田地二千三百四十八顷六十六亩七厘一毫;夏税小麦五千二百二十九石三斗八升三合零;秋粮米一万四百七十石六升四合零;黄豆八千六百三十二石四斗一升九合零;菉豆一石七斗;马草一万一千七百四包九斤二两八钱六分。万历九年清丈后,总该实在官民田地三万三百九十二顷一十五亩八分。

夏税起存麦三千二百一十三石八斗四升三合零。起运京库颜料、亳州、淮安、本府县改府仓折色麦共三千五十九石三升七合,各折不等,并铺垫、水脚共银一千二百四十八两六钱九分六厘五毫。存留本县仓麦一百五十四石八斗六合,每石折银四钱,共银六十一两九钱二分二厘四毫。带征京库农桑丝绢一百八十五匹,每匹折银七钱,共银一百二十九两五钱,水脚银一两二钱九分五厘。军饷银八十二两四钱八分。

秋粮起存米豆一万一千五百七十三石一斗五升五合零。起运正兑本色米二千三百六十六石八斗六升,加耗补闰共米一千三百一十六石四斗四升二合零。轻赍、芦席、水脚共银五百七十九两四钱六厘五毫零。改兑本

---

[1] 馆:原作"管",据康熙重刻本改。

色米二百三十一石四斗二升,加耗补闰共米七十八石一斗四合零。变易、芦席、水脚共银一十一两七钱四分四厘五毫零。凤阳仓折色米二千三百五石三斗六升,每石折银六钱,共银一千三百八十三两二钱一分六厘。

本府军储仓及县改府仓共米四百九十五石三斗九升,各折不等,共银二百四十八两八分六厘。存留本县仓米一百二十四石五斗六升九合零,每石折银五钱,共银六十二两二钱八分四厘六毫。豆五千四十八石四斗八升六合,每石折银三钱,共银一千五百一十四两五钱四分五厘八毫零。菉豆一石七升,每石折银五钱,共银五钱三分五厘。带征京库、南京户部定场、光禄寺、高邮州仓马草共一万一千七百四包九斤二两八钱六分,各折银不等,并水脚共银三百四两一钱四分三厘零。军饷银四百六十四两四钱八分。马价草料并水脚共银一千一百七两九钱七分,带征驿传银七百六十九两四钱六分。本县人丁二万二千二百七十六丁,并田亩带编里甲、均徭、民壮共银七千七百八十八两七钱六分五厘四毫零。里甲共银三千六百一十五两四钱四厘一毫零。均徭共银二千九百九十七两七钱六分一厘三毫零。民壮共银一千一百七十五两六钱。本县杂项出办共银三百五十七两七钱六分三厘三毫零。

外史氏曰:维扬十郡邑,税粮独泰居三分之一。则以其地为水泽之乡,偏宜种稌耳。乃湖堤不时冲决,禾稼登歉靡常,重赋曷以供乎?且泰之苦于征役,可为扼腕者有四:一曰抛荒正兑如额,一曰包区积蠹未除,一曰缪场代输积累,一曰黠灶避差贻害。此四者,皆剥床之灾,民邑邑不能甘心矣。安得在上者,照盆以烛,回四野凋枯而吹之以暖律也耶?

课　程

岁进　野味三百五十只:天鹅二十五只,鹌鹑一百一十三只,鹿一只,雁一百五只,鸂鶒八十六只,獐二十只。

岁造　桑二千一百四十八株,每株科丝一两五钱,共丝三千二百二十二两。每丝十八两折绢一匹,共绢一百七十九匹。各色纻丝三十九匹。生丝绢一百一十匹。大红纻丝二十一匹。深青纻丝十匹。大红线罗一十五匹。青线罗二十一匹。透甲锥箭三千一百枝。

　　岁办　皮三千五百张:獐皮二千四百五十三张,鹿皮一十五张,羊皮三十二张,河泊所采办獐皮一千张。蓝靛四千二百斤。蒲草三千七十斤。药材共一百四十一斤。黄麻二千六百三十一斤一十五两二钱八分。白麻一万六千四十四斤七两四钱六分。鱼线胶三百四十四斤三两二钱二分。鹅翎毛一十一万一百三十六根。

　　本州税课局岁征商税并房地、树株一应课钞,共六万四千四百二十四贯一百四十文。户口食盐课钞六十七万五百二十七贯。税课局商税并酒醋课钞共五万九千三百二十贯四百九十文。淤[1]溪薄湖河泊所岁额杂课钞并日收课钞,共六万二千六百九十六贯六百四十文。胖袄价银二百九十二两五钱。军器料银四十三两九钱九分一厘五毫。

　　外史氏曰:上之所取曰赋,下之所供曰贡。课程乃贡、赋之错出者也。溯考国制,皆有定数,即《禹贡》所列筱簜、齿毛羽革之类。斯足见"惟正之供",非无名之额,章章矣。近者以诸项折色尽归条鞭内,可谓简要而无枝蔓,然犹觊缕其详者,仍恐后之人无所稽,姑笔存之于右。

力　役

　　校尉九名,银二十七两。班匠五百九十名。里甲银二千四十两五分二厘。银差一百九十九,共银一千七百五两。力差七百七十五。甲首二千二十四两五钱九分八厘五毫零。

　　○如皋:校尉二名,银六两。班匠九十九名。里长六百五两七钱六分七厘零。银差六十七,共银四百七十两。力差二百。甲首六百七两八钱二分六厘零。

---

[1]　淤:原作"於",据卷二《公署》所载改。

外史氏曰：力役之征，惟《周礼》最善，其次唐之租庸调，至宋而有差役、雇役之法，迄今循行不易。贫者效力，富者输财，各用其余而不强所不足，亦一便也。近则人习狡伪，百弊滋生，即如保甲，本以防奸，而反酿为祸阶。一切那借、支应、赔累干连，何者不波及焉？其灾在剥肤，有弗罄家洗产者几人哉？泰民所苦，倒悬不一，此为首矣。

马　政

管马官　洪武初，牧养俱属监群提督，寻革，拨属有司管理。永乐六年，始除判官一员，专督其事。本府又设通判一员，总理十郡，又设行太仆寺官一员、监察御史一员，逐年印烙。

马制　本州之马，俱养于民间，谓之孳牧，匹人户粮草减半征收。本州田系水荡去处，不曾派养，止于永乐、宣德年间坐派，俱牧于民间，谓之孳牧。种马有骒马，有骟马。一骒四骟为小群，十小群为大群，置长一人。皆上中户人丁朋养，择一丁专养，为马头，余丁贴办刍料。天顺前，俱五丁朋养一匹。成化十二年，都御史牟凤议行每匹骒马三十丁，骟马五十丁。弘治七年，奉例每骒马十丁、骟马十五丁朋养为定制，计岁科驹，择其尤者解之太仆，俵以备用及军骑操，余驹售价或以补种马之缺云。

马额　本州旧额马二千四百五十匹，牛九十四只。宣德九年，额马一千八百八十匹。弘治十七年，更造马册，额编种骒、骟马八百五十匹，骒一百七十二匹，骟六百八十四匹。人丁养马八百五十匹，骒马一百七十，每匹编人丁十丁；骟马六百八十四匹，每匹编人丁十五丁。免征田粮。养马六匹、骒马二匹，每匹免粮田二百亩；骟马四匹，每匹免粮田三百亩。

孳生马驹　每年一百一十匹，每匹派余折色银十五两。后南京太仆寺卿储罐奏蠲宣州寄养种马八百匹，又印马御史顾廷对嘉靖间复奏蠲养马之半焉。又嘉靖年间，添注同知朱怀幹奏请分豁人丁养马变价解部。泰民至今受赐。

牛额　本州旧额牛种黄牛九十四只，后额养种牛五十六匹，犍牛一十一只，母牛四十五只。正德十六年，分奉例为陈愚见，以修马政事内编，犍牛一十一只,加作一十四只;母牛四十五只,减作四十二只;每牛一只,人丁十丁。万历年间,原额种骒、骟马四百二十八匹,犍、母种牛五十六只,俱经奉文变价,讫每年征变马草料银八百五十六两解部,每年派备用本折色马一百七十一匹,额征银四千五百九十六两,恩减银八十一两六钱,实银四千五百一十四两四钱。原额种牛五十六只,奉例变价,每年分派,概州条鞭银内,并河泊所支兑粮田内,带征解府,类解兵部交纳。

马场地七处,共计七十八顷八十一亩八分。城南颜塔庄群一处,计地三十七顷八十八亩;城西中村镇群一处,计地三顷一十八亩;城东马家庄群一处,计地二顷八十八亩;宁家庄群一处,计地六顷六十三亩五分;单塘河庄群一处,计地一十五顷三十六亩;曲塘庄群一处,计地六顷六十五亩;钊家庄群一处,计地六顷二十四亩。旧设,专以牧放种马,马既变卖,地许佃种,岁将租银贮官,又恐久而迷失,乃弘治八年,将场地顷亩、四至勒碑于马厂中门。共计成熟田四十八顷二十一亩三分五厘,内除报纳民粮一十顷五十六亩八分五厘,该纳租银九十四两一钱一分二厘五毫。逐年开垦,加增不等。荒草地三十顷五十九亩九分。近于天启二年奉旨,变价将成熟田地上价以给边需,征银听解,其田已后准属民田,计亩成粮办纳,不复再纳租银矣。

走递差马五十匹,每匹工食草料银三十三两八钱四分,共银一千六百九十二两;遇闰每匹加银二两八钱二分,共银一百四十一两。照熊道尊《赋役成规》:泰州原审马四十七匹,每匹工食草料银二十五两,内拨十一匹协济江东、广郡二驿,实存三十六匹。因军门驻扎该州,告增银三十六两,并加添通州、泰兴、如皋、海门协济马十七匹,帮助走差。近奉详允,革去协济影射之弊,合将通、泰、如、海四州县协济马十七匹一并裁免。其泰州协济江都马十一匹,已于江都本县麦银征抵。听事前马撤回本州,并原审三十六匹,共工食草料银一千六百九十二两,均摊派给。马五十匹,每匹岁给银三十三两八钱四分,遇闰加银二两八钱二分。庶银不加增,马匹足用,而影射之弊可除矣。

崇祯三年,奉文节裁驿站夫马。[1]泰州差马原额银八百二十八两,除裁

---

[1] 此处天头有眉批:"奉文免征,遵行在卷,该房永不许朦胧派征,违者律究。"

去一分六厘解京银五百九两五钱三分八厘四毫,应免编一分银三百十八两四钱六分一厘六毫。差夫银二百两,除裁一分六厘解京银一百二十三两七分七厘,应免编一分银七十六两九钱二分三厘。以上二项,已蒙前任李侯遵行免征。

○如皋原额种马一百七十三匹,奉例尽数变卖,每年议征草料银一百七十三两,每年派备用本折色马三十五匹,共该银九百四十二两,恩减银一十八两,实银九百二十四两。草场三十一处,原额地一百七十二顷八十七亩七分六厘四毫:成熟地一百六十六顷一十八亩四分六厘,该纳租银一百二十四两六钱三分八厘四毫零。逐年开垦,加增不等。荒草地六顷六十九亩四分四毫。

外史氏曰:粤稽《周礼·校人》:“春祭马祖,夏祭先牧,秋祭马社,冬祭马步。”胡若是郑重哉?以挈牧之设,本军国之需所系故也。乃近代则异是:马有骡、骒,悉派养于民间,彼此轮递,既无常主,群厩弗如法,而又刍牧非其地,纵有所产,殊不堪为起俵。每岁印烙,百计搪突,且包揽之奸,又莫可穷诘。为民牧者,设有通融美法,而济之以纠察之严,斯善矣。

盐　策

盐,海水所到地盐花生,以牛把起咸土作溜,又取海水淋为卤。用有底竹筒,谓之莲筒,贮石莲五七枚入卤水试验,三莲浮者为酽卤,二浮次之,一浮又次之,三俱不浮,谓之淡卤,不堪煎矣。煎以铁盘,铸给于提举司。盘四角挶为一芦,织辫栏四旁。自子至亥,谓之一伏。一伏煎六盘。盘以卤水百五十石煎盐五石。唐有海陵盐监,建置岁月未详。乾元初,第五琦为盐铁使,变盐法,就山海井近利之地置监院,业盐者为亭户,必此时。刘晏代之,因旧建署,计有四场十监,而海陵在焉。晏始至,以为官多则民扰,宜但于出盐之乡为置吏、置亭户,收盐转鬻。商绝盐贵,则减价以粜,曰“常平盐”。商民均利,岁盐利至六百余万缗,居天下赋税之半,国用给焉。

十盐场:官民田地一千一百三顷七十九亩一分六厘一毫,夏税小麦一千五百一十六石一斗七升六勺零,秋粮米三千七百三十八石九斗八升二合零,黄豆一千八百九十七石三斗二合零,灶房共七百一十七座,卤池共四千二百七十九口,亭场共五千三百一十六面,草荡共二万五百六十四顷五千亩。

富安场:岁额盐二万三千七百一十六引。原额盘铁六十五角四分,计一百一十一块。灶民二百五十一户,计一千四十一丁。总催三名。

安丰场:岁额盐三万五千四百九十二引。原额盘铁一百五角,计三百一十九块。灶民五百二十六户,计一千五百二十七丁。总催五名。

梁垛场:岁额盐二万三千九百一十三引。原额盘铁一百二十角,计三百三十二块。灶民七百一户,计一千五百四十二丁。总催六名。

东台场:岁额盐三万九百四十八引。原额盘铁一百一十六角,计二百四十块;锅六口。灶民七百三十一户,计一千四百八十六丁。总催六名。

何垛场:岁额盐一万七千五百二引。原额盘铁六十六角七分,计一百二十九块。灶民三百八十三户,计八百四十五丁。总催三名。

丁溪场:岁额盐二万四千五百八十八引。原额盘铁一百一十六角七分,计一百七十九块。灶民六百六十二户,计一千一百五十三丁。总催五名。

草堰场:岁额盐一万八千四百六十八引。原额盘铁六十五角八分,计一百三十五块。灶民四百六十七户,计八百八十七丁。总催四名。

小海场:岁额盐八千三百四十六引。原额盘铁三十一角五分,计六十五块。灶民一百一十六户,计四百一十五丁。总催一名。

角斜场:岁额盐五千四百六十一引。原额盘铁二十八角七分,计三十一块。灶民一百七十二户,计三百六十五丁。总催一名。

栟茶场:岁额盐二万一千八百六十二引。原额盘铁八十角五分,计一百五十六块。灶民五百三十二户,计一千六百三丁。总催四名。

○如皋

掘港场:原额户八百四十三丁一千五百九十六,总催八名,抬盐工脚户二十丁四十九,岁额盐二万三千六百一十八引,盘铁一百一十四角,锅镦六十三口,草荡一千五百三十五顷六十亩七分。

马塘场:原额户二百八十四丁四百,总催三名,抬盐工脚户十一丁二十八,岁额盐一万一千三百八十二引,盘铁三十六角,卤池二百五十七口,灰场二百五十七,草场一千一百二十七顷二十三亩。

丰利场：原额户三百五十丁五百六十八,总催三名,抬盐工脚户四十七,岁额盐一万二千四百一十引,盘铁三十六角,锅镢三十八口,草荡一十六顷九十亩五分。

外史氏曰：国初召商中盐,官之征至薄,商之利至厚,故盐价平贱,民亦受赐焉。今法令愈变而愈苛,寝失旧制,商人富者以贫,贫者以死,其冒禁公行、集众私贩之辈如无人,五步内因而椎劫者不少。即令桑弘羊、刘晏画策,恐无救于蠹薮也。大都盐法之本,在恤灶,在通商,在慎任人。能行此三言,而利不兴、国不足,刍饷供亿之费不给者,有是理哉?

河　渠

河渠考

海陵水利来自淮、泗,其自高邮、邵伯灌入下乡者为下河,田土居多,而海为之泄;其自湾头东折者为上河,田土无几,而江为之泄。此其大较也。上、下河俱为运盐故道,盖不独民田藉其灌溉,而盐场万艘,往来如织,实为国家命脉之所系云。顾海陵虽号为泽国乎,然河腹甚浅,易盈易涸。闻万历二十二年以前,盐官三年一大开,一岁一撩浅,故因势利导,而飞挽裕如。此其成效之彰明最著者也,今则挑浚绝响矣。以故一遇暴雨,亘亩皆盈;若数月不雨,而焦原铄金,又赤地千里矣。考之府志,谓泰之水自运盐河东来,旱则宜筑塞白塔、芒稻二河,庶无为运盐之梗。夫非独为盐病也,漕运转输只争此一衣带水,而芒稻河奔江不息,蚤已决之于上流。况潦时少而旱时多,其可不为留心潴蓄之计哉? 余故将上、下河并市河三款,胪列于左:

下河。计水道有三。其自新城殿折而东北者,为通场运盐河,经淤溪、秦潼镇、西溪巡检司,以抵场下,东渐于海。盐场万艘,自串场河装运,直达泰州西坝而止。前此盐官动费金钱,岁岁挑挖,不为无见。盖泰形前高后低,故州治北有东、西二坝,所以界限上下,则十场转运,惟取给于淮流矣。顷自牙桥闭塞,则长、淮断隔,别无支河可通,惟寄命于下河如线之带水而已。况此缓弱之水,又一泄而尽,数年以来,则陆海扬尘,运盐通津,且轮蹄相错矣。蒿目国计者,计将安出乎? 其自新城殿折而直北者,为兴、泰往来官河,经鱼行北去十八里,为港口镇,过此则为港口白矣。此泽茫无涯涘,似百川灌河,平时深不可测,虽枯旱,水亦以数尺计,为海陵一古迹云。踞白之东北者,为董家潭、上溪、下溪、靳家潭数处,其水虽旱[1]不竭,独饶粳稻之利。至于莲沼参差、菱芡历乱,在旱时亦然,此亦一武陵源也。过此,则宁乡巡检司矣。迤北十数里,则兴化所筑长堤一道在焉。堤由兴化至高邮,计延袤百余里,昔以曲防遏泰之流者,今则陆海尘飞,亦不获沾泰九里之润,惜哉! 过此,则凌亭阁矣。是为兴化之分界,高、宝之通津,世相传为海陵溪者,其在斯欤? 自新城殿折而西北者,田近膏腴,多富人之稼,不可以里数计也。西北直尽乎泰之樊汊,通江都之永安镇,与邗江接壤焉。

上河。此河始吴王濞开邗沟,自扬州茱萸湾通海陵仓,及如皋磻溪。时濞以诸侯擅煮海为利,凿河通道运海盐,今其故道也。考诸芒稻河未设之先,盐官犹岁募丁夫,日以挑浚为事。嗣后芒稻河设矣,湖、淮之水泄之于大江,虽治河使者日下闭塞之令,而地豪贪竹木商贩之利,盗决如故也。山洋河坝之在宜陵镇者,亦有名无实。泰州之岁征,看坝夫银至今不废,而地豪之缘为奸利者,亡从诘也,甚至借竹木便民反告官给帖付照,公然身充牙侩。至私盐夜行,商船径渡,而江都有司不知其有宪禁也。山洋河而上,其直达下河者,一曰赤莲港,一曰戴家坝,一曰徐家邗[2]子。徐家涵坐[3]宜陵西二十里铺,汪洋大河,地豪拥为通津,首为上流害。各据为利窟,而不顾泰之肥瘠也。然俱在江都境内者也。盖泰州西界最褊小,起自斗门镇,仅仅二十五里,为海陵赐履地。今专以境内言之,而泼绰港之通江者,已泄之于斗门镇。海子沟之通江者,以新凿一渠,又决之于九里沟。此不独忧在盐漕,而忧在农家之水利;不独忧在水利,而并忧在风气矣。夫城西负郭,居水之上流,业已滥觞不可禁止。又按父老卢惟宝所条陈:一为坛场西首之通江港,径入宝带桥、口岸,大河略无限隔,据称于此通行商贩,决水入江,此尤其遗害之最先者也。一为凌家闸,在高桥东,坐落夏家桥,据称司

---

[1] 旱:康熙重刻本作“竭”。

[2] 邗:《〔雍正〕泰州志》作“涵”。

[3] 坐:康熙重刻本作“在”。

启闭者,鬻水为利,若此闸不塞,则茫无底止,又何怪远在东偏者,不获沾上流之润,一遇岁旱,三农坐困哉?夫惟宝屡讦院、道、府、州,钞关批行在案,不能为之讳也。惟宝又谓:湾头水泽之不入,未有甚于此时者,不独天旱,盖亦有人事焉。谓杨监开扬州西门濠河,挑挖极深,众流赴壑,水性就下,莫有挽天河之水以入湾头者。诚探本之说也。然昊天何忍岁岁降割,以旱魃困此一方民哉?

市河。今日城内之中河,自北至南,直捷无情,略无纤转。窃讶其与他郡邑水势环抱者异,及考旧迹,城中原有玉带河,东自太和桥入八字桥,从经武桥西而出,以其湾抱如带,故以"玉带"名。今八字桥东止于阕塞,而八字桥西古河旧迹,地形卑洼者皆是,然悉鞠为园田,不可问矣。曩不得已,姑议于钱兵马,园边凿渠一曲,使其右折。又于南水关外筑一护堤,皆补苴塞罅,于风气何补?若论城中地形,东高西下,故州署汗漫之水,古迹用且乐砖桥锁之。郡乘艺文志有《泰桥十咏》,且乐桥居一焉。若西市河,则有小西湖之胜,今且填塞可憎,令人欲哕。昔之柳浪稻畦,今之溷场粪壤耳。独南门外通衢,万历初年,于中凿一渠,相传为郡东势要,欲飞帆径渡,此地守土者承顺之,从来夜行者蹈不测之渊,先后溺死者不能偻指。崇祯丙子孟冬,监司郑公二阳、州守徐公日升檄谕:看得本州盖名凤凰城也,凤颈不可断,而南门外有板桥一河,创自近年,非旧设也,而颈断矣。从形家言,凿断凤颈,则风水漏泄,人文委靡,科第之晨星,宦途之垂翅,良有以也;夫如皋保护风水,尚塞泰之牙桥而不顾,而泰固任风水之残破乎?云云。遂毅然以筑塞为己任。徐守又身亲相度,漏卮者俱实之。及臻厥成,新堤晏如,而知两公之留心于地方者厚且巨也。爰有云路孔新坊之建,为徐使君手书,以志甘棠云。是役也,幸贤监司、州守主持于上,而王乡绅相说倡议曰:"塞之便,自为童子时,即闻其王父以亟断此流为言,非待今日也。"余曰唯唯,遂相与勉成之。计畚插各捐助,所费殆不赀云。监司郑公命余万春作《云路孔新记》,因叙次市河,而记其略于左。

外史氏曰:龙门氏从负薪宣房,悲《瓠子》之诗,叹曰"甚矣,水之为利害也",而作《河渠书》。泰之河渠,盖难言之矣。扬属赐履,非江干则湖濒[1]；江干有江之灌溉，湖濒有湖之灌溉。而泰无是焉。泰南不滨[2]江，故独无芦洲、沙田之利，岁旱无从灌溉，而江反为之外泄。北不濒湖，故岁旱亦不蒙浸灌之润。及一遇河决，而此沮洳下泽，又为饮河之壑焉。盖水利与高、宝、兴化异，而受害与高、宝、兴化同。然自昔苦水而今日苦旱，又无岁不苦旱。平时不求水利，而疏凿不施，潴汇无术，及其旱也，"扬之水，不流束薪"，夫既已中干矣！远不具论，乃密迩负郭，而处处为之滥觞，莫为隄塞，虽欲与桔槔争能而求戽灌，其可得乎？泰之河渠，信难言之哉！

─────────

[1] 濒：康熙重刻本作"滨"。
[2] 滨：康熙重刻本作"濒"。

泰州志卷之四

官师志职名、抚镇、海道、牧政、师表

民生有欲，无主则乱。繄藉政教，以闲疆畔。设官联师，分而理半。相与持衡，慎勿褐玩。志《官师》。

职　名

前代州司

按旧经书，太守自宋徐凭道始，隋曰郡守，唐及五代曰刺史，中尝为制置院使、监使，则非郡守矣。南唐昇元元年为泰州，即以监使褚仁规为刺史。周以荆罕儒为团练使。宋有刺史、团练使，更置不一。乾德五年，王文祐以通判为知州，遂为知泰州军州事，兼管内劝农事[1]；南渡后，加营田、屯田事。嘉定十二年，移戍御前镇江府左军加节制屯戍军马。至国朝始置知州，专理民事。

南宋：徐凭道太守。　陆子真太守。　申元嗣孝武时太守。　袁灿太守。　刘善明泰始中太守。

南齐：萧翼宗海陵太守。

隋：徐俱罗开皇初郡守。　向道力郡守。

唐：张买臣武德初太守。　李承淮南节度判官。

五代：褚仁规昇元初刺史。　吴廷绍保泰中刺史。　皇甫晖保泰中刺史。　郭

---

[1]　事：康熙重刻本作“使”。

载保泰中刺史。　方讷保泰中刺史。　荆罕儒团练使。

　　后周：牵汀度支判官。

　　宋：王仁瞻团练使。　潘美客省使,除团练使。　赵玭宗正卿,除刺史。　郑元昭州刺史,除团练使。　潘士元殿中丞。　李雄虞部员外郎。　王文[1]左司郎中。　冯正著作郎。　周敬述秘书丞。　陆昭度起居舍人。　安德裕太常博士。　李锐殿中丞。　赵希赞刺史。　朱允文国子博士。　董俨海州团练副使。　罗日新国子博士。　李勤殿中丞。　李延殿中丞。　田锡吏部郎中、直集贤院。　崔惟翰膳部郎中。　赵光嗣防御使。　曾致尧户部员外郎。　徐继宗库部员外郎。　蔡陟殿中丞。　陈英驾部员外郎。　宋为善太常博士。　徐善钧国子博士。　谢涛度支判官。　钱绛崇阁门祗候。　钱昆太常博士。　陈延赏屯田员外郎。　马庄都官员外郎。　张仿都官员外郎。　边肃泰宁军节度副使。　钱滉都官员外郎。　祁革屯田郎中。　张纶西上阁门使。　张仿都官郎中。　王皋屯田郎中。　朱颀度支郎中。　胡淳屯田郎中。　孔道辅右谏议、权御史中丞。　倪道宁驾部员外郎。　齐郭都官员外郎。　柳宏太常少卿。　楚经驾部员外郎。　孙昌　王质度支郎中。　赵良规度支员外郎。　刘式司勋员外郎。　谭嘉言比部郎中。　刘玘职方员外郎。　王冲都官员外郎。　张可道司农少卿。　王纯臣祠部员外郎。　皇甫泌给事中。　陈徽卿屯田郎中。　朱越职方郎中。　孔宗闵库部郎中。　林杞光禄卿。　曹元举司勋郎中。　蔡说职方员外郎。　胡从言光禄卿。　李良辅司勋郎中。　范子明驾部郎中。　苏税度支员外郎。　张次山太子中舍。　李之纪虞部郎中。　楚潜朝奉大夫。　王子京朝散郎。　王谔朝奉大夫。　陈瀚朝散大夫。　熊皋左朝请郎。　周郂左承议郎。　张升卿朝请郎。　陆佃朝请郎。　曾肇充集贤殿修撰。　蔡渊朝散郎。　钟正甫朝散大夫。　陈瑾承议郎。　彭汝霖朝奉大夫。　张巨奉议郎。　章甫朝散大夫。　曾孝广朝散大夫。　虞谟朝散郎。　王璘右朝议大夫。　石惭朝散郎。　何康直朝散郎。　何处厚朝散大夫。　管因可承议郎。　洪中朝奉郎。　叶邵充徽猷阁待制。　蔡佃朝请郎、直秘阁。　韦寿隆朝请大夫。　方梦卿朝请郎、直秘阁。　赵子漪中大夫。　张叔夜承议郎。　蔡居厚奉议郎。　李询奉直大夫。　王能甫显谟阁直学士。　胡师文显谟阁直学士。　刘南夫直秘阁。　沈锡充徽猷阁待制。　张

---

[1]　底本"文"后有缺字痕迹,康熙重刻本作"王文"。

宏朝奉大夫。　张卿材朝请大夫。　黄唐俊朝散大夫。　钱端己朝散大夫。　曾班朝散大夫。　王浚明朝请大夫。　岳飞镇抚使。　马尚朝奉郎。　张荣　赵直康右朝请大夫。　李仲孺右朝请大夫。　刘景真右宣教郎。　王晥右中大夫、直秘阁。　纪交左朝散大夫。　丘砺左承议郎。　钱唐休左朝散大夫。　许任右朝散郎。　张爱右朝散大夫。　蒋延寿右朝请郎。　张栁左[1]朝请大夫。　黄积厚左朝请大夫。　赵善继右朝请郎。　王扬英左朝散郎。　孙苰左朝散大夫。　周石屯田员外郎。　刘岑　郑绌　孙镇　刘祖礼　范瑜　王佐　辅逑　朱彦宗　张子颜右朝请大夫。　徐子寅右朝奉郎。　李东朝请郎。　赵善佐左承议郎。　张子正敷文阁待制。　魏钦绪左承议郎。　李异朝奉郎。　秦埙敷文阁直学士。　陈文中奉直大夫。　万锺朝请郎。　朱宋卿朝散大夫。　陈文弼朝奉大夫。　苏坒朝散大夫。　史卓中大夫。　韩同卿朝奉大夫。　莫漳朝议大夫、直秘阁。　沈坦朝奉大夫。　张焕朝请郎。　韩杲卿朝奉大夫。　陈茂英朝散大夫。　张孙厚朝请郎。　富嘉谟朝奉郎。　赵□□　洪伋朝散郎、大理寺簿。　翁潾承议郎。　何剡秘书省著作郎兼户部郎。　李琪奉议郎、国子监学录。　陈伯震奉议郎、监丞。　徐正卿奉议郎。　李骏承议郎、大理司直。　史弥宁阁门宣赞舍人。　陈垓承议郎。　赵善瀚承议郎。　赵汝攉武显大夫。　许堪武节大夫、阁门宣赞舍人。　史全之朝散郎。　楼扶奉议郎。　张定武德郎。　赵珵夫朝请郎。　何舜臣武经大夫。　王博文　孙虎臣

海陵县宰海陵为县,创于汉,今县并入,亦姑笔前代官名于左。

唐：来法敏　李智积　徐嵅　夏侯颇　焦儒　李清

五代：褚仁规

周：冯伦

宋：胡令仪大理寺评事。　赵抃　周振　徐迈从事郎。　陈之纲　洪隐　沈白玉员外郎。　周寓从政郎。　常伯昭承直郎。　张宜之　王正己　王一正训武郎。　陈兼善　陈博古　陈谦之奉议郎。　吕祖永奉议郎。　卢趋　刘三杰承议郎。　丘寿昌宣议郎。　赵汝能宣教郎。　杨商佐忠翊郎。　施贯之承议郎。　林问礼忠训郎。　司马俨承议郎。　黄应龙秉义郎。　张绰承直

----

[1]　左：康熙重刻本作"右"。

郎。　赵崇卦秉义郎。　黄庸承议郎。　宗如圭奉议郎。　朱仰通直郎。　鲍荣从事郎。　王师导　谢范　路楹　李元规　赵汝衡从政郎。

提举官宋朝设,今废,仍录官名于左,后仿此。

饶伯达左朝散郎。　郭楫右朝请郎。　王实右朝散大夫。　张澄右朝请大夫。　蒋灿右朝请大夫。　胡□右朝请大夫、直秘阁。　曾绛右朝奉郎。　赵不凡右朝请郎。　王安道右朝散郎。　徐注右承议郎。　王傅右朝散郎。　韩沃右朝请大夫。　朱冠卿左承议郎。　王珣右朝奉大夫。　张昌右朝奉大夫。　赵士祁左朝请大夫。　张力牧右宣义郎。　孟处义右朝散郎。　齐旦右承议郎、直秘阁。　吴璹右朝奉。　董将左朝请大夫。　任莒言右承议郎。　王珏右朝请大夫。　吴璹右朝请郎。　向沟右朝散大夫。　李孟坚右承事郎。　俞召虎右朝议大夫。　吕企中右承议郎。　徐子寅右朝奉郎。　胡与可右朝奉郎、直秘阁。　叶翯左宣教郎。　赵师垂承事郎。　郑嗣宗宣教郎、直秘阁。　周权朝奉郎。　赵伯昌朝奉大夫。　郑侨朝散郎。　赵不流朝请大夫。　赵巩奉议郎。　钱端忠奉直大夫。　李祥朝散郎。　张涛朝请郎。　卫泾左朝散郎。　陈损之右朝奉大夫。　汪梓朝散大夫。　赵充夫朝请大夫。　韩延朝请大夫、直文阁。　高子容朝奉大夫。　王宁朝奉大夫。　叶宗鲁朝散郎。　陈缵朝奉郎。　赵善起复朝请郎。　刘弥正朝请郎。　刘庶朝奉郎。　赵希道朝奉大夫、直秘阁。　陈孔硕朝请郎。　齐砺朝散郎。　陈茂英朝散大夫。　施宿朝散大夫。　谢周卿朝请大夫。　吴困朝散郎。　丰有俊朝散郎。　汪纲朝奉郎。　徐正卿奉议郎。　杨恕朝奉大夫。　卢宪朝奉大夫。　戴桷承议郎。　陈垓朝奉郎。　宋济中奉大夫。　张笭宣教郎。　丁晔中大夫、直宝谟阁。　颜耆仲朝散大夫。　章丘岳朝请大夫、直焕阁。　赵汝楫朝请大夫。　陈垓直宝章阁,再除。　吴子良承议郎。　惠孔时奉议郎。

常平司干办公事

杨迥右修职郎。　朱端禀左文林郎。　王子诠左承直郎。　李鼎右文林郎。　赵公谥[1]左通直郎。　滕琪右奉议郎。　翟畋右从事郎。　何溥右文林郎。　邵缉右修职郎。　赵源右通直郎。　苏磻左从政郎。　章濯右承直郎。　孙长孺右承事郎。　陈友信右文林郎。　成钦亮左从事郎。　朱杰文林郎。　吴华国迪功郎。　叶

---

[1]　谥:康熙重刻本作"谧"。

筠承事郎。　郑愿中通直郎。　周椿宣议郎。　韩杲卿宣义郎。　高得全宣议郎。　徐榕奉议郎。　赵万修职郎。　周林奉议郎。　王百揆承议郎。　方叔宽宣教郎。　洪价奉议郎。　施宿承议郎。　李伯度儒林郎。　陈贵谦修职郎。　孟善承事郎。　汤忠彦承议郎。　周大本从事郎。　刘昌宗迪功郎。　李复从事郎。　王呈端儒林郎。　赵唯夫文林郎。　黄筌宣教郎。　赵槱宣教郎。　洪俶宣义郎。　曾文若朝奉大夫。　曾仲良宣教郎。　吴子良从事郎。　赵彦蒿承直郎。

茶盐司干办公事

李本承务郎。　徐宗偃承议郎。　环略从事郎。　曹绂承事郎。　胡履泰通直郎。　胡兆承事郎。　张好问承奉郎。　王兴义宣教郎。　宋坚从事郎。　蒋志租从事郎。　盛文昭儒林郎。　郑森儒林郎。　孙宏宗宣教郎。　王廉之宣教郎。　娄机从事郎。　赵丕烈朝奉郎。　赵汝采从政郎。　沈仔朝奉郎。　张大成从政郎。　王宗道从政郎。　李模通直郎。　王兴义宣教郎。　令狐晋承直郎。　翟畊朝奉郎。　徐天麟承直郎。　吕昭玘朝奉郎。　郑焕朝奉郎。　蒋孝申奉议郎。　何伯骥承直郎。　王僎通直郎。　庄尧咨从政郎。　汪深之从事郎。　洪椿奉议郎。　孟嗣宗承直郎。　沈玑承奉郎。　蔡唐承议郎。　沈昌宗宣教郎。　姚瑾通直郎。　王谊承议郎。　楼宏宣教郎。

国朝知州

张遇林庐州府人,洪武元年任。　史遇洪武四年任。　赵鼎洪武十三年任。　石巨鼎洪武十七年任。　陈宗洪武二十三年任。　佟耀洪武二十八年任。　董仪山东德平人,洪武三十五年任。　田庆大名开州人,永乐元年任。　史靖可山西泽州人。　陈仲名江西广信人,永乐三年任。　李智明四川巴县人。　张逊保定唐县人,永乐四年任。　刘景文江西鄱阳人,永乐九年任。　张信福建漳州人。　萧旭真定井陉人,宣德四年任。　刘馨保定庆都人。　骆士隆浙江武康人,正统三年任。　黄性福建延平人,正统十四年任。　刘纶山东武定人,景泰初年任。　冯敬河间故城人,成化四年任。　郑恺四川广州人。　左辅江西安福人,成化八年任。　陈志顺天蓟州人,成化十四年任。　彭福江西安福人,进士,成化十九年任。　王琚浙江鄞县人,弘治五年任。　谢杰福建龙溪人,进士,弘治十一年任。　郭桂陕西人,进士,弘治十七年任。　钱俊民浙江慈溪籍,进士,正德元年任。　杨浩云南邓川人,举人,正德六年任。　韩廉浙江余姚人,进士,正德九年任。　成乐湖广石首人,进士,正德十年任。　陈则清福建闽县人,进士,正德十三年任。 金廷瑞浙江钱塘人,进士,正德十四年任。 常泰 王臣江西南昌人,进士,嘉靖六年任。 孙哗 任洧山东蒙阴人。 胡尧时 许应元浙江钱塘人,进士。 朱簦浙江山阴人。 黎尧勋四川乐至人,嘉靖二十年进士。 李懿 刘柰江西庐陵人,嘉靖二十四年任。 鲍龙进士,长治人,嘉靖二十九年任。 冯良亨□□□人,嘉靖三十年任。 黄谨容进士,莆田人,嘉靖三十一年任。 赵祖朝进士,东阳人,嘉靖三十二年任。 朱公节浙江山阴人,嘉靖三十五年任。 陈言进士,莆田人,嘉靖三十八年任。 陈邦治湖广崇阳人。 姚筐浙江平湖人。 潘颐龙进士,钱塘人,嘉靖四十五年任。 沈藻浙江武义人,隆庆二年任,进士。 郑梦赉广东番禺人,举人,六年任。 萧景训江西泰和人,万历三年任,进士。 孙樾江西丰城人。 吴道立福建莆田人,举人,万历八年任。 李裕湖广黄冈人,举人,十一年任。 谭默广东仁化人,举人,十四年任。 游春霖福建漳浦人,举人,十九年任。 刘应文直隶东光人,举人,二十年任。 张骥江西浮梁人,举人,二十五年任。 李存信江西广昌人,举人,二十九年任。 陈仁湖广江陵人,举人,三十五年任。 沈应明浙江嘉兴人,举人,四十年任。 崔国裕陕西长安人,举人,四十二年任。 韦宗孔湖广黄冈人,举人,四十七年任。 周梦龙广东东莞人,举人,天启二年任。 李学旻江西临川人,举人,四年任。 向孔门湖广宜都人,举人,六年任。 李自滋北直博野人,进士,崇祯二年任。 徐日升山东长山人,解元,五年任。 董飏先福建惠安人,进士,崇祯十年任。 陈素浙江桐乡人,进士,十二年任。

同　知

薛均湖广巴陵人,洪武三十年任。 张侃山西吉州人。 杨丹珉福建沙县人。 何珣浙江宁波人。 刘浩北直滦州人。 黄瑶陕西庆阳人。 冯泰山东济宁人。 王思旻湖广黄冈人,正统年间任。 潘祯河南洛阳人。 连必渊福建人。 牟鸿河间人,成化五年任。 郭澄浙江杭州人。 马庆福建人。 刘楫山东人,举人。 刘台四川巴县人,由吏部员外郎谪。 王润江西湖口人,监生,正德六年任。 吴期英江西永新人,由礼部员外谪。 刘盛山西隰州人,监生,正德八年任。 何济 陈文昌 林廷樟 朱怀幹 陈大壮洛阳人,进士,由户部主事谪。 杨丰 章沂 易楷 谢登献 杨遵 贾鹤龄 杨时熙 黄案江西南昌人,岁贡,万历三年任。 王法祖山东滋阳人,恩贡,万历六年任。 黄可上江西丰城人,岁贡,万历八年任。 谢廷菊山东章丘人,恩贡,万历十三年任。 文在中陕西三水人,进士,由礼部主事谪。 屠菲浙江乌程人。 陆埜山东登州人,进士,由刑部郎中谪。 赵廷臣江西新昌人。 齐邦祯北直涿州人。　谢谊陕西洵阳人。　翟思梁直隶锦衣卫官生,由刑部郎中谪。　胡乾诚天津卫籍,余姚人,三十三年任。　黄舜中湖广永兴人,选贡,三十三年任。　钱立孝浙江建德人,监生,三十四年任。　吴云龙北直真定人,岁贡,三十八年任。　方应聘广西来宾人,选贡,四十年任。　吴铭榜福建长泰人,岁贡,四十五年任。　李如祯浙江缙云人,监生,天启二年任。　萧鸾翔湖广随州人,增监,天启三年任。　李应临山东恩县人,恩贡,七年任。　赵鸣皋北直隆平人,岁贡,崇祯二年任。　江孔修陕西灵州人,岁贡,四年任。　颜伯昆福建龙溪人,恩贡,六年任。

判　官

钱良用浙江宁波人。　黄通理河南密县人,永乐元年任。　杨荣福建闽县人,永乐七年任。　赵璧河南洛阳人,永乐十四年任。　蒋麟福建龙岩人。　葛瑄　陈裕广西横州人。　谢永广东揭阳人。　张建山西忻州人。　萧受华湖广益阳人。　叶懋江西丰城人。　甄谏保定东鹿人。　宋庄河南考城人。　孙裕四川忠州人。　师乐山东临城人。　吴宪顺德邢台人。　丁纶湖广慈利人,成化八年任。　曹俊山东临清人,正德元年任。　燕澄真定人,监察御史谪,正德五年任。　简辅广西马平人,进士,由知县谪,正德八年任。　董时山西大同人,正德十年任。　王金保定唐县人,正德十一年任。　王宠山东历城人,正德十六年任。　王清浙江永嘉人,正德十六年任。　谢源闽县人,进士,御史谪,正德十六年任。　徐份　汪漠　赵窗　熊珂　史朝宝福建人,进士。　吴瀚　黄玄琰　王世臣　袁奎浙江慈溪人,嘉靖四十二年任。　陈敦质福建晋江人,举人,隆庆三年任。　苏万年湖广绥宁人,隆庆四年任。　刘橘顺天文安人,隆庆六年任。　樊祐江西南昌人,万历三年任。　许琨福建漳浦人,万历五年任。　郑良相江西玉山人,万历十年任。　王可江西上饶人,举人,万历十三年任。　伊承聘浙江汤溪人,选贡,十五年任。　田耦河南人,岁办[1]。　程先登湖广江夏人,监生,二十四年任。　王执中山东德州人。　丁应奎浙江山阴人,二十九年任。　王之臣陕西潼关人,进士,三十六年任。　郑良璞福建罗源人,选贡,三十四年任。　萧大芳江西泰和人,监生,三十六年任。　陈阳和福建福清人,举人,三十八年任。　全少微浙江鄞县人,监生,四十年任。　陈绾浙江山阴人,吏员,四十四年任。　于觉民陕西醴泉人,选贡,四十七年任。　沈瑞龙浙江山阴人,吏员,天启二年任。　鲁元凯浙江会稽人,□□四年任。　刘

---

[1]　办:康熙重刻本作"贡"。

嘉会湖广巴陵人,监生,六年任。　林树英江[1]西泸溪人,选贡,崇祯元年任。　李自秀陕西庆阳人,岁贡,三年任。　鲁桓浙江会稽人,儒士,五年任。　胡拱极浙江山阴人,儒士,七年任。　王养心陕西静宁人,岁贡,九年任。

吏　目

沈振浙江湖州人。　高谅永平昌黎人。　王麟顺天平峪人。　张懋深泽人,成化十三年任。　刘金恩县人,进士,由监察御史谪。　赵翰河南汝宁人。　曹官山东临清人,正德十一年任。　邵山　何澈　张銮　倪宠　南瑜　胡来贡山东章丘人,岁贡。　薛汝昌　罗绮　郑心　卢传　钱积浙江人。　郭可大河南武安人。　邵延臣浙江人。　王朝相北直新城人。　徐一中江西兴安人,万历十六年任。　焦士汤　郑克浚　黄鸣鸶　盛烨　袁宾奎　孙以顺河南睢州人,万历三十年任。　吕绍忠江南永丰人,监生,三十二年任。　李桂森北直静海人,监生,三十五年任。　王时仓宛平人,监生,三十七年任。　徐昌化浙江平湖人,知印,三十九年任。　吴以忠浙江桐庐人,吏员,四十三年任。　林守秩福建福清人,监生,四十四年任。　王国宰陕西临潼人,吏员,四十七年任。　卢洲山西曲沃人,吏员,泰昌元年任。　邵希厂浙江龙游人,吏员,天启元年任。　吕大德浙江归安人,吏员,天启三年任。　郑承诏莆田人。　张性敏陕西文县人,监生,六年任。　白泗论北直南和人,监生,崇祯元年任。　秦之藩陕西肤施人,三年任。　张维城浙江山阴人,五年任。

学　正

孙化淮安府盐城人,举人。　刘用江西宁都人,举人。　董楫庐州府合肥人,举人。　俞腾福建莆田人,举人。　周道高浙江浦江人,举人。　滕善浙江山阴人,举人。　罗仲举江西庐陵人,举人。　游伯禄保定唐县人,举人。　汪淮江西乐平人,举人。　孙琛浙江临海人,举人。　陈孟旦江西吉安人,举人,升监察御史。　程文福建人,举人。　刘哲江西安福人,举人。　刘宜之江西永新人,举人。　郑贵广东海阳人,举人,成化十一年任。　严毅浙江天台人,举人,弘治初年任。　何仓顺德人,举人,弘治五年任。　张翰河南人,举人,弘治七年任。　王傅广东番禺人,举人,正德元年任。　陈琦全州籍茶陵人,举人。　余义　陈亨　李钊　陈克让　郑一鹗　郝臣山西人。　吴濂　张师善广西人,举人。　张拱明云南人,举人。　樊城江西人。　叶

---

[1] 江:康熙重刻本作"浙"。

时宣福建寿宁人,嘉靖四十一年任。　梁高　王崇俦保定府人。　曾夔江西泰和人,举人。　倪晋明山东滋阳人。　吴尚诚福建连江人,举人。　徐克纯浙江人。　吴沂江西临川人,岁贡,万历十二年任。　喻尚文庐州英山人,岁贡,十四年任。　乐上应江西东乡人,举人,十六年任。　杜梓淮安府海州人,岁贡,十九年任。　周采山东莱阳人,岁贡,二十年任。　王立志北直内丘人,岁贡,二十二年任。　沈学常州无锡人,经魁,二十三年任。　何九功浙江新昌人,岁贡,二十六年任。　黄化龙浙江秀水人,岁贡,二十七年任。　严相山东灵山卫人,岁贡,二十九年任。　程志贵州清平人,举人,三十一年任。　何如礼浙江奉化人,举人,三十六年任。　徐焌江西南昌人,举人,四十一年任。　金汝声徽州休宁人,举人,四十六年任。　张希哲湖广华容人,解元,天启三年任。　刘汝忠广东新会人,举人,六年任。　尹善继北直广平人,举人,崇祯三年任。　万濯宜兴人,举人,七年任。　翟文种南直泾县人,十二年任。

训　导

张子英江都人。　周师善本州人,儒士。　成性本州人,儒士。　盛德常本州人,儒士。　杨清浙江宁波人。　傅贵清浙江鄞县人。　刘真浙江山阴人。　蔡淮浙江严州府人。　徐隶浙江黄岩人。　王宁俊江西泰和人。　陈佑河南安阳人。　张戬山东昌乐人。　姜才浙江钱塘人。　朱楼福建人。　朱樱福建人。　姚章浙江钱塘人。　张泰保定府人。　叶范浙江慈溪人。　李畅山东曲阜人。　成宪山东泰安人。　张瑄云南大理府人。　毛儒浙江嘉善人。　俞恂浙江钱塘人。　何湘浙江鄞县人,举人,成化十三年任。　管蓝浙江黄岩人,举人。　闵鹗江西浮梁人,举人。　陈翔湖广均县人,举人。　张孔信福建龙溪人,举人。　颜楷福建龙溪人。　李睦河南归德府人。　刘纪山东人。　刘绅山东历城人,正德十六年任。　张士元山西阳曲人,举人。　叶钦江西德兴人。　潘希颜浙江金华人。　贺鉴湖广祁阳人,举人,嘉靖初年任。　李惠山东掖县人。　孔彦珩　刘敬宗浙江钱塘人,进士,嘉靖初年任。　王爵　刘泮　林公明　周凯　郑相浙江人,嘉靖二十九年任。　邹守临　张秩　徐汝楫福建欧宁人,三十一年任。　周濂四川涪州人,三十六年任。　周希朱浙江义乌人,三十六年任。　简藉四川巴县人,三十九年任。　杨珍　冯克儒四十二年任。　王儒林山东掖县人。　晁邦宠陕西人。　罗梦旸云南人。　高杞泰安州人。　李瀛河南人。　贺秉昭浙江人。　王世儒河南延津人。　王文汉浙江人。　余莅浙江严州人。　昝鹤鸣广德州人。　王良栋河南息县人。　唐延育浙江兰溪人。　詹淮徽州府人。　柯一蛟池州府人。　陈轸江西石城人,选贡,万历十四年任。　蔡可远河南人。　季学程陕西灵州人,岁贡,十四年任。　刘景河南陈州人。　张国芳凤阳府人,岁贡,十五年任。　李香湖广房县人,岁贡,十七年任。　彭梅四川峨眉人,岁贡,十八年任。　李世祖太平繁昌人,岁贡,二十年任。　王民皞山东黄县人,岁贡,二十二年任。　寇禬山东范县人,岁贡,二十三年任。　李汝清湖广郧县人,岁贡,二十三年任。　张鸣远凤阳蒙城人,岁贡,二十七年任。　刘咨益,庐州舒城人,岁贡,二十八年任。　袁相乾凤阳临淮人,岁贡,二十九年任。　孙秉渊山东博兴人,岁贡,三十一年任。　薛谐河南原武人,岁贡,二十二年任。　姜可望浙江德清人,岁贡。　王孙云镇江丹徒人。　张大有　张光盈淮安山阳人。　朱梯淮安山阳人。　郝继可和州人。　孙瀛　王廷策　陈全材宿州人。　叶万全松江华亭人,四十八年任。　梁以梓湖广靖州人,天启二年任。　傅汝循苏州吴县人,二年任。　周士高淮安海州人,四年任。　李时升庐州巢县人,四年任。　顾文璨长洲人,崇祯元年任。　刘煜保定易州人,三年任。　宋应斗四川富顺人,五年任,选贡。　郑思谦清河人,九年任。　林荷灌颖上人,十年任。

○如皋知县

国朝:宗行简洪武元年任。　王稷洪武初年任。　谢得珉四年任。　李衡七年任。　刘国衡十一年任。　王思直十二年任。　徐汝洪十三年任。　周公鼎江西吉水人,十四年任。　安定山东人,十六年任。　辛革　杨凯十八年任。　马融广西全州人,二十二年任。　李德进山东恩县人,二十五年任。　赵守信二十六年任。　李让河南胙城人,二十七年任。　张敬祖二十九年任。　唐彝三十年任。　郭敬山东平德人,三十一年任。　李光浙江永嘉人,三十二年任。　史撂直隶三河人,三十二年任。　朱崇德江西永丰人,以人材任。　王琛湖广崇阳人,监生。　黎天佑江西余干人,监生。　张徽山西绛州人,永乐十年任。　张敬直隶献县人,十七年任。　甘崇修江西丰城人,二十年任。　梁温山东濮州人,监生,宣德四年任。　吴复浙江人,宣德年任。　曹立山东临清人,监生,正统二年任。　方用宁浙江鄞县人,监生,十三年任。　贺庆山东德州人,监生,景泰四年任。　易恒广东□州人,举人,天顺八年任。　周礼湖广应城人,举人,成化二年任。　王伦江西安福人,监生,成化四年任。　葵彝顺天宛平人,举人,七年任。　向翀四川通江人,进士,十一年任。　胡昂直隶定兴人,进士,十七年任。　张善山东历城人,进士,二十二年任。　刘文宠顺天玉田人,进士,弘治四年任。　郭秀河南汤阴人，弘治十年任。　马清直隶武邑人，进士，十二年任。　赵嵩山西平定人，举人，十八年任。　刘竑广东阳江人，进士，正德元年任。　田惟祐浙江萧山人，举人，正德五年任。　陶楫广西郁林人，举人，八年任。　王世臣山东昌邑人，进士，十年任。　杨齐贤云南安宁人，举人，十二年任。　徐相江西都昌人，举人，十六年任。　梁乔升广东顺德人，进士，嘉靖三年任。　吴宗元江西金溪人，举人，八年任。　张仕湖广来阳人，举人，十一年任。　刘永准直隶任丘人，监生，十三年任。　许廷章直隶永平人，举人，十五年任。　黎尧勋四川乐至人，进士，十八年任。　刘一中江西泰和人，举人，二十年任。　刘本江西万安人，监生，二十三年任。　王珽浙江诸暨人，举人，二十六年任。　陈雍江西泰和人，举人，二十九年任。　陈道广东南海人，举人，三十五年任。　童蒙吉浙江临安人，举人，三十九年任。　仇炅山西长治人，进士，四十二年任。　嵇镭浙江德清人，举人，四十四年任。　孔弘盛山东曲阜人，贡士，隆庆元年任。　佘国玺广东人，举人，隆庆四年任。　唐邦佐浙江兰溪人，进士，隆庆六年任。　郑人逵福建闽县人，进士，万历元年任。　宋国相山东滨州人，进士，万历六年任。　倪章，浙江余姚人，举人，万历八年任。　高瀛浙江鄞县人，举人，十二年任。　刘贞一河南通许人，举人，十五年任。　针惠山东济宁人，举人，十八年任。　王以蒙福建延平人，举人，二十一年任。　陈焕浙江宁海人，举人，二十四年任。　陈天季江西崇仁人，选贡，二十六年任。　张星湖广蕲州人，举人，二十七年任。　陈文进福建惠安人，选贡，三十二年任。　宋文昌河南商城人，进士，三十七年任。　周承恩湖广武冈人，举人，三十八年任。　李廷材广东高要人，进士，四十二年任。　熊奋渭河南商城人，进士，四十五年任。　李衷纯浙江秀水人，举人，四十八年任。　王珍锡湖广咸宁人，举人，天启五年任，升任。　吴弘功湖广江陵人，进士，崇祯二年任，调繁。　杨观吉福建诏安人，进士，十四年任，被劾。　高名衡山东沂水人，进士，五年任，调繁。　郑腾云福建福清人，举人，七年任，被劾。

外史氏曰：余载考旧志，仅仅留官秩、姓名耳。试举分符振铎，代不乏人，胡芳猷懿躅，声施至今者，殆十无二三哉？非岁邈言湮使然，抑或负乘伐檀者多，遂阙之以存厚道也。若彼牧政流爱、师表倡化，令人高山景行，而足为缣缃生色者，别乃胪列小传，以垂后之脍炙。

抚 镇

先漕运即兼凤阳等处巡抚,驻扎淮安。近因倭变,乃并漕务于河院,
特设巡抚防海,移驻泰州。自后,倭警已息,漕抚复合,仍还淮安驻扎。

李志,字廷新,号旭山,缙云人。万历甲戌科进士。性度宽坦[1],不事
威削。临事担荷,直前无阻。期年之内,请疏免民间军饷,查覆军田入赋,
以充公需,号令、规画详密严明,将校奉法惟谨。保厘凋瘝,加意赈恤。公
署墙圮,因陋葺治。新缮堂楼五间,营房百五十间,不役一夫,曰:"予自有
行间分番之旅可用也。"市易必照日中定价与之,无丝粟爽焉。方欲大有
作为,以朝命分中涓督商税,上疏力争,奉诏致仕。

李三才,字道甫,号修吾,临潼人。甲戌进士,万历二十七年任。方履任,
目击时艰剖切,章疏屡上,民赖回天。躬切抚绥,威先禁戢。修明军政而强
暴匿形,振肃官常而贪残解绥。赵古元倡乱于徐,势甚猖獗,为之密画擒拿,
世荷宁谧。泰民赴浚黄河,若就死市,令之出钱雇募,民获更生。有假诚意
伯之威,白占民田者,则大创之,依律遣戍。有称陈太监之使,劫骗州民者,
则严斥之,究罪论死。又有分税之官坐为民扰者,复弹压之,以消患于未萌。
凡此皆诘奸形[2]暴,保世安民。若夫革旧例以清衙门买办,均门摊以息民
间杂差,此又其绪余耳。至于修颓圮之学宫,浚湮塞之市河,兴衰补敝,焕
然一新,其开泰于泰者,功甚巨矣。万历三十一年六月,移驻淮安,士民瞻
恋之切,攀辕无计而因托之讴吟,以识去思。

外史氏曰:余历稽抚臣,建牙淮上者,均之文武为宪,方叔、吉甫之流
亚与! 今阙不载,以匪止一郡具瞻也。若二李公,又胪列大概如右。会往
者岛夷内讧,有移镇泰州之命,于此驻扎,例得具书。

---

[1] 坦:原作"垣",据康熙重刻本改。
[2] 形:康熙重刻本作"禁"。

海　道

嘉靖三十二年,倭夷犯顺,江淮骚动。时抚按建议,题准添设按察使司一员,为海防兵备道,分巡提督淮、扬、通、泰等处水陆官兵,兼理河道,署设泰州。

张景贤眉州人,进士,嘉靖三十三年任。　马慎大城人,辛丑进士,三十五年任。　刘景韶崇阳人,甲辰进士。　张师载潜江县人,丁未进士,四十年任。　姜廷颐夷陵人,甲辰进士,四十二年任。　刘佑掖县人,癸丑进士,隆庆二年任。　傅希挚衡水人,丙辰进士,隆庆三年任。　陈耀文确山县人,进士,隆庆五年任。　程学博孝感人,进士,隆庆六年任。　陈文焕临川人,进士,万历五年任。　龚大器公安人,进士,万历七年任。　舒大猷通城县人,举人,万历十年任。　胥遇眉州人,乙丑进士,十三年任。　周梦旸南漳人,进士,十六年任。　薛梦雷福清人,辛未进士,十七年任。　张允济固安人,壬戌进士,十七年任。　曲迁乔长山人,丁丑进士,二十一年任。　王之猷新城县人,进士,二十七年任。　陈璧福清人,进士,二十八年任。　杨洵济宁人,壬辰进士,二十九年任。　张鸣鹗钱塘人,己丑进士,三十三年任。　杨榀德州人,壬辰进士,三十六年任。　熊尚文丰城人,乙未进士,三十八年任。　郑国俊解州人,癸未进士,四十四年任。　马从龙新蔡人,进士,四十八年任。　郭士望蕲水人,甲辰进士,天启二年任。　周汝玑商城人,丙辰进士,天启四年任。　王化行闽县人,丁未进士,天启六年任。　来复三原人,丙辰进士,天启七年任。　王象晋新城人,甲辰进士,崇祯元年任。　柴绍勋仁和人,癸丑进士,崇祯四年任。　郑二阳鄢陵人,乙未进士,崇祯七年任。

张景贤,号明崖。嘉靖三十三年始建海防道,初任,倭夷大至,自出督战。悬重赏,募死士,授以火攻方略,一鼓歼之。综核振刷,军政肃然。暇则崇文兴贤,奖进后学。仕至都御史。

马慎,字自修,号龙池。莅任时,岛夷内侵,至城下,婴城以守。后遁去,进击于狼山,败之。

刘景韶,字子成,号白川。下车以后,正值倭夷猖獗,景韶料敌制胜,用兵如神。临阵奋勇,矢石雨注,将官胆裻,而了无瑟缩。自是,悉歼狂寇,保障东南。奏拟平倭功第一,陟官都御史。各郡邑有生祠。

傅希挚,号后川,由淮安知府升任。时倭奴蹂躏之后,邑里萧条,武备多阙。因相度险要,沿海江廖角嘴等三十六处,巡缉戒严,增艨艟,利器械,募灶勇数千以充守御,开屯田给其军糈,自是倭氛遂息。隆庆三年,州大水,登城嗟叹,痌瘝切身,毅然请命于抚按,遂得与兴化共蒙蠲折,民之仰之若嘉谷之有时雨也。后晋秩总河少司空,复虑民鱼鳖,晨夜经营,尽得其利便。又筑楼子庄、高宝湖诸堤、平水诸闸,而河流顺轨,至今称便焉。仕至戎政尚书。

陈耀文,字晦伯,号笔山。为政精明严核,令行禁止。时倭变甫平,而境有巨猾乘乱啸聚数千人,盘据窟穴,曰史家庄,曰灰廓村[1],曰樊汉,而史家庄尤称骁黠,时入江劫掠商估,官军不能制。其党有白衣,密逾城为谍者,有司捕械至,亟释之,诱以重赏,令过史家庄,给其贼曰:"官兵尽解散矣。"贼信而弛备。乃驱士卒衔枚,夜捣其庄,尽格杀之,贼党望风奔溃。自是,扬州诸墟落始得安堵云。公学问淹博,于书无所不窥。所著有《天中集》二百卷、《文集》几十卷、《正扬》四卷。

胥遇,字际明,号颐川。初至,首问民疾苦,知水患异常,即檄守令分行勘议。其在下流,则东浚三场,穿范堤,达苦水洋、牛湾河入海;北疏两河,从葫芦港、夏粮河,达新丰市入海。上流湖水泛溢,则辟惠政桥,引趋芒稻河,南注于江。受期兴役,次第举工,今民甚赖其利。又州城以霖雨崩塌逾大半,乃庀材鸠工修缮,夫役取之召募,银粟取之公帑,不括富民一钱。升任滇南廉宪,郡人为立碑,属凌中丞为记。

周梦旸,字启明,号明宇。修明军政,厘革宿弊,啸聚萑苻者皆望风匿去。深闵泰之田赋重于十属,民不堪命,力请抚按蠲折,数十百年之累,赖以得免。至于督章缝、较文艺,品骘公明,奖进优渥,士心附焉。

熊尚文,号思城。清公正直,劲气凛然。其在任也,简将练兵,设立功单,填注武艺,有技优力强之士,拔以不次。巡历海门县地方,深探海势,见料[2]角嘴半插海中,遂建军营,预防倭警,创名新义营,召募官兵镇守。会有倭夷哈兰金等入寇掘港场、泗港口,报孔棘者日数十次。坐镇不动,

---

[1] 村:原作"材",据康熙重刻本改。
[2] 料:《〔雍正〕泰州志》作"廖"。

使侦卒往来道间,选锐征进,不逾时而死戮生擒罗致麾下矣。奏闻,钦旨给赏,东土赖以奠安。念小民凋疲,六载焦心,罢撤兵之增饷,革溢额之侵征,本州例得岁免银七千两有奇。特刊《赋役成规》,诸凡公费可节省者,酌为裁减,迄今遵行。至于逐强珰骚扰,杜越江勾提,尤人所难。公暇,每偕师生诣安定祠,阐明先天宗旨,独揭“止修”二字,谓凡立身行己、政事文章,总不逾此学问,诚后进指南也。寻有玺卿之召,士民攀辕未已,立生祠以俎豆之。

郑国俊,号养冲。扬属故利煮海,私齾不可胜诘,当事者条议行官盐法,报温饱之家为铺户,令出资买引置齾而市于民,因比闾稽户口,给票买之,以杜私贩。其法格不可行,且有奸胥窟寄其中,为蠹滋甚。民泣诉,具陈不便,遽叹曰:“此食盐,何可强也!”即寝之。自是坊民无沿门给票之扰,而闾左始得帖席以卧。他如警惰员之阘茸,核赃吏之侵牟,戢城社之巨奸,剪窝访之宿害,州人为立石志遗爱焉。

周汝玑,号柱瀛,商城人。为御史,以荐用河臣梅守相等,忤当事,外转金宪。在任政简刑清,不动声色,而开诚布公,绝束矢钧金之入。尤注意民瘼,闵泰州民、灶合征,钱、粮混淆,有司坐累,毅然以分灶力请于当道,推灶粮于齾司,设法征解,不为异议所挠。愤别驾署篆阘茸者多,会泰州守缺,亲委泰兴贤令张镜心兼摄州篆。破调摄篆。自玑始。寻念风米本色疲,廒里转输,壮哉硕鼠,吸髓不足,以果其腹,力请改折。于总储各台金得当,而司庾为武进周主事,贪陋规,牢不可破,至今犹鉴其苦心焉。

来复,字阳伯,号星海,三原人。为人绰有经济,才雄八面,而守洁四知,苞苴不入。居官惠直,有善政,民德之。初,值胡、刘二阉踞郡城,搜括钦赃,怙威张甚,辄正色弹压,不为礼及。二阉恚,恶声至,又抗言拒之,不少挫。未几,魏珰败,悉按治其党羽,置于理。始定掾吏三月一分班之令,宪署以内肃然,痛惩旋状,令行禁止。治兵善布方略,信赏必罚。时海上大盗王虎子连年啸众数千,有司不能诘,卒中反间,自骇散,携室走江上,就执之,奉旨枭焉。捐资凿城中市河,悉还桃源、柳浪之胜,迄今凌波青雀,犹利赖之。其过化之迹,最为扬属商民所思慕。

外史氏曰：泰为江左藩蔽，近设重臣居守，非第御外侮、靖内寇已也，董正官常，厘饬士庶，咸于是乎？表帅非兼经文纬武，恶能屹然东南半壁乎？其有治绩彪炳者必书，曙[1]河洛则诵禹，爱甘棠则思召云尔。

牧　政

南朝

陆子真，宋太守。时中书舍人狄当见幸，家在海陵，假还葬父，子真不与相闻。当请发人修桥，又以妨农不许。彭城王义康闻而重焉。

刘善明，宋太始中太守。郡境边海，无林木，善明课人种榆槚，后获其利。

隋

贺若弼，吴州总管。开皇中，与史万岁、韩擒虎帅兵同至海陵，征捕八千海寇。郡人以其靖难有功，立祠忠义河侧。《隋书》不载，以其功有大于此者，惟本州《晏溪志》详其事。

唐

李承，大历中黜陟使，初为淮南节度判官。谙悉民事，创为捍海堰，自盐城南入海陵，绵亘百里，今通、泰地实永赖之，兵、农、商、灶，举得其利。

五代

褚仁规，字可则，广陵人。仕吴为海陵制置院使。南唐昇元元年，置泰州，以仁规为刺史，开筑城濠。海陵民多争讼，连免数令，以仁规兼县事，明察而果断，不少贷，民皆畏惧，县务甚治。所部鱼盐行苇之地，每大役有所需用，使吏行视民家所有，举籍而取之，事讫，则以次偿补，无有逋负，故民无怨者。

郭载，保太中刺史。凿池城西北隅，广袤数顷，以御敌，俗呼为"太保潭"。

荆罕儒，冀州人。初为泰州刺史，周显德五年，升授团练使，修筑罗城，增子城及营州治。是年，世宗临幸，赐鼓角、门戟、金银器、鞍勒马。罕儒轻财好施，不事产业，入则有籍，出则勿问其数。州有煮海之利，岁入巨万，听罕儒十收其八，然犹用度不足，将代，军吏耆艾诣阙请留之。

---

[1] 曙：康熙重刻本作"瞻"。

周敬述，成都人。太宗时，以秘书丞知泰州事。至则抚定遗民，辨其罪否，闻于朝，得免诛者二千人。先，又葬暴骸万余，作大冢庐山下，州人[1]刻石颂德。至是以疾终于官，遂家焉。其子孙自孟阳而下，联登科第，仕为卿、监、郎、曹，持使节、佩守符者甚众，人以为阴德之报。

欧阳观，庐陵人。由绵州军事推官，于大中祥符三年移监泰州军事判官，时子修甫四岁。观不幸卒于泰，囊底萧然，妻扶榇归葬吉水县泷冈，苦贫守志，严督其子，遂为宋名相焉。

宋

胡令仪，陈留人。淳化、至道中，以大理评事令海陵。时江淮内属未久，吏奸民嚣，凌弱暴寡。令仪先令后刑，无少假贷，有西门豹之风，凛然惮之。先是，范仲淹请筑捍海堰，甫役，会大雨雪，惊涛汹涌，役夫有旋泞而死者，谯言堰不可成。朝廷遣中使按之，将罢其役。又遣令仪为淮南转运使，按究役之可否。令仪尝令海陵，熟知潮患，于是力主仲淹议，不可夺。堰成，民卒利之。州人于张、范祠增祀令仪，为三贤祠。

曾致尧，抚州人。咸平六年，以户部郎知泰州。有《山亭六咏》，内《望京感怀》寓思君之意。诗见后。

晏殊，字同叔，抚州人。按《晏溪志》载，本镇有书院，有南风亭，皆晏丞相建，虽溪亦以晏名。有诗云："谁道西溪小，西溪有大才。参知两丞相，曾在此中来。"相传范文正居政府时作也，盖由晏公亦尝官此，故云。仁宗朝拜相，卒谥元献。

吕夷简，字坦夫。监西溪盐场，尝亲植牡丹一本，有诗。后范文正亦尝观此，复题一绝。仁宗朝拜相，遂荐文正可大用。《通考》云："文靖不以文名，而其诗清润和雅，未易及也。"

范仲淹，字希文，吴县人。初监泰州西溪盐仓，时海堰久废，卤水时入，田不可耕。仲淹具书白发运使张纶，纶奏上，以仲淹令兴化，董修筑之役。会仲淹以忧去，犹移书坚纶，役卒成长，竟通、泰、海三州县，延数百里以卫农田，民享其利，为立张范祠祀之。后江淮旱蝗，仲淹请遣使巡行，未报，乃

---

[1]　州人：原作"江入"，据康熙重刻本改。

请间曰:"宫中半日不食,如何?"帝恻然,乃命仲淹安抚江淮间,开仓赈恤,又奏蠲折役茶、江东丁口盐钱,盖江淮民始终蒙其惠焉。

张纶,字昌言,汝南人。为江淮发运使,筑高邮等处湖堤三百余里,旁锢以巨石,间为平闸以泄横流。及范仲淹议捍海堰,纶嘉之,即为奏上其事,且自请知泰州,躬督其役。逾年,堰成,流佣归而复业者三千余户。又奏除通、泰州盐户逋课数万。民德之,为立生祠。

滕宗谅,字子京。天圣中郡从事,建文会堂,招延士友。时范希文监西溪,与子京往来谈论,而富彦国、胡翼之、周春卿皆以文行相高,为子京所厚而招延之。

孔道辅,字元鲁,先圣四十五世孙。仁宗废郭后,道辅为中丞,率谏官等诣垂拱殿伏奏:"皇后,天下之母,不当轻议。愿赐对,尽所言。"遂有泰州之谪。

许元,字子春,其先宣人。自元昊叛西,兵久无功,天下劳弊,三司使言其能,以主榷货。先时京师粟少,而江淮岁漕不给,参知政事范仲淹谓元独可办,以殿中丞为江淮等路发运判官。元曰:"以六路七十二州之粟不能足京师者,吾不信也。"至则治千艘,浮江而上,所过州县留二月食,其余悉发,而州县之廪远近以次相补。由是不数月,京师足食。未几,升副使,已而为使,赐进士出身,待制天章阁。前是,岁漕京师者常六百万石,其后十余岁益不足。至元为之,岁必六百万,常余百万以备非常。及去职,人有劝其进羡余者,元曰:"吾岂聚敛者哉,敢用此以希宠耶?"仁宗尝谓执政曰:"发运使总六路之广,其财货调用,币帛谷粟,岁千百万,宜得其人而久任之。"元在职十有三年,已而乞守郡,乃以知扬州、越州,又徙泰州。卒年六十九,欧阳永叔志其墓。许氏居州城北,与周氏、查氏俱为群望族,三家子弟多游乡校,故有"一学许、周、查"之谚云。

韩琦,字雅圭,相州人。仁宗朝以侍中知泰州,设条教,葺帑廪,治武库,劝农兴学,民乐其恺悌,爱慕之如父母。在州治卧病,梦以手捧天者再。其后,受顾命援英宗于藩邸,翼神宗于青宫,执政三朝,卒谥忠献。

赵抃,字阅道。仁宗时令海陵,崇学校,重师儒,不立异政以拂民情,因俗施教,惟以惠利为本。黄震言其"为政恺悌,不严而肃,虽古循良无以过之”。至和中^[1]，参知政事，极论新法不可而去。卒谥清献。

陈瓘，字莹中，延平人，后寓四明，为鄞人。举进士，知泰州。绍圣初，章惇以宰相召，知淮南。遇瓘，惇素闻其名，独请共载，访以时务。瓘谕以乘舟偏重，别白君子、小人。惇良久曰：“司马奸邪，所当相辨。”瓘曰：“相公误矣。果然，将失天下之望。”建中靖国初，瓘为台谏，力攻蔡京、蔡卞，贬之。嘉定十二年，守李琪以瓘尝守郡，祔于先贤堂中，为七贤之一云。

刘攽，字贡父，饶州人。通判泰州，为政宽平，视官属如子弟，人皆歌乐只焉。

张次山，通州人。元祐初知泰州事。尝有鹳集戒石前，若有所诉。次山谕鹳，使先飞，令官兵随往。鹳止一大木上，盖邻侧有烹其二雏食者，即以其人至，鹳亦同至。次山为断治，鹳始飞去。后为西京转运判官。

陆佃，字农师，吴县人。绍圣四年知泰州。州有淮东道院，佃到任，谢表云：“飞蚊渐少，颇无泽国之风；过客甚稀，至有道院之号。”是年，建贡院，开凤凰池，置堂阁亭庵，以经术课士。以平易临民，事简政清，人甚称便。

曾肇，字子开，致尧孙，易占子。绍圣中知泰州。建三至堂、六咏亭，以著祖父三世官于海陵之迹。后为翰林学士，谥文昭。

岳飞，字鹏举，相州人。建炎四年，为通泰镇抚使，知泰州。时金兵陷楚州，诏飞通、泰可守则守，如不可守，但随所在保护百姓，伺便掩击。飞以泰无险可恃，退保柴墟，战于南坝桥。金人稍却，渡百姓于沙上，以精骑二百为殿，金人不敢近。今柴墟镇有臭达子头，_{地名}。或云飞所歼金兵处也。后州人建庙祀泰山之颠。

马尚，建炎三年，通判泰州，修筑城壁，增广濠池。时巨寇王琳啸聚境上，持间丘勃帖欲入领州事，尚察其伪，不纳。琳围城，尚昼夜巡城上，募敢死千余人，开城遣战，杀获甚众。凡四十二日，相继薄城者五六，终不能犯，有功于泰为多。绍兴元年，以通判进知泰州，招谕军民肄业并垦盐场等事。

张荣，建炎间与贾虎等领义军，由梁山泊与金虏转战南下，至于承楚。时虏监军挞懒在泰州、承楚，义军伺隙劫之，屡致克捷。荣谓泰州、承楚内

---

[1] 至和中：崇祯本、康熙重刻本皆作“至中和”，据《〔雍正〕泰州志》改。

地,泰州复则承楚无不复,于是决策先复泰州。与虏遇于秦潼村,佯败,引舟退入缩头湖,杀获甚众,生擒三百人,挞懒收余党在泰者,一夕奔楚州。实绍兴元年也。刘光世上其事,明年,遂知泰州。

王晚,知泰州。绍兴十年,开城内东西河,建藕花洲、嘉定桥,至今尚存。

王扬英,知泰州。绍兴二十五年,创建圣庙,寻又即庙建学,前泮池,后宸章阁,复开清化桥南运河支流。今奉祀于庠中先贤堂。

万锤,字元亨,钱塘人。淳熙十年知泰州。初,购名书藏于儒学;修州城东、南、北三水门;建谯楼,复东、西二挟垛,而楼以翼之;增胡侍讲、王内翰于三贤祠,更名"五贤堂";又建崇明、乐真、利民三桥。吏事淡然,不事功名,而惟蠹弊是去,则其为人可知已。

陈文弼,淳熙十四年知泰州,临民以安静惠养为先。求访郡守自荆罕儒以后一百四十七人姓名、爵位、始至及去之日,勒石于厅事,教授顾简记。

陈茂英,知泰州。嘉泰二年,重建学。三年,建平籴仓以惠民。四年,凿通太子港,以益水利。

赵充夫,常平使。嘉泰二年,给学田,置义廪。

陈之纲,字仲宏,崇德人。庆元初令海陵。时范公堤久颓,潮汐冲突,害于农亩。之纲请于郡修治,躬董其役,弗惮寒暑,视昔益坚固,民赖之。

赵逢,知泰州。自绍兴辛巳金兵攻毁城垣,至开禧丙寅,四十有七年矣。逢至,始加修筑,民生赖以庇焉。

施宿,常平使。嘉定以来,屡修城垣,绩用弗成。朝以委宿,宿申乞耗盐袋钱,及置窑百座,并乞兵夫修筑,广厚视旧有加。复建惠民仓、惠民药局,加惠元元,无所不至。绍定元年,守陈垓以其有功于海陵,增绘像于景贤堂。

李骏,嘉定间知泰州。建方洲、经武馆、迷仙库,置西仓,修城郭,葺司房、廊宇若干间,请增戍兵千人。开新河,自南城至北城,创经武、嘉定、天宁三桥。

徐正卿,常平使。嘉定十四年建香岩亭,下有山阴一曲池,公暇则集僚佐亭中燕会,流觞分韵赋诗云。

陈垓,号漫翁,闽人。宝庆二年知泰州,兼权淮东提举职事。建泰堂,凿东、西、北外濠,并浚南濠,置节制司营房、马厩,总七百间。绍定元年,迁贡院，新学校，诸楼台、亭馆、库庾、场务、坊里、桥梁，所营创者凡六十余所，州人享其利焉。后嘉熙、淳祐间再任，凡四次。

赵瑃夫，明州人。淳祐间知泰州。时因虏哨至，以海陵为忧，明年春，遂命守臣瑃夫增城浚濠，益严御备。

惠孔时，提举兼提刑。淳祐元年，虏哨既至。二年，袭通州，遂有迁城之议，而居民弗从。三年，乃命都统王来仍□[1]修浚，以孔时为提督。

何舜臣，宝祐间知泰州。开四门濠池拥路及圃子外濠岸，使周围相通。又增月城以御虏。

吴从龙，字子云。以建康前军统制备扬州。绍定四年，李全拥兵攻海陵，未下，以骑军哨扬州，从龙迎敌于东门，孤军战斗，为贼所执。至泰州，贼强使诈称援兵，绐泰州开城。从龙及城下，大呼曰："我今为贼擒，汝等但坚守，不可开门。"贼忿怒，刃交下，犹骂不绝口，竟寸脔以死。诏赠武功郎、阁门宣赞舍人，赐庙额曰"显勇"。

许堪，金华人，嘉熙中知泰州。增治城濠四角为月河，深广皆倍于旧。又创堡城于城北五里。淳祐元年，虏哨突至，以濠深不敢觇堡城，堪之功也。

孙虎臣，咸淳间知泰州。时元兵进逼泰州，虎臣孤军无援，死之。

元

赵涟，以参政分省扬州，又移镇真州。张士诚作乱，涟遣李齐谕降之，遂移涟镇泰州。士诚觇知无备，复反，夜四鼓，纵火登城。涟即驰骑奋击贼，被执，瞋目大骂，遂死。州人思其忠义，收尸，归殡真州。

国朝

张遇林，庐州人。洪武元年知泰州。抚安郡境，兴俗更化，创置衙门，以学校、农桑为首务。至于桥深、坊巷，无不修复。未久而去，士民怀之不忘。

田庆，开州人。洪武三十年任。清慎公勤，门无私谒；为政有条，吏不敢欺。升扬州府知府。

薛均，巴陵县人。洪武三十年任泰州同知，以廉能保升应天府尹。

董仪德，平县人。洪武三十五年知泰州，宽厚公勤，抚爱百姓。升尚宝

---

[1]　底本"仍"后有缺字痕迹，康熙重刻本无。

司卿。

黄通理,密县人。永乐元年任泰州判官。施设有方,为事易集,创建鱼行、秦潼、西溪三闸。

陈仲名,广信府人。永乐间知泰州。初,改养正堂为明伦堂,摹朱子书扁揭之,以郡庠非养蒙之所也。

杨荣,闽县人。永乐七年任泰州判官。学行俱优,吏事娴熟宽平,郡民称焉。后保升刑部主事。

王思旻,黄冈人。正统间任泰州判。精勤辅治,遇事辄理,吏畏民悦。九载,保升本州同知,然尤卒励其志,举废芟繁,修州治,建鼓楼,迁驿为馆,造广运、望江二桥,置预备仓廒八十间。凡在郡内,无不经画,其德政可称述者甚多。

冯敬,故城人。成化四年知泰州。深于治体,刚直有气节,而不羁细故。诸生有游进者,才而贫,每欲周济之,以未久去任弗果。临行,出银杯赠之,曰:“此吾家故物也,与汝为灯火资。”其慷慨激烈、豁达好与多类此。

左辅,永兴人。以进士授御史,弹劾不避,谪滇南驿官,寻迁知县,升泰州守。居官外和内刚,判决如流,六载之间,刑清讼简,庭无重辟,岁致丰稔。其创从祀贤像,建治州皋门、公馆、察院、崇文、钟楼诸役,皆无扰于民。

陈志,字惟学,蓟州人。成化十四年知泰州。谙悉民情,深革吏弊,以兴学劝农为先,筑杨公堤,修学校两庑斋舍,改塑贤像,广储蓄以备荒,建书院以美俗。虎入境,捕而获之;蝗蔽天,祷而去之。皆善政凿凿可纪者。凡四年,以疾卒于官。先是知定州,有驯熊再至,去鹤复还,承尘乳燕,判笔螟蛉,目为四异,士民歌之。

彭福,字绥之,安福人。成化十九年知泰州。赋性刚方,不阿上官,雅与州民排难兴利。时巡河张侍郎,以宝应权贵嘱移文,分彼月夫三十名于泰州。福奋然往谒却去,词色俱厉,侍郎不能夺,民获免役。明年,朝廷遣都宪侍郎童[1]治盐政,以泰北市中为旧盐运使[2]司址,欲堕民居,复旧司。

---

[1] 童:康熙重刻本作“董”。

[2] 使:原作“盐”,据康熙重刻本改。

福力以小民安土难迁为辞,卒寝其事。额制,秋税豆粮,民输于仓候支,经年辄腐坏亏折,更征补其数,军叹枵腹,而民尤苦追赔。福遂画永久之图:豆每石折银三钱,草每包折银三分。具奏,可其请,诏下各郡县照例遵行,民不告病,军领实惠,天下咸赖其利。

谢杰,字洵卿,龙溪人。弘治十一年知泰州。赋性冲和,存心仁厚。居官以兴学作士为首务,每朔望诣学设讲,至日昃不倦,议论根理,士子环听无厌心。十六年,夏、秋亢旱,田畴龟坼,杰日夜忧悴,素衣徒步,遍祷于神,《周官》"救荒之政",以次第举行焉。

简辅,字汝钦,马平县人。由永新令谪判泰州。性闳疏果毅,遇事当为者,奋前不恤时论。与决疑狱,人多服之。尝建府馆及各署,理马政,永著定规。正德九年,承巡盐刘委浚东、西市河,商民称便。

韩廉,字守清,余姚人,进士。正德九年知泰州。老成重厚,达大体,历任几一年,六事具举,吏畏民服。士有窘乏者,分俸资周之。

成乐,字以和,石首人。正德十年知泰州,居官清慎慈爱。在任三年,遽以疾终,囊橐萧然,几不能殓,百户刘钦厚赙扶榇以归。入名宦祠。

陈则清,字君扬,闽县人。正德十三年知泰州。为人精敏,平易近民。时值大水,民饥,请于当道,发粟赈恤。每悯转沟壑者累累,暴骸露胔,俾富民掩瘗之,则生有养而死有藏也。

谢源,字士洁,闽县人。任御史,以直谪州判。与郡守金廷瑞有同寅协恭之雅,每相佐。毁淫祀,立贤祠,复学田,修郡志,竖贞节坊,凡事与义合者,毅然当之,惜未几转官而去。

王臣,字公佐,南昌人。嘉靖六年知泰州。爱民如子,加意生徒,首聘王艮讲学,士论翕然宗之。浚关河,定权量,宽徭役,抚流亡,撤淫祠;销神佛象,以铸文庙镈、铏祭器;增修乐器,选乐舞生供祀庙庭;创尊经阁,移豫备仓。行保甲连坐之法;起社学四所,曰端本、慎初、立诚、养正,务以化导斯民为己任。政成教行,里巷皆弦歌焉。后祀名宦祠。

黎尧勋,号乐溪,乐至人。嘉靖二十年,自如皋令升任泰州守。公廉明威,人不敢欺。在如皋,念田赋不均,豪家悍灶兼并,大为民患,特具疏请于朝,悉加厘正。辨[1]田之肥硗、派税之多寡,分上、中、下三则,迄今称不刊之典,民咸蒙泽焉。公暇则群诸生讲学安定祠中,示以二业合一之训,士类蒸蒸然向风矣。铨曹考绩,有"文章士子宗师""政事黎民父母"之称。今本州及如皋皆入名宦祠祀之。

朱公节,山阴人。嘉靖三十五年知泰州。实心莅职,异政惠民。缮修城郭,深浚河隍,倭夷不敢窥伺。轸念疮痍,凡不急之征,悉捐除之。却常例千有余金,清白之风,至今称焉。所著有《策奥》,为世业举子者传诵,举入名宦祠,有"多士诵班、马文章,四境慕龚、黄政迹"等语,迄今犹想见其丰采云。

姚筐,号龙津,平湖人。知泰州事,招集流亡,垦辟田亩,裁省冗费,威詟吏胥。慨然以兴学自任,优文行,赒贫乏。括俸资,商羡佘米三百石,建义仓于学,贮之以贷诸生,每石加息米二斗,岁计得息米九十石,以充公费,仍存本米贻来岁,传之无穷。后为师生乾没,尽废。

潘颐龙,号雨田,钱塘人。约己裕民,一介不苟取,定经费以便民,民称乐只,有同舌焉。累官至颖道副使。

萧景训,号抑堂,泰和人。甲戌进士,万历乙亥年莅州治。以英年而抱长才,政尚明决,人莫敢干以私。而且出之恺悌,未尝轻入一辟。初政,深悯卤瘠小民为别郡移累徭役,再三申罢之,作《平役录》。禁约佐贰,毋得辄受民词,两造在廷,剖断如神。事之大者,亦止蒲鞭示辱。钱粮缓征,屏除火耗,乡民遵期自纳,门绝追呼之扰,吏胥奉簿书惟谨。每公暇,召青衿士,聚之别所,讲谈文艺。犹遵罗一庵束设乡约以化民,梓《善俗录》,广励民风,郡宦凌儒为序。

文在中,陕西人,进士。初任仪部主政,以言事谪州同。丰裁峻厉,不畏强御,城社之蠹,靡不望风匿影,而于民独保之如婴赤。尤重学校章缝,士有不给者,辄捐资以助。其为人所凌者,置之于法必严,真不茹不吐之君子也。在任二年,转主客司主事,告病回籍。

王可,江西人,由举人左迁判泰。公明坦直,众不忍欺。职在督粮,念

---

[1] 辨:原作"办",据康熙重刻本改。

州民疲敝，征科从缓，有阳城抚字之风。且操严清白，即常例，未始一染指。每自谓："门虽如市，心则如水。"及升任，奚囊罄悬，惟一鹤伴舆而去。

谭默，字仁卿，仁化县举人，万历十四年知泰州。先是，河啮为浸，黍稷尽没，署篆者以荒湛慢勘灾之吏，致愤恚，以轻灾上，国赋全征。民闻之，歌《苌楚》，嚣然不乐其生。默至，则曲为慰抚，且曰："吾终不令若毙于征输。"已而运艘抵郡，随控之当路，请出仓中陈谷春米，及贷蹉银若干两继之。台使者有难色，泣请不休，为具疏于上，得报可。由是漕米获完，中野无肃羽之鸿矣。迨冬春，民苦艰食，几转沟壑，为之设粥赈饥，全活者以万计。城颓约五百余丈，工费无从取给，乃令牙人纳镪给帖，用以修城；又仿《荒政》，驱失业之人，供畚锸之役，堪完而阻饥者得以赡[1]生。其筹画之曲当如此。姜堰盗起，啸聚萑苻，默闻变，不为张皇，购得渠魁一二，悬赏劝解，胁从者星散。两造集庭，必霁颜使之各竟其说，期于得情后已，以故人人输服，讼无冤抑。政满，晋秩南宁，父老借寇未获，且念空囊如洗[2]，具金以赠，悉笑而却之。陈同卿为作《谭侯遗爱传》。

刘应文，号彬庵，北直东光县人，万历二十一年任。居官廉惠，有善政，常俸之外，征收不染一钱。每折封，必对吏正言曰："此秽物也。"尝天寒，思暖耳，左右以白宦家子，持紫貂献之，毅然斥不受，更穷治，得其人，屏去不使近。在官邸四年，与家僮同衣缊食粝如寒士。为政平易近民，不事钩笹。有两造相持者，徐为开谕，俾各各输服而去。先是，民间苦灶户灶粮轻而差寡，奸人概以灶田影射徭役，民病之。及至催征，灶户不赴比较，保家争为包揽，粮户、胥史交相窟穴其中，而官不能诘。每年起运京边，完不及十分之一，存留钱粮则全逋矣，往往责抵解于民间。公加意民瘼，细心讲求，尽得其要领，身请命于当道。当道颇狃拘挛之议，初难之。奸灶又驾词赴恳盐法，而盐直指不能不右灶而左其民，议几寝格。至舌敝颖秃，率士民所在哀吁，如是者积年余，然后报可。推灶粮与蹉司，设限征纳，各自起解，而从前积弊，自此一空矣。后遘疾，卒于官。启箧，止有旧红章服一袭。道尊哀

---

[1] 赡：原作"瞻"，据康熙重刻本改。
[2] 洗：原作"浣"，据康熙重刻本改。

其穷而棺殓焉。子至,扶榇归,士民设香烛,插竹焚褚,号呼震地,舟过西双庙,犹有环棺泣送者。公即世已久,推廉吏第一,泰民至今不忘。父老谭及分灶一事,未尝不咨嗟太息,瞻怀于当日之仁心实政也。惜名宦之祀,犹有阙焉。

王之臣,号任吾,潼关人,乙未进士。山东诸城县令,因阻税使谪判泰州。狷介自持,皭然不滓。监兑漕粮,慑服运军,省耗米,革常例,设立规程,州民称便。其听讼,不苟桁杨,当笞者仅示蒲鞭而已。尤喜接士,麈谭移日,恂恂挹损之度,令人可亲。未几,与州守不相能,遂飘然托他事,驾一叶而去,时万历乙巳年也。累官至蓟辽总督。

崔国裕,号充吾,陕西长安县人,万历四十二年任。刚标劲节,略不为绕指柔,惟一意抚绥百姓。征比不施刑罚,民自依限完公。厥里皆正身应役,杜保户包揽、里递侵渔之弊。远年带比逋负,一切申请停征。更审条编,公明允当,招纳流移,有四千余户。凡遇有不平事,怒奋霆击,旋即冰释,不萌成心。民争怀之,今去后犹思何武焉。

韦宗孔,号太和,湖广黄冈县人,万历四十七年任。闻前守设榜房,囚系[1]百姓,惨甚,于囹圄亲阅,恻然立毁之。己未苦旱,庚申复苦水,先后俱激切申请,痌瘝切身,部覆改折,民赖以苏。在任四年,厘奸剔蠹,城社风清,多循良善政。秩满,迁桂林府同知。盖前此无一晋秩以去者,可谓空谷足音矣。

于觉民,号任所,陕西醴泉县人。由选贡万历四十七年判泰州,三年艰归,囊橐如洗。其抚字德惠,载在人心。阖郡士民怀之,因镌"清正父母于公去思碑"于迎恩门侧,以志遗爱。

李学旻,字本仁,临川县举人,天启四年知泰州。性正直,甫下车,即毅然以地方兴革为己任,诸如耗革盐税、修泮宫、讲理学、赈孤贫、豁冤狱,一时沐浴善政,有蜀郡文翁、颍川黄霸之望焉。汇试校士,不私一人,曰:"泰子即吾子也。"孤寒无一阨,高才无不收。立意断然,不顾得罪一切。又滨海夙多大盗,辄窟城中,从来无敢问。公白昼入其穴擒之,豪强自此侧目矣。方期年,公竟以此获罪,一定南山之案,旋坚西圃之思,遂挂冠去。士

[1] 系:康熙重刻本作"击"。

民涕泣攀辕,如失慈母。今其所拔士,科第联蝉犹未绝云。里人思之,举祀名宦。[1]

〇如皋

宋

曾易占,字不疑,大中祥符间知如皋县。值岁大饥,请于州,得越海转粟,所活凡数万人。明年,稍稔,州课民赋如常,易占独不肯听。至岁尽时,他县民仍多亡徙,州属惟皋独完。后祀名宦。

钱冶,字良范,景德初知如皋县事。长于决狱,皋民不务农桑,以盐为业,冶曰:“使民足以衣食,盐犹农也。”乃悉求盐利害,为条目。民便其利,而盐最增,积以石计者至四十五万。

国朝

胡昂,定兴人,成化十七年进士,为皋令。莅任严明,邻邑民讼,每质成焉。值岁大饥,白当路,截苏、松起运白粮以赈贫民,全活者约万计。

刘文宠,玉田人,弘治初知如皋。刚毅有干才。县原额养马百余匹,永乐间,六安州以灾伤寄养官马千三百匹,沿为民患。时值部使清理马政,遂以情恳建议处解,还之于州,民获苏息,至今德之。

王世臣,昌邑人,正德间令如皋。频年水患,民不聊生,躬诣村落询疾苦,悉白当道赈恤之。狷介廉洁,日用不给,每贷之同僚,需月俸以偿。俄卒于官,年甫三十。舆榇萧然,见者陨涕。

徐相,都昌人,正德末年为皋令。清俭刚决,门绝苞苴,自奉菲约,不饰厨传,岁省坊里冗费无算。时值饥疫,率医士赍良药,日巡委巷中,亲视病者疗治之。会当入觐,公私不知,行期一日,匹马戒途,襆被萧然,父老有感叹流涕者。今祀名宦。

仇炅,长治人,嘉靖甲子以进士来为令。提身廉正,公庭肃如,胥隶重足立,无敢需民间一钱者。右文学,崇节义,作《劝民歌》以化俗。中飞语左迁去,囊惟图书、裋褐而已。

稽鏞,德清人,嘉靖末由孝廉授皋令。初至,即罢所私奉金二千有奇,

---

[1]　“李学昪”条,康熙重刻本无。

释死罪坐盗诬者十八人。邑并海百户余显横鸷海上,不可问,鐶钩得显客致显,治之,其党皆伏法。岁饥,赋多逋,以羡金代民输。中丞台檄:"皋有羡耶?其移治泰兴学宫。"鐶谓:"皋学亦圮。"辞不移。台再檄曰:"佐饷。"又抗言:"皋下邑,不宜独承饷,且民饥欲徙,奈何?"中丞衔之,中考功法。去之日,士民遮道泣,如失父母。

郑人逵,闽县人,进士,万历元年任。沉静镇雅,独持大体,不事苛细。晨起,坐堂皇,理纷剧,常竟暑不称倦,案无留牍。里甲经费,曲为节省。当路属察访奸民,檄甫至,而告密者踵入,曰:"是奸薮也。"立迹其人,以状报,竟置于谳,共服神明。后迁南户部主事去。论者谓"所居无赫赫名,去后常见思",此足当之矣。

李衷纯,号广霞,秀水人,举人,万历四十七年冬任。开敏廉毅,治邑如家,洞瞩情伪,而锄蓝恤隐、担荷兴除甚力。创造石砣,资溉江潮。设江沙之戍,增城守之兵;严保甲之法,分民灶之粮。将漕复水次之规,坐盐革奸商之弊。戴星五载,如堙塞牙桥之役,卒臻厥成。未几,皋邑与泰之海安科第响应,皆其卓迹之灼然可称者,洵循良之最也。寻征授南起部郎,历任邵武太守。

外史氏曰:汉世,吏治綦盛矣,然太史公传循吏,必以奉职循理为称首,岂非以吏职最亲民,非明察而宽、慈惠而断,无以胜此任乎?往闻主爵者数郡邑良窳,于维扬辄以泰为仕国。迩来民疲胥诡,探丸日警,而钱谷失稽更三十年,得善其职者鲜矣。王充谓"儒者栗栗,不能当剧",然可以"轨德立化";"文吏能破坚理烦,不能守身"。剧固未易言,抑语有之:"士有百行廉为首",有以也。有能以拔葵、却鱼之质而解纷导窾者乎?计日而考政、月而程功、岁而观化,比及三年,如流水,如日月,如膏雨,无不灌也,无不烛也,是众人之母哉。

师　表

王传,番禺县举人,正德元年任学正。提躬清约,设教整肃,门无私谒,坐有横经。历官九年，两典棘试。视邻邑篆，不受一钱。门生有贫乏不能存者，捐俸赈之。今祀名宦祠。

何宏，顺德县举人，嘉靖三年补泰州学正。方严直谅，毫无假借。见诸生，必公服以临公堂，私衙无敢请谒者。群生徒讲诵，不废寒暑，日课月试，凛凛严师。时郡大饥，部院命官赈恤，每令二生往监，曰："何教官子弟必不欺也。"学行科条，江北称最。四年，擢令六合，为监察御史。

樊城，号石坡，丰城人。嘉靖辛亥，分训清平。壬子入试业，抡魁选，以争解额故，竟落第，寻转泰州学正。文行烨烨，传经校艺，士林忻服。泰庠学田，自宋以来久废，至则力请之监司，贻庠以永利焉。视州篆，州人爱之如父母。巡抚唐公顺之每加推重，谓为"文学政事全材"。海安旧无城，寇至，难与守，议将建城，以固吾圉。唐毅然檄樊博士，嘱曰："东筑委任鸿巨，功当迈于折冲。"城闻命，即疾驰赴镇，大集居民，宣恩威，谕祸福，众力竞劝，不二旬筑成，金汤言言矣。唐、刘二公叹赏，将以郎官上荐。未几，转官桂林。时刘以海道督军事，固留参军幕府，将具疏以请，竟力辞就道，乞解组西归。

简籍，巴县人，嘉靖间由岁贡任训导。长厚温淳，重义轻利，诸弟子员无少长、贤愚，皆以为得师。所得俸资，稍有赢余，即分给诸生，其辱礼遇、感恩私者，往往镂肝胛。及转官，士人怀之不置，归与乡饮宾礼，入祀巴县乡贤祠。

陈克让，晋江县人，岁贡，嘉靖二十五年任学正。器度闲雅，喜愠不形于色，温厚宽平，令人可亲。诸生往就见者，不觉鄙吝之潜消也。

倪晋明，滋阳县岁贡，隆庆四年任学正。雅意诱掖，诸生日坐春风中，喜闻博雅绪论。尤工诗文，善行草，梓《发藻堂集》于官舍中。当路多重之者。

吴尚诚，福建连江县举人，隆庆六年任劝学。课艺品骘精明，敷教在宽，士心豫附。屡视篆邻邑，风清弊绝。陟砀山县令、和州守，俱以循良称。官至江西广信府同知。

乐上应，江西人，万历间任学正。提身以正，驭士以严，嚬笑应节而施，取与虽微必谨。澹泊自甘，谈经永日不倦，士论翕然归之，谓从来孝廉中，绝无仅有。

沈学,字勤甫,号复吾,无锡人。乡荐南畿第三人,魁《书经》,万历乙未年署学正。好奖进后学,聚髦秀,勤课艺,无间寒暑。每试,设枣脯甚隆,户外问字之屦如织,而谈文亹亹,多所开迪。后来两榜得隽者,多出其门。尤雅好士,"座上客常满,樽中酒不空",庶几有焉。前此学田为豪右占种,登公廪者才十之三,至是悉还官,召佃租,充公费,皆其力也。

○如皋

李公孝,盱眙人,万历庚辰任。省躬约己,推心置腹;委署邑篆,固辞不就。考绩方最,即乞归田。人称为恬澹君子。

熊之征,昆明县举人,万历十四年任。重行谊,振伦纪,科条详密,矩矱秩如。月试日会,品藻精核,应聘典试,棘闱一方,有得士之称焉。

张思敬,华亭人,万历甲午迁教渝。怀德握醇,宽然长者。莅诸生,唯以躬行为化,怜才振急,无问脩脯。善书,性尤嗜学,晚而不倦,习静衙斋,图书数卷而已。居五载,迁教授去,士至今怀之。

外史氏曰:广文虽冷局乎,日升讲席,横经课艺,在衿佩辈,多所埏埴,务率圣训,斤斤不轶尺咫为尚。非夫博雅端庄、自淑淑人者,乌能树型范而悬多士之鹄哉?泰故安定公所教育处,褒衣博带之中,曷知无闻风振起者,而惜乎寥寥不少概见矣。

泰州志卷之五

选举志辟荐、进士、举人、贡生、封荫、例监、武胄、椽辟

士生应运，山泽钟萃。玉韫珠藏，出为鼑鼒。三途罗目，讵囿以类？爰迨封荫，蔑非宠赉。志《选举》。

辟　荐

国朝：唐汝翼由贤良方正任宁乡县知县。　石光霁由儒士任国子监博士。　雷春由人材任潮[1]州知府。　冒哲由儒士任本州训导。　宫智达由孝廉任本府判，署本州。　彭仲庸由人材任沔阳州知州。　周仲光由人材任鲁山县知县。　陆祈由人材任广东布政。　朱福由老人任四川参议。　高以载由人材任兖州府知府。　彭启明由儒士任本州训导。　马让由人材任河南参政。　孙鉴由老人任隰州知州。　周鞁由人材任江宁县知县。　钱同由儒士任归安县教谕。　朱庸由人材任武定州判官。　周师善由儒士任本州训导。　成性由儒士任本州训导。　盛德常由儒士任本州训导。　刘庸由儒士任如皋县训导。　陈义由儒士任如皋县训导。

　　〇如皋

国朝：朱裕由人材任陕西布政。　朱高由人材任刑部主事。　马德由材干任广东副提举。　马华由人材任分水县县丞。　薛仪由贤良方正任礼部主事。　丛直由人材任榆次县县丞。　刘钜由儒士任本县训导。　黄通由人材任饶州府知府。　蔡诚由

---

[1]　潮：康熙重刻本作“湖”。

儒士任本县训导。　薛伦由贤良方正任万安县县丞。　刘永由茂材任山西佥事。

外史氏曰：从古取士，荐扬征聘，乡举里选，未始拘拘制科间也。士生斯地，怀瑾握瑜，则弸中彪外，将必有缫币郊迎者，庸讵知不翱翔皇路，与甲乙之科并奋哉？若曰资格限人，胡不限汝翼、光霁诸人与？故君子不问出身，第问立身如何耳。

进　士

宋

查盛雍熙乙酉梁灏榜。　查道盛弟，端拱戊子程宿榜。　周归贞端拱己丑陈尧叟榜。　周嘉贞归贞弟，淳化壬辰孙何榜。　查拱之盛侄，同壬辰榜。　周安贞归贞弟，咸平壬寅王曾榜。　周孟阳归贞子，宝元戊寅吕溱榜。　周涛归贞孙，宝历丙戌贾黯榜。　朱弦　李洙　朱忞　周定辞归贞孙。　潘及甫　潘希甫以上俱丙戌榜。　孟演皇祐己丑冯京榜。　李况同己丑榜。　周焕归贞孙，皇祐癸巳郑獬榜。　查塾盛孙。　胡志忠以上俱癸巳榜。　周定民归贞孙，嘉祐丁酉章衡榜。　王彭年嘉祐己亥刘煇榜。　上官经同己亥榜。　李去伪皇祐辛丑王俊民榜。　周注归贞孙，治平乙巳彭汝砺榜。　王松年　李去非以上俱乙巳榜。　查应辰盛曾孙，治平丁未许安世榜。　潘颖同丁未榜。　潘晖熙宁庚戌叶祖洽榜。　周裕归贞孙，同庚戌榜。　周稑熙宁癸丑余中榜。　周秩稑弟。　周泌归贞孙。　王之纯以上俱癸丑榜。　张康伯熙宁丙辰徐铎榜。　耿纯同丙辰榜。　周祯归贞曾孙，元丰己未时彦榜。　周重归贞曾孙，同己未榜。　姜猎元丰壬戌黄裳榜。　沈彦昇元丰乙丑焦蹈榜。　陈端元祐戊辰李常宁榜。　李彬绍圣甲戌何昌言榜。　郭观　张智常　郭元瑜以上俱甲戌榜。　王谌之纯曾孙，元符庚辰李奎榜，中词科。　李俦崇宁癸未霍端友榜。　郑球崇宁丙戌蔡薿榜。　王涛　李直中　吕之才以上俱丙戌榜。　姜索猎子，大观己丑贾安榜。　李概　吕安仁以上俱己丑榜。　文浩政和乙未何㮚榜。　丁邦哲同乙未榜。　李棠宣和辛丑何焕榜。　钱消　郭显臣　周方崇归贞玄孙。以上俱辛丑榜。　王亿之纯云孙，宣和甲辰沈晦榜。　王咸义惟熙孙。　叶高莱以上俱甲辰榜。　朱汸建炎戊申李易榜。　魏涤　王献民　吕安上　王彦存以上俱戊申榜。　仲并绍兴壬子张九成榜。　周播归真曾孙。　范良嗣以上俱壬子榜。　周方雄归贞玄孙,绍兴乙卯汪应辰榜。　陈璹绍兴壬午黄公度榜。　周际可归贞玄孙,同壬午榜。　谭嘉言绍兴壬戌陈诚之榜,省试经魁。　周麟之绍兴乙丑刘章榜。　查琛盛玄孙。　李鼎以上俱乙丑榜。　查籥盛玄孙,绍兴辛未赵逵榜,省试经魁。　郑茂绍兴丁丑王十朋榜。　王禹锡同丁丑榜。　卞圜绍兴庚辰梁克家榜。　丁时发廷对第三名。　蔡翔以上俱庚辰榜。　张严乾道己丑郑侨榜。　张伯温同己丑榜。　吕洙乾道壬辰黄定榜。　王岐惟熙曾孙,淳熙戊戌姚颖榜。　周端节归贞云孙,淳熙辛丑黄田榜。　喻宾敖同辛丑榜。　王正纲惟熙玄孙,淳熙丁未王容榜。　姜济时猎玄孙,庆元丙辰邹应龙榜。　赵冲飞庆元己未曾从龙榜。　萧应诚开禧乙丑毛自知榜。　杨端叔嘉定丁丑吴潜榜。　宋朝英嘉定癸未蒋重珍榜。　潘呈瑞同癸未榜。　陆象南端平乙未吴叔吉榜。　萧谷淳熙甲辰留梦炎榜。　阮霖同甲辰榜。

国朝

张文成化丙戌罗伦榜,浙江副使,解元。　张璜同丙戌榜,瑞安县知县,封主事。　冒政成化乙未谢迁榜,右副都御史。　陈相禄子,同乙未榜,广西右参政。　胡玉成化辛丑王华榜,传胪,陕西右参政。　储巏成化甲辰李旻榜,会元,吏部侍郎。　徐蕃弘治癸丑毛澄榜,工部侍郎。　林正茂弘治丙辰朱希周榜,江西布政。　张承仁璜子,弘治乙丑顾鼎臣榜,御史。　吕杰弘治壬戌康海榜,抚州府知府。　王纪正德辛未杨慎榜,工科给事中。　韩鸾廉州府知府。　储润巏侄,福建金事。以上俱辛未榜。　华湘正德丁丑舒芬榜,光禄寺少卿。　徐嵩蕃子,正德辛巳杨维聪榜,顺天巡抚。　林春嘉靖壬辰林大钦榜,会元,吏部郎中。　吕怀健同壬辰榜,评事。　沈良才嘉靖乙未韩应龙榜,庶吉士,兵部侍郎。　吴泉嘉靖甲辰秦鸣雷榜,御史。　李彬嘉靖丁未李春芳榜,户部主事。　王陈策让曾孙,同丁未榜,广信府知府。　凌儒嘉靖癸丑陈谨榜,金都御史。　陈应诏嘉靖丙辰诸大绥榜,工部主事。　陈汲刑部主事。　黄鹗户部员外。以上俱丙辰榜。　顾廷对嘉靖己未丁士美榜,御史。　李存文嘉靖乙丑范应期榜,庶吉士,湖广参议。　韩楫同乙丑榜,左通政,山西籍。　蒋科隆庆戊辰罗万化榜,开原参政。　胡来贡都御史,莱州卫籍。　张桐南京兵部郎中。以上俱戊辰榜。　王三宅万历甲戌孙继皋榜,给事中。　陈应芳汲子,同甲戌榜,太仆少卿。　韩爌楫子,万历壬辰翁正春榜,少师,山西籍。　王之镳万历戊戌赵秉忠榜。　刘弘宇万历癸丑周延儒榜,广平府知府。　刘万春万历丙辰钱士升榜,浙江右参政。　张伯鲸同丙辰榜,陕西金事。　王相说天启壬戌文震孟榜,湖广参议。　戈允礼同壬戌榜,南户科给事中,云南籍。　黄太玄天启乙丑余煌榜,中书舍人。　徐燿崇祯戊辰刘若宰榜,兵科给事。　宫继兰崇祯丁丑刘同升榜,进呈二甲六名,广东参议。　储堪同丁丑榜。　宫伟镠继兰子,崇祯癸未杨廷鉴榜,会魁联捷。[1]

〇如皋

宋

王惟熙景祐甲戌张唐卿榜。　胡志康安定长子,庆历丙戌贾黯榜。　胡志宁志康弟,同丙戌榜,杭州府推官。　史堪　王观嘉祐丁酉章衡榜。　王觌惟熙子,嘉祐己亥刘辉榜。　史声元祐戊辰李常宁榜。　王俊乂宣和己亥上舍释褐,状元。

国朝

黄用永乐甲申曾棨榜,河阴县知县。　刘鉴永乐丙戌林環榜。　邵聪永乐辛卯萧时中榜,庶吉士。　许鹏永乐戊戌李骐榜,庶吉士。　马继祖弘治甲戌钱福榜,御史。　冒鸾弘治癸丑毛澄榜,福建参议。　孙应鳌嘉靖癸丑陈谨榜,工部尚书,贵州籍。　钱藻嘉靖己未丁士美榜,顺天府尹。　苏愚嘉靖壬戌申时行榜,广西布政。　马洛万历甲戌孙继皋榜,重庆府通判。　郭师古万历丁丑沈懋学榜,陕西参政。　李之椿天启壬戌文震孟榜,吏部主事。　冒起宗崇祯戊辰刘若宰榜,南吏部主事。

外史氏曰:《王制》:"大乐正论造士之秀者,以告于王,而升诸司马,曰进士。"綦重矣!夫士当释褐后,充鹭列鹓,骎骎贵在日月之际,燮理寅亮,非异人任。自六曹以迄庶府,咸有攸司。外则专授节钺,将、师帅保厘是寄。与承宣一方、绾绶剖符者,孰不当精白乃心,以毋负圣明至意。傥不思报称,或于荣利声华有猎心焉,则向所修之家者,如是乎?余知士必薄此也。

举　人

国朝

吴衡洪武甲子科,学正。　徐麟洪武丁卯科。　薛广永乐癸未科,怀庆府知府。　陈益同癸未科,乐陵县教谕。　王义永乐乙酉科,安州同知。　李宽永乐戊子科,新乐县教谕。　俞进永乐甲午科。　沈珩同甲午科,平江县训导。　徐城永乐丁酉科,孟津县

---

[1]　"宫继兰""储堪""宫伟镠"三条,康熙重刻本无。

教谕。　杨颙永乐癸卯科经魁,景陵县教谕。　仝宇宣德丙午科,平凉府教授。　游悌宣德己酉科,顺天府训导。　陈聪同己酉科,戎县训导。　宋禧宣德壬子科,浦江县知县。　张颀宣德乙卯科,助教,赠刑部郎中。　卢源正统辛酉科,大同府教授。　王瓒同辛酉科,千户所人,袭正千户。　王澄正统丁卯科,顺义县教谕。　韩斐同丁卯科,浙江参政,以清白著名。　陈禄景泰庚午科,西安训导,赠户部郎中。　秦朴蒙阴县训导。　沈铎沔池县训导。以上俱庚午科。　唐杰景泰癸酉科。　郑敬高唐州训导。王让洪雅县知县。　李林吉水县知县。以上俱癸酉科。　张文颀子,天顺己卯科解元,登进士。　陈逵龙桌县训导。　张铭以上俱己卯科。　张璹成化乙酉科登进士。　何瓒成化辛卯科,广昌县知县,有文名。　陈相禄子,成化甲午科登进士。　冒政同甲午科登进士。　仝英成化丁酉科。　胡玉同丁酉科登进士,传胪。　吕杰同丁酉科登进士。　储巏成化癸卯科解元,登进士。　卢钦成化丙午科。　周溥弘治己酉科,余杭县教谕。　徐蕃弘治壬子科登进士。　张承仁璹子,弘治乙卯科登进士。　林正茂同乙卯科登进士。　冒良政子,弘治辛酉科,宁波府通判。　方禾同辛酉科,运司判官。　王厂弘治甲子科,□州府知府。　华湘正德丁卯科登进士。　王俊义孙,海门县知县,河南籍。　储润登进士。以上俱丁卯科。　韩鸾正德庚午科登进士。　王纪同庚午科登进士。　徐嵩蕃子,正德丙子科登进士。　姚介　费会□□府通判。以上俱丙子科。　唐伯健正德己卯科。　朱轩同己卯科,□□知县。　唐纯嘉靖壬午科,湖州府同知。　李湘嘉靖乙酉科,□□府推官。　袁杉同乙酉科,同安知县。　沈良才嘉靖戊子科登进士。　徐麒训子,□□知县。　林春登进士,会元。　吕怀健北畿中式。以上俱戊子科。　李彬嘉靖丁酉科登进士。　黄鹗同丁酉科登进士。　王陈策嘉靖庚子科登进士。　王尧弼同庚子科河南中式。　凌儒嘉靖癸卯科登进士。　王尧卿同癸卯科河南中式。　张淳嘉靖丙午科,松滋县知县。　袁巍　缪垓以上俱丙午科。　唐洪度嘉靖壬子科。　唐可大嘉靖乙卯科,绍兴府通判。　陈汲登进士。　陈应诏登进士。以上俱乙卯科。　顾廷对嘉靖戊午科登进士。　李存文嘉靖辛酉科登进士。　张桐同辛酉科登进士。　蒋科嘉靖甲子科登进士。　林曜春子,刑部员外,赠尚宝司司丞。　宋启文武安县知县。以上俱甲子科。　罗应台知府,贵州籍。　刘时雍隆庆丁卯科,济南府通判。　丁弘道隆庆庚午科,湘乡县知县。　陈应芳汲子,同庚午科登进士。　王尧相同庚午科河南中式。　何金声万历癸酉科,惠州府通判。　袁世科巍子,丙子科,卫辉府通判。　张继茂承仁子,同丙子科,中江县知县。　吕志伊怀健孙,同丙子科北畿中式。　吴铤万历壬午科,贵州籍解元。　韩爌万历戊子科山西中式,登进士。　刘有光万历甲午科北畿中式。　袁懋贞世科子,丁酉科,云南副使。　王之鑮同丁酉科。　刘弘宇万历庚子科登进士。　陈天誉同庚子科,平乐府推官。　杜方生万历癸卯科。　刘万春万历己酉科登进士。　张伯鲸万历壬子科登进士。　宫大壮万历戊午科登进士,更名继兰。　王相说天启辛酉科登进士。　徐燿天启甲子科登进士。　刘一诚　黄太玄同甲子科登进士。　纪廷荐天启丁卯科。　刘懋贤同丁卯科。　储堪崇祯癸酉科。　田毓蕙崇祯己卯科。　宫伟镠大壮子,崇祯壬午科登,癸未会魁。　季来之伟镠业师,同壬午科。　俞铎同壬午科。[1]

○如皋

国朝

贾俊洪武甲子科,咸宁县教谕。　郭观洪武丙子科,镇平县教谕。　王翦洪武己卯科,蒲城县教谕。　张真廉州府同知。　蔡昇郑县知县。　许孚工部主事。　黄用　刘鉴以上俱己卯科。　陈聚永乐癸未科,睢宁县教谕。　冒祐冠县教谕。　许忠咸宁县训导。　邵聪登进士。以上俱癸未科。　李素永乐乙酉科,麻城县教谕。　曹源永乐辛卯科,太原府教授。　秦璬同辛卯科,交趾道御史。　许鹏永乐丁酉科。　邓肃永乐庚子科,善化县教谕。　吴衡同庚子科,蒙阴县教谕。　王奎景泰庚午科,汉川县知县。　朱文昌成化戊子科,宜黄县知县。　冒鸾成化庚子科登进士。　马继祖弘治乙酉科登进士。　宋贵弘治戊午科。　陈逴同庚午科顺天中式。　马绅继祖子,正德己卯科,宝丰县知县。　丁鹏嘉靖乙酉科,兖州府通判。　陈元甫嘉靖丁酉科顺天中式。　孙应鳌嘉靖丙午科贵州解元,登进士。　宗传嘉靖戊午科,邛州知州。　钱藻登进士。　苏愚嘉靖辛酉科登进士。　王郶嘉靖甲子科,上津县知县。　马洛隆庆丁卯科登进士。　郭师古万历丙子科登进士。　冒日乾万历乙酉科。　李犹龙万历己酉科。　吴国礼万历壬子科。　佘大美万历乙卯科。　冒起宗万历戊午科登进士。　李之椿天启辛酉科登进士。　许直崇祯癸酉科。

外史氏曰:古所称造士而举于京闱者,此是已去甲第一间耳,出则知效一官,多所表见。亦往往有学闳数奇,抱一编而赍志佗[2]傺者。夫既已

---

[1]　"田毓蕙""宫伟镠""季来之""俞铎"四条,康熙重刻本无。
[2]　佗:原作"佗",据文意改。

名列贤书，则薪樗械朴之余，断断如也。若彼衰然卓异，政超神爵、五凤而上，俎豆竹帛，永垂不朽，邦之所倚为鼎吕者何如？又宁逊甲哉？

贡　生

洪武：丘思齐_{监察御史}。　石巩_{交河县知县}。　徐轼　刘仁_{大理寺评事}。　刘继业　吴信　沈宏_{南宁府知事}。　沈中　严进_{御史}。　杜寔　温敬　朱启　杨廉_{广西佥事}。　高谦　钱瑨

永乐：姚善_{天津卫经历}。　范矗_{青城县知县}。　钱谅_{汉州知州}。　秦茂_{九江知府}。　翟矗_{福建理问}。　徐渊_{江宁知县}。　孙洪_{兵马司指挥}。　王道_{考城知县}。　翟进_{安仁知县}。　卢信_{刑部员外郎}。　时恭_{汝宁同知}。　周选_{宝庆同知}。　刘泰　金逯_{光禄寺署丞}。　王玖　孙礼　赵旸_{长乐知县}。　缪政_{河南理问}。　羊勖　吴昌_{沧州同知}。　秦昱　李宁_{淑浦县丞}。　袁毅　陆贞_{深州判官}。　胡鉴　王镛_{保定府知事}。　陈爵_{嘉兴府照磨}。　徐礼_{延津知县}。　彭程_{青州推官}。　顾渊_{陕西布政司经历}。　阮启

洪熙：武宁_{浙江象山典史}。

宣德：李用_{山东东昌府通判}。　傅政_{王府经历}。　孔政_{浙江台州府检校}。　费广_{福建福州府照磨}。　茆敏_{贵州都司断事}。　吴昇_{湖广石首县县丞}。　周鉴_{广东海丰知县}。　吴通_{浙江崇德教谕}。　陆宽_{山东诸城知县}。

正统：宋节_{江西大庚知县}。　秦辅_{山东兖州推官}。　鲁海_{西安前卫经历}。　顾信_{浙江龙游县县丞}。　张琳_{交城县县丞}。　王纪_{通州卫经历}。　朱习　蒋渊　华遵　姚纯　陆信_{王府引礼舍人}。　成德_{浙江义乌县县丞}。　周宁_{河南府训导}。　周洪_{湖广汉阳照磨}。

景泰：姚秦_{福建南平县主簿}。　张和　何杰　朱方　李敞_{四川定远知县}。　刘清_{福建侯官主簿}。　顾行_{河南信阳卫经历}。　王定_{湖广谷城教谕}。　高贵_{浙江金华府训导}。　钱通　卢宁　茆宏　李旻_{南城县训导}。　时凯　周麟　彭璁_{贵州威清卫学训导}。　李瓒　武钊　丘瑄　罗俊_{湖广临湘知县}。　于泰_{顺天顺义县丞}。　侯纲_{江西南昌卫经历}。　严春_{湖广衡州通判}。　徐璘　薛振　陆瓛　曹庆　华铨　马骥_{湖广郑阳知县}。

成化：周良　吴璋广东都司断事。　黄瓒　王安　许僖□□阳武知县。　吴珵　叶隆　纪缙江西都司断事。　何琳　彭壁山东都司断事。　顾瑜山东德州同知。　林瓒湖广安陆州判。　范镗　沈儒浙江开化训导。　卢钰岳州府照磨。　刘锦

弘治：卫昇江西建昌知县。　胡泉　唐禄浙江昌化知县。　金时王府伴读。　王昆　王臣　钱纪　彭琦福建莆田训导。　陈佐　张富□□修仁知县。　张济浙江桐乡主簿。　何澄云南知事。　华徵浙江台州知事。　陈谟河南仪封训导。

正德：徐镕浙江玉山主簿。　凌相浙江湖州经历。　冯志学肇庆府推官。　许贤　祁经陕西西安训导。　虞载湖广景陵县训导。　冒文真定赵州训导。　朱宝南京西城兵马。　王儒　王贡浙江嵊县训导。　于凤浙江秀水训导。　钱山湖广潜江县主簿。　唐富

嘉靖：田恺　徐训湖广黄州教授。　李绍庆真定府通判。　罗一清四川夔州推官。　王绅　周岩南京南城兵马。　胡岩　储浈江西弋阳知县。　周澜　黄录　李鹏浙江余杭知县。　王官　周山甫广东按察司经历。　纪贤　钱翊　潘暄　阮柏　于钦　王之泽　张琏　凌炯　张纬　陈韶广东平阴教谕。　单仁　全[1]鹍　冒或　顾云凤云南广通县知县。　张继芳　陆表　陆位福建建阳县训导。　王栋北直深州学正。　王沐陕西按察司知事。　王慧山东钜野县县丞。　周镐山东淄川县丞。　张鉴山东东昌教授。　王世德江西浮梁县训导。　方一纯河南新郑训导。　董辂湖广襄阳教授。　陈苣河南新乡县训导。　王聪　徐寿昌山东馆陶主簿。　李度恩贡，蓬莱县丞。

隆庆：郑浙　刘启元江西宁州判官。　陈淑武昌卫经历。　马恕浙江严州训导。

万历：张爱浙江秀水县丞。　陈汶恩贡，南宁通判。　刘岩　戴邦江浦县训导。　田有秋江西上犹知县。　章文斗浙江定海县县丞。　华梁湖广枣阳县县丞。　缪泷浙江乐清教谕。　许凤鸣□□□训导。　曹文魁砀山县教谕。　陈采泾县教谕。　刘清浮梁县训导。　周嘉鱼浙江乐清训导。　杨廷芳清浦县训导。　刘有光选贡中式。　缪宗尧江山县教谕。　张其纲浙江龙泉教谕。　李呈华徽州府教授。　李廷芳当途县训导。　韩守仁山东济南教授。　刘弘宇选贡中式。　李逢春　刘希文长洲县训导。　韩体仁恩贡，池州训导。　葛天民福建福清县丞。　宋祖殷山西芮城

---

[1]　全：康熙重刻本作"金"。

教谕。　纪世科浙江杭州教授。　葛弘道山东青州教授。　唐尧举　孙世蕃　刘希周杭州昌化知县。　刘弘学　宫景隆　任友贤　顾梦骐江西定南知县。　吴士文松江府教授。　周世德

泰昌：韩近阳恩贡，授知县。

天启：储元基福建兴化通判。　刘际春辛酉恩选。　王佐　陆箴淮安府学训导。　王驹江西袁州训导。　周道兴　王应麒

崇祯：陈梦日丁卯恩选。　顾名义溧阳训导。　沈基隆　强有为　陈王业　顾天培怀宁训导。　徐尔贞纂修国史，恩贡，授中书舍人，升礼部仪制司主事，疏《免漕粮三分并海口扼险》一疏，载《志》内。　陈继昌乙亥拔贡。　宫伟镠己卯科贡，会魁。　刘斌宪同己卯科贡。[1]

外史氏曰：周室岁贡士天王之廷，试之射宫，我明盖祖其遗制云。士自续食胶庠久之，待岁以一经咀茹于帖括中，枯髯竭肾，乃斤斤博簪绅以老，不啻俟河清矣！夫居恒偭绳偊榘，守之如处子，自不负朝廷广厉至意，奚难为弟子矜式哉？嗣是六馆百里之擢，出其绪余应之也可。

封　荫

卢师孟以子信贵，赠户部主事。　薛师善以子广贵，赠工科给事中。　张颀以子文贵，赠刑部员外郎。　韩林以子斐贵，赠参政。　冒鉴以子政贵，赠右副都御史。　陈禄举人，教谕，以子相贵，赠户部郎中。　胡伦百户，以子玉贵，赠郎中。　储玉以孙巏贵，赠户部右侍郎。　储信以子巏贵，历封至户部右侍郎。　储岚以子洵贵，封兵部主事。　徐演以孙蕃贵，赠右副都御史。　徐达以子蕃贵，赠右副都御史。　林瓒以子正茂贵，封大理寺评事。　韩琇以子鸾贵，赠大理寺评事。　王瓒以子纪贵，封工科给事中。　张瓛进士，以子承仁贵，封刑部主事。　华锦以子湘贵，封工部主事，赠光禄少卿。　沈儒训导，以孙良才贵，赠兵部右侍郎。　沈镐以子良才贵，封兵部右侍郎。　林宏以子春贵，赠吏部主事。　王交以子陈策贵，赠工部主事。　凌可以子儒贵，封大理寺寺丞。　顾云

---

[1] "徐尔贞""陈继昌""宫伟镠""刘斌宪"四条，康熙重刻本无。

凤知县,以子廷对贵,封监察御史。　李可成以子存文贵,封工科右给事中。　张钧以子桐贵,封兵部主事。　蒋行以子科贵,封监察御史,赠大名知府。　陈汲进士,主事,以子应芳贵,赠太仆少卿。　袁世科举人,通判,以子懋贞贵,封开封府同知。　刘清岁贡,训导,以子弘宇贵,赠户部郎中。　刘希周知县,以子万春贵,历封至按察副使。　王三重以子相说贵,赠监察御史。　黄继芳以子太玄贵,封中书舍人。　徐冕以子燿贵,赠知县。　宫景隆以子继兰贵,赠工部员外。　徐彬以子尔贞贵,赠文林郎、中书舍人,孝行载敕命。[1]　徐岱以父蕃荫任南京都察院照磨。　储瀣以父巏[2]荫任户部照磨,升汤溪知县。　徐象贤以父嵩荫任福建浙江布政司都事。　沈际可以父良才荫入监。　沈道隆以补父际可荫,初任南京户部照磨,历升庆阳府同知。

　　外史氏曰:周重推恩,虞纪延赏,昭代两仿行之,封前以广孝,而又荫后以鼓忠,典最渥矣。故身际其盛,高厚难酬,有不洒濯自奋、蠲顶踵以矢报者乎?彼膺天音褒宠,锡之章服,固宜懋坚晚节,用答丰贶。其由祖父勋伐,向用有阶,则当官之际,又何可汶汶乏[3]建明也?若一“再命而车上儛”,与夫怙侈惰窳,以玷先德,贤者必不出此。[4]

例 监人多不载

　　外史氏曰:粤稽成均设教,自命蘖始。彼咀今茹古,环桥门而侍皋比者,斌斌邹鲁之儒,即致身通显,亦多鹊起矣。国初,繇太学仕,授必华膴;其后,科目畸重,渐以赀生少之,而士不自奋,辄为俛首短气。独不闻卜式、张释之辈,将何途之出乎?乃卒为汉名臣,而声施至今不没没也。

---

〔1〕“徐彬”条,康熙重刻本无。

〔2〕巏:原作“瑾”,据明欧大任《广陵十先生传》改。

〔3〕乏:原作“之”,据康熙重刻本改。

〔4〕原本后有缺页,泰州市图书馆藏本缺原十九、二十叶,即“外史氏曰粤稽成均设教……”以前之文,国家图书馆藏本此后至卷五末皆缺。康熙重刻本仅存“例监人多不载”数字。

武胄

指挥佥事：

王烈浙江象山县人,原系正千户,以征倭阵亡,加一级,今世袭。

正千户：

李用湖广公安县人。

副千户：

王茂苏州府常熟人,今王有道承袭。　刘全高邮州人,今刘国威承袭。　牛忠河南河内县人。　陈应隆无为州人,今陈师道承袭。　刘得皋山东章丘县人,今刘应元承袭。　王敬直隶昌黎县人,今王此令承袭。　吉贤本州人,以征倭功受,今绝。　李帖木辽阳高丽人,李兆熊承袭。　王刚辽阳金州人,今王骏烈承袭。　周轮泰州安丰场人,今周四达承袭。

镇抚：

王礼江都县人,今王国勋承袭。　韩义保定府易州人。　赵成河间府献县人,今赵来宾承袭。

百户：

吴忠湖广应山县人。　周胜河南遂平县人,今周世勋承袭。　韩刚湖广沔阳县人,今绝。　宋迪河南洧川县人,今宋大年优给。　刘信淮安人,今刘国裔袭。　陈厚和州人,今陈天印承袭。　胡焕章江西清江县人,今胡维新承袭。　王善宁国府南陵人,今王世荫承袭。　熊胜江西南昌县人,今熊长孺承袭。　龚云江西新淦县人,今龚而敬承袭。

试百户：

周均本州人,今周梦熊承袭。　蒋良海门县人。　乔银顺德府内丘人,今乔大道承袭。

武举

冒爵中嘉靖乙未会试,官本所镇抚。　李三省中万历戊子乡试,复中庚子科。　陶灿中万历戊子、己丑乡会试,授所镇抚。　刘应元中万历癸卯乡试。

外史氏曰:《易》之《象》曰:"泽上于地,萃;君子以除戎器,戒不虞。"然则武备诅治世所可弛哉？国初,赳赳干城,身冒矢石,戮力以勤王家,固自有人。然卒用汗马殊勋,且世世袭如其职也。彼兜牟跗注,所自誓感恩报忠者,宜何如？徒豢有爵禄,置韬钤骑射于勿讲,纨绔从戎,扪心能自安否？

泰州志卷之六

人物志

惟百世师,服膺安定。地灵人杰,山鸣谷应。忠孝节义,后先掩映。于焉表章,聿光史乘。志《人物》。

理　学

胡瑗,字翼之。先世京兆人,迁居海陵。少时偕孙明复、石守道读书泰山,攻苦食淡几二十年。得家问,有"平安"二字,即投涧中,不复展读。四方学徒,从游甚众。景祐初,更定雅乐,诏求知音者,范仲淹以瑗荐。白衣对崇政殿,授试秘书省校书郎。时承用周乐,其声高,不合中和。太祖尝诏下一律,而未皇制作,后命李照等修之。瑗初得对崇政殿,辨照等所修乐非是,诏令改作。与阮逸同较钟律,分造钟磬[1]各一簴,以一黍之广为分,以制尺律;又以大黍累尺,小黍实龠。丁度等以为非古制,罢之。及会秘阁议,按《周礼》以正钟律。用上党黍列为九等,累其中者为尺,尺定而律成,验之,比旧下一律。于是撤前乐而新之,用于郊庙。又令作《皇祐新乐图记》,布之天下,盖积二十年而后成。其间同议论皆贵官老儒,相诋正者岂一二哉?康定初,元昊寇边,仲淹经略陕西,辟丹州推官,实与府事。建议更陈法,治兵器,开废地为营田,募土人为兵,给钱使自市劲马,渐以代东兵之

---

[1]　磬:康熙重刻本作"声"。

不任战者。虽军校、番酋、亭长、厮役，见辄延以酒，访边事。初，武人以儒懦少之，后乃称服。寻移密州观察推官，丁父忧，举其族之亡于远者九丧归葬。服[1]除，迁保宁军节度判官，主苏湖学。训人有法，科条纤悉备具，以身率先，虽盛暑，必公服坐堂上，严师弟子之礼。时方尚词赋，瑗独立"经义""治事"二斋，倡"明体适用"之学，如治兵、治民、水利、算数，类各有斋。瑗尝言刘彝善治水，彝兴水利，果有功。庆历中，建太学，有司请下湖州取其法，著为令。又召教授诸王官，病辞免。以太子中舍改殿中丞致仕。皇祐，驿召会秘阁议乐，除大理评事兼太常主簿，辞不就。岁余，授光禄寺丞、国子监直讲，仍与议乐。乐成，改大理寺丞，赐绯鱼。当为国子直讲，海内学者踵至，太学不能容，假旁官舍寓焉。礼部岁举士，瑗弟子居十四五。高第者知名一时，余散四方，皆循循雅饬，不问而知为胡公弟子也。嘉祐元年，迁太子中允、天章阁侍讲，仍治太学。既而疾，不能朝，以太常博士致仕。比去，京诸生请阙下乞留者累日。公卿祖送都门，车轫至不得前，莫不惜其行也。就其子节度推官致康养于杭州。四年，卒于官舍，年六十有七耳。诏赙其家，谥"文昭"。君子谓自河汾以后，能立师道、成人才者，必以瑗为首称。后世称"安定先生"。皇明嘉靖中，从祀孔子庙廷。所著有《易传》《周易口义》《易系辞说卦》《尚书会解》《洪范解》《春秋要义》《春秋口义》《论语说》《中庸传》《吉凶书仪》《乐府奏议》《乐图记》《武学规矩》《资圣集》《言行录》百余卷行于世。

　　查许国，字匪躬，以奉议郎赞帅幕。将上道矣，而厌为吏，侨居荆南，开门教授。其经指画训化者，往往登科第。忽一日，令具浴，已复盥颒，意象如平时。顾门弟[2]子取管幅来，疾书曰："七十三年，圣师之寿。许国何人，敢继其后？唯是平生，恪遵善诱。故从门人，启予足手。"即端坐瞑目。家人惊走环泣，许国麾令去，留侄与孙侍。弟子前曰："先生将逝矣，此时有何景象，颇怖畏否？"即舒两手曰："此心闲而无事。"复笔诗一绝，及戒毋得用僧与火寓钱，时服上加朝服，事从简。命弟子诵《孝经》，掷笔拱手而终。许国素工书札，此数纸尤遒劲，弟子镵之石云。世人常以释门槁衲而

[1]　服：崇祯本、康熙重刻本皆作"复"，据文意改。
[2]　弟：原作"第"，据康熙重刻本改。

达生死，而不思吾儒教中，曳杖易箦之际，甚闲而不乱。彼其缚于爱贪而惊惧随之者，以学力未至耳。观许国之逝，了了如此，岂出于释氏者哉？孙籥受学于许国，廷对中首甲，乾道中，摄贰夏卿，出典大藩而卒。

储巏，字静夫。生而秀颖，读书一目成诵。九岁善属文。弱冠，御史娄谦见其文，大奇之，谓他日必魁天下。乡会试，果俱第一，廷对亦二甲第一人。初授南考功主事，历员外郎、郎中、冢宰。耿九畴知巏有宰辅器，转北考功。尝劾一官得实，九畴忽欲改评，巏不从，且云："公所执，何异王介甫时两侍郎并坐省中？"九畴大惭，良久曰："我固知君，然非我莫能容也。"在考功三年，持正议，臧否不淆。尝荐张吉等五人可任谏职，论救科道庞泮等不宜以言事下狱。又上言，乞令史官纪注言动，如古左右史。寻进南太仆卿，马政兴革，一准《周官》之法，本郡寄养宣州马，奏蠲八百匹，民赖其利。已升金都御史，总督粮储，首厘正仓庾宿弊，条上应议数事，省粮户及京邑供给之费。入户部，为侍郎，以逆瑾故，辞疾归。越七年，诏起，仍户部，改吏部，众方望柄用，命不待矣！临卒，友人顾璘、王韦往问后事，不能言，犹举笔作"国恩未报，亲养未终"八字，无一语及家事。年仅五十七，赐葬于城西九里沟，遣官谕祭，盖制恩也。谥文懿。巏淳行清修，与物无竞，而自守介然不可夺，风度简雅，人皆慕之。为文森严有法度，尤邃于诗，冲淡沉蔚，凌轹晋魏。所著有《柴墟文集》《埛野集》《奏疏》若干卷，世珍重焉。

王艮，初名银，后师事王文成公，为改名艮，字汝止，号心斋，安丰场人也。生而长九尺，隆准广颡，丰骨奇古，有珠在掌，左一右二。自幼从塾师，受《大学章句》，而家窭甚，弗能竟学。弱冠，父使治商，往来齐鲁间，已又业医，然皆弗竟也。尝过阙里，谒孔庙及诸大儒从祀，瞻注久之，太息曰："是圣人者，可学而至。"同辈骇其言。及归，取《孝经》《大学》《论语》，日诵读，置袖中，逢人质所疑义，有得，必见之行。父役官府，晨起，以冷水盥。乃痛哭曰："某[1]为子，而令亲天寒盥冷水乎？何用人子为？"出代亲役，入扫舍奉席，晨省夜定，如古礼惟谨。忽一夕梦天坠压身，日月列宿失序，奋臂托天，手自整布如初。顿觉心地洞彻，悟性无碍，而天地万物为一体。题其壁

---

[1] 某：《〔雍正〕泰州志》作"身"。

曰:"正德六年间,居仁三月半。"按《礼经》,制五常冠、深衣、绦经,执木简,行则规圆矩方,坐则焚香嘿识。闻文成公倡学洪都,往谒,持"海滨生"刺,踞上坐,与语"良知"及尧、舜君民事业,大悦。居数日有省,曰:"吾人之学,饰情抗节,矫诸外;先生之学,精深极微,得诸心者也。"乃竟执弟子礼。文成语人曰:"吾持万众,擒宸濠,未尝动心,今日为此生心动矣。"艮益自任,驾一招摇车,将遍游天下。所至,以师说化导人,聚观听者如堵。顾以艮言多出独解,与传注异,且冠服、车轮悉古制,咸目慑之。会文成以书促还会稽,乃复游吴越间。自是益敛圭角,就夷坦,因百姓日用,以发明"良知"之旨,究极于身修而天下平^[1]。大抵艮之学,以悟性为宗,以反己为要,以孝弟为实,以乐学为门,以太虚为宅,以古今为旦暮,以明学启后为重任,以九二见龙为正位,以孔氏为家法。其言曰:"只心有所向,便是欲;有所见,便是妄。既无所向,又无所见,便是无极而太极。"又曰:"知愚夫愚妇与知与能,与鸢鱼飞跃同一活泼泼地,则知性矣。"语持功太严者曰:"君子不以养心者害心。"有问放心难收者,呼之辄应而起,曰:"汝心见在,更何求乎?"曰:"即事是心,更无心矣;即心是事,更无事矣。"郡守召,辞以疾,谓门人曰:"致师而学,学不诚矣;往教,教不立矣;不往,是不仁也;必往,是不智也。此道也。"或问:"先生何不仕?"曰:"吾无往而不与二三子者,是某之仕也。"或劝之著述,不应。洪御史垣构舍居其徒,刘巡抚节、吴御史悌俱疏荐,不报。大学士赵贞吉志墓,以为"契圣归真,生知之亚"。文成公卒于官,艮迎丧桐庐,营其家。艮年五十余,学愈深造,四方来负笈者甚众。及寝病,夜有光烛地,达旦,语门人曰:"吾将逝乎?"诸子泣请后事,顾仲子璧曰:"汝知学,吾何忧?"无一语及他事,遂卒,年五十有八。门人为治丧,四方会葬者数百人。胡督学植祀于乡贤,麻城耿公定向复建专祠于吴陵书院,有司以春秋祭祀焉。所著《语录》及《乐学歌》《孝弟箴》《求仁方》《格物要旨》《秋扇赋》《仁以为己任赋》,海内传为拱璧矣。

林春,字子仁,号东城。其先闽人,以从戎隶泰州守御所,因占籍焉。少孤力学,恒以竹筒注膏系衣带间,惟所适则出膏于筒,燃火读书。父出奉

---

[1] 平:原作"乎",据康熙重刻本改。

漕役，独与母、妻织屡夜读，不少休。已受学于知州王臣、先儒王艮，二君故王文成弟子，因此始窥"致良知"之学。其为文，不事奇博，亹亹务发挥所自成。戊子，领乡荐。壬辰，举会试第一，选户部主事，历迁吏部文选郎。吏部故矜崖岸，率自尊重，人亦多猜忌者。春色愉气和，不以行能先人，在诸寮中悛悛下之惟谨。与同志挟衾被栉具，往宿寺观中，讲学竟夕，以为常。后以母瘫归养，三年未尝以事干州郡。时蓻院洪垣见所居湫隘，欲代为鼎新，力辞曰："学宫，春发迹地也，修之，愈于春室矣。"洪高其谊，发二千金修学，人以为贤。与乡人处，恂恂如故儒生时。往万寿宫故读书处讲学，以其间走安丰，就师艮，叩所疑义，每往必喜，以为闻所未闻。母病间，补文选郎中。有州守某黩而虐，力请于部尚书黜之。当赴官泊淮，淮守某以次谒诸过客，始及其舟，供帐又薄。后淮守入觐，考下当远调，春独荐其廉靖，恳留之。其无远嫌怙势类此。选曹多事，日夕勤瘁，竟卒，年四十四。出其囊，仅四金，不能棺，寮友赗助得敛，都人争怜惜焉。所著有《东城文集》行世，皆有益身心语，可以觇学问矣。

　　王璧[1]，字宗顺，艮之次子，学者称东崖先生。生九龄，随父之文成公所，士大夫会者千人，公命童子歌，多嗫嚅不能应，璧意气恬易，歌声若出金石。公诧曰："吾固知越中无此儿也。"辄奇而授之学，逾十年归娶，已之越，复留者八年。所师友相陶汰，气竦神涌，耳新目明，繇派流而溯其源，沛如也。父圽，璧望日隆，四方聘以主教者沓至。曾谓麻城耿定向曰："道者，六通四辟之途也。藉谓我有之，将探取焉。"而又曰："我能得之，则已离矣。"闻者大赏其言。至金陵，与多士讲习，博问精讨，靡不恢其欲以去。杨道南纪之云："东崖子至而论学也，问：'学何以？'曰：'乐。'又问，曰：'乐者，心体也；有不乐，非其体也，吾求以复之而已。''然则如之何而后乐？'曰：'吾体自乐。'曰：'如之何而后乐？是加于体之外也。然则学可废乎？'曰：'否，莫非学也，皆以求此乐也。乐者乐此学，学者学此乐[2]，吾先子盖言之矣。''乐有辨乎？'曰：'有所倚而乐者，乐以人也；丧其所倚，

---

[1]　璧：卷九吴甡《易名崇祀疏》作"襞"。
[2]　学者学此乐：原作"学者乐此学"，据康熙重刻本改。明焦竑《澹园集·王东崖先生墓志铭》等皆作"学者学此乐"。

则不乐。无所倚而乐者,乐以天也。舒惨失得,忻戚荣悴,无之而不可。'曰:'无倚而乐,非乐道耶?'曰:'乐即道也,而曰乐道,是床上之床也。''学顾止此乎?'曰:'孔、颜曰"不改其乐",曰"乐在其中",于此盖终身焉,而何以加诸?''然则何以曰忧道?'曰:'君子非以外物为戚戚也,所忧者道也。忧道者,忧其不得乎乐也云尔。'"平生孔孟之言,未尝一日去于口;其推而与世共也,未尝一日忘于心。而大意具此矣。居恒不烦绳削,动应矩矱,非其义,千金至前,不一盼也。丧祭必遵古礼,建先祠,置祭田,月朔率子弟肃衣冠致奠,随考一月中所为,竟日乃罢。居恒严取予、敦孝弟、联宗族,关于行谊者,毛发必谨,宛然先人之法度。言者疏荐于朝,部拟召用,璧坚卧自如。临终,屏妇女毋使近,谕门人、子弟、亲贤讲学,语不及私。

旧志有崔殷、梅月、唐珊三人,皆以村中老学究,冒称理学,俨然跻于安定、心斋、东崖、子仁四先生之列。又取甲科右秩之孙应鳌,亦以道学名,无论叔敖,衣冠绝不相似,矧应鳌贵州产也,其舛谬不经如此。故驳正,尽汰之。惟唐珊善行可嘉,传亦云"一门贤孝",许其"植纪维风",今采众议,仍入《高行传》。

外史氏曰:余闻之李贽曰:阳明先生中弘治十二年进士,时文懿已太仆少卿,居然前辈,而往来问学若弟子,以是知其愈不可及也。故李氏《名臣传》,独标其出处大节,辄理学文懿,而谓心斋其闻风兴起者。迨阳明卒,而心斋始授徒淮南;心斋殁,而东崖望日隆,四方聘以主教者沓至。东崖之学,虽出自庭训,然心斋在日,亲遣之事龙谿于越东,与龙谿之友月泉老衲矣。师友渊源,所得更深邃也。子仁其北面心斋者也,故论学辄曰"吾师心斋说如是"。推及门驯谨者,必以子仁为第一。而安定之学,主于明体达用,至今谈经义治事者,犹以苏湖为宗。

名 贤

吴

吕岱,字定公。少为郡县吏,避乱南渡,诣吴主权,召署录事,出补余姚长。时会稽贼吕合、秦狼等为乱，吴主以岱为督军校尉，与将军蒋钦等将兵讨之，遂擒合、狼，定五县，拜昭信中郎将，督孙茂等十将取长沙三郡。后代步骘为交州刺史，高凉、郁林、桂阳诸贼以次讨平。迁安南将军，封都乡侯。时交趾太守士燮子徽逆命，岱督兵三千人袭击破之，进封番禺侯。又代潘浚领荆州。会廖式作乱，诸郡骚扰，岱进讨斩式，还镇武昌。岱清身奉公，所在可述。初在交州，历年不饷家，妻子困乏，吴主闻，以让群臣曰："吕岱出身万里，为国勤事，家门内困，而孤不早知，其责安在？"于是加赐钱米、布绢，岁有常限。始，岱亲近吴郡徐原，荐拔官至侍御史。原性忠懃，好直言，岱有得失，原辄谏争，又公论之。或以告岱，岱叹曰："是我所以贵[1]德渊也。"及原死，岱哭之哀，曰："德渊，岱之益友，今不幸，岱于何闻过？"谈者美之。年九十六卒。遗令殡以素冠，疏布巾褠，葬送之制务从俭约，子凯皆奉行焉。按，岱墓在如皋县，时未置邑，故旧志称海陵人，今为改正。

宋

查陶，字大钧。其先徽人。宋太祖时为太常丞，与谏议大夫李符争议事，符理屈，陶由是知名。除监察御史，知南雄州。俗杂夷夏，陶至，风俗丕变。谓庾岭僻远，疏诸朝，置南安军岭北，以便辇运。迁秘书少监，知审刑院，卒。陶与从弟道相友爱，自江南平，士族流离，兄弟尽皆[2]收恤，聚食常百数人，异姓贫困者亦分俸周给。居进德坊十三年，与亲友谈论自娱，未尝造请有司，清白之操皭然。初，应举至襄阳，逆旅见女子端丽，诘所从来，乃故人女也，遂以行囊求良谨者嫁之，因而罢举。又尝于旅邸床下获金钗百只，留待求者，其人至，尽举以付还，感谢而去。

查道，字湛然。年十六，中南唐进士。宋平金陵，奉母渡江，居如皋，以孝闻。母病，思鳜羹，方冬，道泣祷，凿冰得鳜尺许以进，母病寻愈。端拱初，再擢第，以秘书丞知果州。时寇党何彦忠等尚依险自固，诏谕之未下，咸请发兵殄之。道曰："彼已惧罪，欲延命须臾耳。"遂微服单骑，携数卒直趋贼所。贼惊，悉持满外向，道神色自若，踞胡床而坐，谕以语[3]意。贼相语曰：

---

[1] 贵：原作"责"，据康熙重刻本改。
[2] 皆：原作"九"，据康熙重刻本改。
[3] 语：康熙重刻本作"德"。

"查果州以仁义抚此境,得众,是宁害我?"则相率投兵请罪,道悉给券,令归农。驿奏,玺书褒谕。咸平四年,代归,出知宁州。会举贤良方正,李宗谔以道名闻,召拜左正言、直史馆。六年,拜工部员外郎、充度支副使,赐金紫。有故人卒,质女于人,道为赎之,嫁士族,荐绅间服其义。卒年六十有四。有《文集》二十卷。

周孟阳,字春卿。先成都人,曾祖敬述知泰州,家焉。孟阳登进士,为王宫教授。英宗居藩邸,礼重之,会除大宗正之命,力辞,前后十八表,皆孟阳为文。又从容论古事以讽,英宗竦然起拜。及仁庙以英宗为皇子,遣中使、宫嫔趣召,且令宫长宗谔往请,英宗犹坚卧不起。宗谔曰:"召周教授,宜可动。"孟阳至,力劝入侍,意乃决。及即位,除直秘阁,数引对,访以时务。后召至隆儒殿,知无不言,孟阳尤谨密所论事,人无知者。上数宣谕,将不次进擢,常顿首恳辞。迁集贤殿修撰兼侍讲。神宗初立,孟阳奏事,上望见哭,左右皆感泣下。既而上疏陈五事,谓:好任耳目,以私察中外;穷诘奏对,而或加阻抑;密有启沃,而宣露于人;与夫祖宗之训,愿无轻改;土木之训,愿赐休息。言极剀切。拜天章阁待制,年六十九卒。近臣以闻,两宫恻然,命官其孙,仍赐白金千两。

潘汝一,字古玉。贯经史,善文章。靖康初,道君南幸,童贯等劝渡杨子,汝一至江都,上书乞回鸾,以慰天子之思。建炎间,闻许容摄州事,迎虏西郊,不食者数日。虏将遣人诱之,骂曰:"吾生于宋,死于宋。阖门为忠义鬼,含笑入地矣。"容欲作贺伪齐表,召之,不往。虏又命容择文士草檄,遽迫而遣之,汝一以死拒。时虏多取城中图书,或求其所著文以献,汝一指箧曰:"此岂可充鸡林庭币也。"绍兴中,以进士久次得官,更历州县,卒。有《群玉府》《凤池集》,共二十卷。

周麟之,字茂振,敬述五世孙也。少负迈才,策绍兴进士,以中博学宏词第一,教授宣州,不赴。授太学录,寻擢中书舍人,倅徽州。明年召对,授著作兼礼部郎、翰林学士。使金,金主为殊礼厚遗还。上嘉美之,除权吏部,铨综无失。尝陈利害四事,其于纠蠹绳吏尤切。上从容曰:"卿在铨曹效力,巨细必闻。"由是眷顾愈厚。是秋,拜同知枢密院。明年夏,虏迁都,复衔命往贺,未陛辞。会天申节,庆使至,持嫚书,且索两淮、襄、汉地,中外忿之。麟之因奏猾虏意可卜，宜练甲申儆，使不当遣。上曰："卿言是也。彼将割地，何以应之？"对曰："讲信之始，分封画圻[1]，应有载书，愿出以示，请将自塞。"使者果无语。麟之又上疏，极诤曰："臣闻事有必至，理有固然。昔日之和戎，今日之渝盟，不待上智而后知矣。若彼有速亡之形，我有恢复之冀，在陛下审处而应，臣当竭志毕力，赞成事几。使摇尾乞怜，复下穹庐之拜，臣窃耻之。"疏入，谪秘监，分司南京，居瑞州。孝宗立，复故官。麟之有疾，请复左中大夫，寻卒，年四十七。麟之学识弘富，为辞令得体，外制千余篇，名《海陵周公文集》。

周穜[2]，字仁熟，敬述五世孙。少有远度，王安石一见奇之。元祐初，苏轼举为郓州教授，穜上疏，乞以王安石配享神宗，朝士愕然。轼即自劾举官不当，议虽不合，然识者犹取其拳拳师表之地。久之，擢著作郎，兼崇政殿说书。陈莹中力荐于上，权起居舍人。会咸阳民献玉玺，朝议欲因以改元，穜言所获者，秦玺耳，以之改元，甚无谓。哲宗曰："卿其与宰相等议。"穜退，为别白言之，卒不能夺。由是忤政府，因邹道乡[3]之出，陷以罪，贬宁海军佥判。徽宗嗣位，迁鸿胪少卿。自是补外，为桂帅。时有黄璘者，以南蕃洞主归义，擢累观察使、提举醴泉观，妄觊赏典，诱蕃商诈为文理[4]使入群牁岸等，为其国主段和誉进贡，穜劾其伪。蔡京怒，夺集英殿修撰，罢领宫观。越五年，蕃商伪使以分赐不均，争相攘夺，事闻，璘窜死。徽宗谕执政除穜次对，王黼沮之，复右文殿修撰，知广州。蕃舶抵郡，象犀、香珠之属，一无所受，终任不至舶务。其归也，部人赋诗送行，有"三年清似镜"之句。靖节元年卒。幼子方崇，绍兴中历三院御史，擢礼部侍郎。

周秩，字重实，与兄穜同举进士，历官有声。绍圣中，当国者革元祐政，痛以法绳下。时文彦博子及甫与刘唐私，语及"时相有当族诛"之语，雠卒告变。上遣朝臣覆实，命下，即以兵防二家，悉囚其子弟，召秩为京西转运使，俾推治之。当国者遣人谓秩："还朝，当以大司寇相处。"及奏对，哲宗

[1]　圻：原作"折"，据康熙重刻本改。

[2]　穜：原作"礼"，据《宋史》改，康熙重刻本已改作"穜"。

[3]　乡：原作"卿"，据康熙重刻本改。

[4]　文理：原作"文理理"，据康熙重刻本改。

面谕曰："彼欲尽诛大臣以下,将置朕何地?"秩到洛,察其实无他,乃一时愤语,讥议时相,原不及乘舆,非有异意,事乃寝。大忤时相意,仕终集贤殿修撰,赠徽猷阁待制。

国朝

张文,字存简,发解第进士。初任比部郎,奉命录囚,畿内多所平反。有马平儿者,报父仇,抵罪,文上疏谓:"君、父之仇必报。"反覆累百言,读者感动,平儿遂得免死。升浙江副使,伸雪冤枉,全活甚众。平生自奉俭约,如寒士,周人之急,则罄所有弗吝。尤嗜学不倦,有杂稿数卷,散佚矣。

王让,字时逊,历三县尹,有奇绩。复知洪雅县,县初建,城垣、公廨俱草创。让随方规办,与民同畚锸,间出己俸犒赏,未期工竣,民不告劳。方建学时,忽履地心动,指其下有碑,随掘而获焉。视碑阴,有"他日王侯重立"语。见《四川通志》。兴励学校,劝课农桑。暇则循行阡陌疆理,田税无不均平。数年,户口增至五千余,麦产五岐,禾颖九穗,瓜茄一蒂而结十本[1]。见《嘉定州志》,李东阳有《五瑞图诗序》。以老辞职,邑民塑生像于遗爱楼,朝夕尸祝。归后,有《万里走泰》移文问安。卒入乡贤祠。

陈相,字子邻。初守蒲州,疏请王府禄米,每石折银一两,民皆称便,遂为定制。值岁灾,大发赈给,拾幼稚弃道路者数百,悉全活之。升民部郎,迁台州知府,定策擒巨寇,拜广西参政致仕。台人立去思碑、名宦祠。所著有《蚓鸣稿》及同储文懿倡和集。

徐蕃,号北屏。由给事迁藩臬,拜中丞,官至工部侍郎。为给事,抗疏论逆瑾,械系京,被杖几殆。削籍放归,为江西少参。寇乱,朝廷征兵督剿,崎岖兵间十余年,坐不戡功,仅赎罪。为浙江学副,抑浮靡,崇理学。为山西方伯,振颓剔蠹,文以礼义。为中丞,出抚郧、襄,清查流民,得二十余万户,路绝豺狼,客安鸿雁[2],立去思碑。为侍郎,提督易州厂,以疾乞休。蕃性简淡,寡嗜好,居处服馔,取给而已。见其子治第颇整,恚之。素无妾媵,其夫人购少女,备巾栉,蕃见即命具装,遣还其家。有古人风。

---

[1] 本:《〔雍正〕泰州志》作"实"。
[2] 客安鸿雁:《〔雍正〕泰州志》作"客旅无警"。

王纪,字理卿。正德庚午、辛未联捷,筮仕进贤令。有洞蛮姚源古恣杀掠,为害甚剧,纪身抵其穴,讨平之。县治故无城,请令犯科者赎金计筑,今赖为保障。在邑三年,滞狱苛政,清革殆尽。进南工给事中,首列建皇储、谨大祀,及边防、时务、马政、屯田疏,凡四十余上,内请蠲本所无田子粒,迄今所中藉庇。宸濠之叛,逆瑾协[1]谋内应,纪与乔大司马策缚之,慷慨倡义,誓不俱生。贼平,叙功有赐。武庙南巡,屡疏乞还,后为言者所中,谪丞嘉善。升武城令,会滹沱河决,捍治有功,寻擢高唐州守,凡十四月,以忧去,士民恳呈当路立祠、立石。服阕,补河间。未几佥事陕西,以檄赈关内,积劳卒于官。

储洵,字平甫,巏犹子。由进士历官兵部郎中,以谗左迁守沔阳。即锄划奸蠹,其尤巧黠者,置之法。岁饥,积逋赋,所司督并,洵下令悉停止,民赖以安。沔田多水患,疏请修筑河防,言甚剀切。童太史修《沔志》,载洵《良牧传》,称其《河防》一疏,万世之利,惜未之行也。迁台州同知,升福建佥事,巡漳南。漳旧多盗,洵设修约督捕。时逋寇黄满者,剽掠郡县,焚劫库狱,致烦奏剿。已而亡命入广,复据旧穴流毒。洵潜布兵民,密授方略,一朝扑灭,余党悉靖。顾以守正不能附时,遂致仕归。辟雉山园,日读书其中。所著有《野野集》[2];编辑《革除录》,博采靖难诸臣事略,题其首曰"江河伏流"。及卒,门人私谥为贞文子。

徐嵩,号小石,蕃之子。由进士授户部主政,与议兴献帝大礼忤旨,廷杖,复职未几,升郎中。会考选漕运军职,甄别允当,两任保定、河间知府,擢湖广副使,分巡江防。时牛首山矿徒猖獗,辰、衡二府骚然,抚按属嵩调集官兵,擐甲督战,一鼓歼其渠魁,反侧悉平。捷闻,赐劳金绮,由山西参政晋方伯,督抚顺天。时朵颜三卫连结哈密,声言入贡,将图不轨。嵩委身经略,谕德宣威,赖以款服。先是,朝廷从建议者添设总制,而憸人胡守中以性贪狠不法,为言官劾奏,下廷尉。当路修私憾者,因守中事诬以冒破,逮理三年,案牍具存,驳核明白,守中伏法,嵩竟编戍,逾年以差假归,舆论冤之。

沈良才,字德夫。十六游庠,窭甚,时富民刘钦出粟赈诸生,独却不受。

---

[1]　逆瑾协:《〔雍正〕泰州志》作"毕太监"。
[2]　《野野集》:康熙重刻本夺一"野"字。

直指李东校士，首拔良才，檄学官为备礼冠婚。郡守待如上宾，遣其子师事焉。由进士读中秘书，授给事。越卢纲、孙存互讦，奏才往勘，伸纲斥存，一切株连皆释，人称明允。及都吏垣，值上以祝釐相分宜，疏论其贪污奸谄，不宜骤膺简命，未报，已而丞廷尉、晋少卿。虏突入畿辅，烽火彻斋宫，上怒，下丁司马汝夔狱，良才与司寇、都御史傅轻比，失上意，杖之庭，幸无恙。以御史大夫建节郧阳，四方亡命，刀耕火种，矿徒白日行掠。良才宽繇省刑，编户安堵，而勤习麾下士，分布要害，出不意，禽斩渠魁，诸胁从咸与赦除。岁大祲，发郡国仓廥以赈饥，所全活约万计。陟左司马，佐其长运筹帷[1]幄。每赤白囊奔命书至，应之如向时。虏驰藉东南，天子命良才视师，趣治行，柄臣赵文华自以疏请往，嵩附会他事，遂罢免。最后，冢孙道隆以夔州满别驾考，上书讼祖生平忠直大概，下冢宰议，具如言，为复原职。梓有《文集》十卷，冲夷多致，及读奏疏所弹射，宜权贵耽耽侧目矣。

王陈策，字师董。由进士两为令，历官工部郎，出守广信，惠政非一。其尤著者，伤夏文愍遇害，血胤斩然，访有一子在襁，义仆窃逃得脱，时寄寺为僧，策托故往讯即得，已十四龄矣，顶发尚存。即舆至衙斋，集乡绅，晓以大谊，随出之座间，乡绅无不垂涕。一时有许姻者，策纳币择日，备鼓乐，具文，同遗孤往告文愍家庙，士论韪焉。载《广信生祠碑记》中。子之骥，庠生，工韵语，今锓有遗稿。

凌儒，字真卿，别号海楼。中嘉靖癸丑进士，筮仕永丰令，多惠政。召拜御史，初入台，会分宜以边警欲修郄总督王忬，命儒往勘，儒力为申理，即有声朝宁。出巡盐两浙。盐固蠹薮也，厘奸革弊，商灶赖之。时鄢懋卿以督理盐法至，挟分宜重，且以内台出，先声恫喝，属视御史，儒耻为屈，即称病归。病间入朝，建言放宫人、远奄宦、清马政、免操军而荐人材一事，忤旨，廷杖，编管。穆皇登极，起原官，掌河南道。首疏论郭安阳以服未禫，趋爱立之命，风裁凛凛。岁当计群吏，时新郑在，事多所掣肘，儒秉公考黜，一时称允。旋用监北闱乡试。先是，聘场中执事等官主自铨曹，御史无往例，而儒不少让。太宰衔之，请之徐文贞公，即欲议处。而文贞谓儒为先帝直臣，

---

[1] 帷：原作"惟"，据康熙重刻本改。

当有所酬,缘是补督学,迁大理,寻擢山西屯盐都御史。方议设而即议裁,不过假虚衔以示不用,自陈疏上,即论罢矣。儒家居,绝迹公府,至里中有不公不法者,即奋袂而起,为之理直雪冤。猝有钱变,民数千蜂拥,或不逞,儒曰:"钱法之变,民用私钱为患耳。"立出千金,尽鬻民间赤仄,民帖然。泰粮六万有奇,四万属下河,下河地势卑洼,田尽傍高、宝长堤,堤一倾,田沉水底,民或鱼鳖。乃力请当道,议开丁溪、白驹二港。二港皆海口泄水处。日偕李司理相度疏浚,风雨不避,水尽泄海,民因获有秋。今且二十余年,谁之赐也? 他若修学、筑堤、救荒、改正编银、以马草补料价,种种条议,多经允行。儒去世已久,而里人谈及犹思念不置,盖人人有口有心,而业为桑梓计者弘也。卒年八十。所著有《旧业堂集》,方行世。

顾廷对,号直斋。嘉靖戊午、己未联捷,初授平湖县令,减驿马,复塘长,浚河渠,修城堞,一时称便。擢御史,多所建白,不避豪右。先是,宣德时,以宣城奏虎伤马,暂派泰州寄牧千六百五十匹,为害甚久。弘治间,储巏为太仆,奏蠲马八百匹。及廷对视马政,变卖种马一半,乡人赖之。出按江西,宪度贞肃,处淹狱,豁无辜,核成案,慎招议,疏请以行,通省所赖全活者,无虑数万人。后谪判涪州,随陟嘉善令,皆未任,卒。有《尹湖末议》《江右奏疏》,梓于家。他如养不天之妹以成贞,聘不言之媳以完配,其刑家笃伦,世罕企及矣。

陈汲,字汝汲。乙卯、丙辰联第,授刑部主事,卒于官。初,观户部政,奉差解饷至山海关,值房酋拥众聚围,与守关使者巡城誓师,昼夜不息。因画奇计,从材官中鉴有蒋武生者可用,乃命旦日忽开门,以偏师出虏不意,贯其中坚,啮指惊以为神,因少却,夜相率遁去,关遂解严。中丞苏志皋欲上其事于朝,力辞,苏叹服,以为远器。

华湘,字源楚,号南畹。生而颖悟绝凡,淹贯星纬,精于数学。乡试则[1]预识科名,春榜则预占[2]。正德丁丑,不[3]赴公车,起家工部曹郎。已

---

[1]　则:《〔雍正〕泰州志》作"时"。
[2]　春榜则预占:《〔雍正〕泰州志》作"上春官自占"。
[3]　不:《〔雍正〕泰州志》作"乃"。

用御史朱节荐,改历差,改官[1]光禄寺少卿,管钦天监事,为国朝治历名臣。郑晓《吾学编》辑其疏,载《天文述》。窦子偁《试录[2]》,举以程[3]士。寻谪守蒲州,稍迁广西思恩府丞致政。居家不治垣屋,泊如也。治郡时,囚越狱,布算去向,无一得逸者。所著有《石府玄机》、天文。《幽堂宝照》、地理。《皇极玄机》、命理。《洞林秘髓》、课书。《灵枢秘要》。数学。生成化壬辰,以嘉靖癸卯季冬,子夜酣饮,委蜕而化。

李存文,字应魁,号曲江。总角时,籍籍有文名。嘉靖乙丑,成进士,改庶吉士。选馆[4]《读臣鉴诗》,为词林所传诵。诗文有"金薤琳琅"之誉,并书法,称为"三绝"。授吏科给事中,升工科右,上《恳乞圣明讲学勤政》一疏,识者韪之。外补楚藩参议,提督太和宫,屏绝常例,人情以为难。未几,返初服,竟垂橐而归。前辈谓其谦光待士,清白持身,流风余韵,犹堪砭俗,惜乎其馆课、谏草遗佚不传也。年未艾而卒。

陈应诏,号次山,海陵名士。素有羸疾,为人弱不胜衣,而才思溢涌,构文不属草,下笔数千言立就。所著奇论,经生与宗子相作并矜式之。以嘉靖乙卯、丙辰泊叔汲同联捷。初任浙江桐乡令,士民以汉朱邑令季称之。先是,为诸生时,下帷攻苦,焚膏悉逾丙夜为率。忽一夕,呕血数升,母闻而为损其膏,以此学殖日富,而瘠弱亦甚[5]。寻升南京工部主事,视榷芜关,人多其廉平,而疾已中膏肓不起矣。归时,惟图书数卷,积俸悉推与兄弟共之,不析爨以伤友爱。

刘清,号西郭。少负奇节,斤斤矩矱是束。时林春讲先儒王艮之学,北面师事,毅然以见知自许,于是从清受业者如林。用岁荐分训浮梁,教严而气和,务接引士类,薰之以善良,断断也[6]。或有问著述,曰:"帖括是尊,最误后进。"问学术,曰:"道寓诸庸,目前皆是。"故题壁有"琴到没弦应寡和,

---

[1] 改官:《〔雍正〕泰州志》作"晋"。
[2] 录:《〔雍正〕泰州志》作"策"。
[3] 程:《〔雍正〕泰州志》作"问"。
[4] 选馆:《〔雍正〕泰州志》作"馆试"。
[5] 此句《〔雍正〕泰州志》作:"母闻,止其读,藏膏读如故,以此学成,而弱亦甚。"
[6] 断断也:《〔雍正〕泰州志》作"士化之"。

笛如无孔岂容吹"之句，可觇中藏矣。一日，忽治装趣归，衿佩泣留，不听，因立石系思，司寇郎李大钦为记。子弘宇，成进士。

张桐，号凤楼，自称方外司马。筮仕山阴令，其政大抵独行一意，不畏强御，故民甚怀惠政。就常调，擢南京户部主事。服阕，谒选，宜补北，素性恬退，仍以家近请南，稍改南职。方历车驾职方员外郎中，时江陵相党为操江，侵本兵权，预选补江营，诸将则引故事力争，勿为屈。左迁武定州，会监司酷鸷，无人理，偶事与撑拒不得，遂致政。归后，闭键杜嚣，足不逾阃，郡大夫罕识其面，令人仰其清风高尚者三十年。工书法，为世珍重，日以临池为务，七十外犹操管运腕如飞。

陈应芳，字元振，号兰台。令龙泉、松阳，俱有惠政。迁仪曹主事，职专教习驸马都尉。以寿阳公主婚礼愆时，发左右欺蔽状，且言即帝女当恪遵妇道，不宜使男下女、姑拜妇，失人伦序[1]。已署主客郎，典山西试，所拔多名士，如傅少宰新德、韩少师爌、赵少司寇用光诸公，皆表表者。晋祠部郎，有台官事，与考功争职掌，出为巩昌府丞。未几，还郎中，迁金事，改浙江督学。执法秉宪，端士习，正文体，实见诸行，不徒颁规条具文已也。既参闽藩，摄司篆，积羡若干缗，藉为正需。寻迁南大理丞，当入贺，上《敬天师古法祖勤民》一疏。及迁太仆少卿，条《马政八议》以上。悉报行。独责成将领一项，与巡视京营、台省二公左，反覆辨驳，杜门屡疏，乞归。归后，甚留心于桑梓，以正改兑与凤阳代粮二事，力争之当路，其详锓《敬止集》中。又有《守愚》《归来》《日涉园》诸录，藏于家。

章文斗，号月麓，攻古文词。以岁荐授定海二尹，著《定海三赋志略》。虽才绌短驭，而谢征收常例，却视舰馈金，邑人思之，颜其碑曰"遗爱"。尝读书夜分，闻覆舟者啼泣，启扉拯援，调治信宿[2]，赖以全活。言动卓然可师[3]。曾与分修《维扬郡志》，有《镜古》《丛奇》《臆见》《心铭》诸刻行世。

刘希文，号翼斋。博涉群书，随手评骘，稿几充栋。或有叩以故实者，辄具本未，旁引曲摭，亹亹言之，听者忘倦。天性耿直，为诸生，尝以朔望谒

---

[1]　失人伦序：《〔雍正〕泰州志》作"上嘉纳之"。

[2]　调治信宿：《〔雍正〕泰州志》作"被溺之人"。

[3]　卓然可师：《〔雍正〕泰州志》作"皆可矜式"。

监司。时有某生怙势豪横,出讼牒,理债于公庭,众虽不直其事,然皆长跽,莫敢先发者。独挺身起,离班次竦立,监司遽诘其状,因抗声前曰:"所言公,胡敢不伏谒? 若结党害正,此膝宁轻屈耶? " 时监司为笔山陈公,大加器重,而诃责干请者,债遂寝。后司铎长洲,严毅乐易,士心归之。有名士陈元素、俞琬纶,皆以棘闱拟元魁,援例入胄监,惟纳一诗笺,不入其贽。寮友王学博,以公谒出室人,一夕暴卒,即为之具衣棺殡焉。至今吴中多其高致。

冒政[1],字有恒。成化乙未进士,授南京户部主事。历员外郎、郎中,滞郎署者十二载。弘治庚戌出守武昌,守正奉公,多所兴革,金沙之浮梁成也,实其经画。历升山东左参政,分守东兖,弛南旺湖禁,以食贫民。又分守辽阳。正德间,由辽阳升江西右布政使,将发,以所余饷银数千归于代者,毫发无所取。奉新饥,盗且起,政赈恤有方,一时晏然。寻升右副都御史,巡抚宁夏。会遣科道查勘辽阳军储,有亏耗,逮治,下诏狱,罚米三千余石。累岁事方竟,褫职以归。未几,复职致仕。林居十余年卒,赐祭葬如例。政为人质直坦易,居官廉正。卒后,家无余资,士论重之。守武昌,民遭大疫,政因忆苏长公得巢氏圣散子方,叙以传世,且谓在黄州用之神验,兹地适宜,命数医按方治药,往给饮者,皆愈。又辽阳版筑,丁夫病如前,给饮亦愈。二处所活甚众。

袁杉[2],字子才。生而颖慧,十二岁游郡庠,台试每冠多士,时称"维扬八俊",杉居其一。初授同安令,宽平得大体,以他事忤监司罢。归来,牢骚不平,于诗文中屡寓意焉。杉子世科、孙懋贞,三世并举孝廉。懋贞起家开封郡丞,擢南康守,所至有声,终云南副使。

刘时雍,字师舜,举孝廉,任龙泉令,有惠政。移济南别驾,致政归。胸襟坦夷,终身不见喜愠之色,而澹泊寡营,萧然数椽,略不加拓,真可廉顽立懦君子也。

○如皋

王惟熙,字国和。景祐元年登第,调盐城尉。州有群饮狱,甲毙,疑乙

[1] 此条原缺,据康熙重刻本补。天头有注云:"名次宜在成弘年。按先后旧志,俱不立传,今补遗。"

[2] 此条原缺,据康熙重刻本补。

抶之,久不决。州以属尉,惟熙脱械,劳酒食如平民,遽呼曰:"汝用左手,而死者伤右,尚何辞?"囚伏罪。擢大理寺详断官,持法坚正。奏案成,卿使易之,执弗易,卿怒,戒吏曰:"王详断如是,不可共事矣。"促奏罢之,一坐为恐,惟熙徐曰:"事顾是否何如,罢非所恤。"奏亦不报。为审刑院详议官。泗州船兵坐盗米死,惟熙议:"米来远,盗者非一日,如必责其赃于所贩之州,即杀人多矣。"覆之,免五人。侬智高反,掠岭南诸州,吏弃城者数十人,皆丽于法。惟熙议:"州所守者,城固而兵足用也。岭南兵与城皆不足恃,奈何以常法致之死?"上悯之,皆获免。迁判大理寺,累官司封员外郎,卒。惟熙通古今,天然平恕,虽为法官专务,原人情,傅古义,《嘉祐编敕》所更定也。有《文集》十五卷。

王观,字通叟,惟熙兄惟清子也。天资英迈,洽闻强记。善属文,下笔累千百言,不加点缀而华藻粲然。至和、嘉祐间,与从弟觌从胡安定学于上庠,兄弟高才积蕴,声称籍甚。比试开封府,相继为第一。观中嘉祐二年,屡迁大理寺丞,知江都县,卒。集稿甚富,今行于世者,有《天鬻子》《府元集》。尝著《扬州赋》,其文丽而雅,于中寓规讽焉。

王觌,字明叟,惟熙长子。嘉祐四年第进士,熙宁中为编修三司删定官。觌不乐居职,求润州推官。两浙旱,郡遣吏视苗伤,吏承监司风旨,不敢多除税。觌受檄,覆案叹曰:"旱势如是,民食已绝,尚可责以赋耶?"行数日,尽除之。监司怒,捃摭百出。会朝廷遣使赈贷,觌为言民间利病,使者归,荐除司农簿,转为丞。时司农为要官,觌拜命一日,即求外。丞相韩绛子华高其节,留检详三司会计。绛出颍昌,辟签书判官,坐公误免,起为太仆丞,徙太常。哲宗立,吕公著、范纯仁荐可大任,擢右正言,进司谏。疏论蔡确、章惇、韩缜、张璪朋邪害正,章数十上,相继斥[1]去。又劾窜吕惠卿。朝论以大奸既黜,虑人情不安,将下诏慰释,且戒止言者。觌曰:"不可。舜罪四凶而天下服,孔子诛少正卯而鲁国治。当是时,不闻人情不安,亦不闻出命令以悦其党也。诚为陛下惜之。"诸所疏论多大体。朱光庭讦苏轼试馆

---

[1] 斥:原作"升",据《宋史·王觌传》改。

职策问,吕陶辨[1]其不然,遂起洛、蜀二党之议。觌言:"轼辞不过失轻重之体耳。若悉考同异,深究嫌疑,则两岐遂分,党论滋炽。"帝深然之,置不问。寻改右司员外郎。未几,拜侍御史,进右谏议,坐论尚书右丞胡宗愈,出知润州,加直龙图阁,知苏州。政尚清简,有"吏行冰上,人在镜中"之谣。徙江淮发运使,入拜刑、户二部侍郎。绍圣初,以宝文阁直学士知成都府,兼兵马钤辖骑都尉,封文水县开国男,食邑三百户。寻召迁御史中丞,与当国者议不协,改翰林学士。会日食,下诏,觌应制,有"惟德弗类,未足以当天心"语,宰相恶之,乃力请外。以龙图阁学士,再知润州,徙[2]海州,罢,主管太平观,遂安置临江军。觌清修简澹,喜愠不刑,持正论始终,不少变。有《谏疏》《杂文》《内制》若干卷。绍兴初,追复龙图阁学士。

王俊乂,字尧明,觌从子。该博有文名。宣和元年,以太学上舍释褐,有司程其文,在三人之次,及奏御,徽宗擢第一。赐第后,望见容貌甚伟,大说,顾侍臣曰:"此朕所亲擢也,真所谓俊乂矣。"拜国子博士,居二年,改太学博士。郓王谒先圣,有司议诸生门迎,俊乂曰:"此岂可施于人臣哉?礼如见宰相足矣。"乃序立敦化堂下,及王至,犹辞不敢当。进吏部员外郎,上眷注目厚,而王、蔡当轴,力求外补,除直秘阁,知岳州,卒。有《文集》《易说》若干卷。俊乂与李祈友善,首建正论于宣和间,诸公卿稍知分别邪正,两人力也。

马继祖,字崇功。初令博兴,宽仁敏决。岁饥,力请当道发粟赈贷。擢留台御史,激厉风节。时二台长交讧,继祖劾免,寮吏肃然。未几,疏养病归。居家孝友,持身简重,以《礼经》传授乡间,知名士多出其门。邑祀乡贤,博兴祀名宦。

冒鸾,字延和。以进士授武库司主事,升郎中。淮扬种马故折色,时有议令征实马,鸾上疏争之,得免。有中珰出守留京,倚逆瑾势,奏请船马皆溢故额,鸾裁其半。升闽参议,分守建宁。大茂山贼劫掠乡邑,鸾遣人谕以祸福,贼悉降。以母老乞终养,母卒,遂以过哀不起。鸾淡于嗜好,家居十

---

[1] 辨:原作"办",据《宋史·王觌传》改。
[2] 徙:原作"徒",据《宋史·王觌传》改。

余年,竟日坐对图书,不问户以外事,乡人咸推重焉。

外史氏曰:泰故号材薮,以文章道德为中原之麟凤,何众也?自储、林二公首遴南宫外,或批鳞纳牖,矢忠謇谔;或建牙肃纪,树伐保釐。他寄有民社,而俎豆渤海、桐乡者,后先并武,蒸蒸盛矣。若今之表表扬历,可垂竹帛者有在,俟日久论定,兹不敢阿其所好。

武　勋

潘原明,初为张士诚浙江省平章,李文忠师至,以城降。后平云南署布政司事。卒葬钟山之阴。

李伯昇,初与张士诚、潘原明俱起盐徒,为浙省平章,出降徐达,征守陕西。五年后,征云南,功与江阴侯同。十三年春,召还,卒。

施文,初从张士诚,自后归附中山王麾下,从征克山,东下河南,平元都,取陕西,略察罕脑儿,皆预焉。寻从克[1]成都,征和林,入沙漠,征大石崖,所在有功。升浙江都指挥同知,改山东都司,移镇淮安。子仪,袭指挥使。

陈珪,开国功,升百户,调燕山护卫,擒虏乃儿不花,升副千户。靖难,夺九门、雄、鄚,功升指挥。又坝上力战,升都指挥。大战杨村,升后军都佥事。洪武三十五年,论功进都督同知,封奉天靖难推诚宣力武臣、特进荣禄大夫、柱国、泰宁侯,食禄一千二百石,与世券,薨赠靖公,谥忠襄。子愉嗣,今其曾孙良弼,见[2]任少傅泰宁侯。

王烈,本州守御正千户。嘉靖三十三年,倭夷寇通州,巡抚郑晓檄往援之,至黄茅港遇倭,与战,死之。抚按题奏,得以阵亡功加级,世袭指挥佥事。

王之屏,原任福山把总署都指挥佥事,以父羽林卫副千户福,奉恩诏选本州守御副千户。朴茂自守,威望夙著,雅好文史,有儒将风。天性孝廉,事继母二十年,无间言。居官苦节,终始不易。所至却常例数百,为众所推

---

[1]　克:原作"尧",康熙重刻本改。
[2]　"见"字后,至下"朱显忠"条"世真复攻西门"前,康熙重刻本皆缺,盖当时所据本适缺两页。

服。竟以不善逢迎致论,回卫别用,公论惜焉。

○如皋

孙华四,洪武元年,以军旗从黔国公征云南有功,升贵州指挥使。

朱显忠,尝为张士诚将,守松江。国初,以城降,从征泽、潞、平原等州有功,授濠梁卫指挥佥事。从颍川侯傅友德克文州,显忠留守。伪夏平章丁世真诱合番寇数万来攻,显忠战却之,其伪元帅赵复与世真[1]合。城中食尽,外援不至,部下将谓:"且弃城,徐图之,徒死此无益。"显忠厉声曰:"城守自将者事,与俱存亡耳。"诘旦,攻围益急,显忠悉出兵,开东门拒战,世真复攻西门。日且暮,显忠被伤,裹疮决战,力不支,城破,为乱兵所杀。事闻,遣使吊祭,赠镇国将军、都指挥,仍厚恤其家。

纪信,西厢人,吴元年从军有功,升遵化卫指挥。其子纪胜,讨贼有功,陕西行都司升指挥佥事。

朱真,安定乡人,吴元年随驾有功,授濠梁副千户。

朱士俊,显忠兄,淮东道副都元帅。

外史氏曰:世率右荐绅,而介胄藐弗置齿矣。当版宇宁谧[2],材官蹶张,鲜所事事。一或戎马生郊,宁能提不律升坛,如陈琳退虏、傅介子麾致也者?则乌可抑武文下哉?今盟在带砺,举陈侯以下开国靖难,展矣可勒旂常,即与皇图共巩无疆,谁曰虚语?

隐 行

王伯起,字兴公。父纶,为太常博士。伯起当以恩得官,逊其弟,举进士不中,叹曰:"士不自重,而与千百人旅进,坐轩庑下,献小艺,规合有司,可耻也。与其冒耻以得禄,宁贫贱而肆志焉。"于是闭门静处逾三十年。善歌诗,独得深造,清丽粹美,名著东南,曰王先生。州将部使荐诸朝,而伯

---

[1] 真:原作"直",据文意改。
[2] 谧:原作"谥",据康熙重刻本改。

起老矣。宋仁宋、英宗皆赐粟、帛，不强以仕。郡人王觌志其墓，谓先生不有其道，而道信于朋友；不居其名，而名闻于朝廷。

尧允恭，字克逊。景定、咸淳两领乡荐，宋亡，专意经传，邃于《易》，深得性命之理。江浙行省两檄充濂溪、东川书院长，允恭皆不赴。安贫乐善，学者多从游，自号观物老人。大司农燕公尝称其古心绝俗、清气逼人。有诗文二十卷。

国朝

储宏，字仲文。生而醇笃孝弟。早年尝市盐辽阳，载布数车，值虏骑环城，雨雪浃旬，僵冻者道相属。宏探得囊中布，散而给焉。众商止之，曰："商以求利，若之何并其本弃之？"宏曰："此何时，尚利计耶？"比归，所得息无几矣。又曾拾遗金若干，不使家人知也，坐候遗者。有男子携妇哭而过，询其故，以远戍某地，费不给，只一子，鬻而得金，忽失之，将死道路矣。宏立取金以还，其人感泣谢去。此宏之阴行德，宜巘及泂之昌大也。

陈鸢，字理卿，以恩例授本所副千户。少年用计然策起家，值荒岁，以米粥赈饥民，死者给棺瘗之。有乡人沈里，袖金一袋来，私嘱曰："余生平辛苦，储有二百金，今老矣，子且幼，熟思非公无可托者，其为我寄之，无令人知也。"因受而藏诸笥。越数年，沈殁，鸢往吊，即携金以还，封识宛然。其子泣而拜曰："微公长者，吾不知死所矣。"太史瞿景淳为之记。

刘昆，字谷臣。多长者行。少时，母昵之甚，私以金，不自秘，悉纤曲给诸伯兄乏，亦不伤慈母意。尝拾遗，装金数百，低回其处，不忍去，匡坐待遗者至，立还之。蚤年绾半通，不乐随隐去，慕汉刘公为人，更名昆。好施不倦，亲友有乏辄周，窭人子每待以举火；严寒赈糜疗饥，多所全活。凡有赎锾未入，羁犴狴者，必捐缗钱代纳脱之。有踵门泣谢者，亦谢绝。施棺椁，亡虑千数。尊经阁圮，及寺宇、桥梁募建，一一为之乐助。以遐寿终。先是，里中某官侍御与李石麓相公连姻，怙势横甚，垂涎翁所业北门外市廛腴房一区，辄遣奴诣翁，欲得之。时翁二子俱为诸生，靳勿与，翁乃折节持房券，畀奴归，亦不与值。后此宦家业不旋踵荡覆无噍类，其所夺者，亦不知鬻何人，而翁子姓代以为善，昌其后云。孔大司成贞运有传行于世。

宫永建，字克昌。性孝友，当丧父，家贫，从舅氏贷木，后偿半，而弟应偿之半,未也。历五十年,病革,召子景隆前,亟取箧中书若衣代偿,且曰:"吾诒吾父安,宁计所负属谁耶?"父枢在堂,会岛夷入犯,民尽窜,子身居守,曰:"枢存与存,毁与毁耳。"时比间焚劫,独得免,金异为孝感。门人顾四教,以景隆入泮,持缗钱五为馈,已稔建需之状,更倍之,建不得已,暂贮。后补纳,顾圽矣,家人不复记忆,请辞,曰:"若不受,当掘置隧左。"强留而去。其践然诺多类是。弱冠既廪,屡试屡甲。适以弟不检,含沙者嫁祸于建,抱沈冤莫雪。偶客有齿岁荐者,孙从傍曰:"向大父不蒙蔑,今者首进贤矣。"即叱止。及退,语:"而忘而叔祖在坐耶?"出辞气[1],惟恐弟踟蹰,而委顺受命,尤人所难。后七旬,以勤读失明,逾十年,双瞳忽炯炯如漆,异哉!孙大壮,方举于乡,天所祚正未艾也。

王好问,字尔裕,给舍[2]顺庵公冢孙。承清白吏之后,家徒壁立,然喜耽文史,不知柴米物价。于书无所不窥,悉手自抄录,下及诗韵亦然,其勤学如是。或劝之就试,不应。漆吟、纬恤,形于篇什,旁猎阴阳、卜筮之书,尤精大六壬数,谙青乌术,生圹皆其自定。平生足不至官府,迨请致宾筵造谢,然后识郡署云。里中称为次山翁,多其隐德。

外史氏曰:士伏处嵁岩,解体世纷,弗弋荣利,于《易》得《遁》之义者乎?又有但存方寸,衾寝自慊,还金蠲橐,孳孳鬻施不倦,此岂有所为而为之卒也?于公高门,延及数叶,则天之福善若持衡,可为阴行德者劝。

孝 子

汉

董永,丁溪场人,即世传卖身以葬父者。今本场永与父墓并存焉。[3]

---

[1] 出辞气:《〔雍正〕泰州志》作"建之意"。

[2] 舍:《〔雍正〕泰州志》作"谏"。

[3] 康熙重刻本后有双行小字注云:"按《广舆记》,永山东青州人,徙居湖广德安。父殁黄州,卖身以葬。事迹和墓俱在德安,碑碣可考。永有子,为道士仙去,亦在楚地。泰州董孝子,想另是一人。年远传讹,遂傅会为永,好事者又为地迹以实之耳。"

南唐

查道,其先徽人,宋平金陵,奉母渡江,居如皋。以能孝养闻。母病,思鳜鱼羹,方冬寒,泣祷于河,得鳜以馈母,母病寻愈。

宋

钱泿,字申伯,翰林学士勰之孙也。事亲孝,家贫而甘旨独丰。母病,药必尝而进。居丧,哀毁骨立,悲动邻里。庐墓三年,诵佛[1]书周五千七百卷。

张憙,字立道。事母奉兄孝弟。业儒,贫不能自给。宣和中买田唐湾,就家焉。自是绝荤,日营甘旨以奉母。赤芝生于门,越七年,又产舍后竹间,前后十四本,光润如涂丹朱,扣之铿然有声。乃筑三秀堂。内阁刘既济为之记,蒋侍郎灿、毛筠州敦书,皆以诗声其孝感。

顾忻,十岁丧父,以母多病,茹素不啖荤者十载。每日鸡初鸣,具冠带,率妻子诣母室,问所欲。如此者五十年。母老,目不能视物,忻日夜号泣祈天,母目忽明,以至烛下亦能缝纫。年九十余,无疾而终。

元

张缉,字士明。其先胶州人,父右邮宦游扬州,因家焉。至正壬午,缉与兄绅、弟经,俱中山东乡试,缉授泰州吏目。时高邮兵犯扬州,母方病,贼兵持刀突入,举家惊散,缉以身翼蔽其母,背负十余枪不动,子母保全。移家姑苏,以天年终。

沈政,父为屯田院卫官,使酒殴平人死。政中途见父恐慑,述其故,即号呼褫衣,就殴其尸,巡徼者捕送官,怡然就死。闻者悲之。

袁智周,字道济,税务桥西人。其父敬夫,占小海场盐丁籍。至正五年,为总催刘正二所凌轹,毙于非命。智周誓复仇,阴佩刀,寝苫枕块,凡六年。后正二为他人杀死,乃以刀弃之邗沟。知州赵俨上其事,旌表之,江阴王逢为作《佩刀歌》。

张起,遭兵革,与母失散,昼夜悲泣,行求四方,三十年得之济阴。成廷珪以诗赠之,许其与朱寿昌并美云。

周溢,万历元年,母陈氏遭危疾,割股肉疗之,得愈。父金于十六年遭

---

[1] 佛:《〔雍正〕泰州志》作"礼"。

危疾，又割股肉疗之，得愈。父母皆以八十寿终，庐于墓所，哀毁倍常。所居庐墓最洼下，水大至不浸，人以为孝感。

宫景隆，字美中。天性孝友，事两亲，竭力奉甘旨，不以贫为解。父七旬，病瞽，延医治之无效，乃朝夕吁天泣祷，如是者十余年，遂尔复明。佥谓孝感所致。后领甲寅岁荐，不忍离父入官。迨亲殁，风木抱悲，终其身惟隐遁而已。

刘光宁，生员。侍母病，衣不解带者凡数载。母殁，居丧哀毁，人比王戎。已经学院骆旌孝，毛院奖励。

外史氏曰：身体发肤，不敢毁伤，而世俗孝刲股，是以先后二志皆讥焉。庾黔娄尝粪之事，汉中主所不为不闻，以故贬孝君子爱人以德，奈何以此等题目赠人也。大抵文不典雅，事不中庸，不可以志。不则，传孝子者，简不胜折；而董永、袁道济，席亦不胜割矣。

高　行

唐珊，字可珍，招贤乡处士也。少师事陈美斋，私淑王心斋"良知"之学，敦伦重检，终身不见喜愠之色。美斋卒，同志推为主盟，无远迩、小大，磬折抠趋，无虑数十百人。居家动遵古礼，忝尝时祀，必戒必敬，上下相临，若严君然。子礼奉庭训惟谨，养志承颜，昕夕定省如礼。至如冢妇之矢节、介妇之疗姑，渐染家庭，共成贤孝一乡之善士，允无愧矣。著有《质言集》《乡约解》。

外史氏曰：唐可珍岂所谓闻风兴起者欤？儒者之言曰，"圣人可学而至"，患不为耳。可珍亦云，故构堂聚乐，偕同志讲论不倦，从游者日众。余于可珍论著未详，大抵必依傍"良知"，暗中可摸索也。传又称其师事陈美斋，亦不详美斋出处，则青出于蓝，将何所折衷焉？虽然，珊有志圣人之学者也，生而善盖于乡，殁而崇祀于社，此岂若处士而盗虚声者哉？

尚　义

宋

陈护,字元法。六世同居,家众百口。政和七年,诏旌门闾。厅事夹栏,正门阀阅,乌头二柱端冒瓦桶,卫以棹楔。左右建台,高一丈三尺,圬[1]以白而赤其四角。建炎中,兵燹不存。有孝妇向者,未三十即釐居,毅然有守。绍兴九年,贷金赎产,陈词有司,丐修遗趾。州郡赏其义,复榜建门闾。

茅信卿,四世同居。每旦,家长坐堂上,卑幼各以序立,拱手听命。分任以事,毕则复命,其有怠惰者,辄鞭辱之,卒无怨言。州守上其事,表曰"四世孝义之门"。

元

顾仲庸,倜傥好义,有古豪侠风。与保定张文友为友。张任嵊县尹,秩满,侨居江阴,一日暴卒。仲庸在京闻之,即走告当路者曰:"张文友未病,愿致仕。"因代入状中书,遂获以嘉定知州致仕。既领宣命,又代文友之子告荫,乃得注晋陵尉,其家实不知也。仲庸南归,致奠赙,奉宣敕授其子,人始惊叹。

张毅,丁溪场人。元朝奉二亲避兵火,国初,为大同行都司书掾,以勤俭廉洁著称。母病殁,扶归,至中道,父亦殁,路远力窘,火之,负其骨归葬丁溪。服除,补浙江都司令史。季叔客死瓜洲,毅在浙,念未举其丧。有仲叔亦贫老,不能自养,时为感泣。乃求谒告省墓,始葬季张,奉金帛为仲张寿。复赴浙,衣食量自给,掇其余遗以养仲叔。时人称之苏伯衡。有传。

国朝

正统七年,岁歉,入粟一千五十石,敕旨奖谕旌为义民六人:雷信、许礼、刘悬、陆敬、卢源、游淮。

宫贵,字大升。正德戊辰,岁歉,入粟千五百石,授散秩。时学之讲堂颓弊,捐资新之。丙子,郡大饥,饿莩枕籍于道,贵购地劚坎瘗之几千人。

---

[1] 圬:原作"朽",据文意改。

其重礼教、广恩惠,大率类此。事载御史何宏志中。

卢澄,卢源孙。嘉靖年间,屡值岁饥,出粟赈济,藉以活者甚众。代巡黄以"积善世家"扁其门。

赵礼,草堰场人。初聘某氏女,未婚而双瞽,其家欲辞婚礼,竟娶之,终身相好无尤。乡人称为"赵长者"。

顾梦骐,字德卿。父侍御廷对为聘太守王陈策女,后王女喑哑,骐不欲悔盟,遂完娶如礼,白首相庄,各院给匾优奖。骐以明经司训擢县令。

王之垣,字得师,廪于庠,心斋先生孙也。娶陈氏,年十九,病瘰疾,目双瞽,陈不安,欲为畜妾,力谢之,竟有子。陈早卒,垣即题其寝室云:"松作正人,不妨霜雪;莲为君子,亦自污泥。"遂终身不娶。房、柯、饶、陈四学院交奖,高按院请于朝,岁给米布。

顾楷,字仲表。好施不倦。隆庆四年,以赈粟闻于赵抚台,给以冠带。子四,教亦修学,代完漕米,院道匾奖。季子署丞四科,孝友乐善,月旦允孚,人以为一门尚义。郡守数延致宾筵云。

韩士文,号伴松。精岐黄之业,远近征聘无虚日,所入以供施予。赡贫族,不治家人产,遇婆者,并却其杏[1]不纳,缙绅多高其谊。尝爱莳一青松,婆娑其下,徐公小石赠之诗曰:"董生有地多栽杏,子独潇然寄一松。留与岁寒能济世,不求标记活人功。"曾著《休休楼集》。《志》中"卖药伯休居"诸咏,即指悬壶处也。

黄呈祜,字元祜。天性孝友,事后母,老而不怠。置义田,乐捐助,有父风。曾辟粤藩幕职,不就,月旦归之。

沈道辉,术擅岐黄,天性孝友。父早世,遗弟中、裕,俱幼,为抚长婚娶。既而兄光、弟裕,以业儒不暇治生,义让四百金产相助。兵宪胥给冠带优异焉。且施药贫婆,数不胜计,人额戴之。

○如皋

卢祯,正统七年,以捐粟敕旨奖谕,旌为义民。

---

[1] 杏:《〔雍正〕泰州志》作"金"。

外史氏曰：义之名不同，有敦伦重检，有让产捐金，有赈饥输粟，有谊重结发。不以疾弃，不以贫解，与终身无二色者，均之乎义也。往牒流传，近而舆论交许，是皆高谊可尚，汇之以风后人。

贞　节

唐

徐氏，庾府君妻。按东海徐景洪所撰墓志云："徐世为令族，适庾氏，夫殁，四子儒雅，教以义方，先业不坠。其子经明行修，过于仁孝。元和十一年，徐卒，葬海陵之务本里。铭曰："盛德之后，厥生夫人。芳犹兰芷，节禀松筠。"

宋

姜氏，张仪妻。年二十而嫁，越二岁，夫亡，孀居守义，寿六十五终。延祐六年，州倅衡中顺申闻旌表。

元

张氏，名贞，盛彝纲妻。至正癸巳，贼寇泰州，氏为贼所得，犯之弗从，贼露刃惧之，骂声愈厉。贼割其左肱，筋骨尽露，骂不辍，卒见杀，时年三十一。编修苏大年为撰墓志。

卞氏，年二十三，以良家子为江浙行省左丞潘元绍妾。元绍将败，趋入室，以帨自经，同死者七人，号"七姬墓"。浔阳张羽作《权厝志》记之。

国朝

陈氏，年十八，嫁士民李岩。越十有一年而夫亡，守志弗敓，寿八十。州守张遇林具奏，御史吕俊覆实，洪武三年旌表。

刘氏，朱斌妻也。年十九而斌卒，遗孤悬童仅一岁，刘氏能执妇道，奉舅姑，及殁，葬之如礼。虽子幼家贫，终无二志。永乐二十二年旌表。

窦氏，陈贵妻。夫早卒，遗孤方四阅月，窦氏业纺绩养舅姑，备历艰辛，柏舟之风凛然。宣德元年，州同何珣具奏旌表。

何永明妻沈氏，二十三而寡。弟永昭妻杨氏，亦二十三而寡。沈子谦、杨子诚，皆在襁褓，相与死守，惟勤女红，终养其姑。二子各获有成，盖天培完节也。郡守匾其堂曰"双节"。

赵氏，王本妻，夫殁，年二十四，坚心自守，誓不再适。非归宁及谒墓、祭祀，中门未尝出。其侄教谕王定在太学时，于景泰六年上其事，命下而节妇殁矣。

顾氏，年十九，嫁胡铠，逾年夫亡，遗腹四月，誓不再醮。生孤鸿，时家贫姑老，纺绩以养。比殁，鬻衣殡葬，亦略成礼。孀居五十载，冰霜比操。有司请旌表其门。

周贞卿者，周沂之女，通书史，间知大义。年二十三，归庠生许鏊。值门祚衰落，躬亲纺纤，资其力学。仅二年，鏊卒，无所出，日夜哭不绝。因自缢，翁媪觉而救之，得不死。遂绝黛墨，迹不逾阈。日上堂奉姑惟勤，不以贫窭养少衰，及终，哀毁甚至。与其侄相依为命。嘉靖改元，奉诏书恩例，郡守金廷瑞具绢绵、米肉劳之。

韩氏，参政斐女，百户熊纲妻也。年四十未有子，侧室陈氏生子政，韩字之如己子，以袭父职，乡人贤之。有王氏者，北京骁骑王世英女，纲督戍抵京，媒妁诡言失偶，求婚于王，比归，始知列在小星，乃自安义命，无恚容。纲卒，内外咸谓[1]王少而无子，当别适。会有同知王某丧其配，同亦燕人，女媒议及之，王怒，詈其子政曰："焉有以母事人，而忍以醮人者耶？"即自髡其发，坐卧一室，守志终身。人以为贤节萃于一门云。

储氏，太学生刘启贤妻，庠生光裕母也。舅卧瘫病，夫患赘疮，朝夕虔侍者十余年。甫三十，舅与夫相继捐馆，事姑育子，备历劬勚。姑患大肠燥结，如厕必得人徐导之，储氏朝夕同起居，以身任之者二十余年。或欲代之，必曰："姑年老，汝辈不审轻重，不可。"曰："此予分内事，何与他人？"姑竟以八十寿终。教子义方，早年入泮，亡何暴卒于外，悲号辛楚，惟抚子妇张氏，坐以待毙。年七十余，日夕勤女红无懈。郡中语孝节者，必首称焉。

沈氏，少司马沈良才女。十八岁归诸生陆应昌，半载而寡，抚遗腹子必大，亦为诸生。守志至七十三而卒。遭家道旁落，含冰茹茶，人所不堪，而无秋毫见颜色。临革，语侄道隆曰："好送我至海安。"海安乃应昌之穴所在也，

---

[1] 谓：原作"为"，据康熙重刻本改。

其始终不渝之节彰矣。抚院屡赐粟帛。至万历丙午,按院黄题请建坊旌表。

王氏,富安场崔邦仁妻。夫亡无嗣,王年二十七,抚犹子希旦,守节六十余年。盐运司副使楚孔生题其门曰"倡导九州""风化担当""万古纲常",具呈抚院,奏闻,扁其门曰"贞节"。寿八十五乃终。

王氏,适生员顾廷问。未三十,夫殁,哀毁绝粒,誓不欲生,舅姑百端劝慰,乃茹恸抚训遗孤梦圭、梦麟,并游庠序。季叔廷策无后,遗产千金,族议仲子麟为嗣,氏峻辞不许,曰:"未亡人何以见夫君地下也!"嫠居五十余年,寿逾八十,各院屡经旌表。

李氏,杭周侧室。夫卒,年二十七,无子,止育一女。人有议其再适者,则峻辞晋绝之。杭氏一败涂地,宗中一无可托,依女夫郡庠生潘体元,矢节弥厉,五十余年乃卒。

孙氏、杨氏,安丰场吴浈妻。杨氏生子守斌,五岁浈亡,孙年二十九,杨年二十七,同心守节。后孙早卒,杨年七十余,醝院屡旌表之。里中称一门双节。

徐氏,缪廷桂妻。桂卒无子,徐年仅二十五,抚犹子好义为嗣。好义卒,更抚从孙师文为好义子,惓惓为夫一念,五十年如一日也。

缪氏,年十九适卤丁张鹤。三年,鹤亡,誓不再醮。年六十,州守转闻当路,署门奖之,高陵吕公为序,以彰其懿。

徐氏,茅家庄翟贤妻。年逾二十,夫亡无嗣,守志奉孀姑柳氏。有族人利其产,以子为之后,且讽其姑,迫嫁之,遂引刀自誓。姑殁,殡葬如礼。盗夜劫其庄,率相戒毋惊翟寡妇。其节操,即强暴稔知之。

阮氏,诸生李国柱之妻。夫卒,阮年十八,抚遗腹子天培,相依为命,守节至四十余年卒。

李氏,户部主事李彬女。适生员沈行可,沈早卒,无嗣,仅一女,李年甫十七,守节自誓,无二志。万历十三年,代巡李栋、郡守李裕旌奖,优以粟帛之典。

葛氏,工部主事陈应诏室。夫卒,甫二十,自矢从一,金石比操。抚子于蕃入庠,蚤世,遗媳章氏,年二十三,侍奉孀姑,同处一室。时廪生元鼎尚在襁褓也。虽粟帛已沐恩,而建坊则尚有待焉。

顾氏，名淑贤，封御史顾云凤之女。年十七，适夫王日昇，本骏憬不通人道，顾委心事之，无怨尤。未几，昇故，依母为生。母病，刲股调愈，孝闻当路。守节历五十余年，寿七十有七，犹是处子。比殁，遗言合葬昇墓。各院疏请，钦赐建坊，旌表其门。

卢氏，适海安镇民徐冕。年二十五，夫卒，时子爌甫数龄，卢许以身殉，勺水不入口者五日。忽假寐，若有告之者曰："死矣，奈孤何？"乃强起，食贫抚孤，几四十载。抚按盐院屡经旌奖。爌举戊辰进士，上疏建坊。

章氏，适把总张铠。隆庆五年，铠卒，章时二十七，生子选甫二龄。家贫无倚，矢志抚孤，辟纑资赡，苦操历五十余年，寿八十六。各院交奖，建有贞节坊。

杜氏，河泊所张子致妻。年念八，生子云翼弥月而夫卒，即茹素自誓，抚孤褓褓中。盖寡言笑，绝迹归宁，如是苦节者历五十九年，寿八十八。无禄，子先氏卒，氏一恸几绝，闻者伤之。屡经各院旌奖。

袁氏，仇科侧室也。二旬夫死，无子，终身守节，年九十三而终。院道屡旌，岁给缙帛，今建有贞节坊。

沈甫妻钱氏、徐述妻丁氏、海安镇陈湘妻徐氏、生员沈试可妻徐氏、生员张梯妻陈氏，皆早岁夫亡，家贫守节，历四五十年而旧志所载，可卜完节者也。以上为妇节，以下为女贞。

顾氏，名善全[1]，顾文昱女，许聘军贯邹宝。未归，宝往戌西粤，卒于伍。父母、舅姑劝之改适，女曰："我身虽未归，即妇也，可再执他人箕帚乎？"遂断发自誓，以女终其身，年逾六十而卒。家为立纸灵以祀之，邻有回禄，延焚其家，惟纸灵如故，众惊异为贞烈所感云。

向氏，名隆，海安镇向穗之女。三岁，许聘同镇朱舜年。十六，舜死，讣闻，哀甚，将死之。父母察其意，为防守。越三日，穗往奠，女欲从行，穗不可，女指釜中汁绐母曰："我馁甚，安得菜为之羹。"母出，携菜归，已缢死矣。时暑月，家贫，数日始殓，面色如生。事闻，旌表。

李二女，年十九，许聘缪时雍。未于归，雍卒，女闻讣即欲往死，父母力

---

[1] 全：康熙重刻本作"金"。

劝谕之,涕泣不食。越六日,乘间缢死。事闻,旌表。

钱满儿,钱碧女。年二十三,许聘梁垛场徐恩,未迎婚,恩暴卒。闻之,悲噎废食,潜自缢死。事闻,树坊表墓。

周忏女,梁垛场人,年十六,许聘本场王兴。未嫁,兴病卒,女即自缢。州学闻于盐台曹一鹏,建坊、赐扁表之。

刘孟刘,太守弘宇女也,幼许字庠生张孔怡子世睦。睦年十九,以师酷督成痫,久为痼疾,罔知人道。欲议改字,孟刘窃闻,掩耳而泣。由是岑居邃壸,衣不彩,食不荤,将甘心而俟河清也。天启辛酉夏,忽抱疴不起,将革,嘱婢告母,索张聘钗,簪之发中,更整衣谢母、嫂,从容而逝,时龄甫三十三耳。夫生已卸饰盟心,死必簪钗瞑目,允矣坚贞,可光棹楔。

○如皋

卢氏,适李某,生一女。旅常熟县之江堧,贼徒张岛说其色,诬李以盗而沈之江,欲室卢氏与其女。母女仓皇阖门自刃,岛等辄火其尸。后代巡陈蕙诇得其事,岛正典刑。常熟罗公鸿立祠以祀,扁曰"二烈"。

章氏,赤岸乡民许汉妻。适许不二年,而夫殁,时年二十岁。妊方五月,生男,名云龙,章抚之成立,娶石氏。七阅月,云龙复殁,石甫年十六,亦守志养姑。乡人称"双节许家"。

葛氏,生员张可学妻。张疾,垂死,葛检其钗钏、衣物,置一笥,付其姑,潜入别室缢死,张寻卒。两枢并举,闻者莫不悲叹。有司为表其墓,具祠祀焉。

义姑,张麟孙女。麟次子张礼国初从征安南有功,授广西右卫镇抚。礼子张福北上承袭,行至淮安病故,其妻刘氏亦病故,遗子张辉,年方六岁。福妹时年十五,痛兄嫂继殒,誓抚孤侄,终不适人。事闻,旌表,建义姑祠,命春秋祭焉。墓碣至今称义姑冢。

外史氏曰:妻之从夫,犹臣之从君,以一而终也。彼斁帏肠刃,皆血柏舟,坚髦发之特,固妇节当然。乃有身未归,而甘心以殉者,曷故?孰知草莽之士,是亦王臣。总之得《坤》道"贞吉",而彤编永矣有光哉!

期　寿

陈佐，教谕陈禄季子。生平醇谨，有娣修，乡里称孝弟、颂高义，见者敬爱之。自少至老，恟恟如也。八十后，犹健爽无一衰容。逾九十，迫百岁，望之谓为神仙中人。当百岁诞日，署州事别驾陈坦亲至第问劳，迎见时，率四子诸孙行礼。四子皆庞眉皓首，而孙、曾、玄，在学服衣冠扶之者，至十一人。别驾题其堂曰"百岁堂"，门曰"华封贻祝"，至今传为盛事。

韩氏，袁世芳之母。自九十以外，谷食不时进，日啜醴少许，并肉脍数丸而已。寿满百岁，盐院有匾旌门。

外史氏曰：世之所艳羡而难必者，富与贵及寿耳。只言富贵，何地蔑有？可以道衡命，可以人力敓造化。若寿，则古以七十为稀矣。等而上之，曰耄，曰耋，千百中得一焉，已诧为盛事；若百岁，非宇内绝无仅有，而比之凤仪于庭、麟游于郊也哉。共称之曰"人瑞"，信矣！

侨　寓

梁

昭明太子与邵陵王纶，大同间游泰州，寓太子港金兰桥，二人为乐真人立观。又闻王仙翁上升，诣天目山致礼。州人谓之郭西九郎，以其掌火政，立庙祀之，今文孝庙是也。

宋

蒋之奇，字颖叔，发运使。元丰二年游天目山，致礼请祷，开王仙翁右井，得鹿角数十丈，又获金龙七、玉璧三十六。

富弼，字彦国。父为征官，随侍至泰州，寓景德禅院读书。与胡翼之、周春卿相友善。时范文正为西溪盐官，一见弼，器之，曰："王佐才也。"弼初名皋，晏元献谓文正曰："吾一女，君为择婿。"文正曰："必求国士，无如富皋者。"元献妻之。后弼与元献俱登相府,益异觏[1]也。

韩驹,字子苍,自布衣时有诗名。游泰州,寓景德禅院富文忠读书处,有题壁诗。吕居仁列子苍为江西诗派,王安国亦云:"文章格调,须得官样。若子苍之文,乃台阁之文,所谓官样者与?"政和初,召除正字,终徽猷阁待制。

曾孝序,泉州人,任宋监泰州盐,因家泰州,累官至怀庆路经略使。过阙,与蔡京议司事[2],忤其意,窜岭表。后知青州。兵乱,与其子宣教郎讦皆遇害,年七十九。后赠光禄大夫,谥宣愍;子讦,承议郎。

宋应龙,仕宋为谘议官,寓泰州。应龙儒生知兵,出入行阵三十余年。元兵至泰州,裨校开门迎降,应龙与其妻自缢园中。时提刑谘议褚一正督战于高沙,被枪[3],竟投水死。知兴化县胡拱辰亦死之。

许愈,黟县人。父子尝置别业于海陵,为故安定所知。安定为作《孝子传》,其略云:愈事父以孝谨闻,供给甘旨,昼夜不怠。与妻子共食粗粝,供父则尽珍异,示丰厚。父病笃,至浣濯衣服,必躬亲之,虑仆隶下人有厌心云。[4]

李庭芝,字祥甫,随州应山人。德祐二年,权知扬州。阿术攻扬日久,庭芝坚力死守。会益王昰即位,以少保左丞相来召,庭芝乃命置制副使朱焕守扬城,自与姜才将兵七千趋泰州,将东入海以赴召。焕即以城降,阿术帅兵追至,庭芝走入泰州。阿术筑长堑围之,而自当东南,绝其去路,且驱庭芝妻子至陴下,欲招降。泰州守将孙贵、胡惟孝开北门迎虏,庭芝赴莲池中,水浅不死,遂与姜才俱遇害。

姜才,濠州人。阿术攻扬,才与庭芝协力坚守。益王在福州,召才为龙神四厢都指挥使,遂与庭芝东至泰州,将入海。阿术以兵追及,围泰州。会才疽发背,不能战,遂就执。阿术责其不降,才曰:"不降者我也。"愤骂不已。阿术犹未忍杀,以朱焕之请,杀之。扬民莫不涕下,乃立三忠祠,同李庭芝、孙虎臣共祀。

---

[1] 觏:《〔雍正〕泰州志》作"数"。
[2] 司事:"事"字原本为墨钉,据《宋史》卷四五三《曾孝序传》补。康熙重刻本"司事"两字俱阙。
[3] 枪:《〔雍正〕泰州志》作"创"。
[4] 此"许愈"条,康熙重刻本无。

文天祥,字宋瑞,庐陵人。德祐二年,至泰州,将浮海以求二王。先是,祥为元伯颜所执,自镇江夜亡,入真州,闻李庭之在扬,听谍者言,备之甚急,乃东入海,道遇元兵,伏环堵中得免。然饥莫能起,从樵者乞得余糁羹,行入板桥,元兵又至,众走伏丛篠中,兵入索之,执杜浒、金应以去。浒、应以所怀金与卒,得逸。有二樵者,以贲荷祥至高邮稽家庄,稽耸迎至家,遣其子德润送至泰州,自泰州过海安、如皋,舟与追骑常相距。时有朱省二者,方受虏命宰如皋,公不知而过之。既闻,惶惧,虑不可免。籍张阿松知非凡人,留宿五日。闻追兵至,阿松遣子二人,戴以苇笠,卫送至通州泛海。所历艰阻,各序其事而系以诗,悉载《指南录》中。

王安石,字介甫,临川人。初为淮南判官,以事出如皋,尝过主簿陈兴之。后兴之以进士得嘉庆院解,安石再过之,有《食蟛蜞诗》,见集中。

刘亮,吴郡人。元未尝仕于伪吴,后知天命有归,乃以巨舰尽载所藏书万余卷渡江,抵如皋,主于冒致中家,且谋献天府,未果上而以疾卒。致中因结宇贮之。永乐中,遣使取入中秘。

外史氏曰:汲井示别,扫室存公,管、郭令名,所在辄播。则地以人重,匪直里居著姓也。君子之至于斯,不胜缕数。其有赫赫才节,世所望而震焉,以为紫芝朱草,一时之税驾,遂得千秋之列传,乃郡乘转借以不朽矣。

泰州志卷之七

方外志

宇宙广矣，一气絪缊。谁巨谁细，即合即分。幻渺琐屑，总属见闻。六合内外，不论而存。志《方外》。

坛　壝

社稷坛　在州治北门外西北五里。旧正门北向，今南向者，后门也。后门进有影墙，祀神俱南向拜，盖以神在北向也。其制：坛而不屋，方阔二丈五尺，高三尺，东、南、西、北出陛[1]各三级。北向为前九丈五尺，周垣一百二十五步，右社左稷。埋石柱于坛正中，上露圆尖。祭以春秋仲月上戊日，用豕、羊、祝帛等仪致祭。先有神厨库、宰牲、宿斋房各三间，今废。共工氏之子勾龙为后土官，能平水土，祀以为社。烈山氏之子柱能植百谷，夏以前祀为稷。至殷，以柱久远，而尧时弃为后稷，亦能植五谷，故废柱祀弃为稷。见《国语》。

山川坛　兼祀风、云、雷、雨。坛在州治南门外四里，南向。其制度与社稷坛同，但不用石主，用木主三，中风、云、雷、雨，左山川，右城隍。以春秋仲月上巳日致祭。有司前期二日斋戒，用豕、羊、祝帛等仪。《周礼》祀风师、雨师，唐天宝五年始祀雷，本朝又加以云，合为一坛。城隍，地道也，故与风、云、雷、雨并坛而祀。旧迎城隍神于坛合祭，而此礼今不讲矣。

---

[1]　陛：原作"陛"，据康熙重刻本改。

郡厉坛 州治北门外东。其坛高二丈五尺,阔二丈五尺,周垣一百二十五步,上有南门。神厨、宰牲房各三间,今废。祀典以清明、七月望日、十月朔日晡时祭无祀鬼神。先期,主祭官诣城隍庙发告文;至期,迎城隍神位于上,列无祀鬼神于傍。其祭用豕、羊、羹饭、冥衣。

乡厉坛 每乡立无祀鬼神坛,共一百四十二处,俱在各乡。《左传》谓:"神有所归,乃不为厉。"厉祭自三代以来有之。我朝洪武三年,命天下立坛,以祀乡厉,各里都立之。

○如皋

社稷坛县治西。 风云雷雨山川坛县治东南。 厉坛县治北门外。

外史氏曰:夫土谷之神,将为民御灾捍患是赖,然旱干水溢则变置,凡以为年耳。神既以关于年而祀,有其举之,莫敢废也,则牺牲、粢盛安可不虔且洁哉?或问祀厉者何?昔伯有为厉,子产立其国,且曰:"匹夫匹妇,魂魄犹能依冯于人,以为淫厉。"厉,沴也。厉坛为无后者设,亦饱馁泽枯之义也,夫谁曰不宜?

庙　祠

城隍庙 州治东南,每有司朔望行香及灾旱祈禳、到任宿斋,皆宜在焉。唐、宋以来,其祀遍天下,或赐庙额,或颁封爵。至国朝洪武初,革爵号,改称某府、州、县城隍之神,制备义精,足袪前代之陋。《事物纪》云:"秦功臣冯尚梦感于汉高祖曰:'奉上帝命,与王领城隍庙阴事。'故自汉至今,遂为天下通祀。"

泰山庙州治西,其神碧霞元君,额题"太山行宫"。 祠山庙州治东。 龙王庙即灵济庙,州治西北五里。相传昔有游龙自仇湖东居郭太保潭,祈祷辄应。会运河决,宋守王扬英以祷神,蜿蜒水面,河寻塞。又宋淳熙十一年,守万锺因五六月大旱,用皇祐法设坛,刑鹅以祭,甘霖随之,岁大稔。明年三月,诏封敷泽侯,敕海陵建庙,春秋致祭。 马神庙州治东,乃马厂之神。 上真殿北门外濠上。 玄帝庙一南门外,一港口镇。 关王庙一海道东;一州治西南;一北门外北山寺西;一北门外厉坛东,州绅宫景隆建;一南门外;一安丰场。 五圣庙在州治西,宋建隆年间,祈祷如响,故建。 土地庙州治西南。 小郎庙州治北一里,新桥西。 晏公庙一千户所内西偏,一荻柴港,一经武桥东,一北门外新桥西。　双庙一州治东,厉坛后;一州治西二十里,临河。　和合庙西门内经武桥西南。　奶奶庙州治西南,今改祐生祠。　东岳庙西门内经武桥西。　金龙四大王庙北门外西坝口。　火星庙旧州治西经武桥右,今迁北门外观音堂。　文孝庙州治西,绍兴十三年建。梁昭明太子尝至此,州人谓之郭西九郎,以其掌火政,故祀之。　五龙王庙南门外海春馆西,创建时有五色蜴屡见于香炉,屏花开,见者异之。　韦龙将军庙港口镇南。　白马将军庙州治北四里,即汉秣陵尉蒋子文祠,子文尝乘白马,故云。子文一身青骨,自谓死当为神。　卢将军庙州治北开化院西,与王屋禅师同自蜀来,唐宝历中庙食。　八蜡庙南门外,万历四十六年,守崔国裕建。　城隍庙海安镇,旧有土城。　辞郎庙西溪镇。　新城殿州治北。　钱家殿州治北。　三官殿一州治西伏龙桥,一桁茶场。　三光殿州治东北。　祖师殿河垛场。　张仙祠丰利桥西。　大生祠州治南。　安定胡先生祠一在钟楼巷,嘉靖间移祀西门泰山讲堂,隆庆间侍御王友贤重建;一在安丰场。　三贤祠海安镇,祀范文正公、张文靖、胡文定。　崇儒祠光孝寺右,祀名儒王艮。　储文懿公祠光孝寺东,万历四十六年,龙盐院命建。　董公祠万历四十五年,盐院谢正蒙为孝子董永建。　报德祠州治南,祀海道刘景韶。　熊兵宪祠海道东,为熊尚文建。　郑公祠州治东南,为兵宪郑二阳建[1]。　愍义祠州治南,万历二十三年,为刘启衷、丘启贤、李邦相、李邦翰、刘光道、方士元六生溺死于淮建。

旧有:武烈帝庙州东,祀隋将陈杲仁。　文学庙祀梁昭明太子。　助顺圣妃庙乐真桥北。　女冠子庙在招贤桥西去百步。陈三姑,州治北陈家庄人。生七岁,尚未能言,一日仰,空中若有所晤对者然,因契玄门宗旨。稍长,言祸福如券。时张士诚乱,姑言异日当来借粮,须筑垒御之,仍画拒兵之策。比贼至,知不能劫。军师欲阴破其术,挖断地脉,有二土凤从地中飞出,振羽南翔,一往西九里沟;一至招贤乡河侧,入土阜中,觅之不见,其阜至今峭若丹壁。不数年,姑飞升去,乡人立庙祀之。　仇湖龙神庙州治东北百里。　善利庙西溪镇。　五圣殿新场。　列仙祠祀海陵十仙。　周处士祠太子港西。　忠节祠州治东南,祀孙虎臣。　三忠祠祀宋忠贞李庭芝、忠节姜才、忠勇孙虎臣。　六太守祠祀荆罕儒、周述、田锡、张纶、孔道辅、曾致尧。　俱废。

○如皋:城隍庙察院东。　马神庙府馆西。　关王庙县治后。　清泰坊庙广福寺西。　平泰坊庙中禅寺西。　迊王庙丰利场。　天妃庙西场镇。　晏公

――――――――――――

[1]　建:原文夺,据文意补。

庙掘港场。　米将军庙西场镇。　胡安定祠学宫西南。　龙图王学士祠县治东南。　文丞相祠县治东南。　贞烈祠卢氏、李氏、葛氏。

外史氏曰：我朝秩祀，或崇德，或报功，或景贤，非此族也，不在祀典。今泰所尸祝者皆称是，宁惟庙貌巍峨，侈幽冥之缛文哉！然则祀安定、心斋诸君子者何？诚以阐明理学、继往开来，为他日颛蒙手开筚簬，俾共游大道之廓如，其遗泽正未斩也。昔韩愈推尊孟氏，以为功不在禹下，职是故矣。

寺　观

万寿报恩光孝禅寺在州治西。晋义熙年间，觉禅师初建。宋崇宁二年，赐"崇宁万寿寺"额。政和元年，改天宁万寿寺。绍兴八年，以徽宗建道场，赐今名。毁于兵燹。至绍熙中，德范师应转运陈公请至寺，先建楼百尺，以栖钟，遂建佛殿，颜曰"最吉祥"；又为阁六楹，用"碧云"赐额。通费钱四千[1]万有奇，宝章阁待制陆游为记。国朝[2]修圮不一。崇祯四年，天竺方志师，原籍州人，应聘飞锡，鸠工重建，焕然改观，永为祝圣道场。　南山教寺州南。唐乾符三年，僧铁心坚禅师建，赐额"护国寺"。宋治平元年，改资福禅院。政和七年，改神霄玉清万寿宫。建炎元年，复名资福禅寺。绍兴三十一年，虏至，僧觉如捧《金刚经》见之，虏问："何恃不避？"觉如举手曰："恃此耳。"因举经义，虏皆罗拜而去。淳熙十年毁。绍熙年间，僧绍信、觉妙建。嘉定年间，立戒坛。吴元年，僧主僖重修。崇祯五年，天竺方志师建完浮图，聿增胜概。　北山开化禅寺州治北二里。唐宝历元年建王屋禅师道场，嘉祐八年改今名。旧有浮图，崇二百尺，为郡之形势。建炎、绍兴毁于兵。淳熙间，蜀僧子廉住持，芟除草莽，建佛殿，创法堂，营缮殆备。相传王屋禅师临化，欲蜀水饮，命其徒持锡杖画后园地，遂成泉得水。其泉通于扬州蜀冈第五泉。　西山报国禅寺州西南。旧名报国庵，方志师从天竺飞锡，改建为寺。　东山寺旧名东山常乐教寺，东门外，唐大中年建。　广福寺海安镇。　弥陀寺夹周庄。　护国寺州治北七十五里戴家泽。　景德寺州北六十里东山庄，宋景德年间建。　岱岳寺姜堰镇，宋至和年间建。　净业禅寺姜堰填，旧名弥勒教院，晋义熙年

---

[1]　千：康熙重刻本作"十"。
[2]　国朝：康熙重刻本作"元以后"。

间建。　观音寺一宁乡镇,一梁垛场,一草堰场,一刘庄场。　旌忠寺州治北六十里,宋建炎年间建。　罗汉寺州治北七十里,宋景德年间建。　广明寺州治北九里。　天宁寺州治东北七十里。　天宁院州治东北九十里。　宝福寺州治东北七十里,宋嘉定年间建。　寿圣寺一秦潼镇,一栟茶场。　大圣寺一富安场,一东台场。　义阡寺一安丰场,一丁溪场。　三昧寺东台场,改名圣果院。　宝相寺西溪镇。　延庆寺白驹场。　观音阁港口镇。　仙源万寿宫州治东南。本乐真观,梁大同元年,以乐子长故宅为观,在乐真桥。唐大中年间移建兹地。宋大中祥符元年,天书降诏,建天庆观,以乐真观为之。五年,降诏置圣祖殿。崇宁中,虚净冲和先生徐守信赴阙,有诏展修,规屋至五百区。大观元年,赐今名。至建炎,遭兵革,不存。后内侍李需重建于城东五百步,锸土作基,而泥沙不坚。役者病之,祷于虚净像前。先一夕,主者梦神翁曰:"我东南有隙地十亩,自可取土。"询羽众,果有之,遂更取是土。深至七八尺,及泉为池,而土功未已。有父老谓主曰:"第休役三日,复何患?"如其言,后取土,果满出。随取随增,宫毕犹成堆阜,时人谓地神献土。见宋舍《徐神翁语录》。建炎后不存。至宝庆三年,守陈垓复建西庑,立神翁祠,扁其堂曰"守雌"。　大隐观州治谯楼西南。宋建炎间,海陵仙人高先生舍宅建庵,名曰"大隐",修真得道,故观以"大隐"名。国初旧名海鲜观。　乐真观州治西门内经武桥西。　圆通禅林光孝寺,赠君刘乐湾建。　塔下庵州治北。　普济庵州治南门外。　慈山庵州治东。　潮音寺州治西南,旧火星祠改建。　准提庵光孝寺东四房,叶凤仪建。　水月庵寺西第五房,踞林水之胜,内安《藏经》全部。　弥陀庵寺西第二房。　祇园庵新安坊。　圣寿庵南门外口岸河西。　广胤庵州治东南,同卿陈应芳建。　幻竹庵州治东北,副使袁懋贞建。　涌金禅院州治西南十五里,古刹,以掘地得金建,故名。　永兴庵州治北四十里吉沟庄。　吉祥庵州治北十五里桑家湾。　唯心庵港口镇。　移风寺州治西北西坂坽。　长庆庵州治北六十里光孝庄,僧寂忍建。　广因寺院旧名西莲教院,州西六十里。　觉胤寺州治东北,万历三十二年僧祖敏募建。　普照庵州治南,原一庵分三处建,旧名新兴尼院。　乐善庵太和桥南,兵宪郑公二阳建。　放生庵小西湖,兵宪郑公建。

旧有:北禅教院州治北二十里。　演化院州治东北一里。　回车教院州东北八十里。　华严教院州东南七十里。　永安教院州南五十里。　千佛教院州东北三十里。　胜因教院州东南三十里。　迎福寺州治北三十里。　妙庵寺港口庄。　慈氏教院港口庄。　今俱废。

○如皋:广福寺县治西。　中禅寺县治东北。　慧明寺西场填。　明禧寺江宁乡。　谷清寺沿海乡。　海明寺丁堰镇。　宝庆寺江宁乡。　大圣院赤岸乡。　定慧院县治东南。　东大圣院沿海乡。　三溪院沿海乡。　通真道院丁堰镇。　灵应道院石庄镇北。　灵威观县治西北。

外史氏曰：自象教西流，化人东鹜，于是宝刹琳宫相望，涂膏衅血，以助辉煌。而车骑骈阗，士女梦遄，遂奔走之若狂矣。或曰：去吝兴慈，默存劝戒。然愚人流浪生死，正难以不可思议度彼也。若夫白莲无为，村堡相煽成风，长此勿救，载胥及溺。宰世轴者，痛辟左道，禽狝而草薙之，不为过焉。

仙　释

东陵圣母，海陵人，适杜氏。师刘纲学仙术，夫不之信，告官系狱。顷之，圣母已从窗中飞出，众人望之，转高入云中。于是立庙祀之，每著灵验。常有一青鸟集祀所，人有遗失，则飞坠盗物之处，以是广陵道不拾遗。《汉书·郡国志》："广陵有东陵亭。"《博物记》曰："女子杜姜，左道通神，县以为妖，闭狱桎梏，卒变形，莫知所极。以状上，因以其处为庙，号曰东陵圣母祠。"

乐子长，泰州人。道成，白日飞升，今乐真桥乃其遗迹，当时号为乐真人。梁昭明太子与邵陵王纶游至泰州，以乐子长故宅为观。许旌阳尝云："千二百四年，五陵有八百仙人。"《真诰》所谓五陵者，海陵居其一，在古有江海会祠，盖海上方士游息之处。

王冶，泰州人，隐居天目山。陶隐居云"地钵福地"，即此。修灵宝法，炼丹存神。历宋、齐、梁百余年，功成行满，有双童召冶，群仙导引步虚，清乐之音，四比皆闻，白日飞升。山有二井，封镵极密，乃藏灵宝符、杖履、水袜、隐形帽于左丹井。梁昭明太子闻冶升举，同邵陵王纶诣山致礼焉。

王鹿女者，亦在泰州。王冶居天目山时，有五色鹿产一女于山左草莽间，闻啼声，往视之，见鹿乳焉，冶挈养于庵。至七岁，为筑鹿女台居之。冶飞升后，女欲南渡，邑人饯之横浦，云："后百年复来。"履江水而去。景云二年十一月，山忽鸣，声闻远近。会敕遣天台山女道士王妙行，行天下名山大川、洞天福地，投金龙、玉璧。王妙行即鹿女，计其时正百年矣。

徐神翁，名守信。生六七岁始能言。少孤，十九岁役天庆观。嘉祐四年，天台道士余元吉来游，示恶疾，神翁事之无倦。忽于溺器得丹砂，饵之，自是常放言笑歌，默诵道书，绝粒至数日。假《度人经》语，为人言祸福如影响。一日，徽宗特诏召入，言事多验，赐号"虚静冲和先生"。高宗时为藩王，叩以后事，与之诗曰："牡蛎滩头一艇横，夕阳西下待潮生。与君不负登临约，同上金鳌背上行。"后高宗避金兵入海，为浅所滞，待晚潮后行，问："此何处？"曰："牡蛎滩也。"遂登岸。又问："此何山？"曰："金鳌山也。"因思神翁语，乃屏去警跸，易衣入临济寺，见此诗新书于壁，墨迹未干，始知为异人。卒年七十有六，赐大中大夫，给葬用四品礼，厝城东响林原。先是，天庆观役时，常持一帚供洒扫。后响林、方洲、仙源新祠堂，提举司霜节亭多生帚竹，宛然丛彗，亦异矣。

周处士，名恪，字执礼，敬述五世孙。元祐初，再举进士不第，郁郁不得志。从郡学释奠，忽大呼仆地，阅四日而苏。悟老子"谷神"语，取儒衣焚之。自是动静颇异，预言人休咎，历历奇中。先是，徐神翁语人曰："周门石青毛，当得仙矣。"果验。宣和中，屡召不起，谢使者曰："吾太平衰末之人也。"蔡京奉书，卧而嘁之。赐号"守静处士"，给五品服。后示化，葬神翁之西，与唐道人相继同域，号"三仙坟"。

唐先生，名甘弼。为小吏，廉恪无他技。一日晨出，若有所遇者，忽裂巾毁履，亵语裸裎。家人以为狂，因囚于别室。岁余，其母哀而纵之。冬夏一布襦，仅蔽膝，徜徉闾井，发语干休咎无不验，人始稍就占讯。所临列肆，是日必大获，竞延致之。张荣来据城，闻其神异，执于大雪中露坐，方数尺独无雪，发肤略不沾润。乃积雪丈余，穿洞穴埋其中，弥日出之，怡然也。后潜抱薪自焚于隙屋，有田夫中途遇之，问："先生安往？"曰："吾归也。"入城既自焚矣。葬响林原。岁余，有盐商见于江西，而蜀人亦见之于青城云。

陈毯皮，名豆豆，不知何许人。每披方毯，冬夏不易，行乞于市。携小旧篮贮书卷，见可人即付与，得钱物复施丐者。人呼为"陈毯皮"。

法响，姓李氏。年十六，依栖霞寺，多异行。隋末还故里，时海陵宁海有猛虎，响为制斋以致之。俄而群虎悉至，响以杖扣其胫，皆弭耳摇尾受其制,由是群虎绝迹。唐初,过江北,以县南小孤山建寺居之。贞观中卒,弟子即其地建塔葬焉。

白衣二真人,传逸其名。二人尝过赤岸乡,里人管念九止之宿,洒扫一室,焚香煮茗为供。迨旦,二人已失去,室中独遗二铁罐,内有“头风黑神方”。管用其方合药置罐中,凡头风者,服之无不立效。元末失其罐。人以为神。

孙念二公者,逸其名,宋如皋人。自北徂东,田连阡陌,与妻蒋媪持斋奉道,老而以田三百顷尽施于威灵观,相传拔宅而升。本观道家至今奉香火,而县之“孙公”“蒋婆”二铺所自名也。

傅仲良,安定乡人。洪武间,冬日从县回,时值大寒,见一人卧路傍,蓬跣褴褛,寒颤不已。仲良悯之,携至家,热以炉火,不就;与之食,亦不受。因令藉草而卧。天明,失所在矣。几上但留一纸,列药五十九品,仍书纸尾云:“留此报汝。”仲良依方制药,遇有风症者,治之辄效。名曰“急风一字散”,至今犹传。

沙懋禅师,袁姓,如皋人。年十二入中禅寺为僧,攻苦食澹,昼夜坐一室,诵经不辍。尝往城南,值虎伏路傍,不为害。寺多妖,一夕,师坐诵经,闻有求人者,开户见一美妇,师掷杖击之,后于墙外古树穴中得一死狐,妖遂息。一日遍辞诸檀施,曰:“吾明日归矣。”人曰:“何归?”不答而去。次日,沐浴更衣履,端坐合掌而逝,容色不变,异香满室。荼毗之,口烟所触处,皆成舍利。

释达本,字无幻,光孝寺僧。聪明捷给,与储柴墟同时,终日辨难不能屈。至今传其赞布袋佛一偈云:“无古无今雪[1]满头,大千世界一囊收。自从唱破无生曲,直到于今笑未休。”

释方志,字观如,裴庄人。幼出家于上天竺大讲寺海会禅堂,静默禅思,研究教理。年三十,就五台山远清宗师,师示偈云:“广陵观如子,圆觉场中发大菩提心。”喜而不寐,以偈赞之:“菩提无相,云何为发?菩提无念,云何是心?牵河渡牛,霹雳晴空。曼殊宝钗,横空彻电。山海若平,佛魔不

---

[1] 雪:康熙重刻本作“云”。

现。”志言下有省。师又叩以“妄可是从真起耶？”志即作二偈有云：“妄从真起本无因，何须向外觅疏亲。”又云：“马投龙泉化鳞甲，四海无涯任往游。”师唯唯。别去，遍历名山，到处析疑证悟，大畅宗旨。有《法华正旨品节偈》等行世。

外史氏曰：仙释之教，儒者类欲讳言，或及跋陀罗译经双树，与苦县长生久视，辄谓此簧鼓芚蒙，拾《齐谐》唾余以欺人云尔。庸讵知青牛白马，宣尼氏尚且以“犹龙”“西方圣人”尊之，矧其他乎？邵尧夫曰：“四海九州之外，何物不有？特人耳目未及，斥之为诞。”然则东陵圣母暨神翁、法响诸人，固班班载籍可考者，非蹋妄，亦非炫异也。

丘　墓

历代：董永墓西溪镇北一百四十步，事见“仙女缫丝井”。亦有永父墓。　徐神翁墓州治东七里，事见“仙源万寿宫”。　小儿冢州治东，有坟数十。宋江南初主李氏，本徐温养子，及僭号，迁徐氏于海陵。中主嗣位，用宋齐丘谋，徐氏无男女少长皆杀之，葬此。后齐丘一小儿病，有药工作一诗书纸鸢上，放入齐丘第内。其诗云：“化家为国实良图，总是先生画计谟。一个小儿抛不得，上皇当日合如何？”盖谓此也。　晏殊墓在州治东北一里许大宁阡之原，恭人康氏袱焉，志铭见存。　查丞相墓在州治东北三十里查家庄桥西，有大土垄存焉。　胡安定墓州治东南一百五十里，如皋安定乡胡家庄。旧志云：先生葬于乌程县，幼子志正携先生衣冠归葬祖茔。今乌程有先生墓、祠堂，陈琦过湖州时尝见之。　周恪墓徐神翁墓之西，与唐道人相继同域，号“三仙墓”。　唐甘弼墓响林原。　王心斋墓州治东安丰场。

○如皋

历代：贾大夫墓县治东南二里许，今不知所在。　茅司徒墓县治西北隅一里许，耕者尝见其藏，辄掩之，谓其犹悬窀焉。　吕岱墓县治东南六十里。　王龙图墓县治东三百步。　平倭冢在西场东，海道刘景韶剿倭埋尸，立碑于上。

外史氏曰：昔齐景公牛山堕泪，而孟尝感雍门之泣，非无以也，代有兴替,陵谷迁变不常。梁阙隋堤,风亭月观,尚迷荒草,矧其人抱潜德幽光,何有于区区坏土乎? 若非表而出之,其不为农犁樵斧之墟也几希。国朝名硕葬所,自有碑碣、华表可据,自布衣王艮而外,例不录。

灾　祥

宋:乾德二年,山水暴涨,坏庐舍数百区,牛畜死者甚众。三年,湖溢,损民田。太平兴国四年,雨水害稼。大中祥符六年,生圣米,大如芡实。天禧元年,江淮大风,吹蝗入江海,或抱草木僵死。天圣五年三月,地震。皇祐三年,获白兔,淫雨为灾。政和五年六月,获白兔,水流民户一千余口。乾道元年正月,火燔民舍几尽。淳熙三年,蝗。五年,黑鼠食禾,无遗穗,民大饥。六年,大饥,人食草木。绍熙二年,蝗。

元:大德九年,蝗。至正元年,海潮涌溢,溺死几二千人。十七年,州民刘子彬亲墓木生连理。

国朝:正统十四年,水。成化六年秋至七年春,大旱,扬州河迤东通泰,一路水尽涸,盐车咿哑之声,昼夜不绝。二十年秋至二十一年冬,大旱,河水尽涸,舟楫不通,车声无间昼夜,斗粟可以易男女。弘治十六年,旱,饥。正德三年,旱,饥。七年七月,夜大风,海潮泛溢,淹没场灶、庐舍大半,溺死以千计。十二年,水,夏麦初登,漂泛殆尽;秋禾方盛,淹没无余。十三年,大水,赈。嘉靖元年七月,大风拔木,海潮泛溢,居民庐舍漂没几半。二年,夏旱秋水,冲决河堤,漂没田庐,岁大饥,兼以疫作,死亡无算,蠲赈。三年春,大饥。十四年六月,飞蝗蔽天,赈。十五年,春、夏旱,秋霪雨不止,水没田禾,免税。十八年,海潮泛溢。二十年,旱,蠲赈。二十四年,大旱,无禾,赈。二十五年,大旱,赈。二十八年夏,大水。三十一年,水,赈。三十二年,大旱,兼倭夷变,赈。三十三年,大旱,城濠竭,倭寇入东台、河垛、栟茶等场,越海安镇。三十四年,旱,河水尽涸,复大雨如注一昼夜,两坝俱决,禾稼尽没,赈。三十七年,水。三十八年五月,倭夷入寇,州民狼狈逃窜,麦苗蹂踏殆尽。隆庆元年,大稔,有"升米三钱"之谣。二年,亦大稔,彗星见,民间讹传选宫女,里中未字、未笄者,一时婚嫁殆尽。三年秋,大水,河决高家堰,又决黄浦口,奔腾汹涌,万姓争载舟结筏避之,溺死无算。四年,旱,蟊食禾,饥,赈。五年,大水。六年,潦,民饥。万历元年,大稔。二年,河决,水入市,淹没同隆庆三年,赈。三年,大风,坏木伤禾。四年,霖雨,禾苗生耳,米价腾贵。五年,苦雨,彗星告变。六年,大水;十二月,雷。七年,潦,民饥;八月,洪水至,几没城市;万历钱铸,民称不便,相率罢市。九年,潦。十一年闰二月,雨雹如鸡子,杀飞鸟无数。十三年,大水,海水溢。十四年五月,飓风霪雨,廿旬不止,庐舍坏,城颓四百八十余丈,居民悬甑以炊,浮木以栖。十五年,烈风盆雨大作,田禾淹没。十六年,春、夏疫。十七年,大旱,七月,飞蝗蔽天。十九年,水。二十一年,大水。二十三年,水。二十四年,水。二十六年,水。二十九年,水。三十年,水。三十一年,夏、秋大疫,岁稔。三十五年,夏旱。三十六年,水。三十九年,水。四十年,水。四十一年,大稔。四十二年,雨雹,伤稼。四十五年,旱甚,蝗飞蔽天,三日不绝。四十六年,稔。四十七年,大旱,改折。四十八年,水,改折。天启元年,民间讹传选后妃,妇女就婚嫁者无数。二年,大稔。三年十一月,地震。四年,稔。五年七月,城隍庙大殿灾。六年七月初二日,大风拔木;秋,旱蝗;冬雨,木冰。七年,水,伤禾稼。崇祯元年,稔。二年十月,奴酋入犯,围都城甚急,人心汹涌,征调驿骚;冬严寒,至三年四月始遁。[1]四年,夏旱;秋七月,大水,冲决湖堤,民大饥;冬月,道殣相望。五年,春,寇盗充斥;夏旱,六月望日,大风拔木;八月淮再决,漂禾稼。六年,水,六月廿五日,大风雨,江水横溢,溺死者无算。七年闰八月廿五夜,大风雨,拔木,漂禾稼。八年正月,流寇震邻;秋七月,飞蝗蔽天。九年五月,霪雨伤禾;七月,奴骑再深入内地[2];冬无雪。十年,夏、秋大稔;冬三月,日入,赤光亘天。十一年,大旱,蝗,无禾;十月,奴骑深入;冬日暮,赤光亘天。十二年,旱,蝗,冬无雪,赤光亘天。十三年,大旱,蝗,四月至七月不雨,河流竭,无禾,民饥流亡,人相食。十四年,大疫,蝗,夏五月、六月、七月不雨,河竭无禾,至无水可汲。十五年五月十四日,大雨雹,秋半稔。十六年,稔。十七年三月后,国变民乱,久而始帖,

---

[1] 二年十月……始遁:康熙重刻本删。
[2] 七月奴骑再深入内地:康熙重刻本删。

夏不雨,幸下乡有秋。[1]

〇如皋概与本州同,载其独异者。

元:至正二年,杨子江一夕忽露钱货无数,盖覆舟遗物也。人争取之,潮至辄走,潮退复然,奔不及而淹死者。如是累日,江复安流。识者曰:"此江啸也。"其后果先失江南。

国朝:正德六年,有嘉禾一本百茎者,一本三十余茎者,有一茎四穗者。嘉靖二十二年七月,雷击文庙,火光射地。三十年,安定乡获白兔。三十二年,丁堰等镇地产细毛,长二三寸,遂有倭变。三十七年,水,县治前发一泉,水甚甘美,人争取饮之,半月不竭;六月,典史厅内井一辘轳汲得双鲤,各长尺许,秋榜中两生,一生联第。万历二年,风雨异常,江潮漂没人民无数。二十七年,县南焦家庄产紫芝二本,高尺余。二十九年,东乡产金笋一株,长五六寸,乡人怪之,入市以示银工,遂易去。三十七年,民家孕妇产子,无头,有四目着胸前。三十九年,僵树大作人言。四十年,东乡获白雀;有男子延寿,年十四,一日化为女,今已适人,产一儿。四十一年,甘露降地,出獂羊。四十四年正月,雨红雪,沾衣成斑;八月,日光磨荡,有五六日并见,经月始灭;十一月,民家孕妇产一巨蛇。

外史氏曰:《春秋》书灾不书祥,而兹并书者何?《春秋》,经也,经重修省,故独书灾;志,史也,史重纪载,故并书祥。然灾、祥虽不同,而天心之仁爱则一。君子当因灾转祥,慎勿使因祥转灾则可。古者回风灭火、荧惑退舍,省德修政之征如此。

---

[1] 十七年三月后……幸下乡有秋:康熙重刻本删。

泰州志卷之八

艺文志

人三不朽,立言居一。作者代兴,霞驳云喬。博蒐旁采,俾无散佚。匪侈肇悅,用征故实。志《艺文》。

记

泰堂记

陈　垓剑池人,宋郡守。

《易》前民用,龙马负图,而伏羲画之。重门击柝,《豫》也;上栋下宇,《大壮》也。圣人备物致用,神吾通变,宜民之机,而必受之以《泰》者,合上下于泰和,混民物以成顺,则《易》之功用全矣。我艺祖皇帝,重造乾坤,与庖羲氏等,当五代之极否,创万载之太平,天下一家,咸跻仁寿。

海陵实天赐幸,仓于汉,祠于晋,郡于宋,州于唐,而有开必先,泰其名于再开辟之始,非天乎? 是以九圣百六十年之间,四海晏然,而泰独盛。生于斯,查道、许元、胡瑗、周孟阳、王觌、俊乂;官于斯,吕夷简、范仲淹、富弼、刘攽、孔道辅、陈瓘。卓卓乎师儒之魁伦,奕奕乎公辅之杰特,一善一能不与也。牡丹之什相业显,清风之堂文会伟。山亭有咏,玩芳有记。梅花而秦、苏诗之,仙源而徐翁宫焉。耳目所睹记,承平盛观,称其州名矣。南渡以来,井邑虽落,佐大农,走巨贾,才鬻海耳,犹曰富州。常平使施公宿、城之守李公骏,请戍兵千,为寨、为仓、为河、为都肆之场、为方洲之园。二公书生也,深于《豫》与《大壮》之旨哉！惟垓不才,尝客施公,以幕府事李公,癸甲乙丙丁,误恩共二,俱踖贤躅,惧于弗胜。城北隅之黄龙坝,议而不克经理者七十载,费不赀,言人人殊。于是傛流民为工,捐酒钱为庸,庸以市直,凿十三里外濠,面二百尺,深二十尺,南北浮梁,西东问渡。郡所三,便盐贸；帘楼二,易茇垆。将迎之馆[1],南"海春",东"大雅"。七里而近,亭徐蜕,扁"归鹤"。访李公之园,则丛酤旅泊。莽苍就荒,既一新之。屋于竹,纯节名；庄以施,青龙名。西逾于河,河界岳、楼。岳高六十尺,楼四十尺,其颠耸斗插檐,金、焦历历。衺河为湖,步有新船来者,舣泰亭。亭而循崖,崖而磴,蹬而梯,繇天阏、旸谷上起云,则斯楼也。载哀余材,左造曲院,右便民库,挟诏、春二亭以拱丽谯。入子城之东,沮洳百亩,实以濠土。选士五百,良马两之,以厩以营,总七百间,号节制司亲兵。廪视屯旅,弩机弓的,骑左右驰。斥圃以阁,而圃废亦多历年。阁曰"清风",植以景范；亭曰"六咏",创以跂曾。访参军梅,揭浮香双奎；复玩芳亭,蓺刘记诸。并种篔筜为屋、为砌,结茅为庵、为杏村,疏水为虚舟、为四桥。遂芟榛伐楮,辇砾畚壤,创正堂,轩其后。前庑四十楹,直公庭并道院,绿疏髹阅,邃丽靓深,以州名名,张吾泰也。

七月既望,率郡大夫士大合乐以落之,咸请书其率凡。因语之曰：泰之时义大矣哉！唐虞之比屋,豳之公堂,予熙熙,如登春台。鲁之燕喜,泰也。田里无叹息愁恨之声,而共理惟良,亦泰也。泰之民,十雄九濠,柳蔚榆繁,平芜野水,层澜四入,络绎旁午,笑歌载途。迨我暇兮,泉菊华表,泳洲而芳,陟山而楼,坊里之新,贡阓之筑,又将鸠公子以为泰乎？垓之愚,窃谓《易》六十四卦,卦具一象,乾坤六子,体用则殊,惟《泰》六爻之义,上下、内外、小大靡不包括。左右民,则生生养养,必适于两间之宜；不遗遗,则事事物物,必周于一念之顷。适则人乐其生,周则事无不举,若可以泰然矣。城复于隍,凛乎上六之戒；浚垣深堑,设险固御,巩吾泰之域,保吾泰之常者欤！

方今君臣相孚,内健外顺；裁成辅相,上下交泰。垓以承学诸生,待罪

---

[1] 馆：康熙重刻本作"铺"。

支垒。弛瓜堰之征，略鱼莲之议，或者贾泰；削学租之增，升闲田之入，或者士泰；月给以券，两衣三食，营恩代供，阅牿倍予，或者军泰；贴粮夫，输丁役，百须自公，一贾必布，或者民泰。凡所以奉上之德意志虑，布诸千里者，惟恐不力，而昉于濠之役，故详书之，砻石斯堂，与宋无极。

重修淮东提举司记

陈　垓

《诗·北山》"或燕燕居息，或尽瘁事国"，"或栖迟偃仰，或王事鞅掌"，尝疑之。臣子惟上之命，劳佚惟理之安，岂此是而彼非哉？方周盛时，"岂不怀归，王事靡盬"，而使臣则悦。"载驰载驱"，"每怀靡及"，而使有光华。《召南》之《甘棠》，"所茇""所憩""所说"，方且歌"蔽芾"而戒"翦伐"。何其驱驰四牡之不以为劳，茇憩棠下而不以为佚耶？意者任其勤劳，必纾其身心；听其燕暇，将责其职守。理固有不容不然者。否则，《召南》之茇憩税驾，何异于燕息栖偃？《宵雅》之靡盬靡及，抑尽瘁鞅掌之谓耳。察风雅之变于此数诗，亦足以观臣子之盛心，得太平之伟观矣。

国朝诸使，其初转运而已，继以提典刑狱。熙、丰间，又置常平使，茶盐香矾间兼领焉。中兴军黟赋繁，独仰鬻海淮，视二浙、闽、广倍蓰，而使事益重。置司海陵，廪帑亭监萃焉。他日犹靳靳行部，于隰之义暧矣。然一岁之间，二总二权，收卖钞全会二千四百万有奇，京口入耗本全会三十四万，给诸场三色本四百四万，上朝廷羡钱一百万，皆以民计者也。盐之袋计者七十二万，石计者四百三十二万，斤计者二万万，皆有奇。而铸盘、运舟赡两司、四仓、二十一场，官吏、兵秤、百须不与焉，常平、廥役、牒计又不与焉。朱出墨入，铢较粒累，日不暇给矣。

垓四年于兹，不敢不勉，攽司缺典，抑何敢略？司在郡东偏，嘉定间，尝立台门，其西郡谯中拱，旁几诸曹，阴阳家尤忌之。绍定元年春，垓拜命为真，遂买地属河，华表于桥，曰"会星"，曰"观风"。入观风，编竹楯石，敞垣端而门之。门内遝入百尺，分两签厅，东扬清楼，西爰咨馆，中门挟十六楹。厅之左径帑而园，右三槐堂也。堂，天圣中范文正公监西溪盐，为前官吕文靖公建，久且圮失，于是葺皇华堂，轩而庑之。前以广厦，衮百二十尺，深三之二。手植槐三、池莲、亭篁，而扁以"君子"。斯堂非斯人乎？撤厅后丛屋为治事所，曰"觀衍"，以《吴都赋》"觀海陵仓，红粟流衍"名。东为便坐，曰"简爱"，以范文正公颂发运兼州"以简以爱"名。简爱之前曰"问津""澜澄""清栏""瀛碧"。移爱山亭，累石为峰；易水扉，浚渠为步。丛桂而架以椤，曰"月蕊"；洗竹而竿成屋，曰"霜节"。阁俯九贤十仙之间，上曰"蓬莱"，下曰"道山风月"。周以回廊，环以支水。梁其中，曰"星槎"。而园之游衍盛矣。至于甄月地，远堂皇，凿埔户，通郡治，创便民新库，缔东经武桥，二帑载完，群隶罔缺，粲粲然一新，绳绳经四达。向之曲槛隐闼靡不更，复闺碎室靡不辟。堂奥与门庭直，廊步与亭馆联。东而西望，后而前挹，中而外，无蔽焉。盖自绍兴建台，七八十年以来，或仍或革，或创或去，至是而始大备。属时乏使，又摄臬事，并郡而三，非《诗》又所谓"尽瘁""鞅掌""靡盬""靡及"者也[1]。署文牍或腕脱，忏阍阍或颦蹙，吝出纳或肘掣，怀疆场或心悴，亦何尝一息敢安、一食皇佚哉？门庭虽广，愧色常多；堂馆虽具，足迹弗及。特以将毋来谂，有功见知，视周之"使华"殆[2]过焉。姑自附于"一日必葺"之义，而不自知"百堵皆作"之至于斯。或者《北山》之诗可删，而《四牡》《皇华》之雅可覆矣。特未知"所芟""所憩""所说"能如南国《甘棠》否？故叙载鸠工之详，推迹诗人之意，参以臆见，镵诸珉石。后之君子燕居而思有以尽瘁，鞅掌而退有以燕息，则"弗皇启处""周爰询诹"，上不负天子，下不负斯民，将一草一木、一瓦一石，千百载与《召南》之诗相[3]为无穷，垓虽无能为役，尚托以不朽云。

提举壁记

戴 溪

诸路提举常平，创置于熙宁三年。淮南东路，其治在扬州。崇宁元年，始置提举措置淮南盐事，通管东、西两路，扬州亦其治所也。常平，自熙宁后置罢不一，或兼领于他官。提举盐事，置九年而罢，罢十年复置。宣和五

---

[1] 也：康熙重刻本作"欤"。

[2] 殆：原作"始"，据康熙重刻本改。

[3] 相：康熙重刻本作"信"。

年,两路始各置提举官,于是范冲为东路,以提举盐香茶矾事为名。建炎三年,移治泰州。绍兴五年,茶盐与常平并罢,并入提点淮南两路公事。是岁十一月,分盐事,复置提举,通两路为一,茶事犹隶提点也。明年,罢提举司,置东、西两路转运判官,就以提举蒋璨为之,兼领提刑常平茶盐事。九年,常平复隶提刑,而茶盐专置提举。十三年,提举徐注请于朝,诏常平茶盐并为一司。自是定为提举常平茶盐公事,至于今不变也。

初置提举盐事时,犹用奉使法,若李琰、吕建中,皆以讲议司检讨文字出使。当绍兴六年,殿中侍御史周秘言提举官寝轻,愿择资深望著之人。自是权稍重,且彬彬多名臣矣。绍熙五年,鄱阳汪茂楚以尚书郎为使者,始至,措画荒政,民皆按堵。数月政成,庶事整暇。顾瞻所司,未有前任人名氏,惧无以示来者,且沿革本末,莫之载也。访诸故牒,得其梗概。自建炎三年以后居是官者,凡四十有五人,刻石置诸壁。惟淮东盐课为他路最,日增月羡,今视绍兴初几数倍矣。独州二十四县为常平米斛,比岁不满二十万,卒有水旱,宜汲汲然救荒不暇也。夫常平茶盐初置于中间,离合罢否,不相为谋,数十年间,卒并为一。盖讲究之详,而后得此美意也。顾用度繁多,未能弛利子民尔。若究心利源,不遗其力,赈民之策,泛不经念,则何取乎设官之意也?通融有无,撙节浮费,收其奇赢,以为赈民之备,顾居官者施设如何尔。取县官之财,养县官之民,固仁政所乐闻也。茂楚明敏详练,孜孜爱民,盖有志于是矣。继此补亏益寡,足国养民,两尽其职,则刻名于石,可以无愧是官矣。庆元初元夏五月记。

牧守题名记

顾　简苕溪人,本州教授。

海陵为淮东名郡,国朝以来,析符命守,遴择靡轻,一时名人,多副临遣。而是邦之俗,颇号醇厚,事耕桑,尚儒雅,鲜机巧,耻以浮薄相夸。虽其风土则然,亦繇前后循良化使然也。郡治旧有题名在,天禧初,屯田钱公昆创置,而书之粉壁。至皇祐间,都官王公冲易之以石,而揭于厅壁。中更兵烬,碑毁文逸,久矣不存。淳熙丁未,陈公文弨来,开藩临民,以安静惠养为先。莅政之暇,顾题名未立,尚为缺典,而守郡姓氏不可无传,乃访故刻,乃稽图志,而质之文献,以求昔之已书者;乃询故吏,乃咨耆老,而参之案籍,以求后之未书者。逾年,并得其爵位、始至及去之日,有订有据,靡粢靡略,镂之坚珉,植于厅事,且虚其后,以俟来者嗣书焉。公之意勤矣哉!尝考海陵本汉吴王濞所都之属县,枚乘所谓"不如海陵之仓",即其地也。其后更属不尝,废置亦靡定。义熙七年,建海陵郡于晋。武德三年,更名吴陵,以县置州于唐。至伪唐,始建为泰州。则州郡地名大概可见。周显德四年,王师取泰州,命荆罕儒领州军。明年,世宗临幸,升团练州,赐鼓角、门戟,时则率汀代罕儒。宋受命,除王仁瞻以代率汀,旋降为军事州。按之史志可覆也。今自荆公罕儒,次第登载,凡一百四十有八,信以传信,庶有考于将来。石既具,礲碿既就,公命纪其颠末,于是乎书。淳熙十五年季夏初吉。

郡佐题名记

黄　贲[1] 宋部员外郎

《春秋》之法,王臣皆书,尊王命也。公卿爵之,大夫字之,士名之,微者人之,叙王爵也。系之行事,而善恶存焉。《春秋》,古国史之遗法,侯国废,国史亦废。郡县守令循酷之迹,史笔得以传世,吏民得书于当时。继者非此,无以知其劝也。近世,凡贤公卿、大夫出而为郡县者,率书前政之名氏,树之治事之堂,曰题名记。揭前人之号,为来人之规鉴也,其亦古国史遗意欤?海陵郡刺史厅,有都官员外郎王冲之记焉,通判之署犹阙。秘阁王公牧郡之二年夏四月,贲衔命来佐郡事。越十月,新作治事厅。工毕,窃[2]自谓:前后莅是任者,不复题其名氏,何不举前辙以告来者?曰询民吏,求前人之治迹,得闻今相国梁公天圣中莅是任也,仁惠明断,民颂其德。秘阁王公之先令公明道中莅是任也,公勤清白,民怀其德。德则子孙景之,勋则天下泽之。以梁相国[3]之勋烈,未可揆也。王令公之流庆,有大参以姚、宋之器作辅岩廊,光令公之遗德于国史;有秘阁以龚、黄之术来牧郡事,扬令公之遗政于吏民。一门振振然尤盛,继而成令公之德业,未可量也。贲欲任者,景前政

---

[1] 康熙重刻本"宋"前有墨钉。
[2] 窃:原作"切",据《〔雍正〕泰州志》改。
[3] 相国:原作"国相",据康熙重刻本改。

之美恶,特举[1]令公之遗事,而为之记云。时嘉祐二年月日记。

重修儒学记

王 英太原人,礼部尚书。

正统十四年己巳冬十一月,重修泰州儒学。既讫工,学正陈孟旦遣州庠生薛振具书其事来请记。曰:

"州之学,庙堂门庑岁久颓敝,监察御史蒋公诚按巡淮甸,至泰视之,曰:'朝廷屡下诏兴学劝士,而学可废而不修乎?'乃出己之俸钱为倡。于是知州黄性与僚属各捐廪俸,市材木,募工匠,伐石冶铁。而富民巨商闻之,亦以粟帛为助。百费咸备,撤其所谓颓敝者,并手皆作大成殿、两庑、棂星门、泮池,池有亭,开之外,又开三池,筑台其中,以树花木;殿之后,明伦堂、三斋;堂后新作崇文楼,高峻深广,以贮经史百氏之书;其旁厨库之属,靡不周备,而规制视旧有加矣。初以城中运木石甚艰,乃相地所宜,开二里许,引水抵学门之南,以省运者之力,人皆称便。凡所以经营筹画,皆蒋公;而竭力兴作者,性也。协同其谋者,提督学校监察御史孙公鼎、巡按监察御史周公纪。赞相者,扬州知府韩公宏。督工匠者,州判于敬,镇抚韩斌、张珪。功垂成,吏部尚书赵公新以巡抚至,加以督厉奖劝,吏民欣喜。其成也,人不以为劳。"孟旦所述如此。

呜呼!庠校之建,教育贤才,以为天下用,岂不重哉!国朝列圣相承,为治之道,本于用贤,以教学为先务。既命郡县偕学宫,又置宪臣专理学政,其法严矣。矧淮海之滨,泰为名州,士多才俊,学舍不加修葺,可乎?蒋公敦厚清慎,执法无私,所至奸邪屏迹,吏民畏悦,而尤以修学为己任,使泰州之学焕然一新,可谓知其所重,为今之名御史也。泰之士来游于学者,可居安而自逸乎?必朝夕孳孳,从师取友,诵《诗》《书》《礼》《乐》之文,讲忠、孝、仁、义之道,出而致君泽民,斯无忝于为士,无负于朝廷建学育材之意。蒋公之修学,孟旦之请文,皆有望于此也,故为之书。

蒋公字性存,江西大庾人,第进士,以邑令拜御史。性,南平人。鼎,字

---

[1] 举:原缺,据康熙重刻本补。

宜铉,松江府学授,升御史,庐陵人。纪,字功载,由举人任武陵教谕、永嘉知县,升御史,吉水人。孟旦,泰和人,盖老成宿学云。

重建文庙学宫记

吕　柟礼部侍郎,嘉靖十七年。

泰州文庙学宫,自国初开设之后,至正统甲戌巡按御史蒋君诚亦尝修饰,经今百年,倾圮日甚,不蔽风雨,或撑支其下。州司惧工役之大也,莫敢遽议鼎修。嘉靖丁酉十月,巡按御史洪君之垣按泰,诣学,深为慨叹。于时知州朱簦、同知林廷樟、学正李钊、训导刘泮,率于钦、张琏、柯经诸生呈禀获允。且曰:"崇师修学,宪纲首务。君子用财,视义可否,致孝鬼神,饮食且菲,但管典工役,必在得人耳。"遂委添注同知、前刑部主事朱怀幹监督其事。工将讫,朱乃偕州守贰暨诸学官,遣生员张淳、唐度来问记。

予曰:君子之崇敬夫子,不徒在文,而尤在乎质也。闻洪君钦差巡按于斯,其盐法之暇,以育人材、正风俗为先务。群其俊秀,联其贤哲,讲习六经,时行学考验,发明先圣人之道,至以造端乎夫妇。试诸生,下及闾阎,亦编什伍,立以谕长、谕副。淮扬之间,士风思变,则已得崇敬夫子之质,夫子所必说者矣。宜其修饰庙貌,拓基隆栋,又兼乎此文也。闻诸君之监督也,承洪君之意,选取端谨伤实官、耆,托之分理砖石诸料,各首其公,拆卸旧材,登列印簿,以备节用。原址促狭,礼容亦碍,又开宽四面,各出三尺,周垣阶砌,易砖以石。凡金木诸工,咸计日程价。其艺业精练者,选立为首,异其居肆,校阅攸归,而合抱寸材[1],具适于用。其诸提工者,共宿公所,昧爽擂鼓,各作其众,日暮始休。比其终也,纤悉无所苟焉。然则洪君为道之心以教尔诸士子者,深且笃哉!昔者尝与二三友论夫子之道矣,惟始于夫妇焉。盖夫子以"二南"示伯鱼,而伯鱼又以"造端"示子思。父祖子孙,家传庭训,惟此真切。其教门人,亦不外此。此而得之,家国、天下可从而理矣。往虽尧、舜之道,文王之圣,亦皆以刑于为本也。夫洪君英迈忠信,博贯经史,蚤年即求夫子之道,思以见之于行事。今乃举此以试尔诸士子,

---

[1]　材:原作"朽",据《〔雍正〕泰州志》改。

则其作庙之意,端在乎此[1]。尔诸士子日所从事者,又岂可他求哉？若所知不从此出,则其心昏惑蒙蔽,一物无所见,欲观鸢鱼之察,不可得矣。所行不从此出,则其身窒碍僵仆,一步不可行,欲登泰山之高,不可得矣。诸士子其用力于造端焉。杜玄虚之论,为致曲之学。或于大夫之贤,或乡之先觉,与侪者,求为之友,以资其丽泽之益；其少者,求为之师,以法其模范之正。致谨于言行,不舍乎昼夜,处而蕴之为天德,达而行之为王道。及其至,虽察乎天地,不难也。斯为不负尊崇先师者之意乎？

是役也,洪君先后准领本州及两淮运司赃罚凡若干金,并前叶御史照发到光孝废寺大小若干木。工始嘉靖十六年十二月二十六日,落成次年五月二十日。

重修儒学两庑记

张　文浙江按察司副使

三代盛时,以尧、舜、禹、汤、文、武为之君,而有皋、夔、伊、傅、周、召为之臣。斯道荡荡,与三光并明、四时并行。家塾、党庠、国学错布于天下,初无所谓先圣、先贤者,庙貌享右其间也。世至春秋、战国,君不尧、舜、禹、汤、文、武,臣不皋、夔、伊、傅、周、召,权谋、功利之说兴,而斯道日以否；杨、墨、佛、老之徒出,而斯道日以晦；陵夷至于三国、两晋、五季,而斯道丧亡无几矣。使当是时,上无孔子、曾子、孟子以及七十子之流相与讲明于洙泗；下无关、闽、濂、洛诸君子推其说而大阐之,则斯道不几于泯乎？生人之类不几于尽乎？于此见圣贤之功之大,参天地而等造化,百世自不可忘者。故今四方学舍,必设文庙东西庑,右享先圣、先贤,垂旒耀袞,大者王,小者侯,天子而下,咸北面尊之,匪过也,宜也。

泰州,淮南巨郡,郡有学,不知肇于何时。自入国朝,一新于州守张遇林,再新于御史蒋诚。久之两庑寝坏,又新于本府同知赵琰,且为土像以易木主,而规制大备矣。奈何迩来霖潦愆期,飓风屡作,两庑又敝,像饬漫漶。提学侍御娄公顾瞻弗称,乃檄州守陈侯重加修饬。侯顾帑藏罄如,谋诸寮

案,二守郎侯澄,判官丁侯龄辉,吏目张君懋,学正郑君贵,训导何君湘、林君琚,各出俸余为倡,且属耆民之有行义者刘敬、叶琳[1]、叶锦、华镛劝率[2]于众,得白金若干两。既新两庑,复增饰诸贤、诸儒之像,望之翼如也,仰之肃如也。经始于成化十六年十月初一日,讫工于次年八月初四日。已,乃立石于学,征予为之记。

嗟夫!国家建学养才,必以圣贤庙貌为重者,匪徒尚德而报功也,将使诸士子有所矜式观感焉耳。然则士之游学其间者,乌可不以圣贤为法哉?博聪明于问学之余,谨言动于操修之地。"居恶在?仁是也;路恶在?义是也。"进则以斯道膏润生民,退则以斯道敦善风俗,隐然与古豪杰之士相先后,夫然后不负贤御史、良有司修学之盛意,而二三耆老亦与有光焉。此则国家之所以待士子者,故用书此为劝。

娄公讳谦,成化二年进士,提学先大体,略细故。陈侯讳志,蓟门人,景泰元年举人,两任州守,食从四品俸。二守郎侯以下,皆发身科目,素有令望者,故知所本如是云。

修儒学泮池记

沈良才

皇明以文教立国,自京师以及郡邑,皆建学以养士,师孔子而祀之,礼典尊隆,前世莫及。泰州儒学在城东南隅,有司间尝修葺,其因革迁徙之详,殿庑堂斋之制,载诸郡志可考。独泮池在櫺门南,堤岸倾圮,芜秽不治。嘉靖乙巳春,侍御云汀齐公奉天子玺书督理两淮盐政,按泰临视,曰:"凡学有池,取辟雍之义,以水流无极喻进德不已也。或曰其水半之,故名泮宫。宛彼清涟,实藏修游息之资也,可弗饬乎?"遂捐官缗若干。时东山陈公以郡判署州事,奉命唯谨,乃择日鸠工,剪除葽翳,疏浚淤浅,环以砖石,廉隅遂崇,深广凡若干尺。池中有亭,因余力而营之。亭北建桥,以达于泮宫坊。向之废者兴,旧者新,不阅月而告成。时临乎池,则天光云影,万象森列;登乎门,则朱檐华栋,虹绕凤翔,恢乎大观也。乃申训多士曰:

---

[1] 琳:康熙重刻本作"林"。
[2] 率:原作"卒",据康熙重刻本改。

修泮池者,壮学宫也;壮学宫者,尊孔子也;尊孔子者,崇其道也。孔子之道,布在六经:温柔敦厚,《诗》教也;疏通知远,《书》教也;广博易良,《乐》教也;洁静精微,《易》教也;恭俭庄敬,《礼》教也;属辞比事,《春秋》教也。我朝损[1]益三代之制,始设弟子员,各明一经,以养于学。董以师儒,优以廪舍,课以章程,严以法制,折衷于诸儒之传注,教之可谓密,而人才成就终不逮古者,何哉?夷考古者,始教"皮弁祭菜,示敬道也;《宵雅》肄三,官其始也;入学鼓箧,孙其业也;夏、楚二物,收其威也;未卜[2]禘,不视学,游其志也;时观而不语,存其心也;幼者听而弗问,学不躐等也"。学之有道,进之有序,邪僻暴慢之习,无自入焉。后世失先王之意,计功谋利,忘本逐末,视六经为虚文,而不务践履躬行之实;以学校为捷径,不求道德政理之原。问[3]有脱略文字,顿悟本根者,谓之致知;不乐拘检,放纵礼法者,谓之率性。假佛、老之似,乱周、孔之实,若航断港绝[4]潢,而望至于海也,岂得哉?《传》曰:"古之学者为己,今之学者为人。"正斯谓也。多士沐圣王之化,游夫子之门,可不知所择乎?多士感悟,咸蒸蒸然趋正矣。陈公图彰盛美,备求训辞,致书于余,请纪其事。

余按"敬敷五教",帝典所先。既作泮宫,鲁人颂之。君子之政,务其远大者。侍御公按甫期[5]年,贞度[6]肃纪,禁暴锄奸。时方阻饥,申令赈恤,威行惠流,美不绝书,尤拳拳以兴事育才为务,可谓知本矣。慨今时学术之偏,著古人教法之善,扶翼人心,培养元气,可谓知学矣。知本则教立,知学则化行,王道之成易易也。虽然,吾泰僻处东南,带江枕海,人才称自古昔,由今观之,似亦少异。说者谓[7]东有海楼,西有南山寺塔,夕影入池,形如笔立,故风气钟焉。虽堪舆家说,不足深论,然申甫自岳,太王肇岐,理有或然者。今遗基尚在,嗣是者能次第兴复之,人杰地灵,必有名世之才出,应

[1]　损:原作"捐",据康熙重刻本改。
[2]　卜:原作"十",据康熙重刻本改。
[3]　问:康熙重刻本作"间"。
[4]　绝:原作"绳",据康熙重刻本改。
[5]　期:康熙重刻本作"基"。
[6]　度:康熙重刻本作"庆"。
[7]　谓:原文脱,据康熙重刻本补。

休明之运,鼓舞作兴之机,实自今日始,此侍御公修池之意也。爰[1]书此以候[2]。

是役也,经理有劳,则陈公坦,前户部郎中;克相底绩,则知州刘奈;督率不怠,聿观厥成,则同知章沂,判官熊珂,吏目张奎,训导林公明、周凯、郑一鹗,法得附书。侍御公名宗道,辽东人,戊戌进士。

修儒学记

李维桢 京山人,南京礼部尚书。

中丞李公填抚江北之三年,赋职任功,官方定物,画郊圻,慎封守,诘奸慝,惩贪冒,逮鳏寡,收介特,民狎其野,三务成功。士之游于学者,恭敬以临监之,明行以宣翼之,训典刑以纳之,简师儒以督课之。其治在泰州日,再释菜孔子宫,辄进诸生耳提而面命之,士欣然若有会。而学宫以岁久远敝坏,不称尊师重道之意,下令有司亟修学。而先后海防使者陈君、杨君申之,其故有而摧圮漶漫者新之,方位失宜者正之,营宇狭小者广之,其应有而故所未备者创之,市河壅流与泮水象不合者浚之。墙高数仞,宗庙之美,如见阙里杏坛然。复率诸官师生儒释菜告成事,而授简桢使记之。

盖经营规制之宜,木石陶冶之材,钱粮佣作之数,则有司存,桢不复书,而第述公所以修学大指,申告于多士。曰:昔者孔子明五帝三王之道,其学则修身、正心、诚意、致知、格物,其伦则君臣、父子、夫妇、兄弟、朋友,其事则视听、言动、辞受、取予、用舍、行藏,其书则六经,其日用则细行小物,莫不有礼仪坊表。所不为者,索隐行怪;所诛者,言伪而辨,行僻而坚。纯之者王,杂之者霸,悖之者夷狄。圣人复起,莫之能易,是故立学而师事焉。讲堂斋舍,群茂才异等之士,藏修息游其中,不见异物而迁,行安而节和。进则兼善天下,退则独善其身。存则人,亡则书,繇此其选也。其情厌常喜新,而一二贤知之过者,以吾孔子之道,譬之布帛菽粟,家喻户晓,而稍标二氏语以示奇,始犹窃附之,后乃阑入矣。卒乃俨然欲讪孔子而据其上,寖淫煽惑,愚不肖者倾廪橐以治梵苑丛林,供伊蒲之馔;其贤知者,易章甫缝掖

---

[1] 爰:原作"如",据康熙重刻本改。

[2] 候:康熙重刻本作"俟"。

为香帔铢衣，易揖让弦诵为梵呗和南，而公车博士之业非用竺典贝经语不第。一切伦物名常，视为刍狗糠秕，毁弃不用。生心害政，天下谨然，驰骛若狂。此孔子必攻之异端，而两观首戮者也。公慨焉欲矫其弊，度所以新耳目、一心志者，无先于学。夫学，非今日始也，是春官之秩祀，而前人之已事也。修学非理外异举也，是鼎革必至之势，而当官之常职也。士入学，庙貌[1]巍然，轮奂灿然，几筵俎豆肃然，图书秩然，钟鼓管弦雍然，思夫孔子之所以为教者何在？年千世百而使人奉祀不懈者何以？昭代师孔子而礼隆于万乘者何意？士不通其学，不得录于朝；不行其学，不得适于用者何故？彼释教盛行，而天下滋乱，吾党舍而趋之何为？笃信谨守者益坚，钓诡外驰者反正，怠者张而相之，敝者扫而更之，则孔子之道明。孔子之道明，而天下国家运诸掌矣。孔子重工作烦民，楹桷门台之微，非时非义，《春秋》必书示戒。而鲁侯修学，以不见经为褒，又采其颂昭明德焉，其重学如此。考鲁侯之苤泮宫，陈车马，采藻芹，顺彼长道，匪怒伊教，而多士乐从，克广德心，其究至于泮林之鸮[2]，怀我好音。李公为是举也，远光于鲁侯。士不能距淫辞、邪说、诐行，以推明孔子之道，而令释老塞路，德心好音之谓何？孔子曰："可以人而不如鸟乎？"桢不佞，愿诸士之为新学重也，无宁兹李公有荣施哉！

修学浚河记万历三十年五月

陈应芳州人，太仆寺少卿。

今天下郡邑之有学也，三代之遗意也。国朝黜百家，尊孔子，建大成殿，正祀典，以堂明伦，以阁尊经，以启圣祠追崇所生。外有棂星门，前有泮池，规制视前代为大备极盛。顾城中建置，民居稠密，未必尽皆幽静弘雅之胜也。就地为池，引水其中，未必通江、淮、河、泗之流也。惟吾泰海陵郡学建在城之东方，远尘嚣而居佳胜，泮池水则由城内外河直达江、淮。往往相传淮水入泮，是年必发巍科，若储文懿公解、会两元，林东城先生大魁天下，具见征验若符，非虚语也。历科至嘉靖以还，代不乏人，猗与盛哉！

---

[1] 貌：原作"藐"，据康熙重刻本改。

[2] 鸮：原作"鸮"，据《〔雍正〕泰州志》改。

迩者城以内河道日就堙[1]塞,泮水为之不流,而宫墙亦多倾圮,久不修葺者若而年,科第亦遂寥寥不振。万历甲戌而后,垂三十载无甲榜矣。乡试自丙子以下七科,仅仅得三人。父老私相指数,谓嘉靖前科名之盛,惟泰为最,盖维扬九州邑无敢望焉;隆庆后科名之衰,亦惟泰为甚,顾反出九州邑下,何也?岂天运之有盛衰,抑人事之有得失?不然者,如堪舆家所画地理风水之说,焉可诬也?群情日盼盼然引领而望曰:"安得当路者加意人文,为一振兴也乎?"

而会今大中丞李公自天子所拜命来巡抚,时河、漕合而一,漕、抚分而二,业有成议,假节钺开府泰州,盖己亥六月事也。抚临之日,揆文奋武,饬吏安民,百废具兴,万邦为宪。诸士乃相率以修学浚河请,公毅然首肯,发赎锾如干金,即日选择,而使为分任责成。起辛丑三月,越仲秋竣事。宫墙以内,颓者举,废者兴,若殿、若庑、若堂、若阁、若祠,靡不焕然改观若新矣。而宫墙以外,由泮池达河渠,塞者通,狭者辟,环城而水者,靡不沛然通流,若血脉之周浃于一身,而罔或壅淤底滞也。主者以成事告,多士相与欢忻鼓舞,诣中丞公谢。

余待罪辇毂下,以职事忤异志者,相与交讼于上,连章求去,不蒙俞允,不得已,借给假弃官归。多士迎余,请为记,余闻而喜可知也,乐观厥成,为多士贺。方思操笔,而会直指使建议,以合漕、抚请若旧,上报可。于是中丞公当移节入淮,行有日矣。余为起而叹曰:事不偶然,时如有待。是役也,前乎此者,令漕、抚而未有分也,诸士安所得徼幸以遇中丞公来?后乎此者,令漕、抚而早复合也,中丞公又安所得久留以待诸士?乃今事未举而公适来,事既成而公始去,岂天将开吾郡之文运,而[2]假中丞公以来去若斯之奇也耶?且中丞公非常人也,弱冠登朝,即用谏显,扬历中外,雅负钜望,建节抚淮,千载一时,岂可谓非天乎?继自今诸士所为,应运而兴者,当复与嘉靖前比隆,若持左券可矣。抑予更有说焉,广励学宫,修举废坠,以振起一方之文教,是当路者之所为修、所为浚也,大有造于诸士也。饬躬励

---

[1] 堙:原作"烟",据康熙重刻本改。
[2] 而:康熙重刻本作"特"。

行,求志达道,以无负为一郡之人物,则诸士者之所为自修、所为自浚也,所以报德于当路也。诸士勉矣!异日者,藉科第起家,出为名臣,使人谓中丞公修学、浚河,为一方开文运,为朝廷树士,为天下得人,其尚有名实荣施也哉!余不佞,明诸士所以德中丞公[1]之报,并推中丞公所以厚诸士之望,以俟诸来者,不敢以不文辞。

中丞公讳三才,京卫籍,陕之临潼人,甲戌进士。维时同事者,监司则饬兵使者杨公洵,山东之济宁人,壬辰进士;署州事,始终董是役者,则郡丞李公仙品,关中之高陵人,乙未进士。得备书,以鸣一时之盛。

建儒学泮桥记

张　徽云中府同知

宣德己卯春,圣天子诞膺大命,嗣守洪基,嘉惠万方,与之休息,诚生民无疆之福也。厥夏,物归长养,穄麦皆登,物阜民安,政通人洽。适予按莅泰州,于时,学正鄱阳汪淮谒予公馆,请曰:"学有泮,古制也。某无似,承乏典学,庙粗以完葺,而泮未有,匪阙典欤?子大夫儒者,曷有以处之?"予惟泮之为言半也。古者诸侯之学有泮水,谓其半于辟雍也,以乡社之宫,故曰泮宫焉。观《诗》"思乐泮水",颂僖[2]公"既作泮宫,淮夷攸服",于是乎采芹采藻,以至献馘献功,皆在于泮。因以知古者出兵则受成于学,告至则释奠于学,无一不在于泮,所以重其事而致其敬也。然则学乌可以无泮乎?爰命鸠工庀材,明伦堂前,度地东西广七丈,南锐二丈,各有奇,辟若半壁形圈,其中央者三,以为甬道。浚导其流,疏通其滞,以潴江河之汇,而达淮海之津。湛然其清也,涓然其精也,源委之来有自,浸灌之利无穷。俾士子游于斯者曰:"斯泮也,可以瀹我芹,可以濯我缨矣;斯桥也,可以节我行,壮观我庠矣。"岂不乐游于泮水,悦心于问学哉!他日材成器就,效用于时,克广德心,丕弘功业,俾闻望隆于世,声光垂于后,未必不由斯以驯致也。苟游于斯者,怠于其为教、为学之道,徒以为美观嬉游之资,而弗加励,欲冀有成焉,非徽之所解也。肇工于维夏初吉,竣事于五月下浣。司教铎者,率

[1] 中丞公:此三字原本漫漶不清,据康熙重刻本补。
[2] 僖:原作"禧",据康熙重刻本改。

诸生歌《鹿鸣》以落其成。州之守贰六川刘馨等复请颠末,将勒诸坚珉,以示不朽。顾予猥叨佐郡,既不能移易民风,赞成治化,又不能崇奖士类,以兴起斯文,深有尸素瘝旷之愧。幸乐诸公之志有成,故不辞而述其梗概,且系之以铭。铭曰:

维泰分野,牛斗之文。维泰建学,淮海之滨。有桥翼翼,有水沄沄。五湖合汇,四渎通津。渊源有自,流衍无垠。水深土厚,人杰风淳。彬彬髦士,蔼蔼儒绅。来游来歌,言采其芹。诗书礼乐,明德新民。涵濡淬砺,讲习讨论。以教以学,惟敬惟勤。孳孳警惕,勉勉持循。材良器博,为席之珍。观光接武,薪用利宾。懋哉忠孝,一代儒真。扬芳迈伟,永副斯文。

重修儒学记

凌 儒

明王弘建庠序,以毓材贤,要在翊经明道,惇伦庸礼,为厚俗兴理至计。而其盛衰完毁,则士习升降,世道污隆系焉。盖崇尚之义薄,斯振厉之气衰。上所往,下所向,若盂水然,随为方圆,确无爽失。故古之学,齿危发秀之老,含经味道之生,咸于是在。然其长幼相齿,爱敬相生,其倡有自,其化易行也。师儒之官,曾不获肩其责,殚其力,俾居肆者永有归依。上之人又得以脱其车之易而轻之,视风俗治理之关,如越人之髢、盲者之监,无适于用。

嗟夫! 习衰教微,岂独身范陵迟,即文具荣观且未称矣,是其责不在士也。予慨然升降污隆之际,盱目津途久之。小蒲程公以淮扬兵备驻节吾海陵,廉以宣威,屹然一方保障。鸣桴稀于江介,茂草鞠于圜扉,武备饬矣。乃治兵之余,注意文事,孔庙外,环睹颓堂、危阁、圮祠、坏垣,愀然若置躬无宁宇。遂蠲赎金若干,董其成于知州萧景训氏。鸠工庀材,凡三越月事讫。所谓颓者、危者、圮者、坏者,云翔鸿翥,辉辉煌煌。士游于斯,犹之归有家,止有肆,衣被公惠,咸愿有言,将诏不忘,盖三百士惟一心矣。

署州事同知王法祖既有所乞为记,诸士以事不与闻,心不但已,皇皇然日谋师长,欲予广其说,以寄其心,予屡难之。孙守樾继至,增缮御制碑亭者三,制与地宜,咸正罔缺。遂复偕判官樊祐,教授徐克纯,训导昝鹤鸣、王良栋、刘廷育,生员田有秋、王好古、储案、缪宗尧、韩守仁等征予文。予曰:

衣冠礼乐，尽在是矣，予何言哉？士修之家，伦为重，伦明则百行修。而六经也者，伦之理管[1]是已，尊之固以明之也。然服厥王言，即罔敤臣伦，矧圣谟洋洋，泽于道德，凡以阐经弼伦为归者。故堂曰"明伦"，阁曰"尊经"，亭曰"御制"，其理一也。学之为义，三者最先，缺一焉弗修，不得号为完典。程公司在五兵，乃心崇在学校，再止再举，竟使百年坠绪，犁然一新。且解任须缺，扬舲而南，桂服捐驹，倥偬不自为计，独眷眷焉以葺所未完为丁宁语。此雅意，在士诚勤，是宜诸士怀德益滋，请予益急也。

予于是有说焉：崇尚薄，振厉衰，责不在下也；鹄设衡县，术业有所，而职鳏行蹝，责不在上也。何也？上之以文具节荣观者，既整饬一时，其深心厚望于师若弟子者，端必有在，沐其休，庇其美，能不抚而思之？今夫巨阙、辟闾，良剑也，砥砺不加，利同一割，曷由陆剸犀象，水断蛟龙？纤离、骔耳，骏足也，必前有衔辔之制，后有鞭策之威，加以良乐之能，然后一日致千里。故砥砺，学也，在弟子者也；衔辔、鞭策，教也，在师者也。语曰："尊严而惮，可以为师；耆艾而信，可以为师；诵说不凌，可以为师；知微而论，可以为师。"是四术也，非教耶？语曰："达师之教，安焉、乐焉、休焉、游焉、肃焉、严焉，则邪辟之道塞矣。"是六者，非学耶？世之为师与弟子云者，稽升散，课文词，呻吟占毕，聚书而诵之，非不勤也，顾于所谓伦与经，未知遵之、明之宜何如，至卧碑且弁髦土苴之矣，况制文哉？是教与学两虚也。吾泰之学，如师秉四术以驭千里之良，弟子由六者以收利器之用，要底于经明伦叙，毋轶圣训，斯勖丹霄之价，宏青冥之期，将镕铸追琢，日蓄日深，玙璠之美，跨越海内，彼周宝、郑璞不得以其似厕乎其间。吾见根植华敷，其所竖立勋猷，允有光大。不然，教失则贤罔兴，学非则养弗豫。夫士有修于家，尚或坏于天子之廷者，今并其所修无之，亦奚以厚俗兴理哉！即学之修也，轮辕饰，人弗庸，名存实亡，失其所业，虽谓之文具荣观也可，且重为盛举累矣。予故于兹请为道崇尚者之深心而重有望焉。

程公氏里、德政，详列他记，不细载。孙守，丰城人，字汝峻，号肖泉。

---

[1] 管：康熙重刻本已删。

发迹贤科,由邵[1]陵茂宰擢守吾泰,初政雅意造士,后绩可臻矣,于例得备书云。

新设儒学义田记

凌　儒

天下郡县皆有学,学则不皆有田。士之游于学,烹养于国家者,惟廪膳日有给,月有需,余则无所资藉。若我州则地濒江海,且硗以卤,诸生尤号于贫,几二百年而学田未设。每观风者至,辄相率吁鸣于庭,甚则不惜贬损,将庶几升斗之惠。有志之士亦或自困,不获表见于时。会儒奉敕南巡,祈予以故事为言。当道乃白川刘公,整饬淮扬海防,慨然思为之所。随以剿倭久居外,至仲秋凯还。乃命学正樊君城,暨训导两周君濂、希朱,简君籍,创买都内外田,凡后先五百四十有四亩,岁入夏秋之赋,以俟赡发。掌典以人,输纳以时,稽核以画图,而造册则以待考。在上不虚惠,可谓曰仁;所施得其宜,可谓曰义;诸生免屈膝之辱,可谓曰礼。一事兴而群美集,白川之功,将无有足多者与!咸以弗镌于珉以纪其事,则无以取信,后将曷征?曩尝谓"泰,我梓里也",请言于予。予时以田未多辞,有待。兹按浙至嘉禾,樊君等于邮筒再请,义不可复辞。是举也,作兴自刘按察;用财、出官帑、任劳,在樊君等;而予也则相而成之。后之君子,傥以田多而惠微,仰众施约,广其计益,崇于鼎来,畴谓不从今日始耶?维石乃镂[2],取征者竞[3]据焉,足以昭百祀,与春秋弗劂,词虽缛[4],应不让其腴也。

新建儒学义仓记

王陈策

泰州,安定之乡也。士知学而敦义,自元及今,号小邹鲁。比岁兵荒,育鞠未纾,虽有学田,名存实亡,事无从给,礼节遂衰,识者忾息焉。嘉靖甲子冬,龙津姚公以廉平调守,首进诸生而询阙失,慨然以兴学自任,优文行,

---

[1] 邵:原作"郡",据凌儒《旧业堂集》改。
[2] 镂:原作"缛",据《〔雍正〕泰州志》改。
[3] 竞:原作"兢",据康熙重刻本改。
[4] 缛:原作"缚",据康熙重刻本改。

赒贫乏,立文会,给以笔劄有差。复自计曰:"是有限而难久无。"将思广之。乃括俸资、商羡若干,籴平米三百石,仿文公社[1]仓法贮之,以贷诸生。每石加息三斗,四月受米,十月还仓,岁计得息九十石,以需诸公费,仍存本米以贴来岁,传之无穷。始受日,公率师生戒牲陈词,盟于司庾,一时士类祗欢以趋。复具条约,闻于督学侍御楚侗耿公,报之曰:"是嘉惠学校雅意也。"无何,学正张君拱明至,谓此法行而吾施教益轻,奈何令其泯泯?俾生员马恕、徐寿昌辈求纪于石。策谓:学者治生为先,而菽粟水火,人斯兴行,缘情之治也。释此弗用,防范孔严,而豪杰辈出,宁枵腹以学乎?而或人授之金,亦一日尽也。惟义仓设,则米以济乏;不贷民间,息以周贫;不求台府,公私攸赖。而颒仰无惭,以固良心,以立廉节,以复在昔,人文之美,公惠实多。公守泰半载,清白之操,通于天日,故首务此。至集流亡,治田野,裁冗费,詟吏胥,宛然濂、闽规画,达于王政尔矣,循良奚足方哉!

公名筐,平湖望族,理于信,守于宿,所至有善政,今且奉擢刑部员外郎,其向用盖[2]未艾云。

浚通学渠记

泰隶扬,旧称乐郡,圖[3]山峙坤,雉皋震衍,咽背江淮,皆下泄归墟,惟珠光、邗沟之水,汇泽平沛,分匝萦带。《水经》谓:"中渎出白马湖,东西小水流注之。又东至广陵。"则扬之通泗,泰固支流入焉。南唐既州海陵,周显德中,驻师瀕江,益壮城浚隍,树表险要。迄治平,土著市廛举,盘互城外,剧衢倍扉,承习生常。内城东偏,则官司之所治,黉序之所宫,龙气亢爽,形萃凤上,先朝阳而破氛雾。宅土之胜,衢右径市渠,水通北关,流再西经新仓,别演武台,循山而南,道太子港,与南关水会,东注学之泮池。委延周渎,洋洋重护,水摇山动于窈窕闾阎之麓。故一时民物阜殷,灵钟才贤,奚啻科甲后先炳望也。岁久湮芜,阙塞如玦,士论郁纡。山阴朱公之守泰,一年始治,二年通和,三年治成。听舆人之诵曰:"始民嗷嗷,土秽水烦。公抚祛之,

---

[1] 社:原作"杜",据康熙重刻本改。
[2] 盖:原作"益",据康熙重刻本改。
[3] 圖:原作"图",据康熙重刻本改。

流水乃还。污茨尽开,我饮我飧。更始糜沸,屏除靡靡。公制驭之,简裁百需。约以键矩,扬清决泥。渥泽如川,流教若水。昭德塞违,均赋平砥。习澥浣[1],淬锋砥砺。维日濯新,道以仁礼。青紫碧联,君子苤止。鼓钟于堂,岂乐燕喜。"

公曰:"有是哉!《传》不云'起[2]塞从时'?且水性能下,不道则不通;人性能智,不教则不达。举废以兴学,两利存之,岂西渠附召郑之美乎?"乃即日鸠庸,开之以简便,约之以勤省,费十八,未浃旬而即工。岩岩西山,惠我瞻止;汤汤东流,取予逢原。隐诎发舒,宛问津鲁、泗,而探奇[3]瀚海也。乡大夫命记于某,某曰:吾民习公治,而治之所善或莫之言。公,浙之甲族,家学渊承,行洁而言道,仕以登义,廉慎自牧,好恶公于几微,不畏不侮,以齐于政,可不谓循良哉!兹役之成,润涤多士。方今天子享明堂,礼辟雍,溯三代之旧;狩河洛,疏吕梁,缵禹之绩。庶将鼓仙舟之楫,以业以庸,发泄乎太清,乘万里而远上哉!若咏游之乐,奉杖履从先生长者,进于圣贤之教,愧记者不学也。姑俟之。

海陵教授记

齐 璧苏州人,朝请郎。

国朝文治过前代,自庆历开天章,遂诏天下皆立学,然官犹未备也。至于中兴,备矣。海陵在昔为中州,学建于时已久,前英后杰,踵武而来,不知今几人矣。或者官三年归,迄无一朝之迹,师道不明,盖百有余年于兹。嘉禾徐君尝纂而识之,惟附于《藏书记》之后,前乎诸儒又多遗者。武林章君樵继之,乃访耆老,诹旧闻,旁搜远证,自任君质言而下得二十有三人,古今人物于是咸在,所属朋友联师儒之教远矣。惟君处太学,由舍选,有声称于时,出为是官,能昭其道,不以地偏寡徒自放于便腹经笥之乐,故其志念尝务植立而有为,岂独是举为可尚哉!君既多学而富于文,奚俟予言以诏后?谓予与君尝为同舍郎,既而得为同年生,今又同仕于是邦,投分为深,故特使予

---

[1] 此句各本同,疑夺一字。

[2] 起:《左传·僖公二十年》作"启"。

[3] 奇:康熙重刻本作"其"。

附名其间，以图不朽。后之人傥知君用志之勤，饬工之难，其尚谨而护诸。

登科姓名记

陈　垓[1]

皇帝龙飞之四年，改绍定元年，二月乙巳，诏曰："游、夏学问渊源，董、贾议论通达，悉上春官，造廷待问。"尚书礼部下郡国。甲寅，诏至泰州，臣垓恭率州文武吏士父老迎拜南门，奉书伏谯门下宣读。仰惟国朝受天明命，率三岁间，郊一而士两之，凡以敬天也。天生英明俊伟之材，而尧、舜、禹、汤、文、武、周公、孔子数圣人，任师道之责以成之，其说具载六经、诸子百家之书，传天下后世。师也，君也，天也，敢有一毫忽哉！汉高祖干戈百战之余，犹诏天下曰："今吾以天之灵定天下，贤士大夫肯从吾游者，吾能尊显之。御史中执法下郡守，其有意称明德者，必身为之劝驾，遣诣相国府，署行义。"即今科举法也。乙巳诏既宣，州以劝驾故事秋赋。按图经，雍熙二年至嘉定十六年，登进士百余人，廷对第一、第二、甲乙科，冠本经，举宏词，仕有至枢府政地者。地灵人杰，天之福是邦也旧矣。贡院创于庆元三年，才六十二间，地势下，市声近，位置窘狭，面城之阴，刹挽而塔左之，阴阳家之说弗合。

垓常谓海陵城之东，冈萦坡起，如天马南驰，故城隍之祠以灵显，庾龀之台以官显，万寿之宫以仙显。其前缺如，苇连水积，苍龙之角，谁实掀之？因诣学，偕诸生议，佥曰可，而以筑淤为最难。垓承乏于兹，军政粗举，民力粗苏，商议粗宽。士况吾党，教养非特文哺啜也，而责在教官；俊秀非矜能眩智者也，而责在父兄。垓幸以前进士行太守事，奉诏劝驾，垓之责也。于是度基格向，畚土市材，昉于正月己卯，迄于七月甲戌。土之佣三万五千八百，匠工半之，靡金钱三万二千三百二十五万，米一百八石，俱有奇。给皆州帑，而一费不以累县，一力不以烦民焉。前奏阆层，右耸文笔，旁翼之以御书阁，后坐之以玉清殿。伉都门二十尺，誊录所垣屋十九，封弥[2]其右，屋十。重门巍然于中，联东西两挟四廊，凡六十六楹。厅之楹六，

[1] 陈垓：原缺，据康熙重刻本补。
[2] 封弥：康熙重刻本作"弥封"。

崇深皆二十四尺,长七十尺,贯以屋三而堂,堂如厅之数。轩其后为阁道。监试所须,凡揭什物皆具。

诸生请刻于石,垓因得以勉之,曰:士生斯世,天资之赋予,地灵之孕毓,师教之,有司进之,天子又下明诏以招徕之,士之一身责亦重矣。彼偏方僻壤,病于无所师承,而吏汲汲簿书期会,于科举或具文也,则犹之可诿。孔丘之后,韩、欧以来,师道孰如安定先生者?仁义、礼乐、边防、水利、时政,又其学之目也。以奉大[1]对,以入官,宁越于此哉?今东南数州,潭以南轩,建以晦庵,婺以[2]东莱,温以水心,明以慈湖,而科甲之英,公卿将相之选,皆于是乎盛。泰之为州,人物典刑,事业魁伟,载之简册,荡人耳目。昔何人哉!今何人哉!得于天者非不全,徒慕人爵而不知所师,则挠其天;生此地者非无人,徒羡三子而不师安定,则孤此地。为诸君宜何如?不负于师,则不负于天,不负于有司之爵,进则不负于明天子之详延矣。学问必渊源,议论必通达,盖诏旨也,敢告。

续科第题名记

黎尧勋

惟州学旧有科第题名碑记,景泰初,盐法侍御大庚蒋公寔始创立。所刻名氏始洪武甲子,止弘治丙辰,二科所得士尔。弘治甲子而后至于今四十年矣,二科得士凡十有八人。未之刻者,以景泰碑刻无余地,而有司者未之别立石也。嘉靖辛丑,尧勋自皋邑来牧此州,仰叹邦域人文之盛,考观庙祀礼器之全,因慨是碑之阙,将举之未遑也。乃壬寅春,侍御南昌胡公植亦以盐法按部至泰,视学劝讲之余,深用以是碑为叹。于是移文州司买石,命工刻阙者名氏,宁不以美哉!此邦以数十年灵淑之气,钟为十有八君子之材,亦既有树德策勋闻于当世者矣,奈何令其泯泯?惟公巡历淮海,于郡县学校靡不加振作焉。是举也,适与蒋公政美辉映乎百年之间,惟州之多士相聚耸观,不啻兴起其思齐、景仰、汇征、利用之心而已。又尚论古之人,孔、孟之学,伊、周之勋,斯其鸣当年、传后世。其在商周,庙器所勒,太常所

---

[1] 大:原作"太",据康熙重刻本改。

[2] 以:原脱,据上下文意补。

书，或已湮灭无闻。逮于唐宋，士或习于[1]文辞而去道远，或近道矣而不究于事功，则吾人于名实宜何择焉，斯其传者远也。不然者，倏而兴，倏而灭，寻大之石，果吾人不朽地邪？苟辨于兹二公立石之意，思过半矣。

进士题名记

　　周　叙吉水人，前翰林院学士。

　　进士之选，天子求贤以翊邦家，图治理者也。《周官·大司徒》"以乡三物教万民而宾兴之"，《王制》"命乡论秀，升之司徒，曰进士"，此其名称所由始也。然则进士之选，其来尚矣。士之有志效用，登名是途者，不亦荣且幸哉！我圣朝稽古取士，尤重其选。举于乡闱者曰乡贡进士，中选于礼部殿廷者曰登科进士，发身虽殊，而布列有位，明扬治理则一而已矣。

　　扬之泰州为南畿名郡，学校人才所出，佐大藩，守大郡，陟宪台，与夫县令教职，累累有人。然自洪武甲子科目再兴以来，其膺乡贡进士之选者亦几二十人。若薛君广，永乐癸未由工科左给事中擢怀庆知府，其尤著者也。学旧卑隘，渐就倾敝。巡按监察御史大庾蒋公诚至，慨然以修复为己任，遂命有司蠲俸，并劝率官属商旅好义之士助资，增大规模，撤旧更新之，于是学制毕备。顾惟进士题名碑尚缺，复遣州学生薛振以学正陈君孟旦书来求予为记。公由名进士历官中外，绰著声称，余闻其巡治盐法，明而不苛，宽而有制，所至修学政、恤民隐，去奸植良，盖宪臣之表表者也。观兹盛举，他可类推矣。

　　呜呼！古之取士，考素行之原，询乡曲之誉，崇礼逊，明节义，以朴厚为先，文艺为次，故曰由乡论秀而后升之司徒也。时不同而理同，人岂有古今间哉！凡来游于此者，视学政之新，睹题石之揭，益进德修业，以古人自期待。吾见掇高科、跻膴仕、弘功业于时者接武矣，岂惟学校有望，于蒋公惓惓之意得不有光哉！相其成者，监察御史、余从弟纪，扬州知府、闽郡韩侯弘。来征文薛生，则前怀庆知府广之子也。皆在所当记者，于是乎书。

---

[1]　于：原作"子"，据康熙重刻本改。

鼓楼记

韩元吉□□人,龙图阁学士。

　　淮甸之郊,介江而濒海,曰海陵郡。其地富鱼盐,骈商贾,河流贯城中,舟行若夷路。其门跨水者三,岁久而敝,浮桁以制冲,棳扉以置钥,曾无以示禁而严阛阓也。钱塘万侯以儒雅饬吏事,守郡之明年,政成而令修,乃重理所谓三水门者,且楼其上,以临望四郊之远。民喜曰:“吾公可谓知所务矣。”亡何,郡之鼓角楼垫而坏,民又叹曰:“吾公其可忘此哉!请亦新之。”侯则谢曰:“锺被天子命守是邦,无能也。始至之日,库之缗钱仅数百,庾之斛粟才数十也。旱暵继作,祷而幸应,麦菽渐登,粳稌云委,因得尽心焉。兵吏之赋既充,岁时之用粗给,故方隅无犬吠之惊,以鼓舞尧舜之治。然城扉之防奸,征税之自入,有不可缓。今民之居尚茨于茅苇,而守之舍则亦浸备,夏屋渠然,以朝夕安处,虽一楼未葺,庸何伤?”而父老相与沓言之,宾客士大夫纵[1]臾之,曰:“楼之于郡府,皋门之地也,箛蕃之攸在,无不设者。如目之有眉,面之有颡,虽不系于用,而天下不可阙焉者。考其造之岁月,葺于绍兴之丁巳,又四十有八年矣,由公而遂废,其忍乎?”于是又以其余力,始为之楼。既成,翼以二垛楼于外,遂为一郡杰特之观。

　　夫古之君子为政而美者,无非以善于民也。民之所欲而拒之,所弗欲而强之,皆非所以善于民者。况夫土木之功,缮修营造之役,虽圣人亦所慎重。惟斯吏二千石,心一不在乎民,则沽整办之誉以自炫其风力者有之,增耳目之奇以自娱自奉者亦有之。否则,伤于财而蠹于民,适资匠胥之盗窃耳。《春秋》于门观之作、台囿之筑,无不谨者,抑以是夫?今万侯之政则既善矣,澹然不志于功利,而蠹弊是去。逮其举事之际,犹不自以为是,踌躇四顾,殆有所不得已者。至因其民之所愿欲,然后为之轮奂翚飞,不侈于前,不夸于后,无一取诸民,无一劳其民者,用能谈笑而成。推是以往,举而措诸天下可也。海陵儒学之士,吾意其必有歌可颂之者,将转而上闻。故其规制之略,费用之目,皆无足以书,特书其善民者,以彰侯之用心,俾后人与知焉。

---

[1]　纵:康熙重刻本作“从”。

甲仗库记

樊景阳屯田郎

海陵自五代置州，隶淮南，为僻左，然其物产之饶，生齿之夥，盖豪视邻壤。其地控淮扼江，背湖负海，民啖鱼盐之利。尤轻抵禁，不幸乘岁饥，往往啸聚以慢吏，其势有足虞者，若何不为之备耶？至和二年秋八月，秘阁王公来，既受署，首访备御之术。即率僚佐戒郡吏，视器甲所在。吏引公循西庑下，指老屋数楹曰："此谓甲仗库。"入阅其器，则库[1]漏垫湿，阴郁胜润，筋角干羽或至脱剥不可用。公慨然语僚吏曰："是郡负江海之险，而兵疲械敝，复又畜藏不严，以开奸纤之隙，万一有警，孰恃以为安哉？"亟以状闻，愿益禁兵，以为捍备。诏以青州武卫一旅充。乃度亢爽之地，易今屋。其为地五尺，屋之高五倍之，总十有五楹。凡器之不完者一切增修之，左右兰锜，栖列有次。既又循库而西，为治事之厅，总二十有二楹。起十月己亥，成十二月癸巳。民过而望者，徒见重门修庑，丹雘壮丽，而不知梓材之所出，力役之及己，是何虑之果而成之速耶！噫！天下不可一日去兵而弛备。今之为守者狃承平之久，恬不知变，视其可[2]为可患者，靳靳然不肯施毫忽于其间，第相戒曰："无立异速谤，安知患之必至耶？"庆历中，盗发旁境，数郡之民为之骇皇失措。夫以方州之众，数夫环朵，则莫[3]然无支梧，乌在其为民上也？今公于其可为可患者，先事而豫图之，则公志于民者可谓远且至矣。特未知后之来者果能踵而不废乎？景阳愿书公之举以告焉。至和三年三月二日记。

起云楼祠记

陈垓

《传》曰：云触石而起，不崇朝而遍雨天下者，唯泰山尔。淮东无山，泰于椒丘祠岳，而州是名。宝庆丁亥，守陈垓浚水环崖，作亭其上。植花柳竹，为堤砖，曲折以登，曰"天阅"，曰"旸谷"，最高曰"起云"。秋七月落之。

---

[1] 库：康熙重刻本作"庫"。

[2] 可：康熙重刻本作"所"。下一"可"亦如此。

[3] 莫：康熙重刻本作"茫"。

天新雨,云开月来,举大白问云:

家住蓬瀛,船过方洲,系之泰亭。更跻攀天阅,从容旸谷;梯登双磴,身到层云。云起乎哉,我知之矣,雨不崇朝天下春。旗五丈,袅西风猎猎,羽扇纶巾。　　江头驾起冰轮,二百里金焦入坐青。问清都绛阙,诗盟谁健;琼浆麟脯,共醉何人? 归鹤徐翁,沧浪范老,参语栏杆天又参。云知否,认三台明处,玉宇无尘。

前三年,余城兴化,即湖曲为沧浪清风阁,祠旧令文正范公,近创归鹤亭于徐神翁响林,故并书之。

方洲记

李　骏郡守

骏被命海陵郡,若有天幸,初至小稔,明年中熟,最后大有年,人情和,集事良易。郡有城,城有楼橹,戍有兵,兵有食与器。惟市之河,旧贯南北,数十年来居民枝柱阁架其上,折蒿胶舵,脱有警,外舟奚归? 欲浚而深之,岸摧栋倾,阛阓千家,弗宁厥居。与常平使者徐公议其宜,各殚厥费,疏西南地千丈,蜿蜒委蛇,架天宁、经武二桥,舟驮车驰,居者行者交以为便。河成,民面河为庐,以防异时纳污湮塞。水次为营垒,为库廥,为刍薪场,为校牧地,以便出入。祭莫严于社稷,而莽茝壤秽,祈报弗肃,则又仿古制,筑坛为墠。于是痴儿之事,仅无缺遗矣。虽然,净尘襟,旷幽怀,乐民之乐而民亦欲从太守游而乐者,未有其地也。

郡地平如席,惟泰山岿然为岳神之居,新旧河交流其下,旁有水一泊,形肖大瓠,号葫芦河,昔隐君子庐焉。弘而为池,植芙蕖二十亩,有洲正方,宛在水中央,趺而四瞩,心与景会。乃堂其上曰“醒翁”,以盖其日饮土何之愆也。日出没于堂东西,政东曰“朝晖”,西曰“夕照”。又堂其后,下瞰清泚,中通画舸,曰“小有洞天”。两堂之内,渺然一壑,跨壑为屋五楹,如藏龙骧万解[1]于寂寞之滨,曰“水云乡”。后有室,扉窗明净,实具竹楼之所宜,曰“六宜”。右培娄出水中,椭其形,高寻,长不逾丈,椒四本,曰“椒

---

[1] 解:康熙重刻本作“斛”。

屿"。旁有汊，藤蔓翳翳，仅通一叶，窈而深，中有人闻鸡犬声，曰"桃源"。
"桃源"之南，"醒翁"之西，钜竹千个，蒙密可玩，目一日不可无。堂之前
楹为台，可百客，甃以坚甓，周以栏楯，风露未下，水光接月。下而右，杨柳
云矗，芦蓼丛生，有垂纶地，曰"苇间"。易乡而南，过小桥不十步，亭曰"盟
鸥"。与知鱼东西直，一曰"隐几堂"，上若有告者，曰"二友"。

　　至余跟跰越长堤访之，疏华的皪，凝睇竹间，相对忘言，久而后去。过
所谓公来游者，有客幅巾大袖，貌甚古，前揖余曰："走邻邑鄙人也，常游此。
旧为蓬蒿藜莠地，狐狸所嗥，昏鼓动辄无人迹。今万瓦鳞差，户挹清波，酒
帘戏鼓，在在喧嚣。舍舟步经武桥，少前，突兀闳丽，双扉洞开，若王公贵
人居。视其扁，隶若蜇动。余不能禁余足，阍人亦莫余诃，不知此为何地，
子为何人？"余揖之坐，不坐，巡檐而驰，若狂若痴，且额且指，曰："鳌背赑
屃，负崇台复屋于水中者，非子所谓方洲邪？余闻海中三神山[1]，曰方丈、
瀛洲者，非此邪？"余曰："不然，请与子游。"客辞曰："走先观其外。"于是
偕行，至一春佳处，冻木僵立，而色香华萼，生意可寻。东有柴扃、烟蓑、风
网，知其为渔村也。循曲径而北，茂林修竹，崇山峻岭，虽出人事，见谓天成。
三百年后，安知不指为永和修禊处也？又北登高桥，一碧荡漾，玲珑缥缈，
倒影清波。鹤有田，雁有泽，拍手而双飞，启闸而群游。二道民揖柳阴下，
相与入瓢庵，啜茶已，谭修丹还转法，使人顿忘世虑。出河湄柿林，屋三间，
号"青龙庄"。过"小有洞天"，揖客入。客趋而右，掬七一泉，清冷入毛发。
折旋而南，憩蒼卜林中，醲客大白。客颓然心醉而去，若不可以留。问其故，
曰："此神仙之居，我骨凡，我迹尘土。"趋而出，常所乘舟登岸处，门适启，
所舣舟又适在岸下，鼓枻去，莫知所之。余亦怆然，因记客语，为《方洲诗
记》，时嘉定辛巳腊月也。呜虖！前乎此，岁在辛巳，群胡以此为饵毙佛狸，
佛狸虽毙，而海陵受祸亦良惨。十月十二日，子数穷六十，岁复在此，而乃
以园池之盛称于两淮，是天时邪，抑人事邪？嗣而葺者，其懋之哉！

---

[1]　山：原作"仙"，据康熙重刻本改。

方洲记跋

陈 垓郡守

是岁十二月望,垓来海陵。明月,公改镇池,授垓《方洲诗记》,行吟其间,未尝不会心。竟解组去。后五年,叨踵郡寄,亟过之,草莽蒙翳,颓垣败壁,仰或压焉。青龙庄一日不可无,莫有成之者,忍溷以沽,为太息再三。补花养笋,或盖或筑,柿为庄亭竹间,曰纯节。买地属衢,伉门六楹,创外园四亭。游衍斯垆,舆从斯阓,而方洲景物全吾天矣。过经武桥,介丘平野,疏为湖,以舰、以亭、以级、以楼、以栏,纳江挹斗,而俯兹园。人杰地灵,眼中历历。蹑屐而下,起柁而东,诵记与诗,按以陶写。来者于今,亦犹今之于昔乎?勿问也。公所规置,卓然过人,乃以年丰民和、集事易为天幸。垓强颜再岁,羽檄旁午,调兵发廪,如救头然,其能葺增贤迹,同民忧乐,不尤幸耶!垓于公为门下士,故仿佛滁书而刻之醒翁堂。又二年,绍定改元夏五,剑池陈垓。

玩芳亭记

刘贡父倅

《楚辞》曰:"惜吾不及古之人兮,吾谁与玩此芳草?"自诗人比兴,皆以芳草嘉卉为君子美德,无与玩者,犹《易》"井渫不食"云尔。海陵郡城西偏多乔木,大者六七寻,杂花、桃、李、山樱、丁香、椒、棣数十种,萱、菊、薛荔、莎、芦、芭蕉丛植橐生。负城地尤良,朱氏居之,益种修竹、梅、杏、山茶、橙、梨,异芳奇卉,往往而在。清池萦回,多菱、莲、蘋、藻。于是筑室城隅,下临众卉,名曰玩芳。於呼!桥木森耸,百岁之积也;众卉行列,十岁所植也;杂英纷揉,终岁之力也。俄而索之,不易得也。天施地生,非为己役也。能者取玩焉,能主客也。惠而不费,莫相得也。非《易》所叹"渫而不食,为心恻"也。于是刻石亭右,以记岁月云。

天目山记

胡 纺淮东转运判官

海陵东南、姜堰北,有天目山,古地钵福地。峰鸠陶隐居者云"地钵临江东"，《后汉志》"海陵，《真诰》谓'五陵地'"，此一也。海陵涂泥，咸卤土薄，芦苇所聚，无崇山峻岭、茂林修竹。而天目丘聚，土厚水甘，迥异四隅。宜松桧竹柳，所以为福地。东晋道士王冶隐居于山，修灵宝法，炼丹存神，植性累行，历宋、齐、梁百余年，功成行满，丹就果圆。双童传召王冶，群仙导引步虚，清乐之音，四比皆闻，白日飞升，世人始知山名。天目二井，公临升举，封镝极密，乃藏灵宝符、杖履、水袜、隐形帽于左丹井。梁昭明太子闻公升举[1]，同邵陵王诣山致礼，导港直至山下。公居山日，有五色鹿产一女于山左草莽中，闻啼声，往视之，见鹿乳焉。公挈养之庵，鹿日三至。女至七岁，造一鹿女台。公飞升后，女欲南渡，邑人饯之横浦，云："后百年，复来。"履江水而去。景云二年十一月，山忽鸣吼，声闻远迩，乃敕遣天台山女道士王妙行，名山大川，洞天福地，投金龙玉璧。王妙行即鹿女，计百年矣。唐永徽中，有道士杨文稜预言逝期。又有王玄真绝粒五十年，至八十四逝，就窆，空棺只履。山有坡[2]头皂角树合抱，仙翁手植，匠者睨视，山怒木啸，采访使李登以闻。天宝[3]七年，赐额"兴安观"。岁更二名，赐田十顷。天复之乱，县尹李溃欲取山材治县宇。山神梦中现相，溃立庙于此以祈之。元丰二年，蒋公之奇为大漕，致礼请祷，开右井，得鹿角至数十丈，获金龙七、宝璧三十六。与通判何琬、漕属张轩氏、同知观葆光法师、全[4]若水重治堂庑百余间，具以闻，赐额"集真观"。宣和七年，邑民顾仲文治殿基，得丹炉鼎著，其土赪赤，服之愈疾。山自地涌，气淳土厚，后人益培于左，而山遂成赘，今七百年矣。嗣今继者，虽古木亦凋零，况榱栋乎？他年草梁木拱，人迹屏绝，则隐者至矣。

城隍庙记

蔡　驷陈留人，通判泰州军州事。

城隍神，祀典无之，吴越有之。风俗，水旱疾疫必祷焉。有唐乾兴元

---

[1] 举：原作"与"，据康熙重刻本改。

[2] 坡：卷一《形胜》"天目山"条作"披"。

[3] 宝：各本皆作"宇"，据《〔嘉庆〕重修扬州府志》改。

[4] 全：康熙重刻本作"金"。

年秋七月不雨,缙云县令李阳冰躬祷于神,与神约曰:"五日[1]不雨,将焚其庙。"及期大雨,合境告足。乃与具官耆老群吏,自西谷迁庙于山巅,以答神休。骃为儿童时,以先君朝议好篆书,尤爱李阳冰,此碑朝夕[2]在几上,今犹能诵之,繇是知城隍神自唐以来庙食矣。今年春,自太府丞出倅是州。始至,谒城隍庙祠,见其像塑坐破屋中,风雨不庇,有意完之。适岁旱,未遑经度。其秋,进士陈诂与同郡王履中、耿端等请于州,欲因其旧制而稍新之。既毕工,乃使刻阳冰碑文,置之壁,因书其后以岁月云。

汉关寿亭侯庙记

储 巏本州人,吏部侍郎。

古之英雄壮毅之士,或以劳定国,或以死勤事,或御大患,或捍大灾。于后也,被其赐者,则相与祠而祝之,大者郡,小者邑,究其所及而止耳。若夫肇于一方,遍于天下,则未有如汉[3]将军关侯之祠之侈者也。侯,河东解人也。当汉末,佐昭烈皇帝翊汉讨贼,及督荆州,威振华夏。吴人惧其逼也,潜师袭之,侯殒于难,时建安二十四年冬十二月也。侯在当时,义勇雄概,称万人敌。计其麾戈斩级之所在,襄、樊、许、洛间为多。其刺颜良,克于禁,尤骏伟竦震。故今小儿妇女皆知侯之为烈,而骇以神之。巏尝考其所以祀,则不尽如流俗所称说也。盖汉统之续绝,舍昭烈孰与为者?昭烈之进止,视侯之存与亡焉。方昭烈之西也,侯以节钺独守江陵。江陵距吴、魏之冲,侯拔襄攻樊,降其郡县数十,自许以南,往往遥应。操称善兵,意欲徙都以避其锐,何其雄哉!当是时,一军向宛、洛,一军出秦川,恢复之势成矣。呜呼!孰谓侯赍志以没,遂使操奸大统,权裂汉土而王之。昭烈君臣始谋不集,乃寓国于蜀,忧勤经略,竟不获遂其祀汉配天之心。此志士仁人千载而下犹为之悲嗟愤惜,思欲起侯而从之者也。由是论之,侯之祀,夫岂荆、蜀之独专也哉?不然,吴、魏之臣,为其主谋伐者抑多矣,迄今祠亡社撤,邈有闻者,则国统之正闰,民衷之予夺,盖可见也已。初,江陵之难,侯及子平死

---

[1] 日:原作"月",据康熙重刻本改。
[2] 夕:原作"久",据康熙重刻本改。
[3] "汉"后原有"相",据康熙重刻本删。

之。及成都陷，孙彝又死之。岿然大节，与汉终始，宗臣遗烈，凛凛犹生也。汉授官至前将军、汉寿亭侯。汉寿，城也；亭侯，谓列侯次者尔。今人谓"寿亭"者，盖不考也与。又庙额所在称王，洪武初，尝诏例仍其旧。侯仗大义以讨僭窃，不卑侯而王称也，皦然矣。巀故悉书以正之。泰故有侯庙，巀以事祷辄应，且慕侯之义烈，思以文字报焉。乃为碑，载其所以系民心者，而系以辞，侑其享云。辞曰：

神之来兮夷犹，遭云中兮历九州。览河山兮既改，慨宗国兮悠悠。邺之中兮江之左，彼何人兮敢污吾土。叱余骑兮徂征，忽反顾兮千古。神之去兮荆之野，纷云旗兮风马。阖庙洋洋，髯如戟兮面如赭。扬汉灵兮耿无方，奄四海兮皆汉之疆。驱厉兮降康，民钦祀兮不忘。

条桑子河堰记

吕祖谦婺州人，著作郎。

淳熙元年夏六月，泰州本部潮大上，败捍海堰，诏州与两使者参治。维堰初作于文正范公，首起海陵，尾属盐城，两县间百余里，及是半圮于水。有司缮筑，未几以讫工闻。独桑子河以南，径如皋境，缭许氏庄后，皆文正公规略所未及。春夏霖雨，海汐暴兴，田庐冒没，版籍日耗，诏以委今魏侯。不以造端立始、无前规可袭为惮，慨然闵民病之不可宿，凡土工之政令与其具修，悉搜悉讲。发命以四年十月乙酉，甫半月堰成。其袤三十有五里，其纵寻有三尺，趾广二丈四尺，积工一十有七万。郡人拥府门谨贺，又走书薪记，侯不能御[1]。昔史起引漳水以溉邺，追修西门豹之遗利；杜预将桥大河，或者以商、周所都，历圣贤而不作，殆必难立。二者之胥失也。斯民之生理无极，而陵陆川浸之势屡迁。颛守陈迹者，既不足与合变，至于因时建置，虽由己出，然前人仁心仁闻，经启区画之余业，盖有以起之矣。侯于是役，习于群公先政之源委，一旦身履其迹而手赋其功，宜所乐为者。用能先事不惑，已事不矜，以兴泰人之长利，以终文正公之遗绪，以助成明天子实边之大计。后之为政者，将于此乎考。

---

[1]　御：康熙重刻本作"禁"。

侯名钦绪,历阳人。莅役者,海陵尉朱棣;督护者,知如皋县耿汉、知海陵县穆沂。

重建望海楼记

徐　嵩本州人,都御史。

泰故海陵县,伪唐时改州,濒海而通漕,时移世变,湮塞日远。望海楼在郡城东南隅,其西则佛刹,与楼并峙,黉序巍乎在中,相去皆百余步。堪舆家谓龙盘虎踞,系科第盛衰。宋熙宁、庆历间,人文极盛,如许、查、周三姓,高科膴仕,项背相望,周氏凡二十一人,其他未能悉记。至国朝,斯楼惟存遗址,而人才视昔亦衰,则形胜制克之说似为有征。

岁嘉靖己酉,南田鲍公龙以进士自荆南[1]移守,庙谒日,廉得其由,慨然欲以身任,未遑也。而竟成其志,起数百年巨废,一旦尽还旧观,人情大慰。夫王政散在天下,分属于郡县,其关系学校人才者,守令皆视为先。然坚完易守,颓坏易葺,至于废久而不存者,非其人未易举行。斯楼兴废岁代,郡乘略而无考。据当时题咏,其创自盛宋之初,而废于胡元兵火之后。由今溯昔,历三世余,四百年,黍离麦秀之感,中岂无人? 而成功迄有待于今日,兹土之遇不遇,人文之幸不幸也。公始兴是役,请命于诸司而必求其可,取费于好义而不震以威,借役于群力而不敛乎怨。画方面离以定其位,度材任能以考其成,较然若运诸掌,非经纶裁断,孰能与于斯! 楼成,计其断鳌为柱凡四十有四,基而上高三十六尺,横从广六十步,可以建旌旄,可以横讲席,重檐邃阿,可以蔽亏日月而隔离风雨。楼之前,东西筑室各数十楹,车马仆从之所经也。楼之西,别建一坊,颜曰"拱文",龙光奎秀之所射也。坊外有沟,跨桥通路,以通于学舍,曰"回澜"。凡此皆所以羽翼斯楼,一出于公之精思。兹土何幸,而人文能发挥之,疑不若是烈也。从其利达于风水,纵吟赏以登眺。而于前数者,遐然一无取裁,岂公之所以望于后学,又岂后学之所以自望者哉?

是议初建,作兴于上而给终事者,巡盐御史杨公选;奔走于下而受成不

---

[1]　荆南:原作"刑南",康熙重刻本作"南刑",据《〔嘉庆〕重修扬州府志》改。

怠者,同知张君鹤、州判金君浩[1]、吏目何君澈;周旋乎中而关白于御史台者,学正陈君克让、训导郑君相与生员王沐等,皆公之初功也。嵩嘉此举有裨于教育,而重违师友之请,爰拓其义,为文以记之,并书同事者姓名,以垂不朽。

范文正公祠堂记

杨　果兴化人,左通政。

　　有宋天圣改元,汝南范文正公来为泰州西溪盐官。时风潮泛溢,潴没田庐,坏亭灶,民以大病。公特为请于朝,得调丁夫四万,迹唐李承实捍海故堰而修筑之。用是海濒沮洳潟[2]卤之地,悉成良田,而民获奠居,其为惠利甚大以溥也。公没,而所在德之不忘,往往庙而俎豆之,水旱疾疠则祷焉。小海、草堰二场间,旧有公祠,久而圮。地湫隘,杂以淫鬼,妥灵揭虔,两为匪称。岁正德丁丑,国子生宗部、宗节,乡校生唐宋、唐满等[3]辈,相与蠲资倡义,图善地而迁之。力犹未逮,则以告于巡盐侍御卢君楫,君慨然曰:"吾事也。"乃俾运使胡君轩续其费,运判闻人君韶督其成。鸠工增材,择吉从事,门坊堂庑,次第完好,无侈无陋,中肖公像,以快瞻拜。讫工,卢君记其事,而驰书告果,俾文其丽牲之石。方首事时,有语果以[4]非政之急者,果晓之曰:在是举也,所谓义也。捍灾御患,秩在祀典,古之制也。崇政袪淫,训之善也,俗之所趋也。义以协制,制以章训,训以成俗。侍御君之政,可谓知所先,而所以自期待之志,亦可占其概也。惟公以一代杰出之才,筮仕之初,即为吾民御灾兴利,垂之久远,章章如是。而公之传志行状皆不序列,独闻见于《宋史·河渠志》,得非掩于其大而略之?即于人为大,于公为小,则公平生之所树立可知。其感吾民如此,则其感动天下者又可知矣。欧文忠公谓其'为政,所至民多立祠画像',则不待公之没与后世,其生固已神明之也。"呜呼懿哉!果生长是乡,衣被遗德,敢为之言,俾镵其石。而凡有事于是庙,则备列之于石阴云。诗曰:

---

[1] 浩:康熙重刻本作"治"。

[2] 潟:原作"泻",据康熙重刻本改。

[3] 等:康熙重刻本夺。

[4] "以"后原衍"有"字,据康熙重刻本删。

天之降才,有啬有丰。三代而下,惟宋斯隆。志其杰然,曰我范公。公之筮仕,吾邦伊始。海水时溢,民病濒死。堤而捍之,利兴害止。入庐出田,永永无患。百世之下,姓堤以范。俎公豆公,庙惜不万[1]。公于天下,如蓍如龟。踪迹所到,精神随之。我民祀公,则如所私。谁新公祠,柱史之政。有俨其像,如视如听。孰其过之,而敢不敬。公福我民,罔间明幽。水旱疾厉,有祷无忧。我诗庙门,尚昭公休。

胡安定先生祠堂记

湛若水

谕人者以其异域善,孰与其乡族善?曰:"善乡,乡为近。"示人者以其言善,孰与以像善?曰:"善像,像为切。"近则人习服,切则人易知。人习服故易从,人易知故有亲。有亲则感,易从则化。是故异域使人敬,乡族使人信,言则入人耳,像则入人心。故先王之法,乡大夫令而司徒之教行,象魏[2]立而治法昭。今夫号于人曰:"必若而乡某君子乎!必若而乡某义士乎!"则闻者莫不悦,相语曰:"彼固非远引,乃云吾乡某也。某也,诚义士君子也。"斯不亦以乡而近,习服而易从乎?今夫断木而像之,折橼而屋之,肃乎若有著乎其[3]风神,俨乎若有见乎其容声,则过者莫不敬畏,相语曰:"彼乃吾乡之义士也,君子也。吾等可自弃为不义欤?为小人欤?"斯不亦以像而切,易知而亲乎?

南昌王君公弼以进士来守泰州,召士氓咸造于庭,曰:"吾守兹土,实兼教养,凡尔士庶,盍同于予善?尔弗我征,盍稽于尔乡之先哲,式追于前文人?若尔安定胡先生者,尔岂不知而慕之乎哉?与孙明复、石守道藏修泰山,其义行笃于躬,化于家,孚于而乡,教授于苏湖,振历代词华之沉迷,复往古敦朴之实行,师教升于国学,声实达于朝廷,式法播于天下,一时多士靡然从之,为之一变,不问可知其为安定门人。若是者,尔之士庶其亦有意乎?有则吾为尔祠而新之,以为尔仰止之地,不亦可乎?"欣然曰:"诺。"

---

[1] 庙惜不万:康熙重刻本作"立庙宜万"。
[2] 象魏:原作"魏像",据康熙重刻本改。
[3] 其:原缺,据康熙重刻本及上下文意补。

乃白于抚按,卜城东南之隙地,以州之赎金,撤官之闲屋,而顾钺之义助半焉。凡三月而落成,为堂者三楹,外为大门,内为寝室,视堂之数,弗有杀焉。前临大池,后馆诸生,旁亭颜学亭,周之池水,使士讲圣贤之学于其间。选胡氏子弟二人,寄学习礼,蠲官田五十亩,供其祀事,而复其徭焉。是故东南,法长养也。前周池,昭澄心也;后学馆,示步武也;亭颜学,示的也。是故巍焉肃焉,示像也。于是士皆欢悦,过其祠者,皆相语曰:"吾等兵防、水利、农算之学,有若安定治事斋之教乎? 五经异论、文艺理胜之学,有若安定驯驯雅饬之化乎?"于是王君闻之曰:"安定之学,岂但若是已乎?"乃遣其门弟[1]林春、王栋之京,问甘泉子。甘泉子曰:"噫! 善如王子之问也!善如王子之问也! 安定之学、之教,人失其真传也,而贰于孔子久矣,岂直今也哉? 夫孔门之教,同于求仁。仁,人心也,天理也。四科之列,惟颜、闵、雍、耕诸人得其宗,余则因材成就者耳。而谓有四焉,岂圣人无类之教哉?若安定先生,当声赋浮华之弊已极,毅然而起,以变化士习为己任,以开濂、洛之传,必其精神心术之微,有不言而信者行乎其间。观其颜学之试,道德仁义之教,有足征者。至于经义治事之科条,乃其因材而成者耳。以为先生之道尽在是矣,岂不惑哉? 夫圣人之学,心学也。故经义所以明其心也,治事所以明其心之用,以达诸事者也。体用一原也,而可以贰乎哉? 此或先生立教之本意,而人失其传矣。若非人失其传,则先生之学、之教荒矣。予幸得于百世之下,故为其乡人士推言之,庶几不终贰于先生之教焉。"王君曰:"命之矣,幸为记诸石。"

重修安定胡先生祠记

林　春本州人,吏部郎中。

宋安定胡先生,郡之东皋人也。其德行文章、成物济时之功,传海内而流无穷者,皆自有本,非止苏湖之教行耳。至于今,而人思慕之,乡里之风闻渐被者,殆有甚焉,以其心之同也。夫惟心之同,则在人犹我,在古犹今,不以时异势殊而泯追崇向慕之诚也。是岂先生之神昭灵于后哉? 盖向慕

---

[1]　"门弟"后,康熙重刻本有"子"字。

之至而如时见之。则凡生于其心、发于其政,重其道而思善其乡人者,自不容已也。

嘉靖戊戌冬,巡按监察御史舜原杨公驻节如皋,谒先生之祠而叹其荒且隘也。进县簿曹君依、司训詹君仕显、何君荩曰:"先生之生斯邑,有宋斯文之始也。尔有司多士之仕学于乡者,得无追崇向慕之诚乎?新其祠以寄思,衍其学以济世,固成俗化民、崇德向[1]贤之责也。闻黎尹且至矣,其将为我语之。"乐溪黎侯至,其追崇向慕之诚犹舜原也。舜原助赎金若干,黎侯义处者倍之。门堂寝室,视昔有加,巍乎焕然,足称妥侑。仍以经义、治事名斋,恐学者歧而二也。构崇一之,堂以一之。若谓经义言心悟也,读者不可滞于言;治事言实用也,学者不可离于事。所以名之者,皆就其质之近似成之,非专于一也。否则,循循雅饬,不问可知者,岂言语文字之学哉?当有不言之教入乎其心,同心之感,不闻亦式者矣。经义、治事,亦"成德""达材"之科条云耳,曷足以尽先生之大耶?

是役也,始于十一月二十七日,终于己亥三月十五日。不劳于民,不伤其财。凡所以祀先生者,仍旧不侈。又择先生之子志康、志宁配,尚亲亲也。夫礼以义起,道待人行。使舜原、乐溪之相遇于今,而从政立心者或相左焉,则亦上下相徇、簿书相照而已。若此风学之举,人心之劝,振高义而淑后生者,胡能以暇及哉?予知有司之继至者,将推类而有为;多士之尚反者,亦反来而自得矣。况入先生之里,思见其成,出其后而怀乡人之愧乎?则粹然之发于政、油然之生于心者,当自忘其倡且和矣。我公、黎侯之相与有为也,不深有裨于风教乎?舜原名瞻,蒲坂人;乐溪名尧勋,乐至人。义当特书者也,故为记之。

安定胡公书院碑记

崔 桐海门人

泰州为故海陵境,城西有崛壤,曰泰山。桐童时,尝执经西游,间从长者后一登眺焉。山有神宇,谒者必肃拜祝禧,桐心丑之,独不为礼。计别兹

---

[1] 向:原作"像",据上下文意改。

山余四十年矣，闻前御史雷君应龙撤其神而虚之，嗣是崇正者置书院，并主范文正、胡安定二公于其中，傍列诸生舍，岂非以安定为海陵产，实在昔儒宗；文正尝监西溪，有捍海功矣乎？桐心贤若举，而未遂一瞻拜也。嘉靖戊戌冬十一月，舜原杨君瞻以御史按莅海陵，首询安定公遗迹，得兹山为讲学故处，爰立石以识，因晋谒二公焉。既而叹曰："礼贵专，专斯颛，颛斯感；礼厌渎，渎斯伤，伤斯射。乡贤名宦，崇当以族，错列互举，非所以尊师重道、右能象功也。"爰檄有司，奉文正公主奠置名宦祠，乃专俎豆安定公焉。图征言于桐，以碑其祠。

　　桐也鄙，无能为役，窃忆昔童[1]时志，乃为重有感曰：上古无传人，中古无传事，近古无传心。地渺风微，遂成飘响，愧长隽员，泯焉莫闻者众矣。是故耳感者浅而疑，目感者真而传[2]。乡里六贤，悉诸遗乘，诵诸黄发，其仪形謦欬宛然，百世之下者，不减于亲炙也，可以列视而莫之崇乎？列视而莫之崇，是虽生兹土者，亦莫知吾乡为孔之鲁、孟之邹也，何所观法乎？安定先生以经术行义名天下。景祐初，受文正公之知，荐定雅乐，白衣殿对，天子贤之。教授吴中，诸生爱之如其父兄。直讲太学，天下宗师之，至墙舍不能容。是又非丁度之所能阻挠也，且今天下后世可忘所宗乎？是故君子之于有道者，读其书则思见其人，入其境则思及其门，循其迹则思久其传。舜原君之爱道，殆不容无是举也。舜原，冀人也，而追慕安定若此，乡里之彦瞻依左右者，为心当何如耶？书院前二堂，故题曰"经义""治事"，后亭曰"后乐"。今扁其首曰"安定书院"，祠曰"安定胡先生祠"，亭曰"观海"。是役也，翼其成者，州守朱君簦、倅朱君怀幹、林君庭樟、徐君份；以征言勤者，海门令孟君梅，咸有得于奖士类以兴起斯文，深有尸素瘝旷之愧[3]。桐也幸乐诸公之志有成，故不辞而述其梗概[4]，且系之以铭。铭曰：

　　维泰分野，牛斗之文。维泰建学，淮海之滨。其规虽旧，厥泮维新。有桥翼翼，有水沄沄。五湖合汇，四渎通津。渊源有自，流衍无垠。水深土厚，

---

[1] 童：康熙重刻本作"章"。

[2] 传：康熙重刻本作"得"。

[3] 深有尸素瘝旷之愧：康熙重刻本缺。

[4] "梗概"后，康熙重刻本缺。

人杰风淳。彬彬髦士,蔼蔼儒绅。来游来歌,言采其芹。诗书礼乐,明德新民。涵濡淬砺,讲习讨论。以教以学,惟敬惟勤。孳孳警惕,勉勉持循。材良器博,为席之珍。观光接武,薪用利宾。懋哉忠孝,一代儒真。扬芳迈伟,永副斯文。

崇儒祠记

李春芳兴化人,上柱国。

心斋王先生,崛起海滨,毅然以希圣为学。少阅老莱子舞斑故事,即衣斑斓,日戏父母侧,父母诃而止之,曰:“古人如此。”不止也。言笑不苟,出必规圆矩方,跬步不乱。闻文成王公讲学洪都,不远数千里摄笈往谒之。衣斑直入,坐上坐纵谈,移晷不屈。及出,公语门弟子曰:“此载道器也。”明日又见,复纵论,始屈。出,更野服,拜公,执弟子礼,公始授以“致良知”之学。时公门下多四方知名之士,如文庄欧阳公德、大司成邹公守益辈咸集,与之讲究切劘者,岁余始归,而尽以所闻告之乡里后学,于是东海始彬彬多知学之士矣。予初不知学,嘉靖壬辰,海陵铨郎林君春始导予谒文简湛公、文庄欧阳公而论学。后数年,于留都始晤先生于徐氏东园。时文成、文简二公门人各持师说以求胜,予质之先生,先生曰:“岂有异哉!天理者,良知也。随处体认天理者,致良知也。”后偕太守袁君株、大尹朱君轨、审理宗君部造先生庐,请益月余,见乡中人若农若贾,暮必群来论学。时有逊坐者,先生曰:“坐!坐!勿过逊废时。”嗟乎!非实有诸己,乌能诲人吃紧如此耶?予惟天下之治忽系人心,人心之邪正系学术。学术不明,人心不正,欲望天下治安,难矣!故学之不讲,孔子恒以为忧。当其时,问学洙泗之滨者,踵相接也。然孔子虽忧学之不讲,尤耻躬之不逮。教人以文行忠信,于谨言慎行三致意焉。至于性与天道,子贡犹叹其不可得闻,况其下者乎?先生之学,始于笃行,终于心悟,非徒滋口说者。虽鲜所著述,如《乐学歌》《大成歌》诸作,天趣洒然,悉出胸中所自得。至评论夷齐三仁、武王伐纣等事,皆精微至论,罔有蹈袭,足垂千古君臣之鉴。嗟乎!若先生者,岂非一代大儒哉?先生修躯古貌,两掌心肉珠微起,左一右二,有握乾把坤之相,天之生德,夫岂偶然?俎豆于其乡,诚非过也。中丞耿公定向督学南畿时,欲专祠先生,不果。乃抵书海防程宪副学博,建祠州中,祀先生,俾后学有所观感而兴起,且以属乡中丞凌公儒经纪其事。太守王君陈策、员外郎黄君鹗协赞之。肇工万历乙亥十一月,至丙子二月工成。祠宇凡三楹,门垣整饬,足垂永久。巡抚大中丞王公宗沐、吴公桂芳为置祭田二十亩,属先生仲子璧管业,以其租供祀事;有余,以给四方来学者。璧,笃实高明,克世其学。予尝辱先生之教,因为纪其事,而系以诗。诗曰:

孔孟正学,曰致良知。阐自东越,淮南绍之。匪曰口耳,躬行不怠。凡我后生,敬承勿坏。

心斋祠堂记

凌　儒本州人,都御史。

孔孟之学,尧、舜、禹、汤、文、武相传心法之精,其兴废系治道隆污至要矣。汉、唐影响支离,不绝如线。宋室伊、洛间师友渊源,得窥堂奥。明兴,经术论士本衰华盛,是故绘章句,妙悟难;徇口耳,实践难,去道远矣。即学士大夫、专门名家,谈之终身,犹毫厘千里,矧海滨无传,未尝学问,乃能超然默契,确然允蹈,直与孔孟旷千载而流光也?呜呼难哉!吾乡心斋王先生本农家子,生长灶间,年三十才可识字。一旦见《论语》《孟子》,伏而读之,恍然曰:“是孔孟之学耶?何旧说与吾心相驰也?”时时出新得与塾师商之,遂勇于荷担,慨然如孟轲氏愿[1]学孔子,随言随悟,随悟随蹋。由是义理日融,践履日笃。乃游南赣,谒阳明王公,辩难所谓“良知”之学。始不拜,后执弟子礼。因悟万物一体,仁人之心,一夫弗向于善,过在我也,思以其道易之。制轻车,往京师,冀风动四方,启其聋聩。道路观者,辄开诚诲之谆谆。每曰:“为臣宜忠,为子宜孝。”如呼寐者使之醒,闻者罔不泫然涕下。既去,益去矜持,就浑化,洒然日新。尝自谓居仁三月不违,庶几颜子。

夫学难于妙悟、实践,若先生盖兼之矣。海内士大夫慕先生,日辐辏造庐请焉。先生各因问指点,字字句句皆吐自胸中,不事虚说,一时神气令人

---

[1]　愿:原作“颜”,据《〔雍正〕泰州志》改。

毛骨竦然，去故即新不遑焉。其开发所得，则虚往实归，譬之饮江河者，人人充其量也。《语》曰："默而识之，学而不厌，诲人不倦。"先生有焉。先生不喜文词，所为《乐学说》《大成歌》与《勉仁方》，具载《语录》。虽先生所心得不尽是要，亦发之一人，可垂之千古者。予尝评诸里中曰："好善，人心之灵也，古与今一也。儒不学，何能窥见心斋先生？"第自先生观之，其为善也，欲为人[1]善也。斯一念如水之必寒、火之必热，天下后世且无疑，况里闬耶？然则乡先生殁而可祀于里者，非先生而谁也？当先生存时，抚院梅谷刘公节、按院疏山吴公悌交疏荐之朝，部寝不报。迨先生之殁，学院午山冯公天驭、象冈胡公植、初泉吴公遵先后追崇敕祠，其遣[2]场官行如有司礼。然泰山之祀，德意自学院楚侗耿公定向举之，旋议中罢。夫用舍行藏，惟命与时无论已，独一祀事且不终，先生之不遇盖如此。尝慨之，世有徒以口耳、章句猎一第、博一官，迹其平生，在朝、在乡无毛发竖立，苟其人稍有[3]许可，或布衣子孙显贵，殁后皆得占籍乡贤，有司者不问贤不肖，春秋俎豆，罔敢坠失。视先生越俗之识、亚圣之资，妙悟实跻，有功孔孟，奚啻什百与千万也！乃懿典举矣，卒以忌者之说罢之，何心哉！

　　万历四年，宪副小蒲程公学博来，兵备海上，修举废坠，推楚侗公雅意，特建祠州之西，而知州萧景训氏祇承惟谨，凡两月工竣，扁其祠曰"崇儒"，属祀事于州大夫，主时献享；属祠于王氏子孙，主时修葺，于以风示乡人。抚台王公宗沐、自湖吴公桂芳相继移文申重，复镯赎金，置祭田，使不费有司，永无纷张，盖至是天乃定矣。嗟乎！岂人心之良终不可泯，先生之学久而益信也欤！迩来俗变风移，海内多不论学，而里闬中亦渐陵迟，独先生之子东崖璧能意气不摧，世其家学，时聚同志讲明祠中，人心稍稍复振厉。异时标转辄换，安知不有闻风兴起，大能阐明孔孟之学如先生者出乎？是祠也，固斯学之饩羊，何可少也？予故因小蒲公乞言垂石，为述先生宜祀不宜废，为后来者告焉。

---

[1] 为人：康熙重刻本作"人为"。

[2] 遣：原衍一"遣"字，据康熙重刻本删。

[3] 有：原作"在"，据康熙重刻本改。

重修思旻王公祠记

王廷瞻黄冈人,户部左侍郎。

英庙之御极也,纂隆之治,泂千古一见哉。及考先泰州公官泰州遗事,益叹其有古今帝王之盛节,三代下所仅觏也。方公仕在英庙即位之初,当其时,先朝之元老犹存,国家之典章明备,疆场靖而宇内安,似可无汲汲者。公仕泰,仅一判耳,非有先容于其内也。乃其所上蠲租、减马、省运、营堤诸疏,前后累万言,靡不朝上章,夕报允。凡民间所恶,欲悉罢以行,赖及州人于世世。虽由公能言之,实我英庙能庸之。由是而观,当时公卿而下百执事,有一长不得自效者乎?汉、唐以来,所号英君烈辟,有能纳言广忠,勤轸间阎,求治如不及,若英庙者乎?今人但知颂其神武殊绝,而不知其累有熙洽,以开成弘之治,其为道类若此也,猗与盛矣!公判泰既两考,州人德公,攀留之,以骆守士隆疏,遂晋公同知州事。又数载,部使者荐为州守,公力请,得致仕以归,州人益思之。其政绩杂见士大夫赋咏,具《遗爱录》卷中。李文正公尝读是录,为之叹慕不能置,且曰:"求之于今,非独难其人,亦难乎其言矣。"盖重有感于英庙之为烈也。

公诚且才,而识更踔绝,所居不求赫赫名,去后见思。既六十余年,杨守浩从州人请,建祠祀公。又六十余年,今守李君重增修公祠,以便州人岁时伏腊来游来瞻其下。盖公去泰百余年,州人之思公也如一日,诸君慕公亦如一人。姑毋论公,若诸君子者,可易得哉!夫以一官之微,上足揄扬主德,光昭千古,下足兴起来修,而成贤者之令誉,若公之事,固宜大书以观世人。而瞻也为公子孙,食公余泽,仅仅守其清白之教,而无补于明时,家服庭训,世荷国恩,宁独文正公之为感而已乎!往司理淮扬,一盥荐祠下,泰之父老儿童环堵而泣曰:"吾不及见王公,得见公之孙犹见公也。"予亦感泣移日不忍去。兹李守修祠落成,以州人之意来求载其事于碑。会予有少司徒之召,复奉简命总督仓储,而李守嗣申前请。予不敢以不敏辞,姑次其言,用识岁月,仰以颂英庙孳孳用言图治之盛,下以见公德入人之深与泰人报德之厚,而并以彰李守之能乐善云。

胥道尊修城垣碑记

凌 儒本州人,都御史。

吴陵隶维扬,为剧郡。东距百二十里,带海襟江,岛夷、盐徒飘忽出没,至险也。据胜而止四方,故有城隍,广厚不薄,足当捍御。岁久,守军利所生荆杞可采而薪,不从稚搔,日听其长且大,故根连株蔓,穿其壁孔多,是以垣为场已。军贩私盐,以昏宵出入,而上下置钟,阶之为梯,其为凿攀援处复不数,是以关为暴已。守御者既不禁,又从而利之,岁以为常,加以风雨浸淫,故屡坏屡修。然其夫庸财用,办之官者什一,割之民者什九,是故郡富人往往苦之。名领帑金实役,竣仍归之帑,盖阳与阴夺之矣。监督省试,复加横索,民之困惫,与城俱坏,其怨谘亦与隍俱深哉!非监司恻然父母抚之,又赫然神明临之,其能卫民而去所以害民,称两利哉?

万历丙戌岁,夏秋霪雨浃旬,郡垣墙睥睨,周遭崩塌逾强半。大家者风闻惧役,相扶携挐舟而走。当其时,居者无卫,行者无归,含啼望我胥公行春还,奚啻婴儿暂离襁褓,呼慈母,意彷徨!独至公,始得指挥王惟贤申地方扰状,切责金报,大家森森数法语,严若斧钺然,远迩人心稍定。予闻之,抚掌曰:"里中一役兴,于民为害端,于官为利孔。孔不塞,夺不餍;端不去,毒无穷,是在上人耳。语曰:'众心成城。'倘是役罢,地方安,即无城,民心附,将不险而固矣,非便计耶?"公归,坚主前议,不欲割民,遂庭谕同知谢庭菊从官估计,始估得银二千五百有奇。公度虚冒数多,复令知州谭默再估,得减原估之五。比用讫,得减再估三之一。公之料事[1],盖一一奇中矣。夫役取之召募,银粟取之公帑、公庾,六越月告成。凡为墙五百五十五丈,为雉堞称是,为睥睨八百六十有三,为楼一,为铺十有九。用故埤少,新埤多,垩以丹铅粉素。崒[2]若断岸,蟉似长云,其巍然金汤之雄乎!已念督察员役无餍横索,取帑羡劳之有差,人人喜。复省令署所事千户,责守军斩艾其所谓根株,及盛夏焦卷而毙一事,而巨细注念至勤。谭守甫至,悉受公指,与有劳焉。士民咸举手曰:"茂哉!胥公海上钜功也。"余谓保障功

---

[1] 事:原缺,据康熙重刻本补。

[2] 崒:康熙重刻本作"嶂"。

易,卫民而去所以害民功难。里多富人,郡得称雄,缓急可备。《周官》论"安富"之政,盖灿然王道也。独奈何长民者以民为鱼,以役为饵,坐令家痛楚而户尫羸。治兵使者急在饬五兵,无暇民瘝,即有之,鲜有如痌瘝切身,思以旦夕去者。公且为父母,且为神明,无事子来,毕兹重役,不令阛阓间有一夫一钱扰,计省富人金凡五千。盖官用一而足,民用五而始足,为渔之者众也。公复取修船、完赋、胖衣诸额外差罢去,大家官自为办。上其义,各御史台俱报可,随著为令,昭示所辖郡邑,永永行之。凡利孔害端,一切厘革,此与"王政""安富"并称烈矣。

嗟夫!恤民比仁,饬吏比义,兼之为难。有恤民之政而惠不孚,诚未至也;有饬吏之政而令不行,才未称也。公重违细民,不重违强吏,辄举其弊政去之,不谓之诚与才合可乎?然其用惠沛然雨露也,岂有意乎沾沾市恩?其用威轰然雷霆也,又何尝曒曒矜名,致讪丛怨?亡论公永操鉴识,诸治水惠政,如日如春,即是公盖允乎称立教首矣。使继今监司有司心公之心,不毁公法,即垂之百世可也。然则受成先哲,以贻地方,安其在后人哉!乡大夫士与耆老谋所以纪公功并以诏后,予为倡始,复何惜不敏之言?且庶几异日者不得擅役以罢吾民,民亦得指而诉之曰:"有石在,则公之庇吴陵赐且不朽矣。"然往勒监司善状,类多有司循故事,先期砻石征文,兹不烦绍介。自交相劝而乐为,又旷典矣。是故可以观上,可以观下,遂记之。公名遇,字际明,号颐川,登嘉靖乙丑榜进士,四川眉州人。

李父母[1]浚丁溪海口记

陈应芳本州人,礼部郎中。

大江以北、长淮以南为广陵郡,其隶高、宝、邵伯之间诸水汇为湖者,延袤可百里而遥,号泽国焉。东则沮洳千有余里,盖高、宝、兴、泰四邑田赋矬利所从出,地环其中。国初,平江伯陈公瑄因故道而疆理之,北筑高堰以障淮之南徙,使合河入海;东筑长堤以障湖之东注,使南疏入江。是为东南转漕咽喉。而堤以内四郡邑之水,各循其地形高下派分之,以达于海。泰

---

[1] 父母:康熙重刻本作"侯"。

州故海陵郡,一称吴陵。若今丁溪场龙开港则缩毂[1]海陵之口,而淤溪、秦潼、西溪、宁乡及东台、河垛、串场河之水所由以宣泄者,犹兴化之有白驹,盐城之有庙湾也。

正德己卯而后,稍稍就埋塞,然故不为害。迨先皇帝己巳之岁,河决而南,淮受之,高堰堤遂圮以灌湖,而汪洋万顷,不复辨疆邑,即故太史公宋濂所尝谓"防一决千里为壑"者是已。今皇帝御极,赫然下明诏,遣重臣经略其地,修平江伯故事,而两堤复还其旧。然水平沙积,湖之高几与堤埒,而减水之议从起矣。由淮阴达邵伯,就堤为闸者四十有奇。湖水自是岁岁减而东注,而兴与泰视高、宝更若釜然。内洼以下,外昂而高,其来也日积,其去也日壅,而膏腴隩衍之壤荡而为萑苇潴泽之乡者,垂一十二年。老稚转于沟壑,壮者散之四方,其不即死且徙者,日困征输,恨不能委而去之,盖几无民已。岁壬午,按[2]御史贵溪姚君士观兼督学,行部至,士民遮道往诉,而以开海口请状累百千计。御史下其事于海防兵备参政通城舒君大猷,而以属泰州及高、宝、兴化郡邑各守若令。议已定[3],民有豪举而狡黠者,居盐场,数盘据,善因缘为奸,则诡言于醘御史曰:"是不可创而开也,开之将不利于灶若商,且启海寇窥伺心。"而醘御史芮城任君养心行郡县,岁遍当代去,不果勘。异议者益危言以恫疑恐喝,而众论汹汹,事遂寝。

是年秋,黄冈李君裕衔命而来,他务未遑,首毅然属其耆老而告之曰:"州赋岁六万石佐县官费,而民不有田,又安所从赋也?事急矣,议筑舍无成,守土者其谓何?脱不幸有他,请以身任之。"即日驾小舸涉海上,周览而咨度焉。至丁溪之东,由姚家口迄蒋家坝里四十,测之,水可五尺;由蒋家坝迄冯家堰里方十,测之,水可三尺,则叹曰:"此不[4]入海故道乎?而何云创始也?"由坝而下五里许,是为龙开港,其势渐下,其望弥远,测之不下百数十里,而民灶田在范堤内,远不相涉,则又叹曰:"此岂海潮所能至乎?而胡虞醘淡交以侵也?诚自前五十里浚而深之,即煮海者得不负戴而舟

---

[1] 毂:原作"毂",据康熙重刻本改。

[2] "按"前,康熙重刻本有"巡"字。

[3] 定:原缺,据康熙重刻本补。

[4] 不:康熙重刻本作"非"。

也,其利岂在民后哉?且若能不田而食耶?港而下,不越一线之河止矣,非有汪洋开拓之势,又安能受余皇使浮海而入乎?即入矣,四野水也,掠之何从?今而知所以策矣。无已,则下流施品桩以杜舟楫之往来,而冯坝以上建石闸司启闭,使蓄水者过四尺而泄,则虑且万全,傥亦杞人之计哉?"于是询之民,民莫不曰善;询之灶,则灶又莫不曰善。夫役兴于创为者,则人情骇;事艰于兼利者,则人情贰。今浚河也,非开池也,为民也,亦为灶也。奈何勘议者不察,而徒曰"海口、海口",使不逞者藉以骇贰人也。

归而具其事于牍,娓娓数百言,辨析甚剀切,上之按御史。按御史色且动,谓将亲按部,则以三月发广陵,道府及运司而下皆从。至则凡所议建置,具如李君指,而亚卿兼中丞衡水傅公希挚来漕抚。公故备兵海防,居吴陵久,且目击己巳之灾者也,曰:"呜呼!是惟余所理赋,乃以勤二三子。"于是会疏以丁溪、白驹工并列以请,而具李君文于奏中,不遗一言。及下大司空议,而大司空覆议所建置亦具如李君指。诏曰可,其下之守若令。于是两郡邑画地而治之,经始于今皇帝之十一年秋七月,凡三阅月而竣。浚四尺者丈七千二百有奇,浚三尺者丈二千七百有奇,夫应募者三千有奇,食若金六千一百有奇;石闸一,品桩四,食若金二百五十有奇。皆取给一两赎锾及仓粮之备赈者。而白驹工在兴化,亦同时报成事矣。盖水自是以海为壑,而阡陌沟洫井井也。报闻,赏赉各有差。

时不佞芳备员兰省,为桑梓有生色焉。无何,贡生曹君文魁至,函学博蔡君可远、陈君轸、季君学程书,列庠弟子李呈华、周嘉鱼等,州父老时茂、夏华等数十百人名,拜而请曰:"惟是州田不耕藉者十二年所矣,岁癸未而敛十之三,岁甲申而敛十之七,今乙酉而播谷者尽畦也,其皆李侯之贶乎,与造物者均矣。子其一言,以志永永。"余谢不敏。盖尝考览载籍,凡有民灶者,能修陂渠之政,则一书再书,不厌其烦,此无他,民食所天,诚重之也。曾文定守齐州,为石门以宣泄西北湖水,民数世赖之。史起之治邺也,驱远水害,至有"泻卤生稻粱"之谣,用能光昭史册,迨今称焉。不腆丁溪之役,天子仁圣不遐遗万里,俞中丞、御史两台言,籍第令李君怵于嵯御史,而不能明析于开与浚之议,权酌于利与害之辨,以身任之也,则邦人之昏垫者靡所底止矣。乃能力排浮议,迄跻平康,用垂一郡之利,以方二君子,事得专操之以利民者,盖又有难矣哉!抑犹有说焉,事固难其始之成,而尤忧其终之坏。即正德己卯去今六十年未甚远也,治水者用故事而修举之,犹然兹多口,继自今岁改时移,属有谗人交乱其间,则安知后之视今不犹今之视昔也乎?余故特为详其事,使后之治水者有所考也,无难兴也,无避口也,而系之以铭。铭曰:

淮南之墟,众水所趋。其势回旋,汇而为湖。转漕于资,通彼贡赋。崇堤[1]障之,毋俾东赴。爇列之东,州郡四丰。千里环带,派分其泷。曰维吴陵,丁溪蹉皁。龙开宣泄,海以为注。己巳洪水,弥漫淙冲。堤随而圮,有如山崩。天子曰咨,下民其悯。爰命冬师,来疏其梗。冬师有言,沙积尔原。水不减焉,堤胡尔垣。乃辟其门,石栏星布。逝者潺湲,不舍昼夜。况兹海津,越岁久湮。百川来奔,盈满民町。膏腴沮洳,十年不锄。徒日号呼,土毛何稑。控于台使,黎元烝烝。讹言倏兴,忧心怦怦。李侯仁人,不畏强御。力抗谗氛,昌言排痼。剪其荆榛,波其陆尘。来自湖滨,入于海泯。阡陌谧宁,平如其几。禾黍有美,以耘以耔。频岁邁害,比年屡登。拊己而思,曰谁之功。功在不刊,非文莫纪。详而叙之,敢告惇史。

刘白川公生祠碑记

徐　嵩本州人

尝闻怀谋国之忠者,建英伟之勋;有为民之实者,垂悠久之业。君子秉机握钧,以照临一方,孰不欲全此四德,以流光于无穷?或上信未孚,而非有为之时;或下泽未究,而无可乘之势,求克济难矣。是故止相时审势,以固其谋猷,万全之道也。无何,嘉靖乙卯,岛夷犯顺,荼毒地方,朝廷采群议,设海防宪副以镇之,开府泰州。丙辰、丁巳,贼至,纵横江淮,迄于泗上,虽设帅增兵,卒无能阻其奔突者。戊午,崇阳白川刘公奉玺书以来。适水旱相仍,公私困惫,公曰:"司之设,备倭也,民不安则外患何御?御[2]以宪,昭风纪也,法不振则奸宄何惩?"于是蠲不急之务,罢无名之征,与民休息,阜财兴利之政,次第举行。惟贪暴干度者,罚无赦。一时流移渐复,民获稍

---

[1]　堤:原作"提",据康熙重刻本改。

[2]　御:康熙重刻本作"衔"。

苏。间历海上，修城堡，谨烽堠，塞要害，选将练兵，为战守计。是岁，倭不敢犯，预与中丞李公议，奏调边兵二枝，令参将领之，以便策应。

己未，春汛报，公从容画守备之策，定应援之规，革军饷大户，减召募义勇，申严保甲，剂量经费，虽干戈倥偬之际，抚摩小民如保赤子，而士民亦依依然如爱戴父母也。五月，倭果百艘并进，狼山主帅不支，次第登岸，沿江焚劫。先自杨树港入者，会合周壮港之贼，越通州而西。公曰："事急矣，使贼过如皋，维扬震惊，前事可鉴也。兵法，见发制人。"即麾下率并游击丘公疾驰白蒲，会诸军以待。贼远来，利于速战，公坚壁不出，候其稍怠，乃擐甲誓众，直攻贼营。游击骑兵分两翼冲之，顺风纵火。自辰至午，数十战皆捷，斩金盔乘轿酋首一人。贼遂溃乱，由富安东掠。公与丘公统水陆之师，追袭至姚家荡，几尽。贼欲分我兵力，先后继进，自料角嘴入者出丁堰，公歼之于曹家堡、潘庄；自青墩港入者出西亭，公歼之于小麦港、新河口、白蒲；余孽径趋庙湾，公合中丞师破之。先是，三沙有贼千余，焚劫江南，官军失利，假舟潜渡，寇我通州。公檄诸军败之于旧场，败之于仲家庄，又败之茆花墩，江北之贼悉平。是役也，斩首级二千有奇。捷闻，超拜宪使，将大用也。

于是泰之士夫顾玑等、乡进士唐洪度等、国子生卢炳等、义勇官吉贤等、耆民蒋圻等、商人陈时等金谋曰："往者倭奴猖獗，虔刘我人民，荡焚我资产，仓皇迁徙，肝脑涂地。今行旅安于途，商贾安于市，士民安于居，公之赐也，愿祠而祀之。"各蠲资，卜吉地于城中务本坊街。泰州知州陈言等欣兹义举，出俸以助。封君凌可、楚府引礼舍人沈良士相度规制，鸠材劝工；阴阳学典术刘昆专督焉。外为大门，知泰[1]陈书扁曰"报德"。内北向为中门，东隅为碑亭，南向为仪门，次生荣堂，次正寝，塑像在焉。廊庑庖圊，既固且安。费不出于官，役不劳乎民。经始于己未之冬，庚申春告成。儒学学正樊城，训导周濂、周希朱、简籍，弟子员冒仪、刘岩等谒予，请言纪其事。夫天下有是非之公，人心有真切之感。《易》曰："鸣鹤在阴，其子和之。"言感应神也。白川公为天子宪臣，不有其躬，提一旅抗方张之寇，亲冒矢

---

[1]　泰：《〔雍正〕泰州志》作"州"。

石,跋涉险阻,蒙犯霜露,凡四阅月矣。谋国为民之心,刚毅果敢之气,真足以贯金石而格鬼神。使当时萌一毫自顾之私,睹旌旗而色变,聆金鼓而胆落,不若是烈也。《祭法》曰:"以劳定国则祀之,能捍大患则祀之。"诸君不戒,以孚成此盛举,亦秉彝好德之良也。昔召伯布政南国,役人爱甘棠而勿伐[1];羊祜树勋襄西,行者望岘山而兴思。巴郡之祀王堂,荆州之祀吕谭,理在人心,古今一而已矣。或曰:"公春秋鼎盛,宦业日新,行将出将入相,丰功伟绩,铭太常,图麟阁,固其所也,何栖栖于是耶?"众曰:"不然。人之仰名山胜概者,必曰恒岳、太华,而山之在天下,未必皆恒岳、太华也。峙于一乡者,一乡之望;峙于一国者,一国之望,而仰止之心同矣。公仕于兹,吾人奔走服役,睹绣裳章甫,以慰'鸿[2]飞遵渚'之怀矣。异时鸣驺入朝,仰瞻遗像,而系无涯之思,亦泰之恒岳、太华也,公何与哉?"予曰:"然。"并记之。姓名不能具载者,列于碑阴。

海安镇刘公生祠碑记

蒋应奎 兵部右侍郎

海夷入寇,必垂涎淮、扬、凤、泗之区,而属键关于通、泰。己未岁,寇入自利河,与谍曳踵若风雨然。比[3]官兵集,仅能扼诸白蒲,然通川之险,与贼共之,不足恃矣。人情汹汹,独倚开府克斋李公、海防白川刘公以为命。

时二公者,驻师重地,实负隐忧。每箸筹画策,独危如皋、海安二冲要,以其南逼黄桥,西瞰瓜、仪、姜堰,可以越泰而窥维扬,戎马必争之地,匪直鱼肉是虑,据吭,舍二冲,其无由论定。乃我白翁请李克翁内驻泰为声援,而躬擐甲胄,据如皋城,复陈兵海安,为掎角势,人罔测其所以。寇种有黠者,亦颇能窥端倪,谋分一支缀如皋,一支窃出海安而西,一支窃出海安而北。终是天厌夷祸,阴诱贼衷,不令深解我翁之秘,而竟堕玄彀中。计其穷日之力,百里趋利,以至曹堡,方疲劳思息,而翁伏兵四起。是时,贼先溃于如皋,然树缀作疑之兵,不以败为意,而注想者出奇以西,风声鹤唳,方在恐恐,而翁

---

[1] 伐:原作"成",康熙重刻本作"代",据《〔雍正〕泰州志》改。

[2] 鸿:原作"鸣",据康熙重刻本改。

[3] 比:原作"此",据康熙重刻本改。

之节钺忽出诸曹堡伏兵之中，不容不心胆碎裂，角崩稽首，而偷生不暇。翁收一战之功，谕诸将曰："勿谓贼非计，彼若得泰州，则如皋、海安在彼囊中，所谓争一得三，不虞曹堡有我伏兵耳。今海安既有形兵，贼必不敢东，此去新洲未远，试解南图，令其走江上，入绝地。"果悉如算，尽歼之。未几，复从李公檄，北出庙湾、姚荡，诸倭遂至大定，散遣徒众归农。八月，复有三沙之役，贼势愈甚。诸当事者，神色俱变。公淬砺诸将佐："兵贵精而不贵多，吾藉屡胜之威，而参之以智计，得算为尤多。况如皋、海安、曹堡、新洲之烈在耳也，彼敢正视乎哉？"此固翁之智勇自得，而非人谋所能及者也。贼果不敢西犯，潜自栟茶趋富安、安丰以遁。计是时，贼谓翁并力守海安、如皋，则北路必虚，兼丘参戎窝团不利，势遂猖獗。不虞翁率奇兵，由间道先据刘庄以下诸险，以逸待劳，卒之鱼网兔罗，触处皆谷，丑夷竟无一生还者矣。

利河得谍时，我维扬、凤、泗之民，日夜东顾之忧，惟恐其得通、泰之险而越之也。翁自止白蒲之战，与贼同险，遂为如皋、海安负隐忧。然如皋之民，有城可依，而翁复躬之，赖以无恐也。海安野处，距翁四十里，复有陈兵，恶能尽识其所以，而不虞其为战场哉？乃翁之神谋秘计，海安以形守，而曹堡以实战。夷虏胆裂之后，遂指海安之旌旗为雷霆，以故后数起，或见之而不敢犯，或闻之而止不敢近。室庐未报，父母妻孥[1]，尽获金汤之安，而翁之情犹未已也。寇去，复命樊学正筑海安城，与如皋之民同一无畏已。然则生祠以报翁于今，岂非人心之所共欲已[2]哉？虽然，海安今以我翁得为重地，岂止感海安之民而已哉？门户既扃，堂奥皆静，维扬、凤、泗得安枕而卧者，尽翁之赐也。是举也，海安官耆屈直、徐鹗等合纠有众，择镇北凤山之墟，而树祠以报公。功毕之日，庠生屈鸿渐、徐晔[3]请文以记。予处广陵，遁剥床之灾，获胥宇之庆，将后世以逮子孙，咸与海安之民同一感也。不揣僭续诸野史云。

---

[1]　孥：原作"拏"，据语意改。
[2]　已：《〔雍正〕泰州志》作"也"。
[3]　晔：康熙重刻本作"晔"。

张侯祠堂记

范仲淹

生祠,民报德也。制置公本汝颍之奇,以文武事朝廷,为勋臣于四方。而尝战守秦塞,制胜非一。招降属寇,全活甚众。抚南夷以乂远俗,使北疆以寻大信。光华之命,所向凝绩。天禧中,国家以盐铁馈运之计重于东南,命公领之,于兹八年。公夙夜不懈,阙政咸举。初,淮浙之间[1]盐民告困,海利云剥。公请振崇、泰、楚三郡亭人,岁增课数十万石。兴杭、秀、海三郡盐场,入课四十万石。又常、苏、秀间太湖涨溢,害于甫田,请导入于海,复租六十万石。白沙郡大江之北,有湾数里,风涛为险,舟楫不利,公于是开长芦、西河以济之。又高邮之北,漕渠屡决,阻我粮道,破我田亩,公于是作堤二百里,旁置石限,平其增损,以均灌漕焉。惟兹海陵,古有潮堰,旧功弗葺,惊波荐至,淹其稼穑,偃其桑梓。此邦之人,极乎其否。公坚请修复厥功,横议嚣然,仅使中废。公又与转运使胡公再列其状,朝廷可之,仍许兼领是郡,以观厥成。起基于天圣五载之秋,毕工于六载之春。既尔捍其大患,蠲其宿负。期月之内,民有复业射诸田者,共一千六百户,将归其租者又三千余户。抚之育之,以简以爱。优优其政,洽于民心。于是请萧公之议,以奉于祠,期子孙之不忘也。秉笔者故作颂焉。

我公雄杰,经制楚越。鉴洞毛发,诚揭日月。建利除孽,代天工发。海陵嗷嗷,古防弗牢。万顷良膏,岁凶于涛。民焉呼号,不粒而逃。公闻懵怛,乃按乃察。草奏屡达,狂夷四遏。心过金铁,对天不夺。宸听既聪,宰谋既同。展矣胡公,协力谐忠。兵民交充,兴防之功。盘盘偃偃,百里而远。云蠢不散,山亘不断。如天作限,奠万家产。朝以公贤,兼于藩宣。伤者我全,疾者我痊。逋亡几千,岁复于田。公义不爽,欲报弥广。建牙裂壤,将有攸往。众画图像,以永瞻仰。列星之精,列岳之灵。仪焉停停,神焉荧荧。居千百年,此邦镇宁。既宁既聚,涛莫我苦。比比牖户,鳞鳞场圃。而公而竖,于歌于舞。天子穆清,诸侯经营。民希乐从,谷兮丰盈。作为颂声,告于神明。

---

[1] 间:原作"开",据《范仲淹全集》(中华书局 2000 年版)改。

姚代巡开海口碑记

凌　儒本州人，都御史。

国家东南岁运，倚重漕河。而广陵迤北，自邵伯迄宝应，五湖之间，俱系漕河要害。大堤蜿蜒其上，绵亘数百里。堤外最下，势若建瓴，而高、宝、兴、泰数十万粮田与室庐咸在内，行水支河无虑数十，凡以串场达海道相络也。而丁溪、白驹两港，其诸水从出之门哉？是今之所谓海口也。岁久日堙，故道阨阻，即通如白驹，廑廑一线，若丁溪陵阜矣。是以沿堤减闸与伏秋霪潦，诸水横灌，州县之间，汇为巨浸，兴、泰尤甚。盖兴、泰地形洼下，环视四方若釜底然。十二年来，所谓良田一望沮洳，春且不获举趾，何望有秋？游窦下而纳沟中者，所在呼父母，垂涕泣，未闻有司举海口故告当津者。

夫自黄、淮两河冲决，浊沙随水由通济入湖，湖身垫高，湖高水高，非崇堤莫捍。又非多建闸以减水，则长堤孤悬，颠风挟涛，旁触上腾，堤必不固。故印川潘公谓宜建闸坝，杀水保堤。然复虑分流太多，兴、盐难受，欲勉[1]建二座，谆谆乎不必多建且再致意焉，今则齿相比矣。语具先后疏中，皆可谓先见。至海口宣泄已，尝因科臣李公题上便宜勘覆僝工，旋议罢。由此言之，海口与减闸其重盖相等也。不然，停蓄中央，不溃不止，此海道舒公谓皆以高、宝、兴、泰为壑，读其言可为寒心哉！夫上流不截，下流宜通，易知也；全河既障，一支未完，易办也。乃或不然，何以故？时固有待焉耳。公揽辔至泰，时谳院任公并至，语及此，恻然伤之，遂题尺牍，问疏通计。此其轸念民艰，必一朝去已，斯称快哉？既以民灶询谋未同，乃会抚院凌公及谳院任公，遍搜沿场诸河应浚应堤，苟可减水，先图一策，而两海口则俟利便再请。然苦水之民，蒿目陈乞以望永利者，未尝一日不在公；公蒿目陈乞欲垂永利者，未尝一日不在民也。乃六支河、一东堤告成事矣，即畎亩盈溢稍稍，公受其十三，而停蓄中央者，尚宛如昨。公于是憬然，谋诸海道曰："理身者圉其肠胃，能不利其咽喉？居室者缮其寝堂，能无辟其门户？导黄、淮旁入之水，而海口不开，则环堤三十六闸之所，分流于下，滔滔然不舍昼夜者，安受耶？安归耶？矧各地方伏秋霪潦，更无算也。古今称治水者

---

[1]　勉：原作"兔"，据康熙重刻本改。

莫如禹,禹尝十有三年于外,蹈橇乘樏,排中国之水,使有所归,则亦曰注江注海。孟轲氏之赞禹也,目以'四海为壑'。如公所谓以高、宝、兴、泰为壑,非计矣。"复与继至抚院傅公、鹾院孙公会题毕前议,民灶始异者辟之,终同者采之。一疏累千百言,罔非石画。疏上,报可。公奉命方鸠工庀[1]事,忽以丁外艰去。海道公受公指,开两海口,浚工支河,建闸置桩,以蓄以泄,一如议。越四月,工竣,以成功告之天子。因语泰守李、兴化尹凌征予言,为公勒石,予何能言哉?

尝取公疏伏而读之,仰见经世鸿猷与折衷至论矣,大都破咸水伤禾、淡水伤盐之说,破海潮倒灌、运河销涸之说,破盐徒兴贩与倭夷出没之说。无非谓两海口之必当开,万有所利,一无所妨,盖确然不易者。至疏终,谓若不及时亟举,恐民灶昏垫之苦,终无苏息之期。即岁报灾伤,日望蠲赈,非人臣体国为民之义。斯语也,何但愉快人心,真可以动天地、泣鬼神矣。夫公以深识远览,直吐胸中,计无反顾,且以直指使者触暑折节,驰驱沙尘数百里中,躬自辨地形、询方言,以成其独断,其勤劳岂在禹下哉?今观泰兴及诸场,沮洳成田,壅塞成河,耕者、煎者、商者、旅者欢然就业,罔不称利便,入耳口碑,洋洋乎东海上矣。公殆庶几哉体国为民之义殚乎?

予溺中人也,尝曰:"人臣建众与之功易,而独断者难;成未坏之功易,而已坏者难;竖勤始之功易,而怠终者难。"是役也,当议论未定之时,出勘覆停止之后,举于大工,竣事既久,公不谓难,竟成之易,岂不伟然一大丈夫事哉!古称三不朽者曰:立德、立功、立言。公以执咎盈庭,慨然发论,皆根极理要,切中肯綮,足以雪往诏来,将使百世而下,循其言可以祛惑,足称立言已。以公复海上故道,助大工益弘多,若治室、合龙口、通沟渠然。后堂构计毕,将使百世而下,四郡邑数十万生灵免为鱼,足称立功已。以公不激不亢,委曲调停,本之一诚,要期于必济,将使百世而下,被丰泽,扬仁风,足称立德已。兼兹三者,以当名世,是宜托之贞珉,章示麻烈,用垂永久。予不佞,备述始末,复海道舒公之请为之记。公姓姚,名士观,登进士第,巡按江北,兼督学,广信之贵溪人。

---

[1] 庀:原作"庇",据康熙重刻本改。

舒海道开海口碑记

凌　儒

今皇上御极之七年，黄、淮溃决，沙停河塞，妨漕。长淮南北，水行由陆，渐渍疆宇，妨民。台臣以状闻，圣天子乃眷南顾，简今大司寇印川潘公经略之。越三载，底有成绩。然高、宝、兴、泰，受湖堤减闸与伏秋霆霖，诸水[1]停蓄，未有所归，而四州县生民犹鱼也。儒因手《大工录》三复之。见主上之所咨谋与大臣之所登对，往往以国计民艰并举互言，盖两重之矣。漕利而民病，有司不以报闻，即报闻，亦规规蠲免赈贷，莫知长计所出。嗟嗟！彼昏垫者将待命于天乎？

盖高、宝、兴、泰居五湖下流，水国也。注水用河不深，则蓄浅而无所容；束水用堤不高，则障彻而横溃四溢。然海口不浚，则宣泄未有路，而分流者无所为壑也。三工俱要害，而两海口其襟喉乎？不然，河、堤二工胥糜无益，是地方至计所宜亟讲者。顾淮扬当南北孔道，所辖院使与宦游人临莅兹土，日月无虚。东距海，南横江，山寇、岛夷出没无时，莫可禁戢。先时，兵备公稍得治兵，礼使、邮车勿失于江介，桴鼓不鸣于海堨，足矣。至四海沮洳，废耕失业，民间嗟叹愁苦，不独耳目不及，抑且时日不给，盖其势使然哉！公被淮扬兵备命，初入境，即怅然兴怀，乃先敕五兵，振刷营中诸弊，百废具举。已，指水患，谋之按院姚公，将以援四州县于溺中，而登之平陆，因得其所移一尺檄，多方咨之。当是时，灶与民二心也，执异说，百口挠之。公勿听，持之愈坚。复念人情谋始之难，勿迫之使败也，姑以一东堤、六支河先请抚院凌公、按院任公与姚公会题，而两海口则纾徐待便。既乃危言激论，条别其有利无害者，复请之后至抚院傅公、按院孙公与姚公会题。夫伤之至，斯计之周；蓄谋既深，斯发谋益果。於戏！公之所以回肠呕心，图此艰大，万分费力，视挽巨航冲逆流[2]而上之也，难且百倍焉。

夫人臣矢心矢力，兴利一方，随所愿欲，易如发蒙，何施不可？独怪乎左有所絷，右有所牵；成谓喜功，不成召怨。于此周旋其间，卒令合谋民灶，

---

[1]　水：原作"公"，据康熙重刻本改。

[2]　冲逆流：原作"逆冲流"，据康熙重刻本改。

两利良工,心独苦已。且二工终始,一经一画,罔不受成公算,而其破群疑诸解说,具姚院疏中,大抵不外公指,非所谓烛照而数计哉!故前工宝应、串场两河,瓦店、泰山两闸,刘家堡、射洋湖,则议挑浚,凡为注水计。高、兴东堤计百二十里,内决二十七口,减水四座,则议筑塞,凡为束水计。檄知州邵梦弼、李裕,知县凌登瀛、韩介、杨瑞、鲁锦分理之。后工丁溪、姚家口止冯家坝,则议修复,建闸二;白驹、牛湾河止冯家桥,则议疏导,建闸一;而海沟、车辂两河旧址,则议挑浚深广,远接丁溪,凡为海口泄水计。檄李裕、凌登瀛专理之。其工费,则议取诸备赈、备储银粟,罔以敛民;夫役则办诸召募,无以劳民。乃公则恪勤祇事,往来畚锸间,躬拮据,行劝惩,致如期役毕。四州县数十万生灵,昏垫既去,欢然乐生。人皆曰:"茂哉!五院功也。"予曰:"茂哉!舒公功也。"五院功在地方,公功在五院,谓五院之功为公之功,岂不可哉!知州李裕、知县凌登瀛来问记,以彰巨美。予曰:"天地无为风、日、雨、雷,宣力而成化也,是故暄之鼓之,润之动之,赞两仪,阜万物,盖至万物成、神用章矣。然则风、日、雷、雨之于天地有功哉!予观公翊赞五院,殆造化之风、日、雷、雨也。行不爽令,至亡后期,使跂足延颈、苦水望援之民一无所憾,是宜荷生成者戴同天地,荷骈孊者感并五公。假令公当时亢激则谋败事偾,瞻顾则气沮事罢,举前功弁髦之,安在其谓事无遗策、声施后世哉!故今卤海间观巍然长虹,延袤百里,曰是舒公堤也;坐安流上下,载重浮轻,曰是舒公河也;跨鼍鼌石堑,宣滞导淫,曰是舒公海口也。计自今以迄百年,敝坏则修,皆自公始,将与捍海范堤名垂永世。夫公举事凡千虑无一失,所至成功,公何以获此?养由基,善射者也,去杨叶百步,百发百中焉,何也?所操者熟也。公摅素所蓄积,修废举坠,殆提忘归于厝注之间,且万发而万中之矣。比于由基,彼尚未知张弓执矢哉!"予故次第其说,镌之贞珉,俾后来知所考也。公名大猷,号锡崖,通城人。

熊兵宪去思碑记

刘弘宇本州人,户部郎中。

嘉靖乙卯年,倭夷内讧,猖獗江淮,肃皇帝特简防海兵宪白川刘公奉玺书节镇。是时，倭夷连[1]艘飓风间，直薄我吴陵城，公大创，尽狝灭之，封其骨为京观，因是里中肖像建祠祠[2]公。其继白川公者，代[3]有名臣，其继尸[4]祝者，无白川公也。我思城熊公饬兵兹土，席安盖久，何啧啧复建公祠？夫祠议已浹岁，乃公以见任令毋干禁典玺卿之召，里中赍金购祠地，戒勿以闻。及公竣事而行，士民号泣而随，而未有已也。于是遂经纪祠事，以去思移不佞碑勒之。

不佞谓：我公已有口碑矣，口有碑，碑亦有口，惟蔡中郎为郭有道作碑文，乃无惭色。公今之有道也，请以付诸伐石，而荐绅，而将吏，与夫宫墙佩教者、畎亩服耕者、阛阓乐业者、舟车出途者，无不稽首，各志所思，是固不胜思者。虽然，以止修思公之学，以清正思公之品，以一意担当、不阿不阻思公之劲气，以综事精邃、胪分畛埒思公之长才，以精神、命脉尽注于百万生灵思公之德政。一真矢日，六载焦心。目无全牛，硎有余刃。公非钱谷、兵马、簿书、刑名之学也，而钱谷、兵马、簿书、刑名之事，行之无敢隐匿，无敢侵占，无敢冗蠹，无敢冒滥。公尝私谓不佞曰："某无所效，止为该州罢撤兵之增饷，革溢额之侵征，例得岁免银两七千有奇，为可即安。而逐强珰[5]驿骚之毒，杜越江提问之关，自觉为所难者。"然公除奸剔弊，已自任怨任劳，刻骨刻心，无毫假贷矣。自公为政，宰多贤良，兵罕惰窳，市绝吏胥之索，野无萑苇之惊，妖冶靓饰，逢掖蹈矩，固是我公磨砺时湔洗殆尽耳。我公兴学校，礼贤儒，月会诸士子于安定祠中，阐发先天大明宗趣，诸凡作用，具是止修。自谓生平心事，事事可言，言言可录，如汇刻诸稿，问诸衾影可也。公钱谷、兵马、簿书、刑名之学也欤哉？方今命下阅月，犹自拮据，动即蠲赎锾，至支费不赀，而余锾乃贮库以充军饷。如浚学舍之濠水，而缭以长垣；置群公之祭地，而垂以会费，此亦足以思公矣。而里中人曰："未也。故宦有奠赠矣，寒畯有赈恤矣，义节有优奖矣，掩骼有冢，泽及枯骨矣。公

---

[1] 连：康熙重刻本作"运"。
[2] 祠：康熙重刻本作"祀"。
[3] 代：康熙重刻本作"亦"。
[4] 尸：原作"户"，据康熙重刻本改。
[5] 珰：原作"铛"，据康熙重刻本改。

所少者,临戎血战之劳,纪绩凯旋之碣。而辛亥秋倭夷哈兰金等犯我四港口,恃公节制,得以死戮生擒,朝廷为下恩赏赐劳,固知我公甲兵百万,自足扫荡妖氛[1],以方刘公,真可谓文武兼驰,后先相映者。顾刘公定戎马于倥[2]偬,我公密纪纲于整顿,其经济又倍蓰过之。公行矣,有公之祠在,又有公之移抄在,固不得计管辖之宽严,谓奉行之难易矣。"公名尚文,字益中,号思城,江西丰城人。以乙酉解元登乙未进士,汝中明刑,历刑、礼二部,寻督八闽学政,转维扬兵宪,今内召为尚宝寺卿。

奏改历疏

钦天监掌监事光禄寺少卿臣华湘谨奏,为正历元以定岁差事。臣闻自昔圣王承天御极,必以治历明时为先。盖乾坤奠位之后,四时七政,随天而运,寒暑之代谢为岁,亏盈之互易为月,昼夜之还转为日,经纬之错列为星辰,步算之周审为历数。而王者天之子也,历数在躬,故能奉顺阴阳,时以作事,事以厚生,而世治。时苟不明,晦朔弦望失其节,分至启闭乖其期,则无以该治生灵,而世乱矣。历之明否而治忽随之,圣王所以必慎焉。

夫历之来,由黄帝而讫秦末,凡六改也;由汉高祖而讫汉末,凡五改也;由魏文帝而讫隋末,凡十三改也;由唐高祖而讫周末,凡十六改也;由宋太祖而讫宋末,凡十八改也;由金熙宗而讫元末,凡三改也。一历之改,集众见而治之,思无遗智,法无遗术,宜其行永久而不变。然历代长于历者,不数岁而辄差。杜预曰:"阴阳之运,随动而差,差而不已,遂与历错。"欧阳修曰:"事在天下,其易差者莫如历。"夫所以差者,由天周有余,日周不足也。天周有余,则天常平运而舒;日周不足,则日常内转而缩。天日之差,而于中星乎验焉。尧之冬至,初昏昴中,而日在虚十一度,虚者北方之宿,则日行北陆,缠于玄枵之子也。今之冬至,初昏室中,而日在箕三度,箕者东方之宿,则日行东陆,缠于析木之寅也。计今去尧未四千年,而差五十度矣。再以赤道、黄道考之,胜国至元辛巳改历,天止冬至,赤道岁差一度五十秒,今退天三度五十二分五十秒也;黄道岁差九十二分九十八秒,今退天三度二十五

---

[1] 氛:原作"气",据康熙重刻本改。
[2] 倥:原作"控",据康熙重刻本改。

分七十四秒也。故洪武中漏刻博士元统上言："我朝承运以来,历虽以"大统"为名,而积分犹《授时》之数。年远数盈,渐差天度。"距元辛巳至元统上言时岁在洪武甲子,仅一百四十年,迄今则二百四十二年也。《授时历》法,每岁差一分五十秒,约七十年差一度,今合差三度余矣。年愈远而数愈盈,然则治历者岂可不随时修改,以求合于天哉？夫不随时修改,求合于天,则历必差而不入数也。是以正德戊寅日食,庚辰月食,时刻分秒,起复方位,多与本监所推不合。山东道监察御史朱节为明岁差以正历学事,滥以臣应之。

仰惟陛下应天顺人入继大统之年,适与元之革命改宪辛巳之岁相符,则调元正历,以定未立之差法,固有待于今日也。臣以凡陋之鲰生缪膺重任,窃念班固作《汉志》以明治历不可不择者三：专门之裔、明经之儒、精算之士。臣于三者无一类焉,蚤夜忧惶,罔知所措,然于治历之法,闻其概矣。古今善治历者三家：一曰汉《大初历》,以钟律起者也；二曰唐《大衍历》,以著策起者也；三曰元《授时历》,以晷影起者也。惟以晷影则就日体测之,毫忽微渺不可得而遁者,《元史》所谓"自古及今,推验之精,盖未有出于此",顾岂诬哉？今欲正历而不登台测影,臣窃以为皆空言臆见也。伏望陛下以钦天道而授民时为重,准臣暂住朝参,督率曾改历中官正周濂及于畴人子弟中抡选谙晓本业、善于书算者,及今冬至之前,亲诣观象台,辰昏昼夜,推测日影、赤道黄道、中星分秒,日计月书。至来年冬至,以验二十四气、二至二分、日月交食、合朔弦望、日缠月离、黄赤二道,及昏旦中星、七政缠度、紫气月孛、罗睺计都之类,视元辛巳所求,委有所差,备录上之。乞敕该部延访四方之人能知历理之杨雄,善立差法之邵雍,沉潜智巧之许衡、郭守敬,令详定岁差,以成一代之懿制。方今天下涵沐圣化,岂无其人哉？臣虽不佞,或可执一筹以备驱使也。嘉靖二年岁次癸未十月初九日。

华湘家居十余年,潜神玄奥,于三才无所不通,而尤精于历。尝谓学者读《尚书》历传之误,因作《书传历解》,凡数千言,其大要本诸蔡九峰以分母命分子之法。自历数言之,如分度而所余不满度法,如分日而所余不满日法,以法命其不满之实,谓之以分母而命分子。分母以执其虚,分子以归其实,虚实得而日月分焉。

陈兰台先生崇祀录叙

刘万春州人，右参政。

自功名利禄之习熏灼于人心，而世少撑天立地之士，多依傍门户，随时局为俯仰。卒也奉其道德节义，一掷以殉之，守道守官，置不问矣。神庙时，我郡有冏贰兰台陈公者，起家制科，事业人品，为海内第一。立朝矜砥气节，不肯舍所学以从人。其官祠部时，以铨郎侵职掌，上书劾奏，出为郡丞。皇祖察其忠，寻擢为学宪，数迁为清卿。亡何，再以台谏侵职掌，又上书劾奏，请假归。皇祖察其忠，后仍起为太仆，而公不及待赐环以殁。

欧阳文忠公尝谓范文正为政，所至民皆立祠画像，则不待公之殁与后世，其生固已神明之矣。闻金华暨龙泉，皆秩祀公名宦，而泉邑有专祠，踞济川桥之上，岁久水涨桥圮，邑人相与饬新宫而迁之。此余闻之浙绅者，度棠阴已数十年矣。公能邀后福于殁世之人心乎？公不哆慕讲学之名，不假窃道学之号，要之于规矩准绳，伦常物理，尺尺寸寸，不少逾越。尝视学两浙，则又严设条约，身范物先，令见者矻然泰山乔岳，生仰止之心。其于苏湖一脉，不惟讲说之，亦既允蹈之矣。虽然，公所为回澜砥柱，称纯德不二心之臣者不在此也。皇祖末年以来，士风朝论大抵数年一变，所繇畸重之权、必趋之势，盖亦可睹。无论常情随俗冶化，即黄发寿考谁能不波争，思矜诩以附热，养交以收名，巧宦于末路哉？公学问沉毅，世法澹然，不走子公之竿牍于长安，竟绝元凯之问遗于当路。于品流，则任其哆口春秋、投足轻重而若弗闻；于时局，则任其菀枯异营、东西分社而若弗闻。曩旧抚建牙海陵时，方以衡气倾动宇内，即愿奉坛坫、延声誉者何限？而公方休沐里居，然乃抗意独行，调与时背，不顾也。繇前视之，或谓公为拙宦，至今而公之识力卓矣。今上乙丑，距公即世已十有六年，年久论定，爰有于社之役，而愚谓是举不足以重公也。在宋，豫章、延平两先生，当日不闻祠于瞽宗。迨绵邈几千年，而我明议入祀典；龙泉令亦已往矣，而邑人犹思为庚桑畏垒之所尸祝，视昔加虔。盖三先生之所以自信一心以信天下后世者，不期然而然类如此，此心此理之同亦如此。余智何足以知先生，惟是按谱所陬，似未窥其一种本领学问，恐先生之面目反晦，因一一拈出之，以志生平向往云。

刻凌海楼先生《旧业堂稿》序

刘万春州人,右参政。

　　世庙时,天子以威灵在御,一时交戟之臣,多以言得罪,重则诛死,轻亦杖谪,士气郁结者若而年。寻用嗣皇登极恩,召还先朝遗直,贲翘车之使,醒沧江之梦,士气郁结者稍以伸。我郡凌海楼先生,其最著者也。先生以一往灏然之气,冠惠文,事严主,权贵不畏,雷霆不避,竟以斥乘舆、批逆鳞,几滨九死,以俟河清。迨再立朝端,刚心睿识,毅于栋柱。天下方想望丰采,希先生大用,而柄臣尼之。闾阖九重,幽蔀难以尽通,此亦古今之至郁也。先生归,则避居西墅,绝不齿公府事。而宅心忠厚,然必发之正直,为乡闾所倚重,有大臣风节。尤好延揽士人,相与扬扢风雅,故吟咏甚富。今读其集中诸诗,或以婉约,或以巨丽,或以劲直,或以宕荡,凡盛唐诸法,靡不兼之。昔人评二谢诗,独谓“池塘”“澄江”之句,匪复学问中来,盖其妙处在于鼻无垩、目无膜尔。鼻无垩,斤将曷运?目无膜,篦将安施?非所谓天机骏逸,绝不落人世蹊径者欤?苏文忠公有言:“天下之所少者非才也,气也。”夫古今才人,其虎变猷扰、龙见鸟澜,盖亦不可量数矣。若其补天浴日,旋乾转坤,皆气为之。士而无气,如曹蜍、李志,气息厌厌,直无当于比数耳。诗文小技,实觇大用,吾于先生亦云。

　　会冲上缵服,俯采廷臣议,将肇举易名之典。吾郡例有请谥一揭,佥授简以属不佞。不佞亟引先生大义以质之,而名额有制。吾州自心斋、东城两君子而外,不能鼎峙而三,无从表章先生也。及再出一揭,则先生岿然首列,而蔽以忠肝盖世之一言,以听司金匮石室者采焉。乃说者以先生殁世久,尚未易名与祠乡为憾。呜呼!先朝有媚权希宠、显荣毕世之大臣,而独以身后谥法为忧,至得文正一语,遂伏床顿首以谢。亦有变法乱国,惧不容于名教,而觊觎配享,欲割孔林片席,以血食若敖氏之馁魂。此夫欲盖而弥章,与于顽钝之甚者也。是恶足为先生憾乎?适闻公孙将刻其遗诗,合谏草问世,图所以不朽先生者。余素私淑先生,而犹恨此举之需至今日也,遂削数语,附书邮归,以趣成之。

淮海绎思碑记

陈应芳州人,太仆寺少卿。

抚台旭山李公,疏切时政,奉职补衮,恳恳有古人风。乃竟以齿马批鳞,一朝解印绶去。淮海惊惋,犹失怙恃,保留攀卧无繇也。奏疏为远迩所传诵,纸贵洛中,高名猎猎起,光烨汗竹,靡有垠锷云。比公初奉敕以巡抚督军务,控扼鲸海之冲,建牙肩巨,实当海陵。顾兹沮洳舄卤之区,往往以仰承节钺、祇奉宠灵是惧。乃旭山公高世真儒,丕天鸿造,休休焉不自有其威尊,而精神注向,特加意于穷檐蔀屋,旌幢所如,一方之官师人士,举手加额,欢然舞蹈,若获更生,弹压所届,轸恤寓焉。自奉甚薄,而厚下甚殷,念切痌瘝,迥出常情之表。而凡一切供亿应酬、赏赉顾募之需,悉捐俸是资,毫不动支乎有司。以至本州乘城守望之逻役,咸以兵勇番戍之。其它应募夫役虚冒既廪者,悉与裁之,而闾井晏如。旧有公署湫隘,四郡佥谋另营爽垲,公恐烦民,仅推广堂楼数楹而止。旋缮营房百余间,一一取俸金给之,而糜费所节,已不下万余金矣。深惟军兴馈饷皆浚民膏血为之,自拊循兹土以来,标下额赋悉留贮公帑待用,将来以苏多方民力之重困焉。尤念一方凋敝,力为题请改折。比命初下,即预榜之通衢,上宣德意,下达幽潜,而欺罔者靡所骋[1]。里递役夫浚川,本州鞅掌之民疲于奔命,特为蠲免,阖郡阴受其赐。诸凡法禁刊布昭示,洞悉弊窦,一洗骫骳而反正之,凿凿焉可为百世师。公非汤沐吾乡千载一人哉!郡弟子员厚藉陶冶,抡才角艺,悉蒙亲较亲阅,茂奖隆施,动逾百金。濒[2]行,沐遗爱尤为优渥。维时郡守张君骥暨诸文学绍介庠生韩子守仁、李子逢春等,走牍邮简,托不榖[3]为之记。不榖猥以通家年谊,叨庇枌榆,于士民之所口碑而顶祝也者,无两心焉,讵以无文辞哉!因载笔记之。李公名志,字廷新[4],别号旭山,起家万历甲戌进士,浙江处州府缙云县人。乃作铭,其辞曰:

淮流泱泱,海波不扬。节镇莅止,山川有光。奔走下吏,庆藉包荒。青

---

[1] 骋:康熙重刻本作"逞"。

[2] 濒:原作"滨",据康熙重刻本改。

[3] 榖:康熙重刻本作"佞"。下"榖"同。

[4] 廷新:原本剜去,据《〔雍正〕泰州志》补。

青衿佩,桃李门墙。烝烝苍赤,祠祝庚桑。外宁内忧,计安封疆。忠肝义胆,敷陈奏章。不愧所学,肯负吾皇。伉直蜚声,价重岩廊。公论旋定,金马玉堂。赐环不日,清朝栋梁。缅惟桑梓,依依幕府。澨泽酳恩,仁人利溥。骊驹载道,鸿冥凤举。代言片石,誉驰千古。

重建尊经阁记

钱受益仁和人,左赞善。

维扬锁钥南北,屏障江淮,转粟运醝,财赋半天下。而兵备使者则驻节泰州,督学御史试士维扬则开馆泰州。文事武备,咸萃于海陵一区,他州邑皆象指焉。泰虽名为州,实俨然一巨镇也。昊天不吊,于西土饥馑洊作,蚩蚩者氓不忍须臾毋死,以观太平。潢池之警,浸及于凤、泗,距广陵不数舍而近,旦夕窥广陵,阻运道,即天下中断,祸不可胜言。余师潜庵郑先生备兵淮扬,闻遽移驻于广陵。凡守御抚绥之计,靡不严具,贼望风远遁。缙绅大夫士庶交口诵先生功德,谓是役也,岂繄吾扬受先生之赐?神京咽喉之呼吸,九边四方血脉之灌输,赖先生以无忧梗滞,先生功德且在天下。先生曰:"嘻!此抑其末也,有本焉。孟夫子言曰:省刑罚,薄税敛,深耕易耨,壮者以暇日修其孝悌忠信,可使制梃以挞秦、楚之坚甲利兵。又曰:经正则庶民兴,庶民兴,斯无邪慝。亦反其本焉尔矣。"于是劝力田,复社学,饬頖宫,申孝悌,重经术,董率风厉,科条备至。

泰州儒学旧有尊经阁,建自嘉靖丁亥,越十一年始克竣事,而崇祯五年圮于水。先生曰:"泰,扬之岩镇,士民之所走集,耳目观感之所冯依。莅兹土者,将正经以兴民,而学宫敷教之地,尊经之阁阙焉,其何以训乎?"乃捐俸若干,命重建于故址。知州事徐侯克协于先生之心,庀材鸠工,不以烦公帑。易阁为楼,意取其朴而可久。高三十六尺,广六十尺,深二十四尺,凡五楹。益以前轩,如其楹数。用缗钱一十万有奇。创始于崇祯八年十一月,落成于九年五月,七阅月而毕工。制倍于初,费省于旧,皆徐侯与两学博经营之力也。先生命小子受益为文记其事。受益拜手稽首言曰:经,人心之恒也;士,四民之枸也。观于经,而士心之邪正可知也;观于士,而民心之淳浇可知也;观于士与民,而世运之治乱可知也。孔子删《诗》《书》,定《礼》《乐》,

假年以学《易》,因鲁史以作《春秋》,开万世文明之治。嬴秦以焚书愚黔首,而天下大乱。汉兴百余年,何田、孙期、辕固、韩婴、伏生、夏侯胜、高堂、二戴、丁恭、贾逵诸儒辈出,经学始尊,是故有乱臣而鲜乱士。魏、晋、隋、唐,以门第诗赋程隽士,而天下数乱。宋兴百余年,周茂叔、二程、横渠、紫阳、元定、康侯、濂、洛、关、闽之学继起,经学复尊,是故有乱夷而鲜乱民。经之明晦与天下之治乱相关,讵不彰明较著矣哉!国家尊尚经术,跨轶汉、宋,二百六十余年以来,经明行修,安攘之业烂然于竹帛。而迩以建奴^[1]未灭,流寇未平,文吏制御失职,有乱夷,有乱民,而更有乱士,议者遂疑六经为无用,纷然思所以补救之。夫六经之在人心,广大悉备,其用不可以一端竟也。《师》:贞,丈人能以众正,后之言兵者莫能尚焉。唐虞之世,蛮夷猾夏,寇贼奸宄,职在士师。春秋尊周室,攘夷狄,多征伐、会盟之事。《周礼》大司马"掌邦政,统六师,平邦国",大司乐崇四术,"春夏学干戈,秋冬学羽籥"。《鲁颂》"淮夷攸服"。自献馘、献囚、献功,以至弓矢、车徒之盛,皆推本于克广德心,岂可谓文人无武,而必于六经之外别有崇尚也哉?其毋乃博士弟子实未能以经术经世矜,缝掖章甫,而修短后缦;胡使人谓古之文武出于一,今之文武出于二,觭重觭轻,固其积渐之势然也?假令士占一经,务见诸行事,穷则修身明道,无淫辞诐行以惑世;达则致主泽民,无曲学违道以邀荣;治平则垂绅正笏,销患于不闻不见之中;塞难则戮力匡躬,戡乱于多凶多惧之日。将见群黎遍德,四海向风,六经之用独尊于天下,而天下可以久安长治而无乱。余未暇远有称述,即以泰之往事征之:韩忠献以侍中镇泰州,劝农兴学,民乐其恺弟,厥后寒西贼之胆者,忠献也;胡安定立"经义""治事"二斋,倡明体适用之学,礼部岁举士,安定弟子居十四五,余人散在四方,见者不问而知为胡公弟子。

今先生镇泰州,文经武纬,无毫发愧于魏公;而海陵多士,宁独逊胡公弟子乎?尊经阁之建,先生若曰"民饥寒而无良,士饱暖而无教",此有位之忧。既饮食之,又教诲之,而经术不治,民无所矜式,士之羞也。尔多士勉旃!先生名二阳,鄢陵人,己未进士。徐侯名日升,长山人,壬子解元,以

---

[1] 建奴:康熙重刻本因避讳而剜去。

循卓著声。即其拮据于尊经,盖亦知本者矣。学博万君名濯,宜兴人,以举人署教谕。宋君名应斗,富顺人。

旌节赠言序

张瑞图晋江人,大学士。

刘中垒传列女,首母教,次贤明,次节义。余以谓节义之母往往兼贤明、饶母教,则卢孺人其最卓者也。卢孺人者,今龙溪令徐君母也。赠君见背时,孺人年二十有五耳,擗踊恸号,水浆不入口者五日。分以身殉,昏瞀中若有告者曰:"即死,奈孤何?"盖是时令君方二龄,而次君尚在遗腹未离里也。孺人悟,乃强起,饮泣曰:"昔人称立孤难,未亡人忍死任其难者,庶几报地下乎?"令君稍长,出就外傅,入则挟策受课机杼间,操作、咿唔,作苦相吊也。赠公家故壁立,期功强近,又皆贫俭,莫能相急。孺人食茶茹藜,未尝言困。惟考验令君经义解否、学业勤窳、文章敏钝,以为忧喜。令君时读倦少休,孺人必谇曰:"家有严君,父母之谓也。若父往矣,谓若母能食而不能教耶?"语罢辄泣,令君亦泣。盖孺人之蓬首冰心,历艰矢志,四十年一日也。令君业成,称名士,然终以须时故,孺人没后之三年,岁甲子,而始举乡书。又三年戊辰,而始成进士,则今上即位之元年也。令君既成进士,亟上疏彰母节,天子嘉之,与旌表如令甲。令君谒选,得漳之龙溪,则又以改元覃恩赠所自生鸾简龙章,贲相及也。漳之缙绅衿韦、父老子弟,高孺人之行,艳令君之遘,相与歌咏揄扬,以备家乘而征信史,琅然成帙。效之令君,而令君顾益悲不自胜,曰:"母为不孝食贫之日久,无论大者不能及母存而答其愿,虽寻常菽水,或不能共给以佐母欢,而今奚逮也?"

不佞则寄声谓令君若无过于邑为也。造物之私人也,富贵福泽以厚其生可耳,至于笃人之名与节则不然,必试之穷愁拂乱、艰难阻险,终其身或无开口伸眉之日。其困弥甚,故其节弥峻,其名弥芳。譬之草木凡卉,倏菀倏枯,岁瘁岁荣。至于松柏女贞之属,则饱之以风霜,厄之以荦确,延之以岁年,以坚其肤理,深其根蒂,而后万乘之器,千岁之膏,得以融结成就,道固然也。且夫以君之才,四十余年抱璞泣玉,无以慰劬劳,则诚迟也。至于虎变之日,当龙飞之会,甫释褐而母旌,甫绾符而母赠,又何其响臻骈集也。四十年而佹失者之为痛深,则一年中而滋至者之为恩殊。孝思于死母者永,则报礼于生君者重。然则艰子之遇合,以厚孺人之名与节;易孺人之国恩,以移子之孝为忠。造物者于君母子晦显迟速之际有微指矣,又何过于邑为也?盖令君之为龙溪也,岁祲不登,为之哺乳;濒海多盗,为之户牖。其为政锄莠植苗,兼雨露霜雪而用之,杰然天下才也。异日所树当益骏,受恩当益隆,书之彤管,播之通都,颂说卢孺人以节义贤明而饶母教,显融昭明,当益未艾。龙溪士民特其嚆矢焉耳。不佞于令君辱有一日之雅,敬书之,以当左契。

泰州报恩光孝禅寺最吉祥殿碑

陆　游字务观,宋宝章阁待制。

天下无不可举之事,亦无不可成之功。始以果,终以不倦,此事之所以举,而功之所以成也。海陵、通川之间,自建炎后为盗区战场,中虽息兵,然犹鬼啸狐嗥于藜莠瓦砾中,自官寺民庐,皆略具尔。未几,复有绍兴辛巳虏祸,前日之略具者,又践蹂燔烧,涤地而尽。乾道、淳熙以来,中外无事,函养滋息,且以国力兴葺之。迨今四十年,而城郭屋邑,尚未能复承平之旧。至于浮图之庐,又非郡县所急,或盛或衰,皆在仕者所不问,则其举事若尤难者。呜呼!是特不遇浮图之杰耳。信有之,未见其果难也,泰州报恩光孝禅寺是已。寺始为天宁万寿寺,今名盖用绍兴诏书改赐,亦火于辛巳之变。有祖彦师者复葺之,未成而化,中间屡易主者。至绍熙中,今长老德范师应转运陈公损之之请而至。寺虽粗建,而大役多未之举。有巨钟千石,方寺坏于兵时,楼焚钟堕,扁而不坏。范始至,奋曰:"钟不坏,寺将兴之符也。吾举事将自钟始。"乃建楼百尺以栖钟。钟始铸,岁在乙卯,至[1]是三乙卯矣,而楼成。人咸异之,遂议佛殿。殿之役最大,度费钱数千万,见者缩颈曰:"使可为,岂至今日邪?"范曰:"不然。吾当与有缘者力成之,不敢以难故止。"已而有居士刘洪首施钱五百万,施者不劝而集,积为四千万有奇。乃伐木于黄冈,蔽流而下。方役之兴,以关征为惧,常平使者王公宁闻之曰:"斯殿以资永祐陵在天之福,孰敢议者?吾当任其事。"于是所

[1]　"至"以下原本漫漶残缺,凡缺字皆据《陆游全集校注》(浙江古籍出版社2015年版)补。

至皆为弛禁。殿以崇成，为重屋八楹，东西百三十六尺，南北九十六尺，高百一十尺，佛菩萨阿罗汉三十有一躯。会王公去，而后使者韩公梴取《华严经》语，书殿之颜，曰"最吉祥殿"。范又为阁六楹，以奉今天子昔在潜邸赐前住持觉深"碧云"二大字。阁之广袤雄丽，亦略与殿称。余若方丈、寝堂、厨库、水陆堂、两庑，累数十年不能成者，皆不淹岁而备。最其费，为缗钱二十万。在它人若寝食不遑暇，范独终日从容倡道以进。其徒一謦欬，一顾视，皆具第一义，学者往往得入，而其师别峰之法，遂盛行于江淮间矣。凡一寺内外，莫不粲然复兴，是殿实为之冠。庆元六年夏四月，范使其书记蜀僧祖兴来求予作碑，予既尽述其始末，且为之铭。铭曰：

海陵奥区名寰中，长淮大江为提封。于皇徽祖御飞龙，臣民荐福遐迩同。是邦巍然千柱宫，中有广殿奉大雄。瓌材蔽江西徂东，波神呵护如云从。璇题藻井翔虚空，丹碧髹垩无遗工。劫火不能坏鸿钟，雷震鲸吼声隆隆。层阁闳奉龙鸾踪，荣光夜起腾长虹。徽祖圣德齐天崇，泽覃草木函昆虫。咨尔梵众极严恭，熙运共庆千载逢。余福渐被兼华戎，长佑农扈消兵烽。

外史氏曰：文以征献，匪文胡征？一郡之高贤遗躅，惠政去思，与夫前人建置之迹，艺文具在，所由班班可考也。余尝按《广陵志》纪往献不啻详，顾于前乙丑科遗李庶常氏里不载，岂以子孙无陈乞者，遂令文采无足表见欤？固陋孰甚焉。宋元以降，作者如林，吾于典而则、美而可传者，取二三策焉。他若封绶辉煌，赠言璀灿，诸志间亦有收之者，然颇类家乘，于志之义无取也。

泰州志卷之九

艺文志

奏　疏

请均泰州田粮转闻疏

黎尧勋乐至人,本州知州。

直隶扬州府泰州为[1]恳乞圣恩[2]比例均摊田粮,以苏民困,以安地方事。嘉靖二十二年三月十八日,奉本府帖文:嘉靖二十二年三月初三日,该奉总督漕运兼巡抚凤阳等处地方都察院左副都御史张劄付前事,准户部咨。该本部题,山东司案呈,奉本部送于户科抄出:总督漕运兼巡抚凤阳等处地方都察院右都御史王题称:据直隶扬州府泰州申,准本州知州黎尧勋关称:前任如皋县知县,有该县民人王有刚等,因田地坍江,税粮不均,要行比照本府所属兴化县均田事例分处,据告查勘是实,节经奏行都察院,转行巡按衙门,委官丈粮均派。今有本州乡民里老李牧、苏迁等,见得如皋原系州属县分,田地疆界,相参均粮,各称便益。又见本州地方,与守御千户所军、十二盐场灶户杂处,小民田地,节因凶荒,尽被军灶饵买为业,不行认粮,又不当随田粮站。亦有势豪之家买田,不行过割,故贫者田少粮多,富者田多粮少。每岁征粮,贫民杖扑,卒至逃窜。弃下田地,岁久荒芜,又

---

[1]　康熙重刻本缺以上八字。
[2]　圣恩:康熙重刻本缺。

被豪强侵占，其逃户遗粮在里，递年包赔，至累粮长破家代纳。及今大造黄册，查得粮多里分，户口空虚。蒙州遵照户部条约，将邻都子户拨补格眼，但思逃绝重粮，流毒未已，若不处豁，民困终不得苏。情愿比照兴化、如皋等县均摊事例，将概州田地丈粮均摊，永苏贫困等情，各告到职，随行各都里递，通将各户田地自行顺里丈粮，报数在官，要行照田均粮，人情颇顺，再无他梗，备由具申，合干上司照详。

蒙巡抚王都御史批：据申，即令查勘已彻，民情乐于均摊，军灶亦皆帖服，且轻重损益，惟民情土俗为之，使概州原额粮数不失，又与大造黄册事体无碍。信如所申，知州厉精之政，得民之心，可概见矣。仰府查照原申，速行吴推官前去该府，督同黎知州从实覆查停当，惟公惟明，照高邮等州县事例，酌量均平，因地征粮，永为定规。行令军灶一体，照田纳粮，随粮出站。事完，造册缴报。

又蒙巡按直隶监察高御史批：看得大造黄册将及垂成，均摊田粮实不少缓。仰扬州府管册虞通判即行会同该州知州黎尧勋查算概州田粮总若干数，拘集里老人等，临田履亩，仔细踏勘。中间如粮多田少，有粮无田[1]，量为扣减。如田多粮少，及有田无粮，量为增加。俱照田粮派则均摊。查照高邮、如皋、兴化事例，毋避势而纵豪恶之隐漏，毋畏难而失政体之均平。心本不偏不倚，事惟从公从长。完日具由缴。

又蒙巡按直隶监察胡御史批：殷实田多而粮少，甚或有田而无粮；贫民田少而粮多，甚或无田而有粮，此系地方积弊。仰该州掌印官遵奉户部题准事例，悉心查派，仍不时单骑躬诣各乡勘视，以杜下人朦蔽之弊，务使民灶金服，贫困永苏，方副本院责成之意，事完缴报等因。于本年八月内，蒙本府虞通判亲诣本州，会同卑职，依蒙督率官者里递人等，又行覆勘明白，将各户田地备造鱼鳞文册一百八十七本，呈送到官，拘集书算，关防磨算，查照本州原额官民田地数目，比照兴化、如皋等县事例均摊。于内查出有田无粮人户杜越、王铠、冯官、音保等七十户，俱各升科；无田有粮人户夏连、顾镇等三百八十户，俱各除免；田多粮少，缪泮、钱深、徐兰等

---

[1]　田：康熙重刻本作"丁"。

七百九十七户,俱各增派;田少粮多,高福、吴长儿等一千二百三十户,亦各照田减除。其该州无粮荒田,共积出六千九十顷九十六亩九分六厘,俱从轻洒派,共增粮五千五百六十二石三斗八升八合一勺,以补民灶逃绝重粮及有粮无田之数。已经分派停当,造册回报外,其中减粮贫民欢欣鼓舞,甚于更生,而增粮人户自知田数在官,亦难变动。但查得如皋县均摊粮数已经造入黄册,缘本州田粮重大,自本年五月内丈踏送官,磨算均摊,至九月内方完,已过大造期限。其均过田粮未入黄册,恐日后官迁时异,有等奸豪富灶,因种无粮田地,安逸日久,一旦认粮,中怀顾虑,不免妄生事端,希图减派,又将嫁[1]害贫民,仍令包赔,终非可久之计。为此关烦转达抚按上司,乞将本州均摊田粮先行具奏,行令军灶一体,照田纳粮,随粮出站,仍将均过田数候下年造入黄册,庶事无更变,贫民永苏等因,具申到臣。案照先据该州申前事,已经批行委官查勘明白,比例均摊去后,今据前因,会同巡按直隶监察御史高,看得该州所申均摊过前项田粮应增应减并积出粮石数目,果有实效,贫民不复包赔,奸豪不得欺隐,人心称便,赋税称平,深为概州便益。但分处停当,却直大造黄册将完,不能载入。欲要先行具奏,使军民一体遵行,不致日后更变,待下年通并入册,永为定规一节,无非恤民均摊赋粮之意,似应俯从。伏候命下户部,查照转行,臣等仍行该州,将前项均摊田粮,照数备造实征文册,在官出给由票,与各户执照,办纳税粮,随粮出站,待造册之年,一并造入。中间敢有奸豪诡计,展转仍图减派,捏词告扰等项,从重问治。如此,庶贫困之民免征无田之税,奸豪之民难隐无粮之田矣。

荐处士王艮疏略

刘 节

为开读事:据泰州知州任洧关称,得本州儒士王艮,学问渊源,孝友纯笃,淮扬南北,鲜见其俦。不以科举文字做出身阶梯,每以圣贤义理为入道门户。杜门养素,绝迹城闉,淡然无仕进之心,确乎有尚友之志。缙绅倾仰,遐迩闻名。且状貌魁梧,春秋盛壮。摅其所蕴,大用有才,诚沧海之遗珠,

---

[1] 嫁:原作"稼",据康熙重刻本改。

圣世之高士也。

又

吴 悌

　　为举逸民以昭圣治事：臣始尝闻人言，东海之滨，泰州安丰场有士王艮可当其选者，然尝窃虑盛名之下，其实难副，处士骛虚声以欺世，亦时有之，故惟藏之中久矣。臣近因奉命来巡两淮，乃得博询于众庶，闻其早岁仅受读《孝经》《论语》，亦不甚解，盖非素业儒者比。及三十时，所读书若或启之，从此一意向学，锐然以圣贤为必可至。乃始论交于天下之士，证疑于孔氏之书，久之而所得日以邃焉。其孝友忠信孚于乡党宗族，而开导作人，务尽其材，四方之欲问业辨惑者，群至其门。好学之志，老而愈笃。臣试核其名实，果亦符应，然后就而访之。见其人襟怀洒落，仪度雍容，真机流行，不事矫饰。虽因执丧哀毁，气体稍弱，而议论亹亹，曲中人心，精诚潜通，使人有所感发。盖其学主于自得，不落于言语文字之诠[1]，且少无觚翰之习，长不践声利之场，平生不见异物而迁焉，故其工夫最直截简易。而行年六十，造诣日深。就其所至，殆庶几乎若玉之琢不复为璞，若金之炼不复为矿，视世之拘儒曲士顾非所可揆者，斯亦洛中之俦，而与弼、献章之流也。斯可谓圣世逸民矣。

易名崇祀疏

吴 甡 兴化人，御史。

　　为表章真儒，乞议易名崇祀，以明正学，以光文治事：尝考《周礼》：士之有道德者，没为乐祖，祭于瞽宗。又古者，士大夫死而易名，以彰美行，爰有谥典，虽褒崇各异，其于表章先哲，翊扬风教，均也。而况阐明道术，德在人心，功垂万世者，谥与祀固可缓乎哉？溯自孔孟，下迄宋儒，或称千圣之真传，或名六经之羽翼，有功斯道，俱隆是典。至于我朝，太祖开帝统于中原，列圣显文谟于奕世，淑气所钟，名贤辈出，如薛瑄、胡居仁、陈献[2]章、

---

[1] 诠：原作"铨"，据康熙重刻本改。
[2] 献：原作"宪"，据康熙重刻本改。

王守仁等,业采群议,各予美谥,侑食孔庙,崇儒重道,于斯为盛矣。而臣窃以为未尽也。其间名世间出,真儒蔚起。或以历世尚浅,偶因公论之未定。亦有潜见殊遭,苦于表章之无人。虽洙、泗一脉,不乏继统之贤。而俎豆千秋,容多未举之典,然不坠者道,不晦者心。今圣明御宇,正大道中天之会。而礼官议谥,乃微显阐幽之时。所为绍明圣统,表章实学,经正民兴,千载一日,天盖以开陛下也。以臣闻见最真,私淑有年,世未远而居甚近,风犹在而泽未斩,如故儒王艮者,臣谨据实为陛下陈之。

艮,泰州安丰场人。场俗故业盐,无宿学者,而艮孝出天性,寒日见亲以急务盥冷水,乃痛哭曰:"某为子,而令亲天寒盥冷水乎? 何用人子为!"于是出代亲役,入洒扫定省,如古礼惟谨。时武宗朝,嬖幸、佛神等索鹰犬于盐场,有司派诸灶丁,有艮父名,艮毅然代父往,极言利害,事遂寝。久之,谢役,秉礼为儒者,行益纯。忽心量洞明,悟性无碍,而天地万物为一体,行住语默,皆在觉体中。王守仁巡抚江西,讲"良知"之学,艮闻而造之,往返问难,悉其精微。已而太息曰:"是艮之罪也,夫何风之未远也!"驾蒲车北谒孔庙,所至以道诲人。留京师一月,竟谐众心而反。艮骨刚气和,性灵朗彻,见人眉睫,即知其所存。接引人,无间仆隶,虽贵显悍戾,闻言愧悟。有蓄疑不解者,旁及他事,使本疑顿释,机应响疾。是时同讲习者,如山阴王畿、安福邹守益、吉水罗洪先,皆海内名儒。从艮学者甚众,而林春为第一。春亦泰州人,以会试举,首官吏曹,至文选郎中,尊信师说,终身不懈。盖艮之学,以悟性为宗,以反己为要,以孝弟为实,以乐学为门,以大虚为宅,以古今为旦暮,以明学启后为重任,以"九二见龙"为正位,以孔氏为家法。所著《语录》及《乐学歌》《孝弟箴》《求仁方》《格物要旨》《鳅鳝赋》《明哲保身论》,皆洞察性理,鼓吹圣统,脱训诂之筌蹄,探孔孟之精奥。总之,艮得力处,透悟似九渊而不邻于禅,穷理似朱熹而不滞于迹。先臣大学士赵贞吉称其"契圣归真,生知之亚",盖实录也。洪御史垣构室居其徒,吴御史悌抗疏表其学,海滨学者尊之为夫子,迄今宇内士大夫皆称之为心斋先生。

艮殁,而其子王襞[1]最知名,独得其传,世儒亦称为东崖先生。襞博问

---

[1] 襞:康熙重刻本作"璧"。

精讨,溯流穷源,生平严取予、敦孝弟,标树山岳之上,越轶风霆之表。尝与
门人扁舟往来,歌声与林樾相激发,闻者以为有舞雩咏归之风。海内名卿
巨公,如李文定春芳、凌中丞儒、罗参政汝芳,聘迎无虚日。又如臣邑韩贞,
以村里陶人,一游其门,即成彬彬儒者。今祀乡贤,有光邑乘,益见艮之风
教远也。皇祖朝议艮从祀未果,今公论久而益定,大道暗而日章。臣愚窃
谓,布衣易名从祀,自胡居仁而下,无有右于王艮者。臣因是而知圣贤淑世
之功大也。在昔韦布主盟斯道,删述之业,与平成之绩共茂;空言之垂,与
典谟之训并传。何哉? 盖道之不行,其患大;而道之不明,其患尤大。不
行之患,升沉犹在世运;不明之患,晦蚀遂在人心。世衰道微,异学蜂起;
邪说横议,簧鼓世教。其敝流为乾竺、老、庄,而其祸惨于洪水猛兽。所赖
天生圣贤,提醒聋聩,振觉世之金声,扫迷途之榛棘,倡明绝学,昭于大道,
如梦者困而得觉,醉者迷而得醒。良知格物之学,真千圣之嫡派,而儒者之
正宗也。议者谓王守仁之功不在孟轲下,臣亦谓艮之功不在守仁下。盖守
仁之学,得艮而彰明于世,守仁名位显赫,事业彪炳,世皆知之,而艮之功,
在万世之人心,祇以隐处草泽,表章无人,未崇大典。臣生同里闬,素得于
闻见之真,故敢据实敷陈,庶几扬潜德之光,翼文明之化云尔。伏乞敕下礼
部,会集群议,如臣言不谬,将先儒王艮议谥从祀孔庙,并将艮所著《语录》
诸书,编于《性理大全》之末,列在黉宫,诏示后世。他如议祀儒臣,尚有臣
黄晟、罗伦、章懋、黄仲昭、吴与弼、邹守益,皆绪接真传,有功道统。曩者廷
议,以祀典隆重,姑俟论定,若并议褒崇,尤昭公论,于以明正学而光文治。
臣所为天以开陛下者,岂非圣世第一美政哉!

请谥名贤初揭

刘万春州人,武选司主事。

为合阐应谥名贤,乞赐采择,以光大典,以昭公道事。古者士大夫殁而
易名,以彰美行,爰有谥典。虽褒崇各异,其于表章真儒,阐扬忠直,风励人
心,均也。职乡淮海一隅,名贤辈出,或以一代大儒鼓吹文治,或以两间正
气砥柱乾坤,功业与文章并茂,实录与清议齐芳,而易名万一挂漏,此亦熙
朝一缺典也。

兹以职乡诸贤之最著者,与举朝高贤硕哲共评骘之:

一为泰州王心斋先生,名艮。先生少未学问,读《论语》《孝经》,忽悟圣贤可学,以经征悟,以悟释经,行即悟处,悟即行处,如此有年,人未之识也。江西人有客安丰者,闻先生说《论语》,诧曰:"此绝类王巡抚公之谈学。"即日造江西,服古冠服,赋二诗为贽,上坐论学,辩难屡日,始师事焉。先生接引人,无间仆隶,虽显贵悍戾、不说学者,闻言皆悔谢不及。有蓄疑不解者,旁及他事,使本疑顿解。虽村里陶人,一游其门,即成儒者,彬彬如也。所著有《格物要旨》《勉仁方》《乐学歌》,并《语录》等书传于世。盖前哲称先生之学,以太虚为宅,以古今为旦暮,以明学启后为重任,以"九二见龙"为正位,以孔氏为家法,与越中并称王先生。辛丑馆课,表扬略尽,窃谓议易名于今日,未有逾于先生者也。

一为兴化胡心安先生,名献。先生事亲敬谨,人有戏之者曰:"汝父怒,汝即日夜请罪。"父以戏解之再三方起。居室相敬如宾,无惰容媟言。中弘治丙辰进士,选庶常,改试御史。时戚畹张鹤龄兄弟恃势横甚,人莫敢撄。先生以试职上疏直纠,蒙诏狱廷杖,谪湖广蓝山县丞,寻升河南宜阳县知县。刚峭神明,一尘不染,考课天下清官第一。历提学佥事、宪副,卒于官。有子一人,赤贫骨立,亡何死,无子。邑士民立专祠尸祝之,颜曰"仰止"。先生自幼至登第,处家处官,矩步不苟,言笑不妄,穷显不改节,至今里人喜谭乐道之。

一为林东城先生,名春,亦泰州人。先生家贫甚,尝日中不能炊,贳米于邻不得,行歌自若。从王心斋先生游,闻"致良知"之说,至夜中睡醒无人处,辄啧啧自喜不休,遂欲以躬践之。居常以竹筒注膏系衣带间,唯所适则出膏于筒,燃火诵读,坚苦已如是。举嘉靖壬辰会试第一,选户部主事,调礼部主客,又自礼部调吏部。色温气柔,不以行能先人也。而长厚清苦,惟绳墨自立。以母安人病瘫卧,谢病归养,则益悛悛[1]谨甚,如故儒生时。家无一钱,亦不以取于人。家有一钱,亦必以施于人。尝以间走安丰,就王先生叩所疑义。有海安巡检逆之屡日,先生一蹇一奚,巡检呵殿而过其前,

---

[1] 悛悛:康熙重刻本作"恂恂"。

先生为逊立田畔,物色之不得。其起为选郎也,赴官泊淮,淮守某以次谒诸过客舟,不亟谒,供张又薄,若不知为吏部者。后淮守入觐,考下当远调,先生白太宰,以过淮事荐其廉静,恳乞留之,更得调永平内郡。居无何,病,一夕卒。出其橐,仅四金,不能棺,其寮友为之棺以归。归不能葬,守刺赒之钱以葬。盖自束发至易箦,未尝一日不讲学。其论学,辄曰:"吾师心斋说如是。"家只余数椽,萧然四壁。里人今犹思之。

一为宗方城先生,名臣,亦兴化人。先生诗文绝世,海内推为才子,至今骚人墨士几欲向百花洲而凭吊焉。顾先生志行相尚,不独文艺。其在比部也,时杨忠愍公横死,先生与王弇州辈经纪其丧,哭之以文,柄臣切齿,特为主爵者所知。其在铨部也,门无杂宾,心淡如水,司功管外,计所斥黜,任怨秉公,人莫得见其面。自是侧目者众,柄臣乃挤之外。其参闽臬也,丁倭寇入会城,诸监司各守一门,先生得西门。会报寇至,各门俱闭,百姓号哭不得入,先生开西门,坐诘而入之。复檄,壮士有不肩薪谷而入吾西门者不得纳。盖先生度人聚,无食用必乱,故人各持所有以入,所全活以数万计。而又撤城上兵庐,曰:"兵不雄之行间,而雄之屋上哉?"激守陴者决死战,闽竟以无恙。寻卒于武夷止止庵中。易箦时,立占三绝句而逝。闽人歌思之不衰,郡邑遍祠于学宫,武夷山专祠焉。亦无子。

一为通州顾冲庵先生,名养谦。先生举嘉靖乙丑进士,时李文定公在政地,馆选且属意矣。先生顾雅有刘忠宣、张简肃志,考选日,避居西山。已乃除计部,历滇、闽、粤、浙,劳勚为多。其部杭、严,会阴贼马文英煽构辱抚台,率七队陈德胜辈横行鼓乱,众莫敢谁何。先生不动声色,密授方略于防讯,不备[1]时,立捕文英等九人,斩以徇。遂单骑入营,召哗卒前,语之曰:"若等法当死,吾第坐首乱,余贯不问。"一军慑伏。后督辽左,撤封贡,酌市款,修屯置垒,至亲犯矢石,擐甲登陴,以先将吏。尝从数十骑按小凌河,猝遇虏几十万。先生开门张盖,手取卮酒,饮不辍,虏惊愕逸去,卒设伏击,斩无算。寻进位少司马,以雄才大略称焉。

此外又有淮阴丘震岗先生,名度。先生涵养深厚,世味淡然。自司李

迄光禄卿,俱廉惠有善政。而其砡然大节,尤在处御史刘台一事。既忤江陵相旨,深恤刘御史之父,复绝口不言德,其古谊有为人所难者。先生虽非扬产乎,第淮绅已跫然足音,而从子可孙又溘然朝露,倘不为拈出,以掩遗芳,尤直道之所不敢出也。

诸先生音徽未沫,月旦同推,况已经奉旨下部,职等辄敢掇拾见闻,以质公论,唯名公俯采焉。

天启三年九月初九日。

请谥名贤再揭

刘万春州人,武选司主事。

职等昨有应谥名贤一揭,为王心斋、胡心安、林东城、宗方城、顾冲庵、丘震岗六先生而发也。其芳躅懿行,略具前揭,业已达之当事名公,以备采择矣。揭内止于六先生者,盖因世远人亡,公论以久而定,故掇拾遗事,用光盛典。此外尚有忠肝盖世如凌金院儒,清操绝俗如刘职方永澄,学守俱粹如王吏部纳谏,皆熙朝之俊,特千秋所景仰者也。只以盖棺未久,宿草犹新,虽切一念之秉彝,少俟将来之蒐集。数年之后,当有起而昭揭之者矣。

天启三年九月十九日。

江北在京乡绅合恳塞高家堰疏略[1]

为祖陵关系甚大,开浚利害宜审,谨效愚忠,仰祈圣明采择,以巩万年大业事。谨按:高堰者,北当淮、泗之冲,南扼漕、湖之吭,地形最为高峻,而淮、扬两郡及高、宝、兴、泰、山、盐数十州县,地居下流,所谓悬水数仞,建瓴之势也。东南保障全藉此一堰,是岂可轻议开泄者?善乎,河臣朱光祚疏云:"以三丈之水势,灌千里之下流,仰受既不能容,俯□又不能泄,数郡县不胥而鱼乎?"此不易之确论也。近日建议[2]:诸口以钱粮不敷,工料难集,钦限三月,逾期未完。民间之田,尚沉水底,东作失时,西成何望?仅

---

[1] 此处天头有眉批:"崇祯六年三月,工部为报岁修高堰堤工钱粮事。前河臣朱光祚曾有分黄导淮一疏,内议武家墩开泄之故,关淮、泗地方之利害最大,须总河抚按会勘之确。由今观之,则武家墩亦高家堰堤名之一,闸尚且修之,开岂易言?相度各官,远稽近考,诚不可不万分慎重也。"
[2] 议:原作"义",据康熙重刻本改。

存灾黎，方且泣对重渊，束手待毙。而三闸一开，势必以淮、扬为壑，行见淮、泗之水滔滔东注，将高、宝一带漕堤荡为湖海。运艘挽牵无路，则数百万漕粮何由而达？京师各盐场，尽皆湮没，煮海无策，则百余万盐课，其将问之水滨。必至冲坏田庐，漂荡数百万生灵，则数百万国税，谁为输供？况开浚诸费，业委水衡于逝波，若待淮、扬水患频仍，不可收拾之后，势不得不议塞，又不知费朝廷几巨万金钱，如是而国计民生甚不便矣。国家财赋半在东南，今一举而阻运道，废盐课，弃两郡数十州县生灵，是何可不为之深思也？议者又曰："高堰既不可开，则何以设三闸也？"臣等查高堰自明兴以来，从未建闸，建之自万历二十三年始，然未几旋议堙塞。夫历二百六十余年，开者一时，而塞者永久，固为数郡民生、漕盐、国计关系匪轻。抑亦审于形家聚泄之理，有利于蓄而不利于开，其为祖陵地脉计者，未尝不深远也。今高堰日就圮坏，识者岌岌乎抱宣房瓠子之忧。有地方之责者，方急议修筑，以求巩固之不暇，而可轻言开浚乎哉？臣等生长淮、泗之乡，沐祖宗数百年培养，习知地方利害之原，辄不胜鳃鳃过虑，而共摅其愚忠如此。崇祯六年三月日。

申　文

本州凤阳仓米申文万历二十年三月代

陈应芳

申为州疲赋重，飞粮并累，比例恳停，急救民命事。奉本府帖文："抄蒙巡按直隶监察御史高批状：'据本州民丁滨等告称，扬州十郡邑共粮二十二万，泰州该六万七千余石，尽出下乡湖荡田地。近遭减闸分水，下流漕堤时常崩溃，十年九灾，粮差赔累，春不得耕，秋无可熟，财尽民穷，毒苦万状。祸由嘉靖三十年间，江南省属凶荒，将应纳凤阳粮米五万四千石，飞派本府各属承替办纳，以待丰年归复。本州加米一万九千八百九十六石九斗三升，逐年赔解，流祸刺骨，累死厮递陈遵、黄九龙等七十余命。先万历七年，高邮、宝应、兴化于均田大造之时，具告前院，各蒙停征一半，单卷存府。独有泰州田沉水底，不能丈报，未蒙蠲恤等情。蒙批：仰府查报。'备蒙卷查前项凤米，先为丈田亩、清浮粮，以苏民困事：奉例丈田均粮，高邮州停征十分之六，兴化县停征十分之五，宝应县停征十分之三。今丁滨等告，要将该州凤米比照前例停征一节，是否与例相合，事干钱粮，合行查议。为此，仰州官吏照帖事理，即将告民丁滨等行提到官，细查所告万历七年均田之时，该州果否田沉水底，未经丈报蠲恤？今告停征，应否与前例相合？逐查明白具详，连人解府，以凭覆核，转详施行。"奉此遵依，行拘告人丁滨等审问。

间据概州老人里递柴兰等呈："为极灾地方飞粮积累，恳天比例申停，以苏民害事。"内称："泰州地滨湖海，自隆庆三年黄河夹淮，破漕溃堤，倾注高、宝、兴、泰四州县。万历九年丈田之时，该高邮、宝应、兴化各申水患，告停浮粮。蒙各院道勘议，该州县起京额粮，例难蠲免，而凤阳仓代纳粮米，委应减停。酌以水患重轻，量为停征分数，各有卷证。其时，本州知州患病，不亲堂政，兼以田沉水底，又难丈量，未经请恤，遂致赔累。迄今二十余年，无田有粮，死亡逃窜，苦不胜言。今具告按院高爷，登城阅水，垂悯灾伤，出示行府，查处议豁，概州疲困，延望更生。切思年丰之时，可替江南代办，灾伤之极，即额税尚望改折，而飞粮岂堪征并？但今下乡一百三十四里，田沉水底，不辨疆界，难施弓丈。而计都指里，除堪种田粮不开外，积年抛荒，上下乡计田五千九百二十九顷五十八亩零，比三州县浮粮田地更为加倍。伏乞踏勘。"查照前例申详。

又据通学廪增附生员呈"为灾伤地方额外代粮，恳乞照例申停，苏恤疲困"等情。各到州当堂审据，万口一词，各称前情无异。犹恐不的，随揭查各年坐派凤阳仓粮米缘由，除该房卷宗年久泯烂无存外，止查得嘉靖二十五年卷一宗：坐派本州凤阳仓米二千二百八十四石四斗四勺六撮。嘉靖二十七年卷一宗：内开本年有收二分，例征三分，共五分，坐派本州凤阳仓米六千五百五十一石七斗一升五合八勺九抄二撮。后不知何年起，不论灾伤，坐派本州凤阳仓米一万九千八百九十六石九斗三升。又查得万历九年八月分奉府帖："该奉抚按道劄：该户部题为丈田亩、清浮粮，以苏民困事：备仰本州一体清丈。"该本州前任知州吴道立，备行各乡耆老、保正、廒递等各役，呈称"本州田地，先于嘉靖二十一年清丈明白，钱粮不失原额，无容量丈。目今下河一百三十五里，自隆庆三年被水潆漫，疆界无辨，十三余年，毫无耕种。田虽送人，无人肯要，小民节年赔贻钱粮，苦不胜言。原因水灾之故，非出税粮不均，告乞转达免量，以苏民困"等情到官。覆审相同，转详批允，免丈报部讫。今该前因，该本州知州游一面集同概州里老，亲诣各乡田地，逐一踏勘；一面移关高邮州、兴化、宝应县，吊取原日一应文卷去后。该本年三月初十等日踏勘过上、下二乡田地，今水浅堪以耕种者一万三千九百六十二顷九十亩五分，内起凤阳米五千五十石八斗五升一合。其见沉水底，自隆庆三年至今不得耕种者，共计荒田二万五千四百七十顷七十亩，内起凤阳米一万四千八百四十六石七升九合。俱各取有里递柴兰等甘结在卷。

续于本年四月，据高邮州、兴化县关送文卷到州。内开俱为丈田亩、清浮粮，以苏民困事。俱奉府帖转奉抚按道剳。据高邮州申称："本州田地止丈过高阜处所九千六百一顷二十七亩，尚有一万六千七十八顷，见今水深二三尺至五尺不等，难以施弓，候水退地出，清丈另报，申乞议处等因。"又据兴化县申称："本县田地见今水势渺漫，置足无地。先经申报免丈，今查各里田地水深一二尺，已经种莳者，止得一万一千四百七十四顷二十五亩。水深三尺以上，不堪耕种者，共计一万二千七百九十七顷八十一亩五分，申乞并为议处等因。"俱蒙抚按具题户部议覆：除各州县漕粮等项仍当全征外，其凤阳仓粮、本府仓粮与各州县仓粮，俱系存留本处官军粮饷之数，历年灾伤，有派无征，近将本地商税权宜抵补，那前攒后，亦足支持，暂议停征，少宽民力。仍照营田事例，督责掌印治农官，将水荒田亩，设法开垦，以渐加征。高邮州原派凤阳米四千五百六十一石四斗二升，今停征米二千九百四十七石五斗二升。兴化县原派凤阳米一万二千九百二十石四斗七升，今停征米六千八百一十二石五斗一升三合。宝应县原派凤阳米三千六百二十石四斗六升，今停征米一千九石八斗九升四合。俱经题奉钦依，备行各州县遵照讫。除宝应县文卷未到，然事体亦大略相同，惟独本州未蒙分毫蠲恤。

盖因彼时申报免丈之后，知州吴道立适遇患病，未及会同高邮等州县申请议处，以致本州节年不耕之田照例全征，委属不均。使后水平田出，耕种成熟，百姓亦自相忘于无言矣，奈何二十余年犹然如故。见今湖堤再决，水势渺漫，阡陌沉于井底，愁叹深于望洋，民穷刺骨，逃移且尽，景物萧条，殆不忍言。士民赴愬，委为迫切。卑职蒿目忧心。切照粮因田派，本国家惟正之供。田废粮存，实地方切骨之害。民害宜恤，正赋难捐。揆之今日，诚穷则变、变则通之时也。所据民人丁滨等告称前情,虽江南飞粮难以更易,惟以嘉靖年间凤阳存留之数较之,则递年酌为坐派,止六千五百有奇。今时一概全征至一万九千以上,不论灾伤,不为增减,积逋难于取盈,灾民困于追并,诚为疾苦迫切,有不容不亟为议处者。况高、泰、宝、兴两州三县壤地相连,灾沴一体,彼三方久蒙浩荡之恩,乃本州独抱向隅之泣,宜乎万姓嗷嗷,归怨前官失申,而迄今为之不平也。因时酌势,比例陈情,蠲停之请,委与相合。倘蒙覆核,速赐转详具奏,查照高邮州并兴化、宝应二县事例,将今踏勘过水滩田数,除漕粮例难蠲免外,其原派存留凤阳等仓粮米,暂议分数停征。待堤固水平之日,仍照营田事例,着掌印治农官将水荒田亩设法开垦,渐次加征,务足原额。暂舒目前之急,永惟后日之图,国赋民生,两有攸赖矣。

本州均粮申文万历二十年四月

申为公务事,抄蒙钦差整饬淮扬海防兵备按察使张宪牌"该蒙钦差勘议河道工科右给事中张宪牌前事:'本科看得高、宝、兴、泰均为下流受水之区,据泰州、兴化士民所称,则粮又独倍于他州县。及查兴化额粮,则为地者二万四千二百余顷,为粮者五万五千余石。维扬一府,共起运米九万七千,而兴化则三万二千。及查他州县,每地一顷,起运米有一斗三四升,甚有二斗七八升者。而兴化则每顷起运米一石三斗五升,是十倍、五倍之数也。事属偏苦,合行该道查议,以便酌行。'等因。蒙此,拟合就行。为此牌,仰本州官吏照牌事理:即查该州田地,视他州县果否相等,额课果否偏重?该州水患,视他州县亦苦,为何久未调停?论经久之图,应否通融拨[1]派?论拯援之权,应否速为改折?备细查议明确,通将始末有行文卷具详即日申来,以凭覆核,转报施行"等因。蒙此遵依。该掌印知州游查得本州一百八十七里,该田地三万九千四百三十顷六十亩五分。除上乡五十三里,坐田止五千三百七顷七亩五分,额科麦豆不计外,下乡一百三十四里,坐田三万四千一百二十六顷五十三亩三分,额科秋粮

---

[1] 拨:康熙重刻本作"揆"。

米五万六千三百八石七斗六升五合五勺,每顷计该米二石三斗一升七合七抄。内起运漕粮正耗共四万三千九十五石一斗六升,每顷该米并二六轻赍共一石七斗五升三合七抄。夫扬州一府起运不过九万七千,而本州则已四万三千有奇矣。本府各州县田地每顷起运极多不过二斗七八升,而本州每顷则已一石七斗有奇矣。此视兴化更重,而偏累独苦之情有十倍于各州县者。自隆庆三年遭罹洪水,及高、宝、邵伯各湖建造减水闸座之后,前田年年沉于水底,而前赋岁岁征收如额。以故本州百姓凡有田之家无不贫穷彻骨,逃亡接踵,曾不若逐末游惰之民反无赔粮切身之累。兴言至此,诚可痛哭流涕。顾国赋不可以轻捐,民隐无由以上达,理数已极,穷变当通。今日科台目击民艰,檄行酌议,盖灾疲地方,不啻生死而肉骨也。卑职仰承德意,再三思维,则有数说焉。

以备采择为照:有田则有租,泰州钱粮所以独重于他州县者,谓其田坐水乡,称沃壤耳。今沃壤化为沮洳,不复可耕,而粮仍偏累,是使不耕之田输有常之赋。非大破拘挛之议,尽为蠲减之图,则一方民生终不可济。此一说也。系庙堂浩荡之恩,然而不敢望也。　其次则莫如通融均派,盖钱粮分数起运重而存留轻,起运急而存留缓。今各州县以岁岁有收之田,大半派存留。而本州年年不耕之土,大半派起运。今非昔比,偏累何堪?谓宜就本府起运九万之内,均摊三州七县之中。以存留各仓之粮,均增泰州、兴化之额。此一调停、转移之间,而灾民稍得沾通融均派之惠。此一说也。所谓经常之策,然而不能不取诸彼以与此也。　又其次,则莫如比例改兑。兴、泰一体被灾,然兴化自隆庆年间,筑有长堤一道,隔住泰州之水,使不得急泄。每岁邵伯湖决及减闸诸水,泰州屯宿独先,而宣泄独后,故连年泰州受害视兴化尤惨。然兴化起运三万有奇,俱系改兑。本州起运四万以上,俱系正兑。计每年二六轻赍,比兴化多派至三千八百余两。是本州不得与兴化同论灾也,不均更甚。谓宜比照兴化改兑事例,一体矜恤,则宽一分,受一分之赐。此又一说也,不得已而思其次也。夫百姓包不耕之税,而朝廷施改兑之恩,粮不失额,民得昭苏,揆之事理,无不可行者。

傥蒙酌议,就此数说之中,定为画一之计,破格题请,则孑遗之民,可望更生,而受人之牛羊,为之求牧与刍者,亦得藉手少效其区区之愿矣。

本州宜陵坝申文万历三十二年五月

申为急救民害事。抄蒙钦差海防上司杨案验,该蒙钦差漕抚军门李批。

该本道呈详犯人黄仁等招由,蒙批:"各犯俱依拟发落,黄仁、冯仁、桑坤俱于该镇枷号一个月,余如照实收缴。"蒙盐院蒋批:"依拟黄仁等赎决发落,实收缴山洋邘口,仰该州如式筑砌完报。"备帖行州。蒙此,卷查先据民人叶政、蒋敏等连名告称"江都、泰州上下两河,田地接壤,高卑悬绝,河防盗决,害切剥肤。下乡田沉水底,控告无路,势若倒悬。岂意近被宜陵镇罔利奸豪,故将山洋河、赤莲港、徐家邘[1]子三处私开大河,擅通商货,偷放私盐,致水下冲,不分昼夜,民田尽被潲没,春耕无计可施。泣思河口虽属江都,水势悉潲泰州,田既沉水,粮从何纳?利归二三奸猾,害尽概州生灵"等情,具由申详去后,备蒙府帖。奉此,又经卷查先蒙本府江防同知李信票:"为异常大变蠹国殃民事,该蒙钦差巡抚军门李批。据本厅呈详民人李时告塞邘口缘由,蒙批:'准照行缴。'蒙此,仰州即便出给大字告示,晓谕宜陵等处及上河一带邘口小港,行令水利官尽行闭塞,不许水往下流。上河泄水,仍有旧通芒稻、白塔等河流泄,务使田禾有望,国课无亏,仍俱甘结申来。"等因。蒙此,随该本州知州李,责令里长叶政等,协同匠作蒋成等亲诣山洋河等坝口,三面眼同,估计桩木、石块、工价数目,册报在官。先经本州设处银四十两,批差石匠蒋成前往江南地方采石,运至河口,兴工筑砌。

续据蒋成呈称"山洋河坝已经载石兴工,为黄仁等拦阻,口称奉工部岁修,发银开闸,孤匠难敌众棍,只得呈明"等情。又据叶政等呈"为灭宪殃民事:政等蒙台分付,遵奉院道明文,筑建宜陵邘口。至镇仍被黄仁等拦阻,不容建造,口称见奉工部建闸,院道何足凭信"等情到州。诚恐不的,随批差民壮马时,牒行该县许主簿"切照本州遵奉抚、盐两院明文,筑砌邘口,以防水患。该厅奉何明文,筑造新闸?"等因去后,续又据本官牒呈,承准本州故帖:"奉本府帖文,抄蒙抚盐道府批。该本州申详,备蒙故牒到职。准此,卷查准本县故牒,为覆勘三十二年岁修工料钱粮事,'抄蒙工部道府河厅批允,备蒙仰县转牒'。"卑职遵依行催桩木、石块,起派本镇地方夫二百名积土,亲诣山洋河,督率夫匠兴工。间续准本州发石给示,差人至彼动土兴工,卑职随即停工。间因到州申议。

---

[1] 邘:《〔雍正〕泰州志》作"涵",下文"邘口",《〔雍正〕泰州志》均作"涵口"。

间又蒙本府管粮带管河道通判李信票,抄蒙钦差南河工部郎中顾批:"据江都县管河许主簿呈称'案蒙通判赵信票,蒙本部并钦差海防副使杨宪牌:依蒙将本年岁修工程,奉文详议,改建山洋河石坝,合用工料钱粮,造册呈来,核实转报。随经行催桩木、石块,亲诣宜陵镇山洋河,督率起派本镇地方人夫打筑。间续据该镇保正薛能禀称:蒙发桩石打筑山洋河坝,今有泰州告示,亦装石块,差人到镇,本月二十五日兴工,理合禀明等情。据此,看得宜陵镇山洋河,乃江都地界,本镇相离六十余里,本县所辖,直抵斗门,过宜陵尚该四十余里。而山洋河居宜陵镇之东,屡蒙上司行职筑塞,蓄水济运,即该卑职遵行,并未干及泰州。今本坝泰州既欲改建,则河道亦当属于该州,若不呈明,恐将来推诿'等因。蒙此,修筑河堤,自有分土,且应修工程,尚多迁延,而此独争先建造,何耶?岂其中别有说乎?仰河厅查报等因。蒙此,看得宜陵山洋河地方,原系江都县所管,设有土坝一座,屡被奸棍私放船只,已奉各上司详允,动河工银两,改建石闸,行委该县管河许主簿兴工去后。今蒙前因,拟合就行,为此仰州即查该州奉何明文,在彼修筑石闸?因何不行申明本厅,擅敢兴作?查明星速申来,立等转报",等因到州。

蒙此,该本州知州李,查看得黄仁等故决河防,邻国为壑,蒙本道转详,奉两院批允,责成本州筑堤者,盖防仁等奸计百端,藉此可一劳而永佚。本州不惜数百金之费,拮据就理者,念概州百万生灵之可悯,岂是越俎而代庖?今曰宜陵地方不系本州所辖,是矣。乃院道详允,岂其不鉴及此,而轻徇卑职之请乎?至于漕河之说,殊属无谓。宜陵隔河五六十里而遥,自有漕运以来,编派岁修钱粮,曾有波及宜陵地方,而费工部南河之财力,载入成议者乎?不其然矣。

更有异焉者:闸之与坝,建置各有攸宜,非可混施也。坝以界水,谓其限隔,不相通也,所以防上河之水泄于下河,为民害也。不得已,中开一洞口,盖谓坝以内有两岸高田,引水灌溉,故两利而俱存尔。今一旦借漕河之说,改建为闸,何名也哉?姑无他论,即举淮南漕河建闸之利害,而折以理焉。如南则瓜、仪之有闸也,谓其通江也;如北则清浦之有闸也,谓其通淮与黄也。以故典司有官守,启闭有闸夫,谓其通漕系国家咽喉之重也。今欲以民间引水溉田之一洞,而公然冒动河工岁修之钱粮,倡议建闸,借名利漕,谁为典守而特设之专官?谁编工食而岁给以夫役？若瓜、仪、清浦之建置也者。由斯以谭，奸民黄仁等之肺肝，不俟其言之毕而已如见矣。盖彼以此河久擅为利，一旦因本州之奉详有此举也，无从抵塞，百计夤缘，图遂垄断之谋，以填溪壑之欲。倘此闸一建，则启闭任其自裁，私盐乘夜半以往来，何由禁戢？船只借便道而通利，何所稽查？而水势愈大，滔滔建瓴，海陵一方之田、六万之赋，皆将为池、为沼，而不可救已。

捧诵工部批驳，一则曰应修工程尚多迁延，而此独争先；一则曰修筑河堤自有分土，岂其中别尚有说？盖已明见及此，而黄仁等奸谋秘计，尽行败露，不胜叹服，何容置喙？但念宪详久阁，民害未除，食息难安，不遑宁处。查得万历壬辰，前任吴知府曾为筑塞矣，曾不数年而黄仁等渐为埋没，又不数年而告称充行，公然给帖行险，机关牢不可破。即今宪墨未干，工力方举，仍敢阻挠至此，假公济私，巧为欺诳，即斯故智，长此安穷。若不及今申明，是坐视咆哮之虎狼而甘心鱼鳖乎苍赤者也。父母之责谓何也？拟合禀请俯照原详，严行筑砌如式，庶宪详不致久淹，奸计毋得复逞，上裨[1]国课，下济民生，世世不朽。

通学告兑粮呈嘉靖四十年二月代

陈应芳

泰州儒学廪增附生员刘岩[2]、张爱、郑浙等呈，为兑粮坐派不均贻[3]累，乞速改正，以除积弊，以苏民困事。窃照扬州一府所属高邮等十州县，原额秋粮米共计二十一万八千九百有零，每年额设起运起兑米六万石，改兑米三万七千石。本府每遇征收之时，各照州县之原额，分派正改之多寡，历越既久，未闻变更。如泰州原额秋粮五万六千三百石，以数计之，当一府总粮四分之一；以兑运言之，该派正兑一万五千之多。比之邻境，独为加重，苦于定额，不敢告辞。先年本府分粮，俱照旧例公派，或岁凶而为之量减，或岁丰而为之量加，虽有通融之时，不致偏累之甚。百年奉例输纳，见存由票可查。近自嘉靖三十年后，骤加本州正兑米二万九千六十一石，不知何故。派单到州，百姓惊骇，即时具告，有案在房。不意此后连岁倭警，

---

[1] 裨：原作"俾"，据康熙重刻本改。
[2] 岩：康熙重刻本作"严"。
[3] 贻：康熙重刻本作"赔"。

地方有事之秋,因仍不改,岁为定例,迄今一十余年,受尽万分困楚。才一通查,始知为兴化尽行改兑,苦泰州尽坐正兑。各州县正兑仍照旧额,不为兴化而代赔。各州县改兑因得通减,反借兴化以攘利。独厚一县,偏累一州。切思一府正兑不过六万石,本州一处独当其半,八州县共分其半。一府改兑不过三万七千石,兴化独得三万,九州县共得七千。其偏重不均之弊,不应什百千万之殊。若三十年以前原此额派,则亦何辞。今不系原额,一旦加征,彼八州县种轻粮之田,乃夤缘以减改兑之轻税。泰州同兴化之水,反额外代彼正兑之重粮,有天无日,不均之恨,何自而平也?况连年大水,颗粒无收,人户艰难,逃移过半。私累本分之粮,尚恐输纳不前,再加额外之派,岂能须臾可活?岩等久抱向隅之悲,深切呼天之痛,激切陈情,万不获已。伏乞轸念疲敝之极,大开荡平之涂。查算州县额例,国初迄于嘉靖之年,原无偏重,一旦变更,万民贻害。恳复原额,务使公平,各守成规,永无紊乱。庶常赋之供,人心悦服于无偏,而垂死之民,性命稍全于旦夕矣。

概州告永折呈万历二十三年八月

泰州里老细民叶政、丁滨等告,为一方极天冤枉,匍匐控吁,恳乞垂恩,急救百万生灵事。窃照泰州田粮,坐派秋米五万有零。尽属下河,在高、宝、邵伯湖堤之内,地形如釜。每遇堤决,并减闸水灌,尽行漳没,与兴化一望,共成汪洋。譬之人身,高、宝为入水之喉,兴、泰为灌水之腹。自隆庆三年以来,堤无岁不决,闸无岁不减,田沉水底,民穷刻骨,死亡投窜,十室九空。节蒙上司怜悯,凡遇捐赈,与高、宝、兴化一视同仁。节年成案,历历可查。今年洪水泛溢,十分灾伤,已经委官踏勘,申报在卷,日望恩恻,如农望岁。近蒙天台轸念湖内地方,将高、宝、兴化议改永折,独遗泰州。万户闻之,惊惶号泣,俱不欲生。日月遗照,覆盆含冤;雨露独偏,向隅抱痛;三方何幸,一方何辜?若谓州治高阜与兴化不同,则钱粮出产原坐湖内,不在州治。若谓地坐偏僻与高、宝有异,则钱粮输纳原出田土,不在冲繁。况一府漕粮,泰州独居其半,比之高、宝、兴化更属繁苦。今反不得与彼三州县地方同议永折,此万姓汹汹,腐骨痛心,极天冤枉,死不瞑目。若不冒昧陈情,下民迫切,上天何知?恳乞大开恻隐,通查受害地方,事同一体,暂停疏议,特委府县廉能官员,亲诣踏勘,是否田坐湖内,壤接三方? 使覆盆之冤,得睹天日同光;向隅之悲,获蒙雨露齐润。半词涉虚,寸斩甘戮。为此万分激切,拼死匍匐,连名哀哀上告。

泰州厥里告按院李凤折催状[1]代　以下俱刘万春

告为恳苏飞粮积困以解万姓倒悬事。情不剥肤,不敢妄渎。本州先年突遭江南飞带凤阳仓粮,先派贰千石,后陆续积加至壹万玖千捌百余石,逐年赔解,累死厥里陈遵等百命。万历二十一年,蒙前按院高具题减免一半,尚遗玖千玖百肆拾捌石,每石征银陆钱,共银伍千玖百陆拾玖两柒钱,解赴凤阳户部分司。倘得收银包赔犹省,乃仍给银买米上仓,岂知所买即系官军领出月粮,两进两出,三晒三扬,亏折繁费,倾家丧命。迄今仍有王梦龙等六人,见禁凤阳留守司监,终为陈遵等之续。切思漕粮改折,每石伍钱,凤米陆钱,似不为减。且凤阳九卫官军,定例每年二月支米,二月支麦,八月领银,折色居多,本色居少。且又扬属泰兴、兴化、通州、如皋、海门五州县,俱系折色,成例可援,共府共土,理应一视。前值天台巡历泰州,身等已将苦情控告,恩蒙准行扬州道转行本府。第今道主升转,府主未任,议覆无期,望霓心切。又恐天台复命伊迩,攀辕不及,筑舍道傍,流害无极。伏望仁天批府署印刑廉,速议比例改折,亟赐会题,庶解粮无买米包赔之累,佥点无钻营巧脱之奸,差舍无守提横诈之扰,衙门无需求使用之费,厥里无鬻产卖人之苦,解役无久淹囹圄之惨,吏胥无侵欺那移之弊,官司无催科政拙之议。一转移而八害尽瘳,万姓永戴洪恩于不朽,灾疲茕孑之倒悬可立解矣。为此冒昧奔天催告。

泰州厥里控南河工部塞河呈[2]代

呈为恳恩敕塞堤闸,以裕漕政,以全农务,以安民生事。切照天台所辖南河,自邵伯至湾头一带,旧设有减水八闸,启闭以时,旱涝均济,利归蜚挽,泽遍黔黎。一向堵塞已久。今年四月,蒙仁天轸念,旱魃为灾,命启八

---

[1]　此处天头有眉批:"天启六年四月。"
[2]　此处天头有眉批:"崇祯四年十一月。"

闸，开渠放溜，以救高、宝、兴、泰四郡枯苗，此意甚善。不料开闸之后，忽遭洪水，天行肆虐，人事何尤！又查最为下乡民害者，邵伯南首金家湾地方，原筑高阔内堤以阻上流冲决，比时近湾奸民，因利乘便，泄水灌田，突遇大水横流，遂至冲开二十余丈。奈泰州地如釜形，百里尽沉水底，此尤吃紧，更为祸源。念今年之西成既已无望，将来岁之东作尤属可虞。若不亟行堵闭，则泰州六万七千之漕储，从何取办？泰地潗溺未尽之孑遗，何计聊生？再照减水八闸，俱灿列河滨，万目共见，惟金家湾一堤，原在入里地方，上台不能目击，小民皆不能知。近日泰州灾黎，亲诣踏勘，方得其详。至今水势犹高九尺，建瓴无异，剥肤可忧。伏乞天台大开恻隐，尽行堵塞，上全国课，下救民生。激切哀恳上告。

泰州廒里告塞金家湾呈[1]代

呈为吁电水患根源，亟塞堤口，以全国课，以救民瘼事。切照金家湾一堤，在于邵伯之南，附近湾头滨东塘路入里地方。旧设此堤，以捍上流之水，径趋芒稻河以注于江。而泰州下河，藉此以免潗没之患塞。自崇祯四年，大水横流，近湾居民盗决二十余丈。奈泰州地形如釜，以致淮、黄之水悉从此处，势若建瓴，奔流东注。接遭五年洪水相仍，竟以泰州为壑，不复归芒稻河矣。迄今金家湾堤，冲决至四十余丈，泰州下河，一望巨浸，滔天百里，田沉水底。哀此孑遗，叠罹潗溺，枵腹两载。老稚化为沟瘠，漕粮尽付水滨。今则东作当兴，粮田沧海，若不亟行堵闭，何以急救倒悬？但此堤属江都所辖地方，于泰州为剥肤之灾，在邻封有秦越之视。今阖州父老子弟亟图捍御，靡爱发肤，议照泰州民粮五万石，每石酿银一分，共凑银五百两，计同心千万人，乐输金钱，竞劝畚插，但未奉批行，难资弹压。伏乞天台上念漕粮紧急，下念万姓嗷嗷，急委专官董理工程，及此春初，速将金家湾堤口并江都沿河徐家邗子、山羊河[2]涵洞、鲁家沟河、马家湾[3]涵洞、张家邗子、泰州九里沟河共六处，勒限堵塞，其于国计民生有攸赖矣。为此激切哀恳上呈。

---

[1]　此处天头有眉批："崇祯六年二月。"
[2]　河：康熙重刻本缺。
[3]　湾：康熙重刻本后有"河"字。

艺文首列碑记，以彰旧迹。载录疏揭，以扬前徽。文献足征矣。虽然，文不关世教，虽工无取，故次及吃紧公移，又及陈同卿应芳《下河图论》，与刘大参万春《正续灶粮考》，然皆淋漓感慨，情见乎辞。《诗》不云乎："君子作歌，维以告哀。"知是编为告哀而发者，其于嘉惠子遗思过半矣。按甲辰旧志载有同卿论著，寻为癸亥志所黜，俾后之忧民者，何所折而衷焉？今特表而复之。王骈识。

论漕河建置以下俱陈应芳

图所列，南起大江，北抵山阳，漕河形势大略也。漕河，惟扬州城迄杨子湾一带可四十里，地势高阜，延袤至邵伯镇而北，内外东西则皆诸水所汇，而外自高、宝，内迄兴、泰、盐城，地形洼下，共一沮洳之区也。自宋天禧中，江淮转运使张纶因汉陈登故迹经画，就中筑堤界水，俾堤以西汇而为湖，以受天长、凤阳诸水，由瓜、仪以达于江，为南北通衢。堤以东画疆为田，因田为沟，高、泰、宝、兴、盐五州县联络千余里而遥，而五州县之水有广洋、射阳等各湖以潴之，有庙湾、石䃟等海口以泄之，不为田潦，具称沃壤矣。此前代之所疆理，而历世因之不能易者也。至国朝，复大治堤以通转漕。是为咽喉要害，而蹉利民生，胥于此焉依，顾不重欤？夫湖藉以资漕，则堤以外不使水得出，而后漕之通利也，无壅遏浅涩之虞。不然，滔滔东注，其有不决堤梗运者乎？因田以定赋，则堤以内不使水得入，而后田之蓄畜也，无淹没漂溺之患。不然，混混西来，其有不伤禾废耕者乎？何也？以五州县之水溉五州县之田，其潴也有限，其泄也亦有限。一遇霪雨，尚尔泛滥，湖决而下，势若排山，四望汪洋，总成一海。当斯时也，潴不胜潴，泄不及泄，数千里之内几何？其不载胥及溺也，而漕计且坏，不可支矣。是缕缕一线之堤者，四百万之军需所藉以灌输，而国脉系焉。百亿万之生灵所藉以待命，而国本关焉。故堤固则漕无害，而淮南赖以平成；堤坏则漕事阻，而淮南胥为鱼鳖。此其利害，不啻"烛照数计而龟卜也"所从来矣。

论地方形势

图所列，距扬州二十里许至杨子湾漕河，东为盐河，专为蹉运而凿之渠。由江都历宜陵镇一百二十里,是为泰州州治。州治而北不二里许,则泰州之水田也。从东、西二坝而下,入新城、河港、白口、宁乡司、凌亭阁而北一百四十里为兴化,稍折而西南八十里为高邮,再折而西北一百二十里为宝应,又再折而东北九十里为盐城。是起自泰州,以及兴、高、宝、盐,纡回虽共四百三十里,然阡陌连壤,东渐于海,西滨于湖,而盐场、草荡、河泊、湖港,则周遭不下数千里而盈矣。千里之内,往来者止凭舟楫之通,略无牵挽之路,其形共类一釜底,古所为号泽国也。然所由称沃壤者,徒以湖堤固而水利兴耳。堤一决,则千里者壑矣。沃则俱沃,壑则俱壑,未有一州被水而一州独异,一县被水而一县独存者也。故言其合也,则五州县者,其利害、其丰约钧者也,无彼此一也。言其分也,则泰州田于邵伯湖为近,邵伯堤决,先泰州而兴、高、宝、盐次之;高邮、兴化田于高邮湖为近,高邮堤决,先高、兴而泰、宝、盐次之;宝应、盐城田于氾光湖为近,氾光堤决,先宝、盐而高、兴、泰次之。水至有先后,水害无浅深,盖射阳等湖所不胜潴,而庙湾等口所不及宣者也。譬之人然,诸湖皆喉也,五州县田皆腹也,海口一尾闾也。水自喉入,必腹满而后从尾闾出,而谓腹以内,有一之不受者乎?况大于喉,小于尾闾,多其入,少其出,而谓不涨满于腹也,有是理耶?

论广陵田赋

图所列,田高下下者宜稻,上者宜菽、麦。然而大江之滨,湖西之坂,漕渠、盐河之间,往往引水凿渠以资灌溉,此所谓甚美高腴之地也,不特宜菽、麦而已。广陵之属,为州者三,为县者七,南有仪真,有泰兴,东有如皋,又东有通州,有海门。厥土阜而且厚,多前所称引水凿渠者是已,湖决而东,不相及也,可勿论。论其在图者,江都之赋,米三万有奇,豆、麦称是。其在邵伯以下,与泰州水田比邻而界,邵伯堤决,江都此地亦尝被灾矣,然以通县计之,不十分之一。而由瓜渚以接泰兴,则滨江也;由杨子桥以至高庙,则漕渠也;由杨子湾以至宜陵斗门,则盐河也;由黄子湖以至诸塘及西山等处,则蓄泄无不利也。故不得以邵伯一隅之害而并议四境膏腴之利。然而邵伯之民,犹然觖望,一夫不获,时予之辜,得不希当涂者一区别乎?高邮西对天长、宝应,相与连壤,高阜腴地,多亦有之,第最重者在下河,自不应议及耳。人亦有言,江都美矣,虽有邵伯之灾,不以蔽其美,何也? 美之地百而灾之地一,其数不胜也。高、宝灾矣,虽有湖西之美,不以蔽其灾,何也? 灾之地百而美之地一,其数亦不胜也。若泰与兴则异是。维扬之赋二十万,泰与兴一州一县者居其半,彼三州六县者居其半。夫非以其地多水田,偏宜稻也,而特重之欤? 今田化为沮洳,而稻且属乌有矣,十万重赋,胡以供之? 然兴化之不能供也,当涂者蠲恤之疏屡上,而逋负之诛常宽,兴化灾民,犹得延旦夕以冀将来平成之望,而泰州则覆盆不白矣。岂以兴化不有旱地,故以跻于高、宝,而泰州不止水田,可以比于江都耶? 不然矣,夫亦未酌其分数耶? 论事者当考其原,恤民者必关其痛。泰州之痛,不啻剥床以肤矣。试穷其源,一相提而论,上、下二河,足相当否? 滔滔汪洋,止若邵伯之一隅否? 芜芜原野,能如江都之四郊否? 以不耕之田供有常之赋,将终不得拟于高、宝、兴化三州县否? 分数多寡,可较而知也,语具在后论中。傥诚有若推之耻、由溺之思,恳恳然赤子其民,不以秦越视之,请一虚心详察,当不吝引手投足,而亟求所以援之者矣。

论田赋分数

图所列,南界泰兴,西界斗门,东界如皋,此三面故泰州所称高阜者。其中惟盐河一带引水,而田足称腴壤,可稻,计科米三千九百石有奇。而自两岸入内,则高亢无水,不可禾矣,计科麦六千石有奇,豆八千石有奇。再内则仰瓦而下,不三里尽下河矣。北[1]界兴化,则科米五万二千石有奇。此夏、秋两税,上、下二河田赋之大端也。麦、豆不论,夫秋米者,上河止三千,视江都之三万同乎? 下河至五万,视邵伯之一隅同乎? 其不可共日而论也明甚。夫江都不得以一隅掩三万,泰州奈何以三千掩五万也? 甚矣,论灾者不考于分数之多寡,以困此一方,而令不得其平也。吁嗟乎,冤哉! 若又谓兴化无上河,泰州尚赖有此三千石也,即大水为患,犹可藉手,而豆、麦所产,亦足易米而输之官耶! 则又误矣。上、下二河,截然两地之民也。夏、秋两税,判然二时之赋也。漕粮兑运,此三千石足乎? 豆与麦可充作

---

[1] 北:原作"比",据康熙重刻本改。

乎？上河之民能代下河输米乎？譬之一家然，兄弟分爨久矣，户役各自以身任之，其后一人富，一人贫，而贫者役又独重，自非友爱之至，欲强令富者代贫者而受重役也，必不能矣。又譬之两邑然，井疆区以别矣，钱粮各就地所产者派之，假令一邑丰，一邑歉，而歉邑赋又独多，自非父子之亲，欲强令丰者代歉者而输多赋也，必不可矣。尝考历代沿革，泰州唐初为海陵县，后又分为一州一县，州名吴州，县名吴陵，其时未有如皋，未有兴化也。至元始专为泰州，而以一州一县之地，于内稍析为如皋，又稍析为兴化，以故上、下两河，泰州兼有之，而其有下河也，又偏独多。今维扬诸属，编户定赋，未有若泰州之兼有上、下河者。今如皋尽以上河论矣，兴化尽以下河论矣。兼有如泰州，乃不酌其分数，顾令同类于如皋，而不得比灾于兴化，岂不冤哉？予特为论著其事，而又以钱粮额数分列于下，觊当路者考镜焉。

泰州编户共一百八十七里：

上乡编户三十五里，官民地计一千九百八十九顷六十亩四分二厘。一科正米三千九百一十九石六斗二升二合七勺，一科小麦六千四百九十七石五斗五升三合七勺，一科黄豆八千七百五十六石二斗一升三合七勺。以上称上乡，图所列三面旱地也，两税之数具是矣。地之所获者虽硗，年之所遇者鲜歉，独畏旱耳。以是而概比于下河，欲望上之蠲恤，是欺也，是不忠也；第执上乡之鲜歉，而掩下乡之常灾，则冤矣。先年丈田守谓下乡粮重苦水，欲通融以下河秋米分派此中，名曰为下河减粮，而不知物土所宜，各有定产。此无米之乡也，而强以米坐之，甚矣其不通也，宜其不能行也。

下乡编户一百五十二里，官民田计三万四千一百九十一顷五十亩八分七厘。一科正米五万二千三百九十九石一斗六升五合九勺。以上称下乡，图所列北界水田也，秋粮之数多至此乎？湖平则犹为禾黍之乡，湖决则常为汪洋之海，盖近已十年而八九矣。乃令不得与高、宝、兴同论灾也，平乎否耶？查秋粮，兴化则五万六百七石五斗九升，高邮则二万九千九百八十一石三斗四升，宝应则一万二百七十四石二斗二升，此一州两县之赋，视泰州分数多寡何如哉？今论水止高、宝、兴化而不及泰州，何也？夫连壤而错居其地，同被之水，又同编户多而钱粮众，则地益广远明矣；地益广远，则灾益深重明矣。岂地广且远，而被水反狭而近耶？

诚所谓覆盆不白者也。

论勘灾异同

图所列五州县水患详矣。然被水无彼此，而论灾有异同，岂当涂厚薄其间，而泰州之民，夫独非当涂赤子哉？必不然矣。此何以故？则多所闻、鲜所见，而见之者，有所见又有所不见云耳。何谓多所闻、鲜所见？高、宝当南北孔道，使节之往来如织，滨湖苦水，孰不流传？而兴即高邮属邑，言高邮则必言兴化矣。此三方者，固世所指名也。而泰州僻在东偏，谁则见之，而谁则闻之？何谓有所见又有所不见？泰州之僻，往来者独二三上司也，上司以楼船从杨子湾入，徒见两岸禾黍穰穰洵美，且都叹赏不容口，而安见江都、泰州之分界也？又安见下河之一望成湖也？其有行县入兴化者，故道又不由泰州往也，而泰州之水，安从见之？然间亦有勘灾之委官矣，委官之入境，未尝一遍历也。上、下河多寡之数，未尝一通考也。其以灾报者，往往杂于上[1]下之间，未尝一分疏为区别之也，而兴、泰一体之义，又何自而得转闻于当路乎？当路且不闻矣，况庙堂乎？虽然，顾当路加意何如耳，请以已事明之：登城而叹，隆庆三年，有衡水傅后川公矣；刻篆而鸣，万历二十一年，有乌程吴平山公矣。以故两年大水，泰州得与兴化共蒙蠲折之请，民之仰之，若嘉谷之有时雨也。万历十四年尝大水矣，势更汹于上两岁者，偶有当路从上河来，父老群聚而控之，反逢其怒曰："吾亲闻两岸栽秧歌声不绝于耳，若曹何自言水灾也？是诳我。"为首者榜笞三十。及如皋尹奉檄来勘，而尹故善谀当路风旨，州又适同知署事，时届端阳，方驾龙舟戏水上为乐，属视如皋不为礼，尹怒而去，报如前当路言。是岁也，水尽滔天，兴则改折，泰则全征，漕舟抵河下，至鬻妻儿以供，而民不堪命矣。此见与不见之明验已。尝谓名实者论之辨也，利害者事之审也。五州县一尔，高、宝、兴有灾之实而亦有灾之名，有灾之害而亦有灾之利，不幸之幸也。泰州同有灾之实而独不有灾之名，同有灾之害而独不有灾之利，不幸之不幸也。下河水为祟，上河掩下河水亦为祟，何也？当路谓泰州之幸有上河也，而不

---

[1]　上：康熙重刻本作"下"。

理其灾；百姓怨泰州之不幸有上河也，而概覆其灾。民隐若是，苟一权于名实利害之辨，尚其有痌瘝之思乎？

论正改漕兑

图所列，五州县历年之水颠末，业已备具论中矣。泽洞之警，平成无日，赋役之数，一定不移。万姓所日夜延颈而待者，独望有朝廷浩荡之恩而已。顾钱粮额派，于县官为维正之供，于百姓为有常之赋，则起运、存留两端耳。起运如内库上用及京、边军需是已。存留如官生俸廪及地方经费是已。数者有一之可缺乎？缺一不可，奈何得轻言蠲。大司农于四方奏报灾伤，往往急起运而缓存留，而不知存留之于地方，即起运之于京、边，无得而缓焉者也。故急起运者实征也，缓存留者虚文也。然则所望浩荡之恩者何由？漕粮之改兑、改折是已。何言乎改折也？漕粮正兑，以石为律，有补闰二六等费，计纳银一两二钱有奇。而改折重则七钱，轻则五钱止矣。何言乎改兑也？漕粮正兑，以石为律，有水脚、过湖等费，计纳米一石七斗三升有奇。而改兑则加耗米二斗五升，又加变易米二升止矣。改折之数，年例若干，漕司留以待四方不时之灾。而改兑之数，均派各省，听其临时自相酌量调剂而已。故改折非抚按勘实灾至九分五厘以上者，不得轻许。然大司农犹有严禁之请，改兑听之司府，就地方之原额，为派单之多寡，大都不相上下。予不识漕计，此其大略之数如是也。

今兴化以频年被水，漕粮尽从改兑矣。改兑未已，并改兑尽从折色矣。折色未已，并折色又尽从永折矣。浩荡之恩，广被于兴化者如此。顷当路又因兴化以及地[1]方同有是灾者，俾高、宝漕粮亦尽从永折之例矣。是浩荡之恩，推广于高、宝者又如此。而独泰州一不与也。士民思之，不得其故，相聚而扼腕曰："使州田而异于兴化也，无怨也；使州粮而轻于高、宝也，无怨也。今田之沉于水也，于兴化非有疆界之别；粮之出于田也，于高、宝且有轻重之殊，何乃见弃当路，不蒙体勘？岂不沉冤于覆盆，而号泣于向隅也乎哉！矧复使为兴化代粮，抑又冤之冤矣。"请得肆言之：维扬一

---

[1]　地：康熙重刻本作"他"。

郡三州七县,秋米共二十一万八千八百九十六石二斗二升,于内额坐起运正兑米六万石,改兑米三万七千石。以均平之法言,三州七县视额粮为例,每粮一万当得正兑若干石,改兑若干石,此一定自然之数也。以通融之法言,三州七县,年视丰歉为例,丰者加正兑、减改兑,歉者增改兑、减正兑,此临时剂量之数也。于征输之内,寓轻重之权要,以不失维扬九万七千起运之额,以足国家漕运四百万之储而已。漕规立法之善,所从来矣。故泰州额粮五万二千有奇,当得正兑不过一万五千,改兑不过九千二百而已。嘉靖三十年以前,此数未之或爽,虽准通融之法,临时微有增减,计于均平之法,成数无不吻合。各年派单由票,府、州见存卷案,历历可稽也。其后,正兑忽派至二万九千六百,视原额骤增一万四千石而奇矣。改兑忽派止一千九百五十,视原额骤减七千石而奇矣。悬绝已甚。奉单之日,靡不骇而且疑,然竟莫知其所自起,聊一具诉,而当路辄不报也。嗣是年年因仍,遂为常例,而不闻有所更订者。夫以一郡正兑六万石,而泰州至二万九千,是十分而五也。一郡改兑三万七千石,而泰州止一千九百,不十分而一也。增正兑一万五千石,岁计多征银一万六千两,多征米九千五百石,则十分而又加七也。民之重困,不啻涂炭而倒悬矣。顾不知漕规于各省果如是偏重而不均否耶?假曰奉旨,则必有题奏、章疏可据也;假曰额例,则三十年以前不应有异同也;假曰应增,则维扬总赋未见部文,奉有事例续派也。三州七县一也,此既有所加,彼必有所减;此既蒙其害,彼必蒙其利,盖尝得其故矣。

先是,兴化政府及第,笃厚桑梓,维时水灾,尚不似今时之困,然已力为之地,而当路因以一郡改兑漕额,尽三万二千派于兴化,余五千有奇派于三州六县尔。夫兴化既以改兑易正兑,则应得正兑原额,仍就三州六县公分之可也。三州六县既通减改兑,则应得改兑原额,仍就起运正兑内递加之可也,乃不一衡量,而径以兴化一万五千正兑举而尽裁之泰州。彼两州六县者,正兑未尝一失故物,而起运骤反递减有差,此何以说也?对兴化言,是泰州为兴化全代正兑也。对各州县言,是泰州为各州县分代起运也。揆之天理则不通,质之事体则大谬,不知当路何以会计也。抑有由也,盖众怒难犯,加粮于众邑,则群起而噪者必多,殊费居解,不如一邑之可欺也。编户之远,无如泰州也。额数之重,无如泰州也。挈而与之,足可掩覆,不如各邑之难敌也。故兴化宣言曰："泰州有上河,富郡也。非兴化所得望也。"当路信之,谓泰州真富郡也,果兴化所不得望也。噫,何其冤之甚也!蚩蚩之民,亦将何所控告哉!当是时,下河犹未沉水也,民力尚未殚竭也,耽燕雀处堂之安,而无鸿雁集泽之感,则亦因循已尔。今则沉尔田矣,倾尔家矣,叫阍无自,泣路堪怜,谁生厉阶,至今为梗,能不追怨当时之首事者乎?今夫富室兄弟之析产也,一取数多,一取数寡,然而皆不失富也,心虽不平而犹以富,故不之较尔。一或贫矣,则岂得不追怨于析产之多寡而求鸣之官也?富室百姓之当差也,前役原轻,后役加重,然而力尚可支也,心虽不甘,而犹以可勉支[1]强应耳。一或贫矣,则岂得不追怨于轻重之不均而求脱于己也?泰州今日何以异是?粮非洪武之旧,强代兴化之赔。兴化政府所以为兴化则得矣,其如贻怨于邻境何?势穷数极,返本还原,不当复泰州之故物耶?若终念兴化之不能复也,破格题请,令两有所存,不亦无偏无党之政乎?如不其然,则请当路亲举玉趾,特诣泰州、兴化之境,履亩而勘,周询而咨度焉:地之高下同否?田之被水同否?正兑之独加于泰州顺否?改兑之独存于兴化安否?起运之并代于两州六县是否?然后以先年具题之疏及所以摊派之由,的然示以当加、当减之故,毋使不知而暗赔,晓然谕以公平正大之理,务令心悦而诚服,即虽不蒙一体蠲恤,而亦可免退而后言也。

外史氏曰:泰自昔号泽国,与高、宝、兴化天水相连,风帆直达,非有涯涘可施牵挽。余数问渡于此,是以知之。而州治南面独据上游,外凿漕渠,以一衣带水通輓挽之利。即巡方、直指从上河来,入茱萸湾东走如皋、通州者是。而不知其赐履西迄江都,仅二十五里而止,南迄泰兴仅二十里而止。其为上河析壤几何?自守土者传舍其官,秦越相视,有习睹萸湾以东两岸,禾黍芃芃,黄云被亩,而忘其非泰州者矣。况可责之轺轩过化者乎?今下河岁岁苦阳侯,高、宝、兴岁岁蒙蠲折,而泰州题灾独不与,抚按之责乎?抑监司之责乎?其至最剥肤者,金家湾一堤,岁被土著盗决,激水罔利,而一

[1]　勉支:原作"支勉",据康熙重刻本改。

切莫之省忧。沉璧无能,高岸为谷,竟弃下河五万三千之漕粮于沮洳一壑,而犹不能与三州县均望复租之惠,尚可诿曰"非距心之罪"耶?试令闾卿而在,不知又如何痛哭流涕而长太息也。余故阅《水乡图》而并论次其说,三复低徊[1],以志其咨昏垫之慨云。

---

[1] 徊:原作"留",据康熙重刻本改。

泰州志卷之十

艺文志

诗　赋

五十韵诗

无名氏

淮甸推名郡，舆图号海阳。地隅江北左，分野斗中央。周季归吴国，秦时并楚疆。国朝仍旧典，版籍隶维扬。人物多淳朴，乡风靡暴强。生民资食货，恒产在农桑。厥土涂泥沃，维田稼穑良。防虞修铠杖，保障固金汤。界地分三镇，居民列五乡。四千郡牧厩，十二灶亭场。鼓角将军宅，琴书太守堂。月台澄兔彩，子城上。文庙协奎光。泮水鱼龙化，崇台凤鸟翔。凤凰台。弦歌从养正，养正堂。霄汉望呈祥。黄卷崇文阁，青毡进德房。进德斋。岳山云起阵，泰山上起云楼。禅刹树侵廊。光孝寺。雨露三槐润，三槐堂。天风八桂香。丛桂天香。金兰桥最古，梁昭明太子事。丹井水非常。万寿宫内。皇甫真人药，一块气丸。姑苏道士姜。道士寓观，以姜治疾。状元坊表巾，大宁桥左。太子港通庠。郡学。演武临经武，经武桥、教场演武亭。宸章贮典章。宸章阁在郡庠。方洲书院静，安定祠。古砌诏亭荒。宣诏亭。帚竹神翁墓，环刀孝子坊。袁道济孝子也。五贤碑剥落，堂。双节卷琳琅。何氏双节堂，有记。问政亭。知无讼，堂。颁春亭。喜玩芳。亭。七星仙井列，一东门外，二西门外，三东观，四天妃庙，五歌舞巷，六北山寺，七佑圣观。千佛画楼妆。天宁寺内。喜雨蓬莱对，观风觐衍傍。堂。台门花匝道，精舍柳围塘。柳塘精舍在州治内。月蕊排雕槛，星槎傍绿杨。浮香梅月晓，亭。

瀛碧竹风凉。堂。景范清涟屿，清涟横舟。迎麾启凤冈。亭。会心谈道德，堂。同乐讲虞唐。堂。归鹤林埋剑，亭。回龙岸舣舫。庙。前人皆鹭鸶，后进总圭璋。负郭招贤路，门。通衢务本厢。院。谯楼壶滴月，钟簴杵敲霜。驼岭旗悬纛，庙。鱼行闸控庄。罗浮随长落，灵济独轩昂。庙。玄武新城观，清溪小市梁。淤溪征敛所，姜堰备储仓。嵯舫多商贾，农家足税粮。岚浮天目近，山。堤接晏溪长。瘗角泉当洞，缫丝井映床。鹿台曾乳女，鸾驭已辞郎。捍海烟堤柳，范公堤。生祠月砌堂。祀张发运。功勋侯伯贵，文献世家昌。玉粒长腰米，金鳞缩项鲂。莼香虾腐滑，橙熟蟹脂黄。何幸生斯土，相逢盍尽觞。诗人与骚客，游览共徜徉。

泰 山

方　岳莆田人，御史。

泰州无泰山，飞来奠兹土。凌云入青霄，秀色贯今古。乘风一登之，去天如尺五。忽闻弦诵声，仿佛过齐鲁。

又

简　辅马平人，进士。

数仞为山壮泰州，一杯何处又罗浮。三千丈外人曾到，四百峰头我亦游。停潦隔堤分上下，荒田逋税两春秋。苏湖教远祠空在，雨洗莓墙草径幽。

登泰山联句

金廷瑞武林人，郡守。

寻春直抵泰华巅，翘首惟余尺五天。谢活水。一片烟霞随袖拂，万重青翠入诗联。张一山。弦歌满耳知民乐，时叙惊心感岁迁。金一亭。我辈登临留胜迹，百年人物壮山川。吴南溪。

上元登泰山

谢　源福建人，御史。

泰山高处我重临，不识何人踵后尘。极目徐淮青未了，回头吴楚势相亲。万家烟火州民庶，五夜元宵天下春。谢公高兴谁能忆，笑杀红尘陌上人。

次　韵

张承仁州人,御史。

名山高处惬登临,身在层霄不受尘。半岭烟霞容我老,四时鱼鸟向谁亲。鹤来不省人间事,龙去空余古庙春。长啸一声林谷响,此中端合住闲人。

与友人同登泰山

张承仁州人,御史。

相约看山出每迟,我来犹及暮春时。重修禊事还堪赏,试问丹丘两不知。云际远山斜带郭,岸头新涨绿平池。同游尽是词场客,拈笔凭高各赋诗。

登泰山次张一山韵

刘万春

封禅无书瘗秩迟,尊称帝時自何时。三台斗极登方见,四序禨祥候始知。圖蒋山青遥上堞,江淮涨绿细通池。军威道脉今安在,吊古凭高几赋诗。

又

张承仁州人,御史。

忽破三生梦,来登第一峰。高天惊网[1]脱,浊世苦尘蒙。白白沙边鹭,冥冥雪后鸿。余杯留晓[2]兴,且莫扣昏钟。

携沈甥良才与芳儿登泰山

张承仁[3]

汗漫江山愧寂寥,莺花端合试晴朝。一春强[4]半还须惜,五日为期不待招。客具只应供海错,仙厨谁为炙山枭。欣从狂简听高论,共吐长虹贯碧霄。

---

[1]　网:原作"纲",据康熙重刻本改。

[2]　晓:康熙重刻本作"晚"。

[3]　张承仁:原作"前人",据康熙重刻本改。下同。

[4]　强:原作"彊",据康熙重刻本改。

登山次韵

张承仁

美酒香茶任所携,山中茅屋是招提。桑麻景好僧堪住,榆柳阴多凤不栖。暝色入烟迷故堞,晴光漾日渺平溪。紫泥封后无仙箓,何处寻源问碧鸡。

天目山碑阴题咏

李师中

怀[1]壁摩挲少旧题,高情应怪赏音希。烟霞正自无今古,云水从教远是非。丹井金龙藏洞府,杞丛苍犬荡霞扉。登临未学神仙事,老树闲看独鹤归。

又

刘　兰□□人,府同。

天目名山只两[2]峰,江南江北各争雄。烧丹羽士何年去,杖锡禅僧此日逢。灵塔[3]重开真圣界,仙台翻作梵王宫。公余吊古存残碣,鹿女飞升阐道风。

又

刘廷美

仙家曾住此名山,灵迹如今尚可攀。物换尘寰沧海变,龙归洞府水云闲。早知白鹿来游地,莫放青牛去度关。大药终须留一粒,总教人世驻朱颜。

又

王　栋郡人,学博。

见说仙源合抱琴,篮舆乘兴上云岑。天应有目看人世,谷岂无缘听足音。春雨鹿台迷草色,晓天龙井护松阴。淹留不敢辞行李,生怕归途起猎心。

---

[1] 怀:康熙重刻本作"坏"。

[2] 两:原作"雨",据康熙重刻本改。

[3] 塔:原作"答",据康熙重刻本改。

望天目山

凌　儒

垄麦生风爽似秋，望中天目紫烟浮。百年好句酬清世，四月扁舟作胜游。鹿女不还山自迥，壁文何在水空流。沧江随处堪乘兴，岂必蓬莱十二楼。

罗浮山

凌　儒

浮山沧海自蓬莱，谁为分移此一坏。岸草有灵波不没，渚花无恙鸟频来。空潭月出鱼龙卧，旧里风生虎豹哀。一叶年年秋水上，沧浪几曲棹歌回。

凤凰墩

凌　儒

威凤曾栖江上州，一堆空见古高丘。碧梧树老枝还长，玉液池平水自流。缭绕经声连峻阪，沧茫海色接危楼。昌期五百当今日，早晚重来此地游。

芙蓉阁

曾致尧 抚州人，郡守。

夏日芙蓉阁，阁前何最殊？参差红菡萏，迤逦绿菰蒲。浮藻青粘柱，澄澜碧照栌。木阴栖独鹤，波影浴双凫。烟动烹茶灶，香微养药炉。静疑江寺小，幽笑石屏孤。沙鹭窥吟榻，风蝉入座隅。重檐常碍斗，叠砌每生芦。炎暑微凉有，尘埃断定无。傍轩黄蛱蝶，萦隙白蜘蛛。岂必居三峡，全胜泛五湖。立宁忧岸峻，宿不怕湾纤。自爱资诗景，谁怜欲画图。窗间云缕细，枕底浪声粗。戍客心如火，行人汗似珠。此中凉冷兴，那得暂如吾。

望京楼

曾致尧

望京楼上望，望久思踌躇。境土连江徼，人家匝海隅。隔山川隐映，负阁水萦纡。雨过风生槛，潮来岸浸芦。云昏迷候馆，树缺辨溪湖。烟暝藏汀鹭，林繁失庙乌。浦遥帆片小，村迥笛声孤。展转观风部，徘徊想世途。

身为州郡主,心在帝王都。际会逢尧历,欢蒙[1]荷禹谟。便当思慄慄,敢不尽区区。荏荏年华至,悠悠夕照徂。常时思玉阙,每夜梦金炉。欲坐晚衙去,重檐知矣夫。

清风楼又云清风阁

曾致尧

楼号清风颇觉清,冰壶冰室漫传名。并无尘土当轩起,只有松萝绕槛生。秋似玉霜凝户牖,夜宜素月照檐楹。我来涤虑搜吟坐,惟恐冬冬暮鼓声。

又[2]

王安石

飞甍孤起下州墙,胜势峥嵘压四方。远引江山来控带,平看鹰隼去飞翔。高蝉感耳何妨静,赤日焦心不废凉。况是使君无一事,日陪宾从此倾觞。

积翠亭

曾致尧

高高积翠亭,积翠不虚名。路小莓苔合,墙低薜荔生。当轩攒竹柏,绕槛列杉桯。公退时来此,吟情转觉清。

浴沂亭

侯　瓒古雄人,工部尚书。

凤凰墩上凤凰仪,凤去亭高俯碧漪。童冠衣新春浴罢,舞雩风暖咏归迟。问酬可是成狂简,章甫何曾入梦思。遥想前贤真乐地,杏花坛上瑟音希。

又

虞　瑶缙云人,兵部侍郎。

四面晴临一鉴圆,浴沂真乐似当年。咏归童冠春如许,飞跃鸢鱼境自然。气象迥于尧舜等,事功何有赤求贤。身心到此尘埃尽,坐我光风霁月天。

---

[1] 蒙:康熙重刻本作"荣"。
[2] 据《王荆公诗注》,王安石此诗所咏为今江西抚州之清风阁。

又

郑　纪莆阳人,祭酒。

鲁国温泉一脉通,池亭屹立海门东。咏归云影天光上,身在鸢飞鱼跃中。阙里平分时化雨,舞雩远播莫春风。诸生欲识方侯意,试问当年舍瑟翁。

又

吕　嵩嘉禾人,太仆少卿。

追随童冠振衣新,来作兹亭及暮春。铿[1]尔每停曾氏瑟,喟然长梦孔门人。川流浩浩微言在,鱼跃昭昭率性真。安定九原如复作,周旋日日更谁亲。

又

陈　琦长沙人,学正。

泮亭潇洒俯清流,八面窗开景最幽。驼岭雨晴群树合,凤池烟锁绿杨稠。卷帘岚拥千门晓,绕槛[2]波涵一镜秋。共羡冠童浴沂处,苍苍风物即东周。

又

陈邦俌琦侄,进士。

淮海源深不尽流,池亭高占泮林幽。青山绿水排窗远,云影天光入座稠。桃李万家沾润泽,车书一统陋春秋。狂游漫说携童冠,正学端能慕孔周。

守雌堂

陈　垓

再拜守雌堂,徐翁今在亡。帚闲尘满室,宫老褐分房。龙护千竿竹,猊薰一缕[3]芗。谁呼华表鹤,风月共平章。

---

[1]　铿:原作"鉴",据康熙重刻本改。

[2]　槛:原作"鉴",据康熙重刻本改。

[3]　缕:原作"德",据康熙重刻本改。

又

陈垓

来种吴陵竹，便成须友情。护全归鹤表，移绕起云亭。才耸槐堂干，俄开药馆扃。岂无虚静帚，数个付园丁。

归鹤亭

陈垓

出城七里近，绿树蓊平野。非谷响答钟，非坡势奔马。固应地理家，著阡艺松槚。独疑冲和翁，生死皆幻假。孰云骨可蜕，正尔亦土苴。更怜两翁仲，为客护潇洒。柏阴供解鞍，竹色入浮斝。此翁言可人，万事帚一把。壁门六尺影，月夜岂自写。向来华表鹤，千载有归者。唤翁愿一醉，矮槛共倾泻。

文会堂

范仲淹

东南沧海郡，幕府清风堂。诗书对周孔，琴瑟视羲皇。君子不独乐，我朋来远方。一学许周查，三迁徐陈唐。[1]芝兰一相接，岂徒十步香。德星相聚会，千载有余光。道味清可挹，文思高若翔。笙磬得同声，精色俱激扬。栽培尽桃李，栖止皆鸾凰。琢玉作镇圭，铸金为干将。猗哉滕子京，此意久而芳。

浮香亭梅花

秦太虚

海陵参军不枯槁，醉意梅花愁绝倒。为怜一树傍寒溪，花水多情自相恼。情泪斑斑知有恨，恨春相逢苦不早。甘心结子待君来，洗雨梳风为谁好。谁云广平心似铁，不惜珠玑恣挥扫。月没参横画角哀，暗香消尽令人老。天分四时不相贷，孤芳转盼同衰草。要须健步远移归，乱插繁华向晴昊。

---

[1] 一学许周查，三迁徐陈唐：据《范仲淹全集》（中华书局2020年版），原诗无，为修志者阑入。

和

参 寥

朔风萧萧方振槁,雪压茅斋欲歃倒。门前谁送一枝梅,问讯山僧少病恼。强将笔力为摹写,丽句已输何逊早。碧桃丹杏空自妍,嚼蕊嗅香无此[1]好。先生携酒傍玉丛,醉里雄词惊电扫。东溪不见谪仙人,江路还逢少陵老。我虽不饮为诗牵,不惜山衣同藉草。要须陶令插花归,醉卧春风轶轩昊。

和

苏 轼眉山人

西湖处士[2]骨应槁,只有此诗[3]君压倒。东坡先生心已灰,为爱君诗被花恼。多情立马待黄昏,残雪消迟月出早。江头千树春欲暗,竹外一枝斜更好。孤山山下醉眠处,点缀裙腰纷不扫。万里春随逐客来,十年花送佳人老。去年花开我已病,今年花开还草草。不如风雨卷春归,收拾余香还畀[4]昊。

又和参寥

苏 轼

化工[5]未议苏群槁,先向梅花一倾倒。江南无雪春瘴生,为散冰花除热恼。风清月落无人见,洗妆自趁霜钟早。永有飞来双白鹭,欲与琼枝斗清好。吴山道人心似水,眼静尘空无可扫。故将妙语寄多情,横机欲寄东坡老。东坡气习除未尽,时复长篇书小草。且撼长条餐落英,忍饥未忍呼穹昊。

---

[1]此:原作"比",据康熙重刻本改。
[2]士:原作"事",据康熙重刻本改。
[3]诗:原作"时",据康熙重刻本改。
[4]畀:原作"界",据康熙重刻本改。
[5]工:崇祯本和康熙重刻本皆作"王",据《苏诗补注》等改。此处所收文字与苏轼诗集通行各本多有不同之处。下同。

又

苏 辙

老夫毛骨日凋槁,愁见米盐惟醉倒。忽传骚客赋寒梅,感物伤春同懊恼。江边不识北风劲,墙角知有南枝早。未开素质夜先明,半落清香春更好。邻家小妇学闲媚,靓妆惟有长眉扫。孤芳已与飞霰竞,结子仍先百花老。相遭横笛乱飞英,不见幽人醉芳草。可怜物性空自知,羞作繁华助穹昊。

又和参寥

苏 辙

怜君古木依岩槁,西江饮[1]尽须弥倒。野花幽草亦何为,崄韵高篇空自恼。万点浮溪辄长叹,[2]一枝过岭夸先早。拾香不忍游尘污,嚼蕊更怜真味好。道人遇物心有得,瓦竹相[3]敲缘自扫。谁知真妄了不妨,令我至今思琏老。妙明真觉昔未识,但向闲窗看诗草。浮云时起鸟四飞,毕竟安能乱清昊。

驼 岭

韩 恕

驼峰突兀倚云端,两袖天风送晓寒。细卷松涛鸣祖帐,乱飘云霭湿征鞍。棱棱肃气含霜简,凛凛严威上铁冠。还向薇垣报吾主,故园花鸟日平安。

泰 堂

王　定州人,教谕。

广陵明月夜,寂寂转棠阴。苑外沉清漏,花间出素琴。隔窗[4]书易读,对榻酒常斟。一别江南北,寒光系寸心。

---

[1] 饮:崇祯本、康熙重刻本皆作"食",据《苏辙集》(中华书局 1990 年版)改。

[2] 崄韵高篇……辄长叹:崇祯本、康熙重刻本皆缺,据《苏辙集》(中华书局 1990 年版)补。

[3] 相:崇祯本、康熙重刻本皆作"根",据《苏辙集》(中华书局 1990 年版)改。

[4] 窗:康熙重刻本作"帷"。

海陵八景

旧有十咏,今删"桑君丹灶""罗浮春晓"。丹灶在天目山,一山二景。"罗浮春晓"在新城河西,"西湖春雨"已备此景。况天朝两京惟具八景,一州十之,乃夸辞也。二景当删。旧无"贡院奎光",今考风景清妍,山水映带,增此新题。七景皆郡人丘容作,惟"贡院奎光"题虽具而咏阙焉,学正陈琦续以足之。

泰堂明月

丘　容郡人

泰堂虚且清,明月照今古。时有鸣琴人,棠阴思召父。

又

凌　儒

高匾巍然牧爱悬,汤铭垂示自何年。相看夜夜来明月,不愧时时对昊天。草满讼庭长浥露,花深卧阁不笼烟。清光堕地寒如水,偏照淮南郡守贤。

驼岭清风千户所后,背如囊驼然。

丘　容

蜀冈多秀灵,驼岭产奇树。长自清风生,炎蒸不知处。

又

凌　儒

守御堂垂玄武强,明驼高峙镇金方。清风过岭吹萧艾,旭日临冈睹凤皇。地险有人司保障,时平无士死封疆。诗书自可销氛气,漫道渔阳骑射长。

凤池笔颖南禅寺东廊,旧有古塔,高插云汉,夕阳西驰,影落凤池,宛如大笔。风水家取此兆才人[1]学士科举之应。凤池即今泮池也。

丘　容

池上凤皇古,池中笔颖长。地灵多俊杰,星斗焕文章。

---

[1] 才人:康熙重刻本作"人才"。

又

凌 儒

胶庠云拥凤麟游,形胜多从璧水收。峻塔倒成横笔影,清淮分作曲池流。文明此日昌期会,元气终天万古浮。安得回梯还百尺,题名盛继许查周。

贡院奎光学巽隅,宋守陈垓造屋备制,以选秋闱之士,盖省试也。天香丛桂,许、查、周多士皆由此选。地势如天马横空,又名天马峰。

陈 琦

后汉东阳郡,南唐较艺闱。人文从古盛,奎壁[1]尚腾辉。

又

凌 儒

俊乂何时海上收,锁闱开向郡南头。文章一代声华往,礼乐千年教化留。地废自应禾黍长,时来还见凤麟游。兴贤会萃钟山胜,夜夜奎缠紫气浮。

范堤烟柳文正范公为盐官时,奏筑长堤,以捍海潮,以护民田数百里,生民恃之无恐。堤栽柳,以荫行客,真叶叶甘棠也。

丘 容

范宰忧民患,防潮筑海堤。苍烟含柳色,终古暮鸦啼。

又

凌 儒

长堤捍海几经年,万柳青青含晓烟。鳌极永安潮应月,蜃楼高结碧连天。自宜煮水堪成赋,不威扬波好种田。我亦乡人事疏凿,漫将经济继前贤。

董井寒泉董永年饥,佣于西[2]溪富室,卖身葬父。井乃天女汲水缫丝井也。又有辞郎河、凤升桥,皆仙女别永处。

丘 容

天女缫丝井,仙君始得名。谁知千载后,不断辘轳声。

---

[1] 壁:原作"璧",据文意改。

[2] 西:崇祯本及康熙重刻本皆缺,据《〔雍正〕泰州志》补。

又

凌　儒

报德何难自鬻身,缫丝人远事犹新。金梭尚照西溪月,玉井长流东海春。万古纲常垂胜地,千年祠屋傍通津。漫游忆昔曾瞻拜,采拾方言字字真。

西湖春雨安定祠东起云楼,清波数曲是也。

丘　容

泰皋霭春云,西湖作春雨。鸥鹭乱惊飞,鸣榔过渔浦。

又

凌　儒

殿山连郭小西湖,一镜澄然落影孤。日日寒波浴鸥鹭,年年春雨长菰蒲。精忠上仰将军岳,正学前依教授胡。为爱幽遐隔尘市,结茆邻并著潜夫。

天目晴岚州治东姜堰镇,鹿女飞升,宋发运使蒋之奇淘古井,得金龙、玉璧三十六处也。
山脉起自扬州蜀岗,山仅数丈。吴陵近海,此山脉走沧溟,如龙尾然。

三山王鹿女,异迹落人间。瑶草命何在,晴光满旧山。

又

凌　儒

形胜东来第一山,岚光飞满日堪攀。尘封废井璧何在,草没高丘鹿未还。不断门前邗水绕,长停峰顶楚云闲。里人据此称雄镇,抱恨年年松桧间。

登郡楼诗

张承仁

嘉靖丙申,郡楼成,七月三日,郡大夫裕庵陈侯邀请郡博暨乡士夫命酒登赏。窃惟一郡伟观,百年嘉会。东南尽美,渚鸿云鹄之联翩;兴废赓怀,海戌山城之突兀。身依霄汉,授简非才;思满江湖,图南有翼。由今视昔,事纪咏言;观国采风,谈归吟廛[1]。同登者,郡大夫林思泉,郡博士李东屿、刘艮山、吴巽峰,乡士夫林定轩方伯、华南畹光禄、方玉山转运、冒南皋别驾,袁方

---

[1]　廛:原作"尘",据康熙重刻本改。

洲、徐香岩、李澄江进士,共十三人。

公暇相邀上郡楼,元龙豪气已横秋。衔杯兴欲吞江海,作赋才应贯斗牛。今古旷怀何处寄,乾坤清气此中收。击空鹰隼争飞急,俯槛怡情羡白鸥。

又

海城江戍此危楼,翠爽浮空碧树秋。一览已知无隐豹,九衢谁复见全牛。履随凫去何当返,剑逐龙飞竟不收。却羡冥鸿高的的,闲将踪迹寄沙鸥。

又

暑雨瞻晴[1]海国楼,凉风吹尽楚天秋。凭栏送目常依日,仗剑盟心欲射牛。五马风流千载遇,三秦豪杰一时收。棠阴昼永浑无事,犹自招提看浴鸥。

又

林庭璋

名胜吴陵壮此楼,落成载酒醉新秋。高轩焦雨观仪凤,短草斜阳满牧牛。乐事喜从心上得,风云都向笔端收。世臣报国孤忠在,欲拟渔矶狎海鸥。

又

徐　麒

杰阁峥嵘空外楼,高云爽籁度新秋。逢君试续来三辆,对阁挥毫回万牛。王谢登临今不倦,皋夔功业后还收。丈夫本自无机事,犹谓知机笑海鸥。

又

公暇同登百尺楼,松涛翻动半天秋。江南客子初闻雁,楚外征夫不佩[2]牛。蓉媚小塘秋水静,树藏宿霭晚风收。凭[3]栏一笑乾坤阔,惊起沙汀几白鸥。

---

[1] 晴:原作"精",据康熙重刻本改。
[2] 佩:原作"佪",据康熙重刻本改。
[3] 凭:原作"任",据康熙重刻本改。

又

挥汗同登百尺楼,论愁[1]入座便生秋。多情自是关廊庙,连步谁知近斗牛。野树阴森晴[2]不断,江云狼籍晚初收。一声何处无腔笛,惊起双双泛渚鸥。

又

李　湘

冠盖初登近海楼,风烟新送半江秋。景延吴越疆分楚,星度娄奎宿应牛。囊底乾坤容我放,寰中风物任君收。汉皇前席恩方重,何事凭栏羡白鸥。

又

百年今复仲宣楼,圮壤兼逢宋玉秋。海岳有灵时送鹤,桑麻无事自眠牛。东南丽藻晴相并,西北晴氛[3]晚未收。爱看冥冥万里在,背沙惊起二三鸥。

次陈裕庵早秋登楼

储　　罐州人,吏部侍郎。

青霄欲上更登楼,碧落高寒别是秋。画栋流云凌学[4]凤,虹桥傍夕渡牵牛。酒薰舞剑鱼龙激,风飐歌钟燕雀收。长笑凭栏情未极,江湖何地狎浮鸥。

又

储　　洵州人,金事。

徙倚追攀暇日楼,瑶台金粟缀清秋。半帘倒景飞乌兔,极浦浮槎转女牛。风静五云檐外合,星罗万户槛前收。兴来直欲槌黄鹤,宁事忘机叹白鸥。

---

[1]　愁:康熙重刻本作"心"。
[2]　晴:原作"睛",据康熙重刻本改。
[3]　氛:康熙重刻本作"岚"。
[4]　学:康熙重刻本作"翥"。

登望海楼

徐 爌

蜃气微茫曙色开,海门东下是蓬莱。飞楼绝壁青霄起,危堞连甍紫气回。万顷春潭龙正卧,五云朝日凤还来。凭高落笔摇山岳,谁似相如作赋才。

又

郑梦赉 广东人,郡守。

蜃楼缥渺倚天开,仙客凌空驾鹤来。气夺湖光吞五岭,剑横秋影薄三台。之罘翔雁随旌旆,树窟芳香入酒杯。海内交游真不偶,登临况是孟嘉才。

题望海楼

凌 儒

百尺楼高睥睨前,吴陵形胜似当年。东溟下见沧波尽,北斗遥瞻紫极悬。江上圖[1]山青不断,门前邗水碧相连。拱天地接云霄近,应有神龙奋九天。

又

巍然崇构傍层台,雄镇东南王气开。泰岳一峰当槛落,河流千里抱城来。倚天寒色看欧剑,盘地高标识楚材。最是登临宜作赋,操瓢终是马卿才。

又

海色苍茫见十洲,乾坤此地一登楼。邗沟水落清流合,天目蓬莱紫气浮。寺逼何妨龙虎会,台高应得凤凰游。凭阑不独觇形胜,溶漾澄江好狎鸥。

又

飞楼缥缈广陵东,海色苍茫一望中。左翼胶庠麟薮满,西肩泰岳凤城雄。清淮水绕天连碧,仙岛云来日射红。独取微名从所好,凭虚时自舞霜虹。

---

[1] 圖:原作"图",据康熙重刻本改。

登望海楼次徐岩泉韵

刘万春

落日凭栏望眼开,苍茫气色接蓬莱。千家井灶孤城合,万里帆樯一水回。不见秦鞭驱石去,空闻汉弩射波来。即今过客知多少,可有玄虚掞藻才。

同雨江道长登楼

朱廷立 通州人,太仆卿。

豸袍皂盖作清游,万里遥空共倚楼。天下舟车通北极,圣朝戎马散南州。危檐彩笔惭群玉,短发黄花入一秋。回首为儒俱努力,未应对酒赋离愁。

缫丝井

王　瓒 州人,举人,千户。

彩云飞去凤[1]笙残,丹转梧桐玉甃寒。机杼荒凉秋草歇,辘轳寂寞野花团。只凭博望知源邃,肯信麻姑见底干。千古真游何处觅,一双鸣鹤绕栏杆。

富郑公读书堂

韩子苍

藤床瓦枕快清风,破闷文书亦慢供。乡信未传霜后雁,旅怀生怕晚来钟。淹留已办三年许,流落应无万户封。犹有壁间诗句在,他时谁为写真容。

过晏溪书院

陈　宣

精舍潇潇枕水傍,红尘飞不到沧浪。窗涵夜月清光溜,帘卷秋风爽气凉。充栋千编储典籍,盈囊百咏富文章。道真共羡哜嚅久,源委深探意味长。

秋日南山寺访客

龚大器 公安人,海道。

古寺依南郭,禅房苔藓封。寒云萋白石,灵籁动青松。客思惊秋篷,梵

---

[1]　凤:原作"风",据康熙重刻本改。

音下暝钟。故人天北至,良夜喜重逢。

文昌阁赠羽士

张玉成如皋人

楼高迥红尘,岂是朝元宅。聊栖[1]步虚人,以逛凌霄客。

花朝大隐[2]观燕集

张承仁州人,御史。

恋惜韶华不自由,暖风晴日惬春游。桃花又满玄都观,草色初回谢眺洲。尚忆故吾惭地主,肯来今尔谢交游。十年重到看花处,笑倚东风十二楼。

游新城观

张承仁

此地今非昔日都,暝烟和雨上[3]金铺。百年树色残霞暗,一带河声片月孤。画壁音尘犹祀李,旧家声望合归卢。废兴自是人间事,仙术何[4]须问有无。

游新城观次张侍御韵

刘万春州人,武选司主事。

伪吴当日此称都,匝地曾经锦绣铺。古木寒烟鸦影乱,长天秋水雁声孤。羽衣笑傲频挥麈,酒伴狂呼每得卢。几度来游生感慨,繁华毕竟属虚无。

游新城祐圣观

方　岳莆田人

出郊便觉绝喧阗,节物惊心岁序迁。圩岸有田多种秫,野塘无处不生莲。白蘋洲畔回寒雁,青草湖头卧钓船。倒指重阳无几日,登高仍上碧山巅。

---

[1] 栖:原作"楼",据康熙重刻本改。
[2] 隐:原缺,据康熙重刻本补。
[3] 上:原作"土",据康熙重刻本改。
[4] 何:原作"河",据康熙重刻本改。

次　韵

徐改之兴化人，词客。

玄都幽迥绝喧阗，桑海从他有变迁。洗马亭荒惟茂草，养龟池暖但生莲。观南旧有洗马亭、养龟池。何时借地开丹灶，几度看碑系钓船。万水楼台吾极目，恍疑身上碧山巅。

夜宿新城观次韵

刘希文州人，长洲训导。

厌闻车马到骈阗，几见桑田有变迁。无计炼形逢绛雪，何从慧悟出青莲。只争名利飞蜉羽，一任浮沉泛叶船。信宿仙宫清梦寐，却疑身在白云巅。

又

岂无异玉出于阗，卞不逢时刖亦迁。苍翠寒岩犹古柏，红香秋落但枯莲。追随云水寻丹灶，尽揽烟霞上钓船。愿得玄风醒俗虑，道房亦是最高巅。

次　韵

刘万春

当年歌管此轰阗，岂料沧桑有变迁。翠缕尚牵桥畔柳，红衣已落渡头莲。田畴处处皆储水，村市家家可放船。不向玄都穷胜览，更于何地觅山巅。

且乐桥

凌　儒

北郭临关处，虹飞十丈余。避骢桓典里，卖药伯休居。境逼难容市，途平可渡车。千年歌舞地，爰有草玄庐。

次　韵

刘万春

梅福当关处，韩康卖药余。即韩翁悬壶处。人犹思旧隐，民且乐安居。歌舞空名巷，衣冠几下车。低回不能去，松翠满荒庐。

大宁桥

凌 儒

锁钥声闻近,通津第二桥。坊临官阁直,路入泰山遥。阀阅门相倚,秦淮水不朝。当关谁为诉,烽警日来销。

次 韵

刘万春

关[1]津通郡廓,此地再逢桥。望去人烟杂,分来野色遥。柝传明月夜,钟度白云朝。问俗知仁政,萑苻警已消。

天宁桥

凌 儒

百尺临淮秀,邗流自竹西。水深龙卧稳,松暝鹤飞低。梵宇邻钟磬,辕门接鼓鼙。独怜愚士女,祈祷往来迷。

次 韵

刘万春

卜宅临淮里,兹桥恰在西。缘溪僧刹近,隔树女墙低。问渡思舟楫,观兵习鼓鼙。稍斜通别墅,竹径未应迷。

税务桥

凌 儒

岁课垂名旧,中城路不赊。总戎司马第,簪笔夕郎家。东海迎朝日,西山送晚霞。从来冠盖里,时过七香车。

次 韵

刘万春

中市虹飞处,当垆酒易赊。棠郊邻此地,杏馆属吾家。寒家有秋实园。小割西湖水,遥分东岳霞。一从蠲税后,不复榷舟车。

---

[1] 关:康熙重刻本作"银"。

太和桥

凌　儒

鳌首见文昌,横波落影长。草深沙径没,苔暗石碑藏。题柱人频过,行春路半荒。桥梁系王政,回首思茫茫。

次　韵

刘万春

旧事说南唐,鱼盐此地长。碑从墙角卧,丹向井中藏。谒圣宫偏近,寻仙迹已荒。春郊来五马,淑气正苍茫。

八字桥

凌　儒

孔道当南北,桥回左右分。地形横似字,梁势拟如云。隔市人烟静,连营鼓角闻。观风问民俗,萧艾化兰芬。

次　韵

刘万春

水脉双流合,桥形八字分。写虹斜入汉,象翼并凌云。车骑当阶簇,笙歌隔岸闻。踏青莲步转,罗袜有余芬。

登仙桥

凌　儒

名擅江城胜,峥嵘高插天。仙人何处去,遗迹尚依然。七日笙犹响,千年鹤未旋。监司邻守御,时得察官贤。

次　韵

刘万春

昔闻蓬阆客,白[1]昼此升天。坛静苔仍合,炉空火欲然。乘鱼何处去,化鹤几时旋。且向桥头醉,方知浊酒贤。

---

[1]　白:原作"曰",据康熙重刻本改。

伏龙桥[1]

凌 儒

苔深小径封,片石拟三容。城郭曾仍旧,干戈定几逢。运移悲渡马,事往识潜龙。此日荒祠外,空余叱犊踪。

次 韵

刘万春

鼇石古藤封,君王此暂容。海神应未见,钓叟岂曾逢。梦已征亡鹿,名犹记伏龙。伤心南渡事,不忍问遗踪。

伏龙桥

方 岳莆田人,御史。

十胜街前事,君王勇未消。空余一片石,犹记伏龙桥。

池上二小桥

曾致尧抚州[2]人,州守。

最爱碧池好,平桥西与东。烟中两飞鹄,波上二长虹。偃蹇形相照,浸淫路尽通。晚来吟咏处,遍历思无穷。

池上小舟

曾致尧

碧池澄澈处,最爱小轻舟[3]。有浪防谁借,无风更自由。岸深从不系,潭浅任随流。仿佛平江上,依稀古渡头。静留鸂鶒[4]晚,寒载鹭鹚秋。入夜和烟泛,侵晨带露浮。蓬遮堪听雨,棹稳好垂钩。日暮蒹葭畔,何人忆蓼[5]洲。

---

[1] 此诗崇祯本及康熙重刻本皆缺,据凌儒《旧业堂集》补。
[2] 抚州:原缺,据《〔雍正〕泰州志》补。
[3] 轻舟:原作"舟轻",据康熙重刻本改。
[4] 鸂鶒:原作"鶒鸂",据康熙重刻本改。
[5] 蓼:原作"翏",据康熙重刻本改。

咏范堤柳赠唐宗医士

石元霁州人,国子博士。

东溟万里扬鲸波,飞涛冲突将奈何。大贤悯念苍生苦,筑堤为护田中禾。堤成遥遥过百里,仿佛苍蛟洪涛里。盛栽杨柳夹长堤,参天万树参差[1]起。春雨初收海气屯,溟濛翠雾连远村。但闻枝上鸦,何处啼朝昏。居人惜似甘棠树,滔滔遗爱今犹存。海上良医世稀有,无数奇方悬左肘。行年八十活人多,应与大贤名不朽。昔曾卖药遇堤傍,种杏多如堤上柳。

安定祠银杏树

刘万春

薰风下天来,吹我凌空衣。睇此千年树,欲去还依依。繁阴沁诗骨,静宇发天机。安得北窗闲,羲皇谩同归。

过泰州茅山

徐改之兴化人,词客。

飒尔蒲帆疾,茅丘欠一游。寺藏深树里,僧立古溪头。矫矫孤飞鹤,飘飘不系舟。欲修玄豹业,舍此复何求。

海安观音庵雪

徐改之

暮洒空林湿,晨飘万境冥。乾坤将混沌,海岳失丹青。种玉成双璧,飞花化几萍。阳春亦伊迩,将启卧袁扃。

张凤楼先生挽歌辞

徐改之

凤兮飞去凤楼空,楼上悲无昔日翁。草圣最怜张长史,曹郎不谒汉三公。方州皂盖轻秋叶,旷野苍林苦朔风。追忆忘年缘笔札,俯观遗法思无穷。

---

[1]　差:原作"羞",据康熙重刻本改。

寄吴陵章月鹿明府

陆君弼江都人,词客。

彭泽归来卧自高,江乡风味晚偏饶。翻匙日饱桃花饭,怪得先生懒折腰。

送李曲江庶常省亲

李春芳兴化人,少师。

玉堂清望重朝绅,负宸还推献纳臣。身在丹霄偏恋主,情悬白发暂宁亲。泥封降日人逢寿,彩服归时酒近春。何用窦家仙桂胜,一枝秀发映芳辰。

送刘翼斋学博还海陵

申时行吴县人,少师。

高情云外吏情疏,解组归田赋遂初。春去海东留竹箭,秋来江上美鲈鱼。鹿门不断烟霞侣,栗里谁嫌萝薜居。圣世只今褒令节,即看岩下有悬车。

阅武喜而赋此

朱炳如河间人,盐院。

海滨将士气蒸云,共道凌烟好策勋。初试结营开八阵,俄看奋勇冠三军。钩弦九矢随风迅,跃马双刀耀日翁[1]。江表长城知永赖,倭平北顾尚劳君。

吴陵竹枝词

王之骥州人,诸生。

菖蒲沟头水溅溅,莲花池上月娟娟。金盘拟荐银丝鲙,隔岸催呼白小船。

约郎载酒赏春台,郎跨青骢得得来。笑指鬓边春信早,陇头先折一枝梅。

金波十里长菰浦,浪打飞花湿绣襦。贪唱采莲浑不惜,兰舟荡入小西湖。

秋风原上百草肥,公子城南射猎归。桃叶马飞珠作勒,莲花剑舞玉为衣。

风摇杂佩玉玲珑,桥畔金车处处逢。女伴烧香来赴约,含羞同礼碧霞宫。

蒹葭一带小溪斜,红簇篱边散晚霞。知是吴陵二三月,家家分得洛阳花。

---

[1] 翁:康熙重刻本作"分"。

选馆读五伦全书有感诗

沈良才 嘉靖乙未庶吉士

西山爽气入疏林,紫阁宏开午殿阴。静里思亲翻祖训,兴来随意出纶音。文谟武烈丹青焕,舜孝尧仁日月临。讽咏不胜鱼藻意,九重红日午云深。

选馆读臣鉴诗

李存文 嘉靖乙丑庶吉士

六位乾坤正,皇明御万方。公车尽时哲,妙选属贤良。圣祖垂风训,经纶焕日光。去贪惩墨绶,崇雅咏羔羊。晏叔堪流范,田蚡已滥觞。鸿文悬琬琰,凤藻并琳琅。覆辙仍当戒,高山讵可忘。今皇光秉篆,薄海庆垂裳。雨露滋群品,雷霆震八荒。岩廊环稷契,郊遂屏张汤。睿想超玄览,天恩锡衮章。省躬思报国,抚卷效勤王。摅赤倾葵藿,怀恩愧稻粱。共期千万岁,载笔颂时康。

长歌行海陵署中赠郭仲滋王季安东云驹云雏诸词盟

来 复 三原人,海道。

南地暖于北,首春过雁翼。雁到秦关时,秦关暖亦得。江梅更早放,香馥和风飏。腊黄檐外舒,绿萼盆中养。却忆家园玩赏时,琼英雪瓣逞娇姿。蕊红已离桃期近,寒重还怜雁影迟。是时酿酒有百瓮,是时制曲有百弄。草涨绿茸蜂课新,溪尽流澌水纹动。经过吟咏富诗篇,几处友生好伯仲。华下诸子策马来,不肯到门只题凤。只今胜事歇十年,萍梗驱驰霜满颠。我戴进贤不称意,君乎豪气亘霄烟。亘霄烟,扪南斗。飞帆去访六桥春,停桡共醉吴门酒。神游和靖卜居前,诗继韦公题江后。海陵使者吟兴灰,芳晨幸遇词人来。投我南行诗盈帙,取看多于簿领堆。使者唱和笔花开,不觉徒愧大匠斫。为劝诸君且暂留,嗅梅莫向故乡求。逢雁先教系帛去,须臾柳陌暖风柔。定须剧饮兵厨曲生尽,归语华峰骄胜游。

扬州谣二首

来 复

长淮千里水,流过广陵市。水韵如有情,萧条咽闾里。我作使君恩未宣,虚乘峨舸愧登仙。却嫌金鼓嘈嘈响,惊起凫鸥不近船。

水融潮上郭,雪拥浪花白。漕流湖没堤,愁杀风帆客。两岸秃杨倒着身,年年稻熟半沉湮。远贾村农搔首去,谁知二十四桥春。

清明日宴王宛委元戎于海陵岳王台同用桃字

今岁清明即上巳,才舒新柳与夭桃。物华经眼怜人远,水国张筵据胜高。春入篱墟开沃壤,兵环堰海奠神皋。即非吾土逢谈笑,短曲铙歌任尔曹。

种竹泰州署小诗二首告后之君子

来 复

种竹方才三月余,笋抽盈丈叶扶疏。宜晴宜雨更宜月,随意檐前把素书。

若无百个只空阶,冷落寒梅傍小斋。幸我灌培添远韵,只愁干旱矸如柴。署有绿蕊梅一株,甚盛。

驭仲弟视余海陵投即景诗十绝时余抱足痏不寐枕上撮其意得五首

来 复

一日常余半日闲,病夫藏拙海堰间。孟阳有景王维缙,各出新诗烛下删。

梨[1]几匡床千古情,横窗皓月映梅清。若无修竹盈阶长,那得敲云飒雨声。

数弓园址曲篱遮,共醉公然当作家。水旱关心童仆课,等闲栽遍广陵花。

性懒客希宜地偏,麦登粳秀兆丰年。羹烹菜甲多新种,且觅家常菽水缘。

蒸湿须教频曝书,珍携名绘卷还舒。书难尽读聊翻尔,绘不逢人且韫诸。

书王式小西湖画卷后

刘万春

惟有西湖在钱塘,练光黛色何微茫。烟拖杨柳千堤翠,风递荷蕖十里香。侧身南望隔杨子,无因飞渡六桥水。平生曾识两高峰,夜夜神游清梦里。吾乡亦有小西湖,泰山之麓城西隅。蛙鼓隔林空积薜,雁沙连野剩残

---

[1] 梨:康熙重刻本作"枲"。

芦。宁知得遇来阳伯,身作江淮天半壁。载疏载瀹追禹功,顿使湖波依旧碧。碧流如带更如环,临赏真同濠濮[1]间。宛转桥通仙舫过,菁葱树待美人攀。画史王郎称好手,笔落冰绡堪换酒。他时携向越中行,还能仿佛西湖否?

读海陵新志是忠孚刘大参手笔

魏应嘉兴化人,兵部左侍郎。

襟江带海古雄州,中垒新书更可求。纪载有才追左马,阐微寓意比阳秋。人文不独冠南国,形胜真称控上游。玉圃珠渊纷照眼,一编把玩恣渔蒐。

寓海陵闲步城隅口占时率诸子应科试

魏应嘉

日日城闉兴未休,闲行漫立意夷犹。水边高树阴将合,屋角群芳红尚稠。藉草惟知娱野老,杖藜免得遇公侯。灯前绕膝看儿辈,把劝何辞酒满瓯。

光孝寺前即事

魏应嘉

已多芳草地,又过杏花天。柳酿丝丝絮,榆飞细细钱。临池摹圣字,入寺问仙禅。莫谓非吾土,遨游总畅然。

登城偶得

魏应嘉

纵目睥睨上,谁家花正开。霞标高户牖,雪色倚楼台。恰与丽人会,时看画舫来。春光共骀荡,席地欲传杯。

徐明府母卢孺人旌节赠言

黄道周龙溪人,编修。

图经曾纪维扬美,罗浮天目凌云起。千尺长松谡谡风,太君霜节亦如此。太君之节世所稀,芳名千古播兰芷。一从神启倦魂苏,佞佛多年谢铅水。缉纩寒夜课青灯,络纬秋啼泪如雨。六十年来老眼枯,叱驭只及维扬止。

---

[1] 濮:原作"溁",据康熙重刻本改。

三年健翮忽冲霄,黄封报下明光里。节旄崔嵬高刺天,紫诰驰封从此始。

海陵水南竹里即事

陈大对晋江人,前提学副使。

杰阁华亭傍水开,草茵花径转纡回。万竿玉种鸣清籁,半榻金铺点碧莓。元季方来成二仲,梓桥踵接近三台。伊余一水盈盈隔,别后相思懒更裁。

犹忆西郊一草堂,潇疏四壁瑶琴张。清真地主重相约,潦倒劳人祇[1]事忙。桂馥尊前虚下榻,松醪石上漫生香。殷勤寄语花间月,留醉他时锦瑟傍。

泰　州

文天祥庐陵人,丞相。

羁臣家万里,天目鉴孤忠。心在坤维外,身游坎窞中。长淮行不断,苦海望无穷。晚鹊传家信,通州路已通。

过如皋

文天祥

雄狐假虎之林皋,河水腥风接海涛。行客不知身世险,一窗春梦送轻舠。

发海陵

文天祥

自海陵来向海安,分明如度鬼门关。若将九折回车看,倦鸟何年可得还。

虾子湾

文天祥

飘蓬一叶[2]落天涯,潮溅青纱[3]日未斜。好事官人无勾当,呼童上岸买青虾。

---

[1] 祇:康熙重刻本作"底"。
[2] 叶:崇祯本、康熙本皆作"夜",据《文天祥诗集校笺》(中华书局 2017 年版)改。
[3] 青纱:崇祯本、康熙本皆作"清沙",据《文天祥诗集校笺》(中华书局 2017 年版)改。

马 塘

文天祥

孤舟渐渐脱长淮,星斗堂空月照怀。今夜分明栖海角,未应便道是天涯。

大贴港

文天祥

王阳真畏道,季路渐知津。山鸟唤醒客,海风吹黑人。乾坤万里梦,烟雨一年春。起看扶桑晓,红黄六六鳞。

北海口

文天祥

沧海人间别一天,只容渔父钓苍烟。而今蜃起楼台处,亦有北来蕃汉船。

出海口

文天祥

一团荡漾水晶盘,四畔青天作护阑。着我扁舟了无碍,分明便作混沦看。

又

文天祥

水天一色玉空明,便似乘槎上太清。我爱东坡南海句,兹游奇绝冠平生。

旅 怀

文天祥

一日经行白骨堆,中流失柁为心摧。海陵棹子长狼顾,水有船来步马来。

又

文天祥

北去通州号畏途,固应孝子为回车。海陵若也容羁客,剩买菰蒲且寄居。

又

文天祥

天地虽宽靡所容，长淮谁是主人翁。江南父老还相念，只欠一帆东海风。

又

文天祥

昨夜分明梦到家，飘飘依旧在天涯。故园门掩东风老，懊恨杜鹃啼落花。

卖鱼湾

文天祥

风起千湾浪，潮生万顷沙。春红堆蟹子，晚白结盐花。故国何时讯，扁舟到处家。狼山青两点，极目是天涯。

稽庄即事

文天祥

乃心王室故，日夜奔南征。陷险宁追悔，怀忠莫见明。雁声连水远，山色与天平。枉作穷途哭，男儿付死生。

又

文天祥

小泊稽庄月正弦，庄官惊问是何船。今朝哨马湾头出，正在青山大路边。

过掘港营[1]

海口来屯数百兵，貔貅严卫号精明。驱驰每到长蛇阵，驻扎无殊细柳营。千里旌旄惊远寇，四围戈戟比重城。夷人未解将军令，石炮声疑霹雳声。

赠洪道长重构文庙

华 湘

乌府羹墙见典刑，飞甍重结炫丹青。杏花争艳春先到，壁水流波月独

---

[1] 原本不署作者名，康熙重刻本署"文天祥"。据《如皋县志》，此诗题作《过掘港营寨》，作者为孙觉。

明。群圣精神三代尽,万年土宇一王惺。从今觳率牧多士,彩笔参天启太平。

又

林正茂

雨泽霆威共使车,江淮枯槁亦萌芽。马前山色摇旌旆,囊里封章丽彩霞。奕奕庙新崇圣化,行行人止避高牙。凭谁更续埋轮传,竹帛光争日月华。

又

林正茂

煮海旧通籍,传经新有知。澄清来柱史,轮奂及先师。隆栋悬心谱,圜桥足表仪。不须多诵述,心地即坚碑。

又

唐洪度

节建青霄上,槎从紫极边。驱驰骢马地,乡国斗牛躔。夜月兼天白,秋霜拂曙鲜。玉壶声誉重,绣斧德威全。革面民从谕,传心士仰贤。一方风角转,千里露珠悬。淮海骖骧遍,吴陵驹隙延。春风随步履,倏忽洒林泉。弭节观黉宇,陈诗问管弦。宫墙从外望,萧瑟几堪怜。古瓦从残草,空梁任滴涓。风尘还透隙,丹腹欲辞椽。度地惟方丈,巡檐近及肩。共谁言数仞,何处列三千。触目心常折,回头眼欲穿。不孤吾辈望,终赖使臣权。肯构逢今日,开端自昔年。坐支诸库积,不赋一民钱。地主循良特,台臣属任专。相期成盛美,总为德尼宣。踊跃周民役,差池鲁匠骈。定方增旧兆,测景正高寨。大木余围抱,崇基势巩坚。朱堂金璧丽,高栋玉绳连。薨夹龙骧起,檐飞鸟翼联。先须得日月,何事碍云烟。夏屋雄旁邑,层垣俯百廛。掀分廊庑直,门纳泮池圆。寥廓开帷幄,萧疏设九筵。骏奔堪步武,羽佾任蹁跹。盛乐陈篝箦,多文备豆笾。自宜宽礼数,不复阻周旋。岁月词臣纪,文章琬琰镌。乾坤增物色,气化自推迁。特典躬逢盛,同欣卜道缘。瞻依翻百感,激发究真传。寂寞麟经后,推崇豸史先。岂徒华土木。直欲溯源渊。士类新兴起,王程去不愆。一年思寇子,万里羡张骞。风转图南路,星回拱北天。日边遥近阙,云气欲浮燕。彩鹢宵征速,鸣鹕晓漏牵。君王自神圣,辅相各诚虔。何必批龙甲，无缘奋鹘拳。人心正玩愒，国步忌迍邅。为报东南郡，民多困苦眠。洪边输粟𥻆，煮海贡盐偏。行役须夷产，征租不必田。即今山海外，惟有泪潺湲。膏泽宜时布，烦苛合弃蠲。京师犹伐木，边塞欲鸣弦。留取民心在，还期国祚绵。江湖廊庙向，忧乐后先缠。惊眼千疮触，回肠五内煎。愿因碧鸡使，鸣向六龙前。玉陛违颜近，金篦刮眼眀。弥纶补衮冕，参赞到玑璇。赤县看腾驾，清时亟着鞭。望尘余感兴，秉简赋诗篇。

寄赠胡先生诗并序

王安石

孔孟去世远矣，信其圣且贤者，质诸书焉耳。翼之先生与予并世，非若孔孟之远也。闻荐绅先生所[1]称述，又详于书，不待见而后知其人也。叹慕之不足，故作是诗。

先生天下豪杰魁，胸臆广博天所开。文章事业望孔孟，不复睥睨蔡与崔。十年留滞东南州，饱足藜藿安蒿莱。独鸣道德惊此民，民之闻者源源来。高冠大带满门下，奋如百蛰乘云雷。恶人沮服善者起，昔时跷跖今骞回。先生不试乃能尔[2]，诚令得志如何哉。吾愿圣帝营太平，补葺廊庙支倾颓。披旒发纩广耳目，照彻山谷多遗材[3]。先收先生作梁柱，以次畜架桷与榱。群臣面向帝深拱，仰戴堂陛方崔嵬。

寄海陵县韩长官

鲍　溶

吏散重门印[4]不开，玉琴招鹤舞徘徊。野人为此多东望，云雨仍从海上来。

---

［1］闻荐绅先生所：崇祯本、康熙重刻本皆缺，据《临川集》补。

［2］尔：原作“再”，据康熙重刻本改。

［3］材：原作“林”，据康熙重刻本改。

［4］印：康熙重刻本作“却”。

寄泰州曾侍郎

陈师道

八年门第故违离，千里河山费梦思。淮海风涛真有道，麒麟图画岂无时。今朝有客传河[1]尹，是处逢人说项斯。三径未成心已具，世间惟有白鸥知。

自道山倅海陵

刘 攽

壁间金阙倚天开，五见宫花落井槐。明日扁舟沧海去，却寻云气访蓬莱。

送刘贡父倅海陵

李清臣□□人，给事中。

吾侪客京师，晨夕厌欢聒。僦舍八九椽，郁溽增烦渴。有如辙中鱼，噞喁不可活。百马[2]趋高门，趁趋互挥喝。论辩苦难裁，气焰欻相夺。所丧或捐躯，所得未易撮。我闻江湖间，连山翠如抹。山下走沧浪，山巅富松栝。凫鸭乱菰蒲，鱼鼋聚坡碣[3]。世事剧飞电，人生真漂沫。谁其违乐游，而此就蹙额。君直秘书阁，日趋黄金闼。忽思云水行，飘然讵能遏。朝出都门东，襟胸迥披豁。放舟下淮楚，天地顿空阔。莫苦[4]道路难，暑今恍已末。君看日月疾，俯仰换裘葛。无谓监州微，孔孟犹短褐。时来发光[5]华，春阳奋枯桸。惟君饱经[6]术，流辈服颖脱。早作归朝期，岂学弦与筈。

---

[1] 河：原作“何”，据《后山诗注补笺》（中华书局 1995 年版）改。
[2] 马：康熙重刻本作“鸟”。
[3] 碣：原作“唱”，据康熙重刻本改。
[4] 苦：原作“若”，据康熙重刻本改。
[5] 光：原作“先”，据康熙重刻本改。
[6] 经：原作“不”，据康熙重刻本改。

又

苏　轼[1]

君不见阮[2]嗣宗，臧否不挂口。休夸舌[3]在齿牙牢，是中惟可饮醇酒。读书不用多，作诗不须工。海边无事日日醉，梦魂不到蓬莱宫。秋风昨夜入庭树，莼[4]丝未[5]老君先去。君先去，几时回。刘郎应白发，桃花开不开。

诗付判官简辅

蒋　冕湘源人，大学士。

谪宦南来又几秋，海邦凋瘵不胜忧。相逢客路无他语，说涝谈荒泪欲流。

又

一夜拿舟自海滨，晓来相见亦情亲。病中因说吾民病，疾痛须如在我身。

别海陵陈掌教

谢　源福建人，御史。

我来至泰始相逢，便觉斯文气味同。卓荦才华真士望，堂堂状貌实人雄。我时倾盖以相与，道义之交情自通。长至光孝习朝仪，我与先生同一宫。海陵往迹谈未了，齿牙议论尤生风。名贤姓氏能历数，节妇家声知始终。故我得闻先生言，慨然有感思尊崇。归来须索志书考，遂乃谋于太守公。由是建祠与立坊，市材鸠匠以兴工。人知我辈敦风化，谁识俱是先生功。先生本是世家胄，西蜀移来湘水东。奕叶簪缨世罕匹，谱序曾闻敬所翁。大学士蒋冕别号。振铎海陵几九载，甄陶士类教无穷。蛟龙终非池中物，凤凰自是栖梧桐。一朝征书出九重，会见冀北群为空。先生遭此明盛时，何似[6]作为泽疲癃。惜我不久与君别，他山之石难为攻。

---

[1] 苏轼：崇祯本、康熙重刻本皆作"苏辙"，误。此诗所收文字多有讹误，据《苏诗补注》改。
[2] 阮：原作"玩"，据《苏诗补注》改。
[3] 舌：原作"古"，据康熙重刻本改。
[4] 莼：原作"专"，据康熙重刻本改。
[5] 未：原作"来"，据康熙重刻本改。
[6] 似：康熙重刻本作"所"。

寄海陵分教兄希颜

潘希曾金华人,太仆卿。

目断鸰原鬓欲霜,那知此会复滁阳。鲤庭幼学年光逝,姜被秋同夜漏长。归梦远随宾雁去,素餐聊取婢鱼尝。明朝驿柳仍愁折,烟水吴陵正渺茫。

送沈复吾任泰州学正

孙继皋无锡人,吏部侍郎。

不去公车籍,聊为捧檄行。鱼盐通故国,桃李艳春城。杨子传经渡,门人载酒迎。朋来看胜事,片玉久知名。

送吕公原之如皋

叶向高福清人,大学士。

南国贤书第一人,皂袍犹滞洛京尘。心同抱璞宁辞刖,官是传经不厌贫。驿路春深花正发,海门秋老月如银。不堪世路风波甚,休向江头更问津。

送王太尹之如皋

商　辂淳安人,大学士。

如皋县属维扬郡,人尚耕桑俗颇淳。茂宰之官瞻舜日,弦歌为政乐尧仁。安成礼乐推华族,奕世贤才重缙绅。百里岂能淹骥足,还看超拜展经纶。

送冒少参入闽

林庭㭿侯官人,尚书。

十年司马托交盟,此日临岐不尽情。白玉桥边春万里,紫薇堂上月三更。相思有梦凭鱼雁,丽泽何人倚槛[1]衡。闻道海滨征赋急,愿言膏雨沛苍生。

赠瑶湖王州守升刑部副郎

华　湘州人,光禄寺少卿。

文旌高揭促行囊,倚路梅花送旧香。事向眼前知造化,日从心上见羲

---

[1]　槛:康熙重刻本作"鉴"。

皇。鹅湖一脉分流远，鲁国诸峰接地长。争说高门先有庆，圜墙六月定无霜。

赠冒贡士鸾

李东阳茶陵[1]人，大学士。

古道陵夷继者希，独予才力尚卑微。无成颇觉初心负，未老先知旧事非。今日中流须砥柱，几年东壁仰余辉。期君合在风尘外，千仞江头好振衣。

寄储静夫太仆

邵　宝无锡人，礼部尚书。

未出都门便忆君，沧波渺渺海陵云。船如米芾谁当泊，榻似陈蕃我合分。塞北兵戈方用武，江东尊酒自论文。不堪画鹢催南发，扬子湾头日正曛。

送冒明府谪教杭州

宗　臣兴化人，副使。

匹马天风听暮笳，南归尚醉故园花。尺书在袖逢江雁，万里扬帆似汉槎。帐下谈经余苜蓿，湖中对客半兼葭。钱塘岁岁春堪卧，莫忆渔竿送玉华。

西　溪

山垠西北沙尘少，水际东南风月宽。尽日朱门人不到，凫鹥引子傍栏干。

西溪牡丹

范仲淹

阳和不择地，海角亦逢春。忆得上林色，相看如故人。

撷兰为窗友题

王俊乂如皋人，状元。

晨兴涉兰泽，驾言思采芳。凄凄岁云暮，白露沾我裳。及时不采佩，恐随萧艾黄。相求在同气，孰谓盈倾筐。独醒去以远，清风激沅湘。

---

[1]　茶陵：原作"南阳"，据康熙重刻本改。

踏田疆有感

黎尧勋乐至人,州守。

斥堠何日定郊都,指至争疆计未疏。鹬蚌相持看此地,江山岂得少吾徒。居民万井那能服,界口多岐信自呼。笑问耕夫争畔处,凌亭东下直长无。

又

凌亭东下直长无,此有田畴此有租。识得乾坤真父母,肯将秦越视人吾。独怜四至分疆意,未尽千夫列壤图。欲起蚌沿沙上鹬,早教鹬出蚌还如。

又

柳樊犹足惧狂夫,信是封疆不可逾。却意百年侵土著,万夫未必尽模糊。

又

百十年来列此都,一朝翻覆恐难图。还他安堵真无事,自有田畴自有租。

次黎乐溪父母

储　洵

郡邑提封自鄙都,清时王制未恢疏。并耕有道仁应遍,割地无端善亦徒。暮鼓晨钟新典物,凄风暑雨旧嗟呼。九河遗迹今何处,浪索图经探有无。

又

浪索图经探有无,海堰率土尽公租。相闻鸡犬还遗俗,改色山川非故吾。邻壑倒狂撑独掌,流民憔悴上新图。使君百物看同体,堂下繁声已翕如。

又

八家井地共余夫,百里那堪一蹴渝。老桧祇园看髻中,朝来烟雨未模糊。

又

玉舄飞凫飏远都,大观曾是按舆图。区民自有农桑业,笑绝蹊田横索租。

喜均田命下

黎尧勋

谁捧天书下紫宸,海皋草木尽精神。而今鼓舞输租者,即是当年逋赋人。

又

烹鲜海上又经春,河内深惭借寇恂。岂有涓埃能报主,空余琴鹤自随身。虚粮积岁追逃屋,履亩从今税富人。稍喜流移归满路,听歌鸿雁动比邻。

颂郡二守林思泉祈雨有感

张承仁

明禋露祷一坛开,香帛初临好雨来。沛决江河浮岛屿,洗清寥廓见楼台。高田出水随潮落,晚稻迎秋遍地栽。生意满前枯槁润,君侯真是济川才。

赵长者诗有序

王元吉

赵长者,名礼,字信夫,泰州丁溪场人。生而宽厚。未冠,父闻同里孟翁女有容德,为聘之,时女年十四矣。初,孟翁有子女,辄殇夭,晚得是女,钟爱之。及笄,以目疾瞽,翁病焉,辞婚于其父。父以语长者,长者曰:"不可。"父喜谓其母曰:"吾儿直有华阴吕氏风,后其昌乎?"既娶,生子女十一人,中子玉为水军万户。中年家益饶,迎翁夫妇就养。翁殁,葬之犹父。乡大夫士咸称"赵长者"云。

淑女春兰秀,仙郎玉树姿。目从何日瞽,义守百年期。团月开纨扇,双星结彩缡。韬辉磨镜匣,流响蜀琴丝。遂叶熊占梦,旋生燕颔儿。德齐中馈礼,恩出外家慈。蒿蓠俄霜露,蘋蘩数岁时。留题长者传,庶望厚民彝。

何氏双节堂

刘　兰□□人,本府同知。

娣姒堪嗟失所天,一门双节世称贤。杯怀合卺情常在,带缟同心誓弗迁。列传每劳高士著,褒章应待史臣编。他年若作瑶池梦,无愧良人见九泉。

袁智周佩刀歌并引

智周字道济，善医，世为丁溪卤户。至正间，父受户甲非辱，死。智誓复仇，阴佩刀伺间。凡六年，甲被他人害。既乱，有司禁持兵者，刀弃之邗沟。其终天巨痛，则无时释焉。儒先争唁以文，予作《佩刀歌》。

卤豪煮海地沸蒸，忽报孝子苍天[1]崩。被发誓云雨若应，百金一片阴鏊冰。六年泣血绛雪凝，悲风凄凄常夜兴。妖狐戴髑鬼物冯，含沙射中[2]左右肱。陆阻层坎渡阻溯，歔歌独漉气填膺。刀亦汝知龙梭腾，神锋寒芒镡威棱。仰号彼苍奚誉誉，斯须间隙不可乘。坐令骨立枯崖藤，墓庐青冷松明灯。矧有母老鬓髾髾，破涕为笑躬豆登。无何仇家死棘矜，臭肉厌饫蚋与蝇，天其假手俾世惩。人生五伦首父子，复仇义昭春秋礼。见遗刑书著诸史，宗元议足垂千祀。倒行逆施伍员耻，舞阳吉狲同辙轨。老涉迟钝幼超伟，固关时命非偶尔。嗟卿避兵家转徙，事往行存宜缮纪。酴醿花香鲤摇尾，瘤然鹤行过客邸。欲言复吞鬓飒耳，惸惸犹婴慕焉已。酒酣问刀首如妣，忍归武库投邗水。水收烟消静霜苇，电光霍霍无时起。安得河伯以镈授，烈士来丹[3]积冤从一洒。

袁孝子篇

梁　寅□□人，编修。

海陵袁道济，为盐丁贴户。其父为富豪所凌铄，死非命。道济茹哀，庐墓三载。山东张辑为之作传。前御史赵侯子威尹于是，复为上其事，侯之子致本学于予，因请赋之。

袁孝子，思死如生生欲死。海盐场上泪眼枯，哀心无穷海之水。谁云猛虎凶，谁云长蛇毒。咄尔凶毒人，何独无骨肉。尔身虽霡断，肠已裂我腹。父也衔冤蝼蚁乡，儿犹饮食被服裳。皇天昭昭运三光，如山之罪胡可以掩藏。暑卧埃尘，寒卧雪霜。狡兔跃我前，野狐嗥我傍。父魂有知儿共处，母存未忍儿身亡。呜呼天下几人冤且苦，孝子三年独庐墓。官书大字表门户，

---

[1] 天：原作"矢"，据康熙重刻本改。
[2] 中：原作"千"，据康熙重刻本改。
[3] 丹：原作"舟"，据王逢《梧溪集》改。

更愿除却人间蛇与虎。

石节妇歌

周洪谟长宁人,礼部尚书。

女萝托乔木,誓保偕老期。狂飙忽拔木,女萝将安依。忆昔迎鸾辞内骈,玉琴瑶瑟谐朱弦。谁谓青天负薄命,不教白发齐乔年。九原何处问泉路,膝下孤儿才学步。鸳鸯飞散暮塘云,芙蓉泣老秋江露。孤灯吊影寒夜长,促织声悲机杼傍。手持断丝羞再续,双双玉箸流空房。空房寂寞守贞节,离肠恰绾同心结。箧中白蠹蚀罗襦,镜里青鸾愁黛月。君不见巢父牛,许由洗耳移上流。又不见共伯妇,柏舟自誓甘荼苦。儿能读书着父衣,妾应死草生春晖。

谒安定祠

杨　瞻蒲坂人,御史。

再拜瞻遗像,荒祠古树阴。苏湖体用学,朝野圣贤心。随铸匡时器,分方振铎音。至今薄海内,在在重儒林。

又

陈源清三山人,教谕。

孔铎既沉响,师传日荒凉。嬴秦事法律,隋唐竞词章。漂沦迨五季,一轨趋猖狂。天未丧斯文,宋运逢其昌。表表胡夫子,应期生海邦。学能兼体用,誉用彻朝堂。出为天下师,英贤满门墙。渊源启宋学,隆盛追虞唐。高冈生梧桐,朝阳鸣凤凰。曰惟夫子功,日月可争光。生有益于时,死合祀于乡。谁其废不举,我意欲存羊。垣宇既以饬,像貌亦辉煌。衣冠拜祠下,告之一瓣香。

海陵春雨

曾　肇南丰人,翰林学士。

公事无多使客稀,雨时衙退吏人归。沉烟一炷春阴重,画角三声晚照微。桑雉未驯惭报政,海鸥相近信[1]忘机。只将宴坐收心念,懒向人间问

---

[1] 信:康熙重刻本作"共"。

是非。

书名贤祠碑阴

陈　琦

祠堂久圮喜光新,举废谁云不属人。千载岘山曾堕泪,州民争识宋名臣。

泰山碑

朱炳如河间[1]人,盐院。

大道元来只共由,莫将洒落易烦愁。天机悟处防思鹄,夜气清时戒牧牛。两字良知非外致,一圈太极岂旁求。先贤倡道今犹昔,笑向濂溪问正流。

高丽鼓

千年人已化,三昧语空传。唐世碑犹在,高丽鼓半穿。

车　螯

王安石

车螯肉甚美,由美得烹燔。壳以无味弃,弃之久能存。予尝怜其肉,柔弱甘咀吞。又尝怪其壳,有功不见论。醉客快一啖,散投墙壁根。宁能为收拾,持[2]用讯医门。

野趣堂赋

梅　鹗繁昌人,户部主事。

淮海扬州,乾坤草堂。伟高人之玉立,阅野趣于苍茫。机或飞而或跃,心勿助而勿忘。忽全体之呈露,焕大雅之文章。盖其澡雪世氛,剥落物累。云萃诗书,春生肝肺。卷舒天地之心,凌跨人间之世。近取诸身,寸心百虑而一致;远取诸物,万象异形而同体。其喘息呼吸也,气同于物。其所以喘息呼吸也,气通于帝。惟玉堂兮天游,觉冰壶兮月霁。胡出户兮知天粲,举目兮皆趣。

---

[1] 河间:原缺,据康熙重刻本补。
[2] 持:原作"待",据《临川集》改。

尔乃高明为栋,弘毅为梁。精微为室,广大为墙。曾哲先驾[1],子思后骧。驾风鞭霆,历览无疆。或超超太初,或彻彻圜方。或泠泠元气,或缅缅毫芒。或幽阴鬼秘,或轩豁神彰。或阳辉艳艳,或凉月光光。或迅雷殷地,或甘露生香。或神灵和气,降于山牡;或豚风蜃雨,发于海王。千变万化,一阴一阳。

时乎春也:红葩火然,素英雪翻。芊绵葱蒨,宵窈回环。雏莺乳燕,蜂蝶差池。华酝甘成,粉宿香栖。卧护东风,兴入翠微。

时乎夏也:朱明遍宇,万物光鲜。杂葩照烛,众彩相宣。大柳起风,甘棠覆栏。虚甍沉沉,皓壁娟娟。羽扇不摇,清满南轩。惟芰惟荷,妖冶廉纤。清风徐度,香气满天。解带临水,吾心爽然。

及夫金飙荡后,玉露凋初。西皇爽气,自东而驱。老桂裴回,秋客新沐。月地云阶,余香剩馥。黄花紫艳,偕寒互绿。一杯东篱,三径西蜀。

至若玄冥按节,瑞雪盈尺。夜竹有声,朝堂虚白。置酒褰帷,飞轩凭虚。洞壑在下,玉树交加。如贞极元生,天理乘除。亦可谓极吾心之至乐,而真味之纤徐者也。

嗟夫!人寰鼎鼎,块圯难齐。或琼琚玉佩,或烟蓑雨犁。或集苑而[2]笑,或集蓼而悲。或还复明月而泣,或翻浊河清而嬉。古瑟凄清,或写怨于神女;飙车浩荡,或寄恨于安期。或横倚天之剑,而无辞手藉;或挟济世之舟,而有意天稽。世态多方,最难究者物伪;人情亿变,所不改者天机。而能谢彼纷纭,凝吾精神。盈缩造化,吐纳颢冥。不贪轩冕,而践夷旷之域;不出户庭,而获江海之心。

序阅四时之胜,节宣万物之情。使夫上天下地,森罗万象。或以奇正合离,或以妍媸下上。或以浓淡纵横,或以华佹摩荡。高深互呈,心目相状。风云月露,吾之清洁飞动也;草木禽鱼,吾之妍茂奋踊也。边色闺情,吾之慷慨而悽泪也;车马弓矢,吾之驰骋而悲惜也。油然者,吾善之机;泊然者,吾藏之用也。阖者静,辟者动;而不动不静者,吾之统也。阳明芳香者,仁

---

[1] 驾:原作“马”,据康熙重刻本改。

[2] 而:原作“面”,据康熙重刻本改。

之条也；幽阴凝肃者，义之分也。沛然而流者，恕之推；而存之不欺者，忠之蕴也。

大哉，野趣之义乎！伏羲得之而远取近取，曾点得之而灼见大意，子思得之而鸢鱼是察，茂叔得之而庭草交翠，希夷得之而花鸟皆春，尧夫得之而雪月皆理，伯淳得之而云淡风轻，晦庵得之而千红万紫。盖自文公之后三百余祀，而后储伯云崖得之，以作野趣之堂，弄丸游戏。於戏休哉！吾是以赋此[1]。

外史氏曰：自储文懿葵丘宰盟，踵是以风雅奉盘匜者如林，胸孕琬琰，齿迸珠玑，人人谓六朝、三唐不难入室矣。矧寓内名家与州贤酬赠赓唱，篇帙浩瀚，不胜剞劂。兹采山川形胜题咏，迨有关人物掌故者方录。游五都之市，万货辐辏具陈，能一一罗而恣拾耶？

墓　志

旧刻有胡安定、储文懿、王心斋三志，初黜之，今益以唐荆川撰林东城志，共四首。人则名贤，文则名笔，綦慎矣，蔑以复加矣！

胡安定先生墓志

胡氏世居长安，询为唐兵部尚书。其孙韬[2]，因乱留蜀，为西蜀陵州刺史，蜀平，归京师，终卫尉卿，于君为曾祖。生泰州司寇参军讳修己，卒葬如皋。司寇生宁海节度推官讳讷，赠太子中允，博学善属文，吕文靖公夷简尝荐其书，备修国史。君其长子也，讳瑗，字翼之。少有气节，颛意经学，兼通历律之法。力贫以抚兄弟之孤，爱义良厚。景祐中，范文正公仲淹上书，言君知古乐，召见论乐，拜试秘书省校书郎。康定初，元昊寇边，陕西帅臣辟为丹州推官。后移密州观察推官。丁父忧，举其族之亡于远者九丧归葬。服除，迁保宁军节度推官，治湖州州学。又召教授诸王宫，以病辞免，遂以

---

[1] 此：原缺，据康熙重刻本补。
[2] 韬：原作"蕴"，据蔡襄《端明集》改。

太子中舍致仕。改殿中丞,驿召会秘阁议乐,除大理评事,兼太常主簿,寻复解罢。岁余,授光禄寺丞、国子监直讲,仍与议乐。乐成,改大理寺丞,赐绯鱼。嘉祐元年,迁太子中允,充天章阁侍讲。既而疾,不能朝,拜太常博士。还官政,从其子志康杭州节度推官以就养。四年六月六日,终于杭州,享年六十有七。明年十月五日,葬于湖州乌程何山之原。母隋氏,赠京兆县太君。娶王氏,封长安县君。有子三人:志康,进士及第,杭州观察推官;志宁、志正皆力学。志宁,永州知州;志正,携父衣冠归葬如皋太子中允墓左,遂守墓田于旧居。

君孤进独立,不恤权贵,义以自信。本朝承用周乐,其声高,不合中和。太祖皇帝尝诏下一律,而未遑制作,天子命李照等修之。君初得对崇政殿,辨照等所修乐非是,诏令改作,未几报罢。及会秘阁议,按《周礼》以正钟律。用上党黍列为九等,累其中者为尺。尺定而律成,验之,比旧下一律,于是彻前乐而新之。天子临紫宸,钟磬在庭,天子曰:"学者能通典故而不能知声气之元,工者习其声传而不知制器之理,斯难能也。"先有议铸钟当有大小,今与黄钟一之,非古制,乃用倍半之法作应钟。至是钟成,特小小者不堪备宫县,诸儒侍从无议者,天子可之,用于郊庙。又令作《皇祐新乐图记》,布之天下,盖积二十年而后成。其间同议论皆贵官老儒,相诋正者岂一二哉,然君未始恤之也。尤患隋唐以来,仕进尚文词而遗经业,苟趋禄利。及为苏、湖二州教授,严条约,以身先之。虽大暑,必公服终日以见诸生,设师弟子之礼。解经至有要义,恳恳为诸生言其所以治己而后治乎人者。学徒千数,日月刮劘,为文章皆传经义,必以理胜,信其师说,敦尚行实。后为太学,四方归之,庠舍不能容,旁拓步军居署以广之。五经异论,弟子记之,目[1]为《胡氏口义》。侍迩英讲,不以讳忌为避。既疾,上数遣中贵人就问安否,盖亦有所待矣。比去京,诸生诣阙下乞留者累日,公卿祖送都门甚盛,莫不惜其行也。君虽老于训导,在丹州实与府事。建议更陈法,治兵器,开废地为营田,募土人为兵,给钱使自市劲马,渐以代东兵之不任战者。虽军校蕃酋、亭长厮役,以事见,辄饮之酒,访备边利害,以资帅府。府多武人,初谓君徒能知古书耳,

---

[1] 目:原作"自",据康熙重刻本改。

既观君之所为,不以异己,又翕然称之。君事材而行笃,卒艰勤以没。所著《资圣集》十三卷,藏于家。

嗟乎! 士者之志于道,以身法世,莫不欲致之于用、推之于远。然才德之士,多亦蹇轧难通,岂不有命乎? 君不鄙小官,进不及用,切于诲人,其施博矣。晚乃得侍天子左右,若将有为,辄病以废,岂人事也哉? 谨志。

储文懿公墓志

乔　宇太原人,礼部尚书。

罐先世毗陵人,元末[1]徙海陵。曾祖讳宏,以行义重于乡。祖讳玉,隐居弗耀,以罐贵,赠户部右侍郎。父讳信,敦俭淳朴,累封至户部右侍郎。母王氏,继母董氏,俱赠淑人。

君生而秀颖,五六岁时,读书过目即成诵。九岁,善属文。弱冠,名动场屋,乡、会试俱第一,廷对赐第二甲进士第一名,声誉籍甚,论者每以君未获入翰林为阙典。太宰济南尹公欲选为属,罐恳求便养亲,授南京吏部考功主事,寻升郎中。丁巳,升太仆少卿。乙丑,升本寺卿。正德丁卯,升都察院左佥都御史,总督南京粮储。戊辰,升户部右侍郎。庚午春,以疾乞休,诏慰惜之,赐乘传归。冬十月,以旧秩召用,辞不就。壬申春,复起为南京户部左侍郎。癸酉正月,改南京吏部左侍[2]郎。时方望其大用,而旧疾增剧,遂不起矣。呜呼,惜哉!

罐体貌若不胜衣,简重端默,实具公辅之器。其在考功时,评品精当,人材贤否,未尝轻有所迁就,以奖恬退、抑奔竞为己任。钜鹿公得其赞画匡辅之功居多。丙辰,当黜陟天下官员,罐询访既精,又能坚执公道,不为权要所屈挠,是以人无异议。其在太仆时,蒐访马政得失,划革其蠹弊者,修举其所当兴复者,乃疏四事以闻,诏皆报可。又上章请记孝庙言动,以示将来。其总督粮储,首厘正仓庾宿弊,条陈应议数事,省粮户及京邑供给之费。其在户部时,视钱谷数益耗,忧形于色,虽改官犹不置念。其政迹之彰彰者如此。

---

[1]　末:原作"宋",据康熙重刻本改。
[2]　侍:原作"郎",据康熙重刻本改。

平居事亲至孝，抚从子洵如己出，为择师，遣就学，以进士显。为文简严有法度。诗冲澹沉蔚，有陶、韦之风。博览群书，善于教人，出其门者，科第相望。所著有《柴墟文集》《骈野》《奏疏》若干卷。铭曰：

淮海维扬，实生伟人。显显少宰，为时荩臣。发为文章，简雅典则。视古作者，闯入畛域。论官周士，举贤汉科。衰然称首，令誉孔多。有亲在南，就养伊迩。移官金陵，山水乐只。柄衡考署，修政围司。品士相马，精鉴攸宜。总计南台，晋贰东省。轸恤忧民，心常耿耿。载迁铨部，允惬舆情。曾不阅岁，沉疴是婴。凡今士风，日趋颓怠。持正敦廉，匪贤曷赖。人拟柄用，而止于斯。诸医弗效，命也何为。帝闻悯伤，谕哀赐葬。恤典骈蕃，光贲泉壤。海陵之埌，新坟隆然。铭文树石，于千万年。

王心斋先生墓志

赵贞吉内江人，大学士。

明兴八叶之世，越中王守仁论学名世，从游若泰州王子称最著。王子名艮，少先生十一岁。先生殁，王子论学如先生，故学者亦称王先生。

先生泰州安丰场人。安丰俗负盐，无宿学者。先生逮粗识《论语》《孝经》章句，即邈焉如古圣贤人，信口谈解。如或启之塾师，无敢难者。异日，天甚寒，至亲所，亲方急骛盥冷水，乃痛哭曰："某为人子，令亲天寒盥冷水而不知也，尚得为人乎？"自此遂出代亲役，入扫舍捧席，哺二老，晨省夜问，如古礼惟谨，时年二十矣。先生孝出天成，久益行纯心明，悟性无碍。谢役秉礼为儒者，以经征悟，以悟释经，行即悟处，悟即行处，如此有年，人未之识也。尝一夕梦天坠压身，万人奔号求救，先生身托天起，见日月列宿失序，又手自整布如故，万人欢舞拜谢。醒则汗溢如雨，顿觉心量洞明，天地万物一体。自此行住语默，皆在觉中。题其座曰："正德六年间，居仁三月半。"即先生悟入之始，已能如此。

是时，越中王先生自龙场谪归，与学者盛论孔门"求仁""知行合一"，泥者方仇争之。至十四年，王先生抚临江西，又极论"良知自性，本体内足"，大江之南，学者翕然从信。而先生顾奉亲鹑居，皆未及闻也。有黄塾师者，江西人也，闻先生论，诧曰："此绝类王巡抚之谈学也。"先生喜曰：

"有是哉？虽然，王公论‘良知’，某谈‘格物’，如其同也，是天以王公与天下后世；如其异也，是天以某与王公也。"其自信如此。即日往造江西，盖越两月，而先生再诣豫章城，卒称："王公先觉者。"退就弟子间，出"格物论"。王先生曰："待君他日自明之。"久之，从王先生居越，叹曰："风之未远也，是某之罪也。"辞还，驾一蒲车，二仆自随，北行。所至化导人，耸人听观，无虑千百，皆饱饫感动。未至都下，先一夕，有老叟梦黄龙无首行雨，至崇文门，变为人立。晨起往候，而先生适应之。先生风格既高古，所为又卓荦如此，同志相顾惊愕，共匿车，劝止之。先生留一月，竟谐众心而返。然先生意终远矣。越五年戊子，王先生卒于师，先生迎哭于桐庐，经纪其家而还。开门授徒，远方皆至。

先生骨刚气和，性灵澄彻，音咳昐顾，使人意消。即学者意识稍疏漏，不敢正以视。先生引接人，无问隶仆，皆令有省，虽显贵至悍戾不悦者，闻先生言，皆对众悔谢不及。往往见人眉睫，即知其心，别及他事，以破本疑，机应响疾，精蕴毕露，廓披圣途，使人速进。盖先生之学，以悟性为宗，以格物为要，以孝弟为实，以太虚为宅，以古今为旦暮，以明学启后为重任，以九二见龙为正位，以孔氏为家法，可谓契圣归真，生知之亚者也。独不喜著述。或酬应之作，皆令门人、儿子把笔，口占授之，能道其意所欲言而止。晚作《格物要旨》《勉仁方》诸篇，或百世不可易也。卒配越中为"二王"云。问先生何不仕，曰："吾无往而不与二三子，是某之仕也。"或谓先生为隐，曰："吾无往而不与二三子，某何敢隐也？"两救海滨之荒，活千万人。洪御史垣构舍居其徒，吴御史悌抗疏荐之，不报。嘉靖庚子十二月八日卒。铭曰：

越中良知，淮南格物。如车两轮，实贯一毂。后有作者，来登此车。无以未觉，而空著书。

林东城先生墓志

唐顺之武进人，都御史。

呜呼！吾友东城林君，古所谓敦行君子也。纷华盛丽，耳目之好，一不腻乎其外；猥巧慧辨，机智之习，一不钩乎其心。洁以律乎其身，一束脩之问,畏之若苞苴然;谦以裕乎其人,一舆台之贱,接之若宾友然。行必惬乎人之所安,故不为嵬崖崭巇之行;言必衡乎力之所抵,故不为要眇浮阔之言。嘉靖辛丑十一月二十日,以吏部文选司郎中卒于京师,年四十有四。出其橐,得银四两,不能棺,其寮友为之棺以归。归不能葬,郡守朱君、州守黎君赙之钱以葬。而黎君又使君之友陆位等状君之行来请铭。朱君、黎君,君在文选时所选,廉平吏治其乡者也。

君讳春,字子仁,始号方城,以其先福建福清县方城里人,后改东城。祖讳某,父讳宏,母某氏。自君几世而上,有讳闰者,始自福清以从戎隶泰州守御所,故君为泰州人。林氏自徙泰州,未有以儒显者,为儒自君始。后君贵,始赠其父宏为吏部文选司主事,而封母某氏为太安人。君始以窭故,几废书者屡矣。君读书,常以竹筒注膏系衣带间,惟所适则出膏于筒,燃火读书。君父为漕卒,君又独与母、妻织屦。织屦[1]读书,率以[2]夜不睡。尝日中不能炊,贳米于邻不得,君行歌自若。家人颇非怪之,君自若。已而受学于知州王君某与其乡先生王君汝止。两王君,故王阳明先生弟子,君因此始闻"致良知"之说,则心喜之。至夜中睡醒无人处,辄啧啧自喜不休。遂欲以躬践之,则日以朱墨笔点记其意向,臧否醇杂,以自考镜。久之,乃悟曰:"此治病于标者也。"于是骎骎有意乎反本矣。

戊子,举乡试。壬辰,举会试第一,登进士第。选户部广西司主事,调礼部主客司主事,又自礼部调吏部文选司主事。吏部故矜厓岸,锁门谢宾客,虽亲故人不往拜,示自尊重。而吏部以提热柄故,虽诸寮中,率自羯羠相猜抵。君色温气柔,不以行能先人。其在诸寮中,悛悛[3]下之唯谨;其在同志中,虽其名位绝不相埒者,悛悛[4]下之唯谨。门无留宾,日旰出部,则遍走刺答诸宾客,或罗致诸宾客讲学,意恋恋如也。诸宾客人人自以林君亲己。其尤厚者,则相与挟衾被枰具,往宿观寺中,讲学竟夕以为常。后为郎中,官重,益多事矣,然犹如此。以此,诸寮中虽其志行与君绝不入者,

---

[1] 织屦:康熙重刻本无。
[2] 以:康熙重刻本作"终"。
[3] 悛悛:康熙重刻本作"恂恂"。
[4] 悛悛:康熙重刻本作"亦恂恂"。

亦谓君长者,不复猜也,而善类因君以联者为多。

君自束发至盖棺,未尝一日不讲学。然君本以长厚清苦绳墨自立,其于学也,亦因其质之所近。君为主事,是时缙绅之士以讲学会京师者数十人。其聪明解悟,能发挥师说者,则多推山阴王君汝中;其志行愊实,则多推君与吉水罗君达夫。罗君于朋友中最沉密矣,然君犹面疵罗君,以其露才也,君之自敛可知已。王君汝中洒落,而君小心周慎,画尺寸不敢失。两人操行不同,然君独心敬王君。为主事久之,转验封员外郎,已而调文选司员外郎。居一年,母安人病瘫卧,君谢病归养。君居乡,则益悛悛谨甚,如故儒生时。家无一钱,不以取于人;家有一钱,亦必以施于人。侍母安人病,病少间,则出寓故所读书处万寿宫者,与其故时友人及乡之后生讲学。以其间走安丰,就其故师王君叩所疑义。每往必喜,幸以为闻所未闻。君于师推王君汝止,于友推王君汝中。君居官,有未识王汝止者,君与之言,必曰"吾师心斋说如是"。君居乡,有未识王汝中者,君与之言,必曰"吾友龙溪说如是"。

居久之,赴官补稽勋郎中,调文选郎。君自为吏部主事,泰州守某黩而虐,君请于尚书黜之。泰,君乡也,尚书赵趄曰:"某未有劾者,奈何?"君曰:"不实,则罢主事。"遂以其人调边地。顷之,南御史劾章至,则其人也,竟黜之。后君赴官泊淮,淮守某以次谒诸过客舟,始及君,供张又薄,若不知君为吏部者。后淮守入觐,考下,当远调。君为稽勋郎,具白尚书,以过淮事荐其廉静,恳乞留之,更得调永平内郡。二者,其一远嫌者不敢为,其一怙势者不能为,而君为吏部若此。然君长者,常护人短,其请黜泰州守事则尤为君所难。

君既长选事,益思荐进贤人,慎择监司守令,洗刷奉其职。然事有曳掣,或不能尽如所欲为,则君自[1]谓曰:"选曹之职,欲上通于君与相、冢宰之心,下通于选人与天下人之心。相、冢宰之心,未必选人与天下人之心;选人与天下人之心,未必相、冢宰之心。选曹居其间,欲两合焉,难矣!虽然,求无负乎吾心足矣。"君始调文选,会御史论君受牌坊银事,虽众以为

[1] 自:康熙重刻本作"出"。

妄,然君独自念束发兢兢砥行遭点染,居常引咎不惬。欲解官,又业已为之;既任事,又曳掣缩缩不自得。曹又多事,君日夜其间,固甚瘁。居无何病,一夕卒。卒之日,犹在曹,不自知病。病且革,乃舁归舍。先是,君尝会朋友,讲曾子启手足,意恳恻,闻者皆怵惕。未数日,君遂卒。君问学几二十年,其胶解冻释,未知其何如也,然自同志中语质行者必归君。

君娶李氏,封安人。子四人:晓、晖、曜、昕。晓,朴而材,能似君者也,为庠生,妻某氏。晖,聘某氏。女一,适王。葬以卒之明年某月某日,墓在某所。君不喜为华词,其举第一应试文字,及后所为诗古文,务理道质而不艳,如其人。始君幼不知书,父故苦贫也,不能资君以书,以余子[1]给事千户王某所,某奇君,令与其子王烈同学书,君自是始学书。后父数[2]见君读书,且喜且嗤之曰:“儿读书固善,然书可饱乎?”因取其书欲烧之,君婉词跪谢乃解。后君贵,常恩王氏,厚报之。自王烈以下,礼节称谓、岁时起居,一不改于故余子时。铭曰:

君尝有言,天然之门,盎然出之。不作好丑,不为我偶,不为人觭。大心之窟,如彼日月,光照四垂。楼台殿阙,粪壤鼠穴,亦所不遗。藏疾于薮,有茹其垢。蓄德之资,有如宝然。玉金在前,其耀不施。君子若愚,暖暖姝姝。不其浅而,我韵君语。勒石于墓,式昭[3]世规。

外史氏曰:世谓志铭为谀墓之文,信然哉。自孝子慈孙,力可致米数十斛,皆能为其先人贲隧石。至于是非颠倒,尧跖易面,俾化者遂蒙不情之誉于身后,安在其盖棺论定也?胡瑗以下三志往矣,笃行如林子仁,文章如唐应德,而文献不获征于世乎?踵是溢美纷纷,徒堪喷饭耳,不足观也。

----

[1] 以书以余子:康熙重刻本无。
[2] 数:原作“所”,据《唐顺之集》改。
[3] 昭:原作“照”,据《唐顺之集》改。

附　录

重刊泰州志序[1]

　　今郡邑有志,盖即《周官》"小史"之遗也。所载沿革、形胜、封域、官师、赋役、选举、学校、兵戎,皆关于国政民生之大,岂可任其阙略,俾轺轩之使罔所征信哉? 然纪载之任,严核为难,倘泛滥猥杂,或弃取不当,虽连卷累帙,反不如无矣。海陵为江左大州,其地襟江负海,鱼盐之利,甲于天下,实东南沃壤奥区也。代远者弗论,自宋以来,名宦则有范文正,真儒则有胡安定,即二公以例其余,已足以炫耀奕祀,雄视他邦矣。州旧有志,乃明末重修,岁久刻板朽蠹,字迹磨灭,不可辨识。余承乏兹土,见而病之,妄拟即为刊定。顾以簿书鞅掌,又惭才笔弇鄙,闻见浅狭,未敢轻议增修。然而每遇宪节临莅,吏仓皇呈送故纸,几同秦碑无字,曾是文献名邦而可芜陋若此哉? 爰诹访旧家,假得向时印本,冀将重付剞劂,而鲁鱼亥豕之讹,亦正不少。偶乘吏散余闲,篝灯校勘,于前人所纂,不敢加损一字,庶存本来面目,勿致贻讥妄作。至于兴朝定鼎以后,富教兼施,涵濡浃洽,声名文物,什伯从前,固宜大书特书,以纪化成之盛。而余小子自揣俗学,岂堪遽肩重任? 将来自有鸿才卓识如班、马其人者,出司笔削,昭垂无极。余不敏,谨敛手俟之矣。

　　康熙己亥长至,知泰州事莱芜魏锡祚谨序。

---

[1]　此序见康熙重刻本卷首。

后　序[1]

　　泰州旧志十卷,为州先正刘大参所纂缉。虽未甚该备,然颇谨严有体,犹有史家宁慎毋滥遗意。余不忍其湮没无传,爰重付剞劂,以征信将来。其中于民生利病,谆谆乎详言之,尤见留意桑梓、颙望兴厘之苦心。后有作者,幸勿视为陈言,轻议删削,则为功于斯州亦不少矣。原本字句讹舛极多,余详加订正,亦自谓于前人不无小补,但谚有之"校误书如扫落叶",精审者幸弗以疏忽见诮也。刊成,附识卷末。

　　康熙庚子立秋前二日,莱芜魏锡祚跋。

《四库全书总目提要》

　　《泰州志》十卷两淮马裕家藏本

　　明刘万春撰。万春字公孕,泰州人,万历丙辰进士,官至浙江布政司参政。是书成于崇祯癸酉,与他志体例略同,而意主黜伪存真,颇不徇其乡曲。其论学究而薙理学之堂,方技而割隐君之席,及谀墓之文,虽工不录者,皆切中州郡志书之弊也。

跋　一[2]

　　此为明代乡先哲刘公大参纂修《泰州志》十卷崇祯癸酉雕本也,是予少从金回子殿卿介绍而购归。洎遭丧乱,迫议分居,遂为弟辈所持有。悠悠十载中,予要一寓目而不可得焉。顷承城南派出所尹所长属亟取供众览,予乃往复磋商,家仲乙群始检出首册。豁然如睹故人,喜而援笔识其端。时在己亥夏初也。沈世德本渊。

---

[1]　此后序见康熙重刻本卷末。
[2]　此跋见泰州市图书馆藏明崇祯刻本修志姓氏末。

跋　二[1]

　　吾家恨不读书堂藏书都数万卷,此为古旧名版中之一。民国以还,兵乱频仍,播迁散佚,犹喜幸存无恙。近十余年来,老大徒伤,经纪竭蹶。两京、苏沪书贾,垂涎是书,互以重金饵余者屡矣。余为保存乡邦文献计,卒不为之动。自顾家无长物,仍乐为抱守,亦惟尽余之志之责云尔。

　　辛丑秋月,沈世甲乙群谨志。

---

[1]　此跋见泰州市图书馆藏明崇祯刻本卷十末。

后 记

2021 年 10 月,泰州旧志整理文化工程启动。泰州市党史方志办公室与海陵区党史方志办公室分工整理历代《泰州志》,靖江市、泰兴市、兴化市党史方志办公室分别整理各地所存旧志,姜堰区史志办公室汇编整理部分乡土小志。整理工作统一标准、统一要求、统一版式,以点校为主,简体横排呈现。

《〔崇祯〕泰州志》是泰州地区现存最早的完整的方志,泰州市党史方志办公室特邀请扬州广陵书社副总编辑孙叶锋先生主持此志的点校整理工作。此次整理,通过对旧志进行标点,并对原稿中存在的讹、脱、衍、倒之处进行校勘改正。孙先生出生于兴化,毕业于南京师范大学古典文献学专业,一直从事古籍整理和出版工作,点校整理有《北湖小志·北湖续志·北湖续志补遗》等,策划、编辑的图书曾获得全国古籍图书一等奖等多个奖项。

《〔崇祯〕泰州志》整理稿完成后,广陵书社安排专业人员进行核校。泰州市党史方志办公室邀请王强、颜萍、卢红、李华等古文献专家,组织本办申万霞、殷勇、徐强等人,共同对整理稿审校验收,提出修改意见和建议。

志书是地域性文献,旧志整理专业性很强,不仅需要具有文献学功底,还需要熟谙地情。本书虽经多方共同努力,疏误之处仍在所难免,敬请读者批评指正。

泰州市党史方志办公室(泰州市档案馆)

2022 年 10 月